高等院校应用型规划教材——经济管理系列

统计学原理
(第 3 版)

邓 力 编著

清华大学出版社
北 京

内 容 简 介

什么是统计学→数据从哪里来→数据怎么整理→数据怎么分析→数据文章怎么写，本书以提问的形式，开启各章节的内容。进入第 1 章，你会看到用一个实例就搞定了统计语言的一串要素。漫游各章，你会看到原创的统计随笔写意在"统计实录"里。"真题上市"是每章必有的园地，在这里，考研、考证、考公务员的统计试题竞相绽放，也有笔者自编的生活类题目，独树一帜。静态分析法和动态分析法，包揽了统计方法的大好风光。零距离与 Excel 接触，和数据打交道就是小菜一碟。有知识，有趣味，有哲理，有新意，既实用，又好玩，但愿这本统计入门教材朝这方面做了一点努力。

本书既可作为高等院校非统计专业的基础课教材，也可作为统计学爱好者的参考读物。

图书在版编目(CIP)数据

统计学原理/邓力编著. —3 版. —北京：清华大学出版社，2020.4(2024.9 重印)
高等院校应用型规划教材. 经济管理系列
ISBN 978-7-302-54691-7

Ⅰ. ①统⋯　Ⅱ. ①邓⋯　Ⅲ. ①统计学—高等学校—教材　Ⅳ. ①C8

中国版本图书馆 CIP 数据核字(2020)第 006332 号

责任编辑：陈冬梅　陈立静
封面设计：王红强
责任校对：李玉茹
责任印制：杨　艳
出版发行：清华大学出版社
　　　　网　　　址：https://www.tup.com.cn, https://www.wqxuetang.com
　　　　地　　　址：北京清华大学学研大厦 A 座　　邮　　编：100084
　　　　社 总 机：010-83470000　　　　　　　　邮　　购：010-62786544
　　　　投稿与读者服务：010-62776969, c-service@tup.tsinghua.edu.cn
　　　　质量反馈：010-62772015, zhiliang@tup.tsinghua.edu.cn
　　　　课件下载：https://www.tup.com.cn, 010-62791865
印 装 者：北京建宏印刷有限公司
经　　销：全国新华书店
开　本：185mm×260mm　　印　张：21　　　字　数：510 千字
版　次：2012 年 9 月第 1 版　2020 年 4 月第 3 版　　印　次：2024 年 9 月第 4 次印刷
印　数：2201～2400
定　价：58.00 元

产品编号：076599-01

前　言

不忘初衷，追求不变：新颖、实用、鲜活、有味。

升级版的《统计学原理》跟第 2 版相比，主体结构不变，依旧为 9 章，章名不动，每章后面压轴的部分还是"统计实录""本章小结""真题上市"。

新版的《统计学原理》，厚了一点，重了一点，这就是传说中的"厚重"？厚重的都是大礼包！好吧，打开大礼包，先睹为快，全书有五大看点：章节的充实美化、计算工具的升级、语言表达的翻新、书中内容的更新、附录放送大礼包。

看点一，章节的充实美化。9 章的章次不变，仍以搜集、整理、分析和传播数据为主线布局谋篇，但每章统一调整为 5 节，第 5 节均为 Excel 在本章的应用。每章新增的第 5 节，相当于《统计学原理上机操作手册》，宜于自学，轻松享受计算和画图的乐趣。

看点二，计算工具的升级。本书选用 Excel 2010，替换原版 Excel 2003，新版与 2016 版的操作相同。用 Excel 2010 画图，统计图自带炫酷，本书的统计图均源自这个版本。

看点三，语言表达的翻新。比如，第 1 章用 8 瓣格桑花让读者轻松记住"统计语言 8 个要素"，第 3 章用"王"字形的统计表和"人"字形的统计图来帮助读者记住规范的统计表和统计图，第 4 章用"画出和算出数据的长相"的告白来陪伴读者享受数据的美丽。

看点四，书中内容的更新，更注重看图说话和数据分析。

开启对话新篇章。每章的开头，有一段师生对话，在聊天中，轻松来到统计乐园。

内容方面新点齐放，比如，第 1 章从"统计语言 8 个要素"的角度对数据进行分类，第 2 章直通免费查询权威杂志的路径，第 3 章推出了柱线图等新款图的制作，第 7 章和第 8 章共用一篇统计实录的小论文来进行相关分析。

在实例方面，有增有减，保留了经典习题，删除了过时的例子，增添了新数据。

在"统计实录"中，原有 9 篇随笔，已有 7 篇更新。

在"本章小结"中，添加了知识点一览，预告了统计旅游的风光带和主打景观。

在"真题上市"中，题型保留了 3 个，即单项选择题、多项选择题和判断题，但题量翻了一番，由原来的 5 题增加到 10 题。题型新增了 2 个，即综合题和计算题。

看点五，附录放送大礼包。本书有 9 章，附录有 5 个，个个都不错。

附录 A 和附录 B 与统计法有关，这是法治生活的必需品。

附录 C 是与本教材配套的统计课件主要内容的预告，列举了各章的"视频点播""阅读小站"的标题清单，以及"8 套统计学试题(附答案)"的试卷名清单。在统计课件中，采用嵌入式的视频、电子文档和电子表格，双击相应图标，结果即点即现。

附录 D 为"统计术语的曾又名一览"，这里面有翻译时百花齐放结的果。

附录 E 为"各章真题上市的答案"。在判断题中，新增了改错题的解析。

编　者

目 录

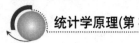

第1章　什么是统计学

【学习目标】

● 回答初学者最关注的几个问题。

● 通过解读实例来掌握统计语言。

● 通过统计思维来素描本书框架。

● 过目不忘数据神器的藏身之处。

	欣赏 左图：中国邮票。 说明：2015 年发行的邮票，主题为"拜年"，纪念中国的传统春节。	留言 统计学是什么 是一首数据之歌 智慧美妙万世传唱 清新婉转欢快活泼

学生和老师的一段对话。

学生：开门大吉，恭喜恭喜！

老师：统计之旅就要开始了，可喜可贺！

学生：要学统计学了，有点小紧张，有点小兴奋。

老师：你啊，当年我也一样。

学生：我知道，统计跟数据打交道，嗯，一定要学"统计学原理"吗？

老师：统计学原理是数据基础，不想成为数据的"文盲"，还是系统地学一点比较好。

学生：我想也是。

老师：你的文笔不错，有了数据的功底，写起有理有据的文章，就会妙笔生花。

学生：老师您过奖了，只是学生我现在很少用笔写字，我喜欢用键盘码字儿。

老师：噢，不管怎么样，字一定要写好，不然，情书一出手，就会吓跑心仪的那位。

学生：瞧您说的。老师放心，学生我记住了，练好字，必须的！

老师：汉字要写对，要写好，统计的语言是数据，数据的语言也要写对，也要写好。

学生：数据的语言？这是哪国的语言？

老师：数据语言是国际通用的语言。

学生：12345 算不算数据语言呢？

老师：当然不算，数据语言是有生命的。数据的语言有出生日，还有诞生地。

学生：数据语言居然还是活的，听起来好好玩的样子。数据的语言，好不好学呀？

老师：数据的语言，好学又好玩，要学就学纯正的，我们用实例来学，你会越玩越嗨！

学生：我喜欢愉快地学习。

老师：统计世界风光无限，祝我们旅途愉快！

1.1　你来问我来答

第一堂统计课，老师问学生："你最想问的一个问题是什么？"

下面就是精选出来的 5 个提问，让我们在漫谈式的一问一答中，轻松步入统计学世界。

(1) 问：我们小学和中学都学了统计，为什么到了大学还要学呢？

答：在小学和中学的《数学》和《信息技术》教材中，如同客串，穿插着介绍了统计学的基础知识。到了大学，很多专业都开设了"统计学原理"这门课，系统而深入地介绍统计学的知识。

在统计学原理中，系统性表现在整体内容是以统计思维构建的，统计思维就是搜集、整理、分析和传播数据，这也是本书的基本框架。除了系统和全面，学习内容也更深入、更有趣。

比如，阅读实例，学会运用规范的统计语言；敲打键盘，轻松算出和画出数据；综合运用统计方法，展开论证和找出规律；有效运用统计语言，写作数据文章等。另外，根据每章所学，可自行设计题目，自问自答，在自由放飞中，自然会有收获。

有了统计学的基本原理，不管从事什么行业，都可以用统计的思维看世界。当今社会，流行招聘，逢进必考，考点中常有统计知识，为什么？这是因为所有领域都离不开数据，也就需要掌握统计学的基本原理。

(2) 问：统计学最大的魅力是什么？

答：统计学最大的魅力就是从无序的数据中找到规律。这种迷人的魅力，倾倒众生。

先讲一个例子吧。比如，"第一堂统计课，你最想问的一个问题是什么？"同样的问题，用写小纸条的形式，请不同年级和不同专业的学生回答。有意思的是，把这些问题汇总起来，统计一下，就发现了规律，主要集中在 4 个方面，即统计学是什么(Who)、为什么学(Why)、学什么(What)、怎么学(Way)。

再举两个例子，高考那段时间，老师总是会统计和研究前几年的高考试卷来分析出题方向。上网购物的时候，网站已将浏览数据保存下来，然后向顾客推荐可能感兴趣的商品。

顺便再播报几个好消息。

10 月 20 日的"世界统计日"来了，这是 2010 年联合国大会的决议。

9 月 20 日的"中国统计日"跟着来，这是 2010 年中国国家统计局的决定。

2019 年，在世界一流学科的高校排名中，统计学的学科状元高校为美国的哈佛大学。同年，在中国高校一流学科的建设中，统计学在北京大学和清华大学均榜上有名。

(3) 问：情感也能量化吗？

答：当然能。《心理统计学》早就上架，成为大学里研读的课本了。

统计学的科目，分为统计学原理和专业统计学。《心理统计学》属于专业统计学，本书讲述的是统计学原理部分，统计学原理是专业统计学的基础。

年复一年，每年都有统计学教材新鲜上市，如《国际统计学》《心理统计学》《旅游统计学》《体育统计学》《传播统计学》等。

为增加一点观感，现展示部分统计学教材的封面，如图 1-1 所示。

图 1-1　大学统计学教材的封面

统计学与数据打交道，魅力大，用途广，各个领域都在应用统计学，各大名校都已设置统计专业。

如果你发现所学的专业或其他方面，还有什么没被加上统计学后缀的话，那么，恭喜你，你有了新发现，你要赶快把新发现变成新成果，写一本这类的统计学，以填补空白。

(4) 问：您能告诉我学统计学的诀窍吗？

答：成绩优秀=诚实+自信+勤学勤练+活学活用。这是主旋律，统计学也不走调。

学好统计学的诀窍，可以归纳为两个词：总谱、实务。总谱如同图纸，实务如同施工。

"总谱"就是总框架。用统计思维设计的总框架，即设计→搜集数据→整理数据→分析数据→传播数据。有了整体把握，心中就有谱，就能一环紧扣一环，不掉链子。从零开始，循序渐进，不愁学不会。

"实务"就是学以致用。比如，书中有大量实例，可供享用。又如，自己编题做题，做完题以后，请同学看一看，改一改，留言做纪念。相互之间，取长补短，活学活用，学业和友情，同增同长。如此这般，玩中学，学中玩，不愁玩不转。

学好统计学的诀窍，最关键的还是源于兴趣。统计学是一门方法论的学科，与数据打交道，要求能写会算。人们仰慕有才的人，统计学就是一门让人有才的学问，有了这个动力，那就出发吧！

(5) 问：请问与本课程相关的，有哪些有趣的网站和书籍？

答：统计与数据打交道，数据无处不在，智慧之花俯拾皆是。

有趣的统计网站，有个人的网站，也有群体的网站，这里略举一二。

统计学的个人网站，如韩际平的自媒体，可搜索公众号"微言小语"；邱东的微博，可搜索"北师大邱东的微博"；潘璠的博客，可搜索"panfan 的博客"。还有小蚊子乐园、郑来轶的博客、公众号"未一统计"。

统计学的团队网站，如统计之都、网易数读、数据分析师，还有统计局、精英统计工作室、ExcelHOME 等。

统计院校的网站，如中国人民大学统计学院、北京师范大学统计学院、北京大学光华管理学院商务统计与经济计量系，还有美国哈佛大学统计系、英国牛津大学统计系、德国慕尼黑大学统计学院等。

部分统计网站的截图，如图 1-2 所示。

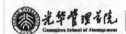

图 1-2　统计学的网站截图

有趣的统计科普读物：《数海临风》《爱上统计学》《统计学的世界》《生活中的统计学》《统计使人更聪明》《统计连着我和你》。这些书的封面，请欣赏图 1-3。

图 1-3　统计科普读物的封面

统计学，趣味十足，鲜活灵动，人见人爱，只要肯学，不愁学不好，只愁太痴迷。带着一颗自由和快乐的心，来赴统计学的盛宴，自然会乐在其中。

统计学跟数据打交道，统计的语言是数据。统计、统计学、数据这三者，统计和统计学是什么意思，统计学一路走来有什么小故事，规范的统计语言是怎样的，下文自有分解。

1.2　统计和统计学

1. 统计和统计学的含义

统计是指调查和研究数据的统一体。统计学是一门关于数据的学问。

"统计"一词有动词和名词之分。

有人说："把这个给统计一下。"这里说的"统计"是动词，表示"算一算"。

有人讲："我学的是统计专业。"这里说的"统计"是名词，表示"统计领域的学问"。

从动词看，统计是指调查数据的实践；从名词看，统计是指研究数据的统计学；从调查和研究的结果看，统计是指数据。

统计数据简称"数据"。

数据是指用科学方法，对研究对象进行量化，用获取的信息认识研究对象。

数据的主要特点是真实、准确、完整和及时，这也是统计调查研究活动的灵魂。真实的数据，还必须准确、完整和及时提供，只有这样，才能有效地进行研判。从优质数据中提取有用的信息，这是统计的价值所在，信息职能也是统计最基本的职能。

数据从广义看，包括数据的名称和数值。数据从狭义看，只指数值。

广义上的数据，称为"变量"，如数值型数据又可称为"数值型变量"。变量包括变量的名称和数值，变量的取值称为"变量值"。

由于研究对象的不同、采集数据角度的不同，得到的数据也不一样。对这些数据进行分类，把握各类数据的风格，可以更好地认识研究对象。

大数据是指无法在一定时间范围内用常规软件工具进行捕捉、管理和处理的数据集合，是需要新处理模式才能具有更强的决策力、洞察发现力和流程优化能力，并且呈现海量、高增长率和多样化的信息资产。

大数据具有 5 个特点，即 5V 特点：大量性(Volume)、多样性(Variety)、高速性(Velocity)、价值性(Value)、真实性(Veracity)。

● 大量性是指数据量大，包括采集、存储和计算的数据量都非常大。
● 多样性是指数据类型多样化，包括文字、图片、音频、视频等。
● 高速性是指数据的增长速度快，处理速度也快，时效性要求高。
● 价值性是指数据分散，但经挖掘后，数据的价值高。
● 真实性是指数据的质量，包括数据的准确性和可信赖度。

大数据运用很广，如利用大数据助力城市交通，通过对路段、车辆、时间和空间等进行大数据分析，可用电子屏对路况进行实时性可视化呈现。

统计是统计实践、统计学和统计数据的统一体。这三者的关系密不可分，统计学与统计实践是理论与实践的关系，两者都离不开数据。数据是统计实践的成果，是统计学研究的依据。离开数据，统计就成了无源之水。

统计学和统计数据的亲密关系，还可以从英文单词中略见一斑。"statistics"这个英文单词，单数形式表示"统计学"，复数形式表示"统计数据"。

关于统计学的定义，有很多版本。

版本一，统计学是一门搜集、分析、表述和解释数据的科学和艺术。(英国《不列颠百科全书》的定义)

版本二，统计学是一门研究数据的科学，任务是有效地搜集、整理和分析这些数据，探索数据内在的数量规律性，为决策提供依据。(中国统计师职业考试书的定义)

版本三，**统计学**是一门搜集、整理、分析和传播数据的科学和艺术，目的是通过数据分析，揭示研究对象的统计特征和规律。(本书的定义)

对统计学定义的解读：统计学是一门专注于用数据语言来认识世界的学问。一般来讲，数据的获得要经过调查研究，即确定研究对象，围绕预定目标，搜集数据，把搜集到的散乱数据整理为有条理的数据，从数量方面探寻研究对象的数量特征和统计规律，结合数据成果和相关信息进行判断，并选择适当的方式进行传播。

比如，人口性别的统计规律显示，男婴和女婴的性别比为105∶100，婴幼儿时的男性略多于女性，中青年时的男女人数大致持平，老年时的女性又略多于男性。

统计学的特点是数量性、科学性和艺术性。

统计学最大的特点是数量性。数据是主角，统计学不管走到哪里，都要用数据说话。

统计学、数学、计算机科学和经济学，都与数据打交道，但又各具特色。

(1) 统计学与数学相比，从研究对象来看，统计学与真实的数据打交道，数学主要与抽象的数字打交道；从研究方法来看，统计学主要运用归纳的方法，数学主要运用逻辑推证的方法。

(2) 统计学与计算机科学相比，统计学是研究数据的方法论学科，计算机科学是计算数据的技术工具。

(3) 统计学与经济学相比，从研究范围来看，统计学比经济学研究的范围更广，统计数据既包括经济数据，也包括其他各类数据；从研究方法来看，经济学研究往往要借助统计学方法。

统计学往往助力学者摘取诺贝尔经济学奖的桂冠。翻阅诺贝尔经济学奖得主的故事，发现他们都有数据的情结，都善于运用统计学方法，现摘录部分资料，分享如下。

1969年，首届诺贝尔经济学奖得主因"主要从事于把统计应用于动态经济理论"而获奖。获奖者丁伯根为荷兰中央统计局商业循环研究的统计学家。

1970年，萨缪尔森荣获诺贝尔经济学奖。他所著的《经济学》教材风靡全球，他也是将数学和统计分析方法引入经济学的第一人。他认为，"在许多与经济学有关的学科中，统计学特别重要"。

1980年，获奖者克莱因是计量经济学的创始人，被称为"计量经济学之父"。

1990年，获奖者夏普等3人"在金融经济学方面做出了开创性的工作"。

2000年，获奖者麦克法登和赫克曼因"对抽样的原理和方法所做出的发展和贡献"而获此殊荣。

2010年，获奖者戴梦得等3人凭借"对经济政策如何影响失业率理论的进一步分析"而摘得桂冠。

2015年，诺贝尔经济学奖得主迪顿因"对消费、贫困与福利的分析"和著作《家庭调查分析》而获此殊荣。迪顿在剑桥大学时深受1984年诺贝尔经济学奖获得者斯通的影响。斯通认为"计量经济学包括两部分，测度和统计，二者缺一不可"。

2016年，诺贝尔经济学奖的两位得主哈特和霍姆斯特罗姆因"对契约安排最优化的分析"而获奖。他们都是美国计量经济学会的会员，其中一位曾担任美国计量经济学会的主席。

2017 年，诺贝尔经济学奖得主塞勒的贡献在于"为个人决策的经济和心理分析之间搭建了一座桥梁"。

2018 年，诺贝尔经济学奖得主诺德豪斯和罗默的获奖理由是"创新、气候和经济增长的研究"。

统计学是科学性和艺术性的完美统一。

统计学是数据科学，统计学的科学性是内容，统计学的艺术性是形式，两者是内容与形式的关系。统计学的艺术性，是在遵循数据科学性的前提下，用艺术形式表达和传播数据。

比如，统计学的一大独门绝技，就是用艺术化的图表呈现数据，让人感受到数据之美。可视化图表的流行，就是艺术化呈现数据的一例。

统计学最大的魅力是从数据中找到研究对象的数量特征和内在规律。心中有数，就能更有效地进行判断和决策。

统计学的生命力在于统计思维，即搜集、整理、分析和传播数据。在传播数据时，特别要留意传播的范围，涉及个人隐私和国家机密等的数据，不能公开传播。

从"算一算"的统计到形成统计学，其间经历了很多年。没有统计的实践活动，就没有统计学这门学科。

2. 统计实践简史

最初的统计出现在原始社会，人们为了最基本的生存需要，用刻线、打绳结等方式来计数。

统计实践的真正萌芽是在奴隶社会，统治者为了对内统治和对外战争，需要征兵和征税，于是就有了人口、土地和粮食的统计。

从四大文明古国来看，可以看出各国的发展与统计实践的亲密关系。

(1) 古印度建立了人口登记制度。

(2) 古巴伦统一了测地工具与单位长度。

(3) 古埃及为了建造金字塔，进行了全国人口和财产的调查。

(4) 古代中国有了最早的统计数据。公元前 2000 多年的夏朝，全国分为九州，人口 13553923 人，土地 24388024 顷。春秋战国时代，出现了统计学的真知灼见。例如，素有"华夏第一相"之称的管仲(约公元前 723—公元前 645)在他所著的《管子》中指出："不明于计数而欲举大事，犹无舟楫而欲经于水险也。"这句古话翻译成白话，意思为："不了解计数而想要举办大事，就好比没有舟楫想渡过危险水域一样。"

统计实践的初步发展是在封建社会，其主要特点是注重编制财产目录，同时统计著述开始出现。随着人类社会生产的发展，统计的范围逐渐由人口、土地、粮食发展到社会经济生活的各个方面。

法国在 9 世纪的查理大帝时代，编制了《国库财产大纲》，内容包括对人口、土地、收入、农产品、畜产品和工业品的调查结果。

英国在 11 世纪的威廉时代，编制了《最终税册》，内容包括对土地主和自由民的土地占有情况和市民的财产情况的调查结果。

在封建社会，自给自足的自然经济占主导地位，生产力低下，经济落后，封建生产关系阻碍了社会生产力的发展，相应地也阻碍了统计实践的发展。

统计实践的全面发展始于资本主义社会，其主要特点是统计法规制度化、统计人员专业化和统计方法多样化，同时，统计的运用更加广泛。

17世纪以来，西方国家由于工业、商业、农业、通信、贸易和交通的发展，统计实践从国家管理领域扩展到社会经济活动等很多领域。

从18世纪起，出现了专业的统计机构，开始搜集统计资料，定期或不定期进行人口、工业、农业、贸易和交通等调查，出版统计刊物，建立国际统计组织，召开国际统计会议。

统计实践的快速发展从20世纪开始，得益于电子计算技术的推广和运用，其主要特点是打破了时空和计算的壁垒，数据成为"货币"开始交易。除了依旧注重国家管理服务外，也注重国际交流和个性服务，数据分析人才成为社会精英，统计学派和统计著作层出不穷。从21世纪开始，大数据时代来临，统计学的运用能更多更好地造福人类。

数据是软黄金。如果有人不知道证券交易所，这不稀奇。如果有谁不知道大数据交易所，那就落伍了。

全球第一家大数据交易所，即"贵阳大数据交易所"，2015年4月正式挂牌营运，总部位于中国贵州省，在北京和上海设立运营中心，其目的在于促进数据要素流通融合，驱动大数据产业发展。2017年12月与美国芝加哥商品交易所达成共识："贵阳大数据交易所将接入美国芝加哥商品交易所的数据，共同拓展商业数据模块开发空间。"到2018年年初，贵阳大数据交易所的会员企业已突破1500家，交易额累计突破1亿元人民币，交易数据产品接近4000个。

3. 统计学说简史

统计学源于统计实践。统计学诞生于17世纪中叶，创始人是英国的威廉·配第。翻开统计学的典籍，有以下学派载入史册。

第一个时期：独立的统计学派(17世纪中叶—19世纪中叶)。

统计学说源起于以下两个学派的贡献：国势学派、政治算术学派。

国势学派是有名无实的统计学派，发源地在德国。

国势学派以社会经济现象为研究对象，以社会调查为研究基础，由于只注重文字分析，因此这个学派被称为"有名无实"的统计学派。

17—18世纪，国势学派诞生于严谨的德国，代表人物是赫尔曼·康令(1606—1681)和高特弗洛里特·阿亨瓦尔(1719—1772)。他们主张用记述的方法记录国家的重大事项，诸如政治、军事、经济等，希望从中理出历代兴亡的轨迹，从而为统治者效劳。

国势学派的标志性事件是在大学首次开设"国势学"课程，首先提出"统计学"一词。

1660年，康令首次在西尔姆斯特大学开讲"国势学"课程，教学目的为"授人以政治经营所需的知识"，教学内容主要为各国的人口、土地财政、国家组织与结构等"国家的重大事项"。1749年，阿亨瓦尔在其出版的《近代欧洲各国国势学论》一书中首次提出"统计学"这一名词，并将"统计学"定义为记述国家重大事项的学问。

政治算术学派是有实无名的统计学派，发源地在英国。

政治算术学派以社会经济现象为研究对象，以社会调查为研究基础，注重数量分析，为统计学的创立奠定了方法论基础，但由于他们在所有著述中并没有提到"统计学"这几个字，因此这个学派也被称为"有实无名"的统计学派。

17世纪中叶，政治算术学派诞生于风雅的英国，代表人物是威廉•配第(1623—1687)和约翰•格朗特(1620—1674)。他们主张用数量对比分析的方法，对英国与法国、荷兰的国情进行比较，以明确英国的国际地位。

政治算术学派的代表作有《政治算术》和《对死亡率公报的自然和政治观察》。《政治算术》是第一部数量分析的著作，《对死亡率公报的自然和政治观察》是第一部关于人口统计的著作。

配第在《政治算术》一书中，用数量分析的方法，对比了英国和法国、荷兰的"财富和力量"，批驳了盛行于本国的"英国悲观论"。由于最早提出并实践了数量分析的方法，配第被尊称为"统计学的创始人"，他也是"政治经济学之父"。

格朗特，配第的朋友，他在《对死亡率公报的自然和政治观察》一书中，对伦敦50多年的人口出生和死亡资料进行了计算和分析。

现在，"统计学原理""国际统计学""人口统计学"已成了大学里常开的课程。而"中国人寿保险业经验生命表"，即反映社会平均年龄及不同年龄人群的生存概率和死亡概率的数据表格，已被广泛应用于寿险产品定价、风险管理等各个方面，是保险行业防范风险的重要手段和条件。

第二个时期：融而不合的统计学派(19世纪中叶—20世纪中叶)。

社会经济统计学派——迅速发展的统计学派，发源地在德国。

19世纪，社会经济统计学派兴起于德国，是政治算术学派的延伸，代表人物是恩斯特•恩格尔(1821—1896)和乔治•冯•梅尔(1841—1925)。他们主张统计学是研究社会现象的社会科学，融合了国势学派和政治算术学派的观点，并把政府统计和社会调查融合起来，进而形成社会经济统计学。社会经济统计学派在理论上比政治算术学派更加完善，在时间上比数理统计学派提前成熟，因此在国际统计学界影响很大。

数理统计学派——融合却走偏的统计学派，发源地是比利时。

19世纪，数理统计学派诞生于美丽的比利时，代表人物是阿道夫•凯特勒(1796—1874)，代表作有《统计学的研究》和《关于概率论的书信》。他们主张将概率论应用于人口、人体测量和犯罪等问题的研究，创建了抽样理论、相关和回归理论等，完成了统计学和概率论的结合。数理统计学派把国势学派、政治算术学派、概率统计学派的分析方法，融合为一门统计学，但主张概率论就是统计学，否认社会经济统计学的存在。

19世纪中叶，各国政府成立了统计部门，有了统计职业，有了专业的统计人员从事统计事业。

1851年，首届国际统计学会议由凯特勒组织，在比利时首都召开。1885年，首个国际性统计组织即"国际统计学会"在英国伦敦成立。国际统计学会是联合国教科文组织的咨询机构，宗旨是通过国际活动与合作，发展与改善统计方法及其应用。

1979 年，中国统计学会正式成立。同年，被国际统计学会接纳为团体会员。1995 年，首次在北京举办第 50 届世界统计大会。

图 1-4 所示为统计学的创始人威廉•配第和他的著作。

图 1-4　统计学的创始人威廉•配第和他的著作

威廉•配第，统计学家和音乐教授，出生于英国一个手工业者家庭。他说："我进行这种工作所使用的方法，在目前还不是常见的，因为我不采用比较级或最高级的词语进行思辨式的议论，相反地，采用这样的方法，即用数据、重量和尺度来表达自己想说明的问题。"

图 1-5 所示为中国统计学会的创始人李成瑞和他的书法作品以及中国统计学会的网站。

图 1-5　中国统计学会的创始人李成瑞和中国统计学会网站

李成瑞(1921—2017)，统计学家和桂冠诗人。他出版了统计类书籍十多部，如《中国人口问题研究》《中国人口地图集》《社会经济统计学原理教程》。他于 1986 年当选为国际统计学会副主席，2006 年获首届"华夏诗词奖"一等奖。中国作家魏巍说："在他充满激情的诗篇背后，是以事实数据和冷静思考为基础的。"

第三个时期：合流的统计学派(20 世纪中叶至今)。

这个时期，社会经济统计学派和数理统计学派出现了融合的趋势，强调相互借鉴、共同发展。这一时期，统计学界人才辈出，方法层出不穷。比如，英国人费希尔(R. A. Fisher，1890—1962)提出了假设检验、方差分析等方法，中国人薛暮桥(1904—2005)创新了"划类选典"等调查方法。同时，时间序列分析、多元统计分析等方法也应运而生并蓬勃发展。

在中国，1949 年以前，统计工作无序，统计学基本上是照搬西方统计理论，传播的主要是数理统计学派的观点。1949—1978 年，统计学基本上是照搬苏联统计理论，传播的是社会经济统计学派的观点，而数理统计学派遭到了批判。1979 年，统计学界经过激辩，达成共识，认为数理统计学与社会经济统计学一样，都是独立的统计学科。2011 年，统计学划入国家一级学科，与数学、经济学、计算机科学同属一个级别。随着统计学学科体系的建立，统计学作为一门独立的科学，其运用已渗透到各个领域。

未来的统计学怎么走？可以预见，统计学将更具全球化、人性化和生活化。随着电子信息和网络技术的发展，全球统计学将应运而生，各国统计圈的交往和合作将更频繁。同时，个体统计学也将走俏，统计学将青睐个人，《幸福统计学》《爱情统计学》《个人健康统计学》《个人理财统计学》《网络统计学》之类将层出不穷。

1.3　统计语言是数据

1. 统计语言的 8 个要素

数据是统计的语言，统计语言又称数据语言。统计语言最大的特点就是数据性。

既然是语言，就不要先讲用得活不活，而要先讲用得是不是规范。一句统计语言，如果用得不规范，哪怕用得再灵活，也是病句一个。本节重点讲解统计语言的标准用法。

先看下面一小段对话。

老师：数字就是数据吗？

学生：不是。数字是光溜溜的，光杆司令，1 是数字，1 就是 1，无依无傍。

老师：数字是光杆司令，数据呢？

学生：呃，数据都有依据，有计量的单位，有……

老师：数据不是光杆司令，每个数据都是一朵格桑花，格桑花天生有 8 个花瓣，少一个都不行。

规范的统计语言，由 8 个要素构成：时间、空间、总体、指标名称、指标数值、计量单位、计算方法和资料来源。

谁能够把统计语言的 8 个要素一个不落地背下来，谁能够呢？估计很难。下面举例来看，有了实例的帮忙，就能化难为易，就能牢牢记住这朵风姿迷人的 8 瓣"格桑花"了。

格桑花的花语为"幸福之花"，如图 1-6 所示。

图 1-6　8 瓣格桑花

2. 统计语言的纯正表达

【例 1-1】玩一玩数据扩充的游戏。

游戏的玩法：请把本班的人数，扩充为数据。你写的这个数据，不仅自己看得懂，外面的人也看得懂。

学生甲："我们班 30 人。"这样写可以吗？

学生乙：这样写肯定不行，因为外面的人看不懂。

"我们班 30 人"这句话，没写是哪个年级，缺了时间；没写是哪所大学，缺了空间；没有写是哪个专业、哪个班级的学生，缺了总体对象的定位；没有写数据是怎么来的，缺了资料来源。

把"我们班 30 人"中的数字"30"扩充为数据，只要有心，心里有标准，就能完美地表达统计语言。

【例 1-2】用一用纯正的统计语言。

问：下面这个资料，数据的表达怎么样？

资料：中国互联网络信息中心(CNNIC)发布的第 44 次《中国互联网络发展状况统计报告》显示，用抽样法进行调查，截至 2019 年 6 月，中国网民规模达到 8.54 亿人。

答：在上面的资料中，数据的表达规范，符合统计语言 8 个要素的基本要求。

2019 年	中国	全部网民	网民规模	8.54	亿人	抽样法	CNNIC
↓	↓	↓	↓	↓	↓	↓	↓
①时间	②空间	③总体	④指标名称	⑤指标数值	⑥计量单位	⑦计算方法	⑧资料来源

注：中国互联网络信息中心(China Internet Network Information Center，CNNIC)。

一朵 8 瓣的格桑花，一句 8 个要素的统计语言，记住了统计语言，对写作也有好处。

【例 1-3】看一看统计语言的国家标准。

结合中华人民共和国国家标准《出版物上数字用法》(GB/T 15835—2011)，逐个解读统计语言的 8 个要素。

阿拉伯数字为 0、1、2、3、4、5、6、7、8、9。

中文的小写数字为〇、一、二、三、四、五、六、七、八、九、十、百、千、万、亿。

中文的大写数字为零、壹、贰、叁、肆、伍、陆、柒、捌、玖、拾、佰、仟、万、亿。

一是时间为数据的出生日。

正式表达时间，讲求准确无误。一要表达清楚，不要用"今年"和"本期"这类语焉不详的字眼。二要表达完整，如"2020 级"不要用"20 级"表示，"2020 年"不要用"20 年"表示。三要符合标准，阿拉伯数字和汉字数字不能混在一起写，如"2020 年"可以写成"二〇二〇年"，但不能写成"二 0 二 0 年"。

二是空间为数据的出生地。

正式表达空间的时候，也要讲求准确和完整，如"中国"不要用"我国"表示，"中国人民银行"不要用"人行"表示。在网络世界，语焉不详的表达，不利于有效传播。

三是总体和个体为数据研究的主角。

统计学的研究对象是总体的数量方面，统计学的作用在于通过数据认识总体的特征和规律。例如，中国的全部网民就是一个总体，中国的每一个网民就是一个个体。

总体由具有同质性的大量个体构成。总体具有"三性"：同质性、大量性和差异性。

总体的这"三性"，可以用"求同存异"这个成语来帮助记忆。同质性是指构成总体的个体必须具有共同的性质；大量性是讲要从数量方面认识总体，必须获得大量有效数据，并从中提取有价值的信息；差异性是讲个体之间存在差异。

四是指标名称为说明总体的数据名称。

指标名称的定义要科学，同一个指标名称，不同的定义，就会有不同的统计结果。如中国网民规模是指过去半年内使用过互联网的 6 周岁及以上的全部中国居民。

五是指标数值为说明总体的数值。

指标数值常用阿拉伯数字表示。

阿拉伯数字不能出现与汉字数字混在一起写的情形，如"1000"，可以写成"一千"，但不能写成"1 千"。

概约数用小写的汉字数字来表达，如平均年龄"二十几岁"。

数值的范围常用波浪线"～"呈现，如 1%～2%。

六是计量单位为每个数据必备。在用计量单位的时候，一要写，二要写全。计量单位，不能不写，也不能把"亿人"写成"亿"。

七是计算方法为计算数据的方法。

数据的类型不同，计算的方法也不完全一样。

八是资料来源为数据的品质保证。

资料来源要权威，不仅要记得写，还要写全。写好资料来源，这是对数据提供者应有的尊重，同时也便于查询和核实数据。数据源于网络，应做好超链接，最好写出网络路径。

3. 统计术语的详细解读

记住了统计语言的纯正用法，不仅确保自己会用，还能有模有样地评判别人用得是否规范，当然，还有一大好处，就是顺路记住了统计学的几个基本术语：总体、统计指标、个体、标志。统计指标用于说明总体的特征，标志用于说明个体的特征。

【例 1-4】看一看统计术语的内幕。

班长的小报告：统计专业这个班有 30 名同学，男女各半，平均年龄为 20 岁。同学们爱好广泛，平常喜欢上网、运动等。我们每一位都有特长：班草，李帅 21 岁，最厉害的是写得一手好字；班花，王美 20 岁，天生喜欢唱歌跳舞……噢，换个形式来说吧，下面是两份表格清单，如表 1-1 和表 1-2 所示，请过目。

表 1-1 个体数据表

序号	姓名	性别	年龄	爱好
1	李帅	男	21	书法
2	王美	女	20	音乐
⋮	⋮	⋮	⋮	⋮

↓汇总

表 1-2　总体数据表

性别	人数/人	各组人数所占构成比/%	平均年龄/岁
男	15	50	20
女	15	50	20
总计	30	100	20
	↑	↑	↑
	总量数	相对数	算数平均数(均值)

由表 1-1 和表 1-2 两份清单，可以得到这个班学生的基本情况，如表 1-3 所示。

表 1-3　学生的基本情况

主体	个体	个体数据(标志)：说明个体				总体	总体数据(统计指标)：说明总体		
		品质标志		数量标志			数量指标	质量指标	
		名称	表现	名称	表现		总量数	相对数	均值
学生	每个学生	学号 性别 爱好	1,2…… 男,女 书法……	年龄	21 岁、20 岁……	全部学生	总人数 30 人	男女各占 50%	平均年龄 20 岁

接下来，以例 1-4 来说明统计学中的几个基本概念的运用。

个体是指构成总体的基本单位，又称"总体单位"。

个体是由个体名称和个体名称的具体表现构成。比如，每一个学生是个体，都是这个班集体中的一员。"爱好"是个体的名称，"书法"是个体名称的具体表现。

个体数据是指说明个体的数据，又叫"标志"。

标志由标志名称和标志名称的表现构成。标志按说明个体特征的不同，分为品质标志和数量标志。品质标志是指说明个体的属性特征，品质标志的取值就是品质标志的表现。比如，每个学生的性别是品质标志的名称，男、女是品质标志的表现。数量标志是指说明个体的量化特征，数量标志的取值叫标志值。比如，年龄是数量标志的名称，21 岁是数量标志的标志值。

总体是指由具有某种共同性质的全部总体单位所组成的集合体。

总体有 3 个特点，即同质性、差异性和大量性。同质性是指构成总体的个体在某方面具有完全相同的性质；差异性是指构成总体的个体在其他方面具有不完全相同的性质；大量性是指构成总体的个体要足够多。同质性和差异性，可以用成语"求同存异"来记忆。

比如，总体是全班学生，全班学生是由每一个学生所组成的集体。每一个学生，既有共性又有个性。共性表现在他们都是同一年级、同一专业的，这些共同点使他们有缘成为同班同学。而每一个学生又有个性，存在个体差异，如果每个学生各方面都一模一样，那就不需要统计了。同时，要了解全班同学的特点，只用两三个学生的情况来说明显然不够。

总体数据是指说明总体的数据，俗称"统计数据"，专业术语称为"统计指标"。统计的语言是统计指标，其表现形式有 3 种，即总量指标、相对指标和平均指标。总量指标表示总体的总量规模，相对指标表示总体的对比程度，平均指标表示总体的一般水平。

总量指标、相对指标和平均指标，分别称为总量数、相对数和平均数。总量数、相对数和平均数，简称"三数"。

比如，说明全班学生这个总体的"三数"有：总人数 30 人(即总量数)、男女各占 50%(即相对数)、平均年龄 20 岁(即均值)。

值得一提的是"变量"。"变量"来自数学领域，"变量"来到统计世界以后，众说纷纭，有的说"变量"是指个体数据，有的说"变量"是指总体数据，还有的认为"变量"既指个体数据，又指总体数据。

本书认为，统计已有了自己的专业术语，面对舶来品"变量"，不妨采取包容之心，让它代表个体数据和总体数据。但在运用"变量"时，只要对个体和个体数据、总体和总体数据之间的关系留意一下就好了。

记住了统计语言，好处多多，其中一个好处，就是顺便知道了数据的几个基本分类。

1.4 数据的基本分类

茫茫人海，人可以按"性别"分为"男"和"女"。

茫茫数海，数据可以从统计语言的 8 个要素出发进行分类。

统计语言的 8 个要素，包括时间、空间、总体、指标名称、指标数值、计量单位、计算方法和资料来源。接下来看一看数据的基本分类。

知道了统计语言的 8 个要素，也就知道了数据的 8 种基本分类。

其一，数据从时间来看，分为静态数据和动态数据。

静态数据是指在相同时间上的数据。

动态数据是指在不同时间上的数据。

比如，某年的网民人数是静态数据，历年的网民人数是动态数据。

本书的第 4 章和第 5 章关注静态数据的用法，第 6 章和第 7 章关注动态数据的用法，第 8 章是两类数据的综合运用。

其二，数据从空间来看，或从获取数据的方法来看，分为观测数据和实验数据。

观测数据是指在非实验环境下，对现象进行实地观测所取得的数据。在取得数据的过程中，一般没有人为的控制和条件约束。观测数据可能是全部数据，也可能是部分数据。

实验数据是指在实验环境下，对现象进行实验所取得的数据。在取得数据的过程中，实验环境受到人为的控制和条件约束，实验数据都是部分数据。

比如，网民人数是观测数据，在实验室做实验得到的数据是实验数据。

本书关注观测数据的用法。

其三，数据从总体来看，分为个体数据、样本数据和总体数据。

个体数据是指说明个体的数据。

总体数据是指说明总体的数据。

样本数据是指总体中的部分数据。

没有个体数据就没有总体数据，总体数据来源于个体数据。

比如，每个网民的数据就是个体数据，把每个网民的数据汇总起来就得到所有网民的总体数据。

其四，数据从指标名称来看，分为总量指标、相对指标和平均指标。

总量指标、相对指标和平均指标分别说明总体的总量水平、相对水平和平均水平。

比如，网民的总人数、性别构成比、平均年龄分别为总量指标、相对指标和平均指标。

其五，数据从指标数值来看，分为总量数、相对数和平均数，简称"三数"。

总量数、相对数和平均数分别是总量指标、相对指标和平均指标的具体取值。

本书从头到尾都在应用"三数"。

其六，数据从计量单位来看，分为用实物单位和货币单位计量的数据。数据从计量形式来看，分为用百分号、千分号等符号表示的数据。

比如，网民的平均年龄属于均值，计量单位是实物单位。所有网民的上网费用是总量数，计量单位为货币单位。男性网民占全部网民的构成比是相对数，计量形式是百分数。

其七，数据从计算方法来看，根据现象的特点，可以分为用静态分析方法计算的静态数据和用动态分析方法计算的动态数据。

比如，用静态分析方法计算数据的现状，用动态分析方法计算数据的变化。

数据从计算方法来看，根据计算的结果，可以分为用描述统计法计算的数据和用推断统计法计算的数据。

描述统计法是指研究搜集、整理和描述数据的统计学方法。

推断统计法是指研究如何利用样本数据来推断总体特征的统计学方法。

本书第5章专注于推断统计法，其余章节的方法归类到描述统计法。

其八，数据从来源来看，分为一手数据和二手数据。

一手数据是自己调查得到的原始数据。

二手数据是利用别人调查得到的数据。

比如，中国互联网络信息中心发布的数据，对调查者而言是一手数据，对其他使用者而言是二手数据。

本书第2章重点关注一手数据和二手数据的搜集。

【例1-5】看一看数据类型的风光。

问：下面这个资料，数据类型的风光在哪里？

资料：据中国国家卫生健康委员会统计，截至2020年3月7日，支援湖北省抗击新冠肺炎疫情的有4.2万名医务人员。

答：数据类型的风光，可以从数据的分类来看。

从数据的时间看，属于静态数据。从数据的空间看，为观测数据。

从数据的总体范围看，属于总体数据。从指标名称的取值看，为数值型数据。

从指标数值的作用看，属于总量数。从数据的计算单位看，为实物单位计量的数据。从数据的计算方法看，属于用静态方法计算的静态数据。从资料来源看，为二手数据。

1.5 Excel 的基础应用

统计学这门学科，自从有了计算机的助力，简直如虎添翼。

统计学世界，就是平常又神奇的数据世界。计算机的出现，让人摆脱了烦琐的数据计算，让人通过数据速算的隧道，直达认识对象的内核，直接享受用数据说话的乐趣。Excel 实现统计分析的主要途径有公式、函数和"数据分析"工具。

本书上机操作的内容全部在 Excel 2010 的电子表格中完成。

本部分内容，共有 3 个干货。

一是 Excel 2010 界面的简介。

二是 Excel 中数字的基本算法。

三是 Excel "数据分析"工具的调用。

接下来，看一看 Excel 2010 的界面，就是在这个平台上，数据的精彩，瞬间绽放。

【例 1-6】Excel 2010 界面简介。

图 1-7 所示为 Excel 2010 的操作界面，从上往下，包括标题栏、菜单栏、功能区、工作区和状态栏。

图 1-7 Excel 2010 的操作界面

标题栏位于最顶层，左边为快速访问工具栏，右边为标题。

菜单栏由 1 个"文件"按钮和 7 个选项卡组成。7 个选项卡，从左到右依次为"开始""插入""页面布局""公式""数据""审阅""视图"。图 1-7 中，就是"开始"选项卡的功能区的界面。

功能区位于菜单栏的下方。单击每个选项卡的标签，就有相应的选项组，所有选项组的区域统称为"功能区"。

工作区中的每张工作表，共有 65536 列和 1048576 行。

状态栏位于最底层，显示工作表当前的状态。

在功能区和工作区之间，左边短的条形框是名称框，显示单元格或单元格区域所在的位置；右边长的条形框是编辑栏，显示在单元格中输入的内容；中间的 3 个按钮，从左到右依次为"×""√""f_x"，分别表示"取消""输入""插入函数"。用插入函数计算数据，单击编辑栏左侧的插入函数"f_x"按钮，就进入"插入函数"对话框。Excel 提供了 435 个函数，全方位满足各界人士对数据计算的需求。插入函数由函数名称和数据区域组成，插入函数的名称很容易记，一般都为相应的英文单词，如求和的函数名称为"SUM"，均值的函数名称为"AVERAGE"。

图 1-7 中，名称框显示为"A1"，表示当前的单元格定位在第 A 列和第 1 行交叉的格子中。编辑栏显示为"编辑栏"，表示在单元格 A1 中输入了"编辑栏"3 个字。在编辑栏计算时，要先输入等号"="。

在 Excel 中，计算方式主要有 4 种，即运算符号、插入函数、赋值函数和"数据分析"工具。

用运算符号计算数据，运算符号主要有 5 个，即+、−、*、/、^，分别表示加、减、乘、除与乘幂。这 5 个运算符号，都在计算机的键盘上。

【例 1-7】 用 Excel 的运算符号计算数字。

计算：$1+2-3\times4\div5+6^7+\sqrt[9]{8}=?$

解答：计算结果为 279937.86，计算过程如图 1-8 所示。

A1			f_x	=1+2-3*4/5+6^7 +8^(1/9)	
	A	B	C	D	E	F
1	279937.86					

图 1-8 用运算符号计算数字的演示

上机操作：先单击一个空白单元格，如 A1，再单击编辑栏；在编辑栏中，输入公式"=1+2-3*4/5+6^7+8^(1/9)"；最后，单击输入按钮"√"，就得到计算结果为 279937.86。

【例 1-8】 用 Excel 的赋值函数计算数字。

计算：$(1+2+3)\div3=?$

解答：计算结果为 2，计算过程如图 1-9 所示。

B8			f_x	=AVERAGE(B5:B7)
	A	B	C	D	E
3	算术平均数的计算			插入函数	
4	序号	数字			
5	1	1			
6	2	2			
7	3	3			
8	算术平均数	2			

图 1-9 用赋值函数计算均值

上机操作：先单击编辑栏左侧的插入函数"f_x"按钮，进入"插入函数"对话框；在"选择函数"列表框中，选择均值的赋值函数"AVERAGE"；然后再选择数据区域，如

B5:B7；最后，单击"确定"按钮，就得到计算结果为 2。

用赋值函数计算数据，是先用赋值函数法求出数字，再用填充柄拖动。

【例 1-9】用 Excel 的赋值函数计算数字。

计算：$\left[(1\div6)+2\div6+3\div6\right]\times100\%=?$

解答：计算结果为 100%，计算过程如图 1-10 所示。

	A	B	C	D	E
	C12		f_x	=(B12/$B$15)*100	
10	求和与构成比的计算				
11	序号	数字	构成比(%)		
12	1	1	17		
13	2	2	33		
14	3	3	50		
15	总计	6	100		

图 1-10　用赋值函数计算构成比

上机操作：总计是各部分数字之和，构成比是某部分的数字与各部分数字总和之比。

总计的计算。在单元格 B15 中，先单击"开始"标签，然后在"编辑"组中，单击自动求和按钮"∑"，选择要求和的数据区域，即"=SUM(B12:B14)"，再按 Enter 键，就得到总和为 6。

构成比的计算。先单击单元格 C12，在编辑栏中，输入公式"=(B12/$B$15)*100"；再单击输入按钮"√"，得到构成比为 17；然后，把鼠标指针指向 C12 右下角的小黑方块，这个小黑方块为填充柄，当鼠标指针的十字形由空心变为实心时，双击填充柄，或拖动填充柄到 C14，就得到 C13 和 C14 中的计算结果；最后，单击自动求和按钮"∑"，得到总和为 100。

请留意：输入构成比的分母时，可以直接输入总计的数字，也可以单击总计的数字，再按键盘上的 F4 键。比如，输入"$B$15"的方法，就是单击 B15，再按键盘上的 F4 键。

【例 1-10】Excel"数据分析"工具的调用。

要计算数据，可以打开"数据"选项卡，在"分析"选项组中，轻松地等待结果。

调出"数据分析"工具的步骤如下。

第 1 步，右键单击"文件"菜单按钮，在弹出的菜单中，选择"自定义功能区"命令。

第 2 步，弹出"Excel 选项"对话框，先选择"加载项"选项，再单击"转到"按钮。

第 3 步，弹出"加载宏"对话框，先勾选"分析工具库"和"分析工具库-VBA"复选框，再单击"确定"按钮。这时，在"分析"组中，神器"数据分析"闪亮登场。

在数据分析工具库中，共有 19 种数据分析工具，既好玩又好用。本书各章，除了第 1 章、第 2 章和第 6 章外，其他 6 章都有这个神器出没的踪影。

赶快行动吧，朋友们，先把"数据分析"工具找出来，把这款神器定位在"数据"选项卡的最右边。一次调用，永久使用。有神器在手，计算各路数据，那都是小菜一碟。

统 计 实 录

统计的对称美

茶余饭后，把玩统计，自以为有了新发现：统计的美，美在对称。

对称是美。翻开旧图书，里面画的反派人物独眼龙，就算他那只没瞎的眼睛大得如牛眼睛，给人的感觉仍是奇丑无比，跟美根本就沾不上边。书中美俊的人物，男子无不双目炯炯，女子无不秋波盈盈。

活脱脱的一个人，美还是不美，是可以看得见的。这统计的对称美，又怎么看出来呢？人由头部和躯干构成，而统计由4部分构成，即搜集、整理、分析和传播数据，四位一体。

统计的对称美，统计的思维之美，就从这4个部分来观赏吧。

搜集数据中的对称之美。数据的来源，有一手数据和二手数据。

整理数据中的对称之美。整理数据，分4步走，每一步都各显其美。

第1步审核，是人工审核与计算机审核联手。

第2步分组，有文本型和数值型的数据分组。

第3步汇总，有向上和向下的累计方法。

第4步结果，由统计表和统计图来显示汇总结果。

分析数据中的对称之美。数据的分析，有静态分析和动态分析。

传播数据中的对称之美。数据的传播，有公开传播和非公开传播。官方的统计数据，有的可以公开传播，如年鉴资料、普查资料等；有的则不可以公开传播，如涉及国家机密的数据。官方统计数据的传播，有时候还要考虑时间因素，如可以公开传播的官方数据，如果提前让境内外知道了，就要问责，甚至问刑。

比如，2011年6月20日，中国新闻网发表了题为《CPI数据泄密涉及5人已被立案侦查》的文章。CPI即居民消费价格指数，这是中国的核心经济数据，该指标曾频频提前"走光"，从2008年以来，仅英国路透社就有7次精准地"猜"对了中国的月度CPI数据。

可见，统计传播之美，美在丰富多彩，美在不可亵玩。

如果有谁忽视了统计的对称美，结果要么闹笑话，要么后果很严重。

以统计语言为例，统计语言的8个要素被誉为8瓣格桑花，包括时间、空间、总体、指标名称、指标数据、计算方法、计量单位和资料来源。忽视了统计语言的对称美，会怎样？

先看一则笑话。语文课上，老师问："量词是不能随便省略的，哪位同学能举个例子？"小强马上抢答："比如'他给我一支枪'，如果省略量词'支'，那我的命运就不一样了！"

再说严重后果。没有时空的指标，只能表达没头没脑的意思；只有总体说明而没有个体说明的指标，传达的是大而化之的信息；指标名称的内涵和外延没有统一，指标数值就会五花八门，没一个定准；计算方法不当，计量单位缺省，得到的是让人不知所云或笑话的结果；不写资料来源，没有相关说明，没人会对这样的数据感兴趣。

看来，统计思维中的对称美，足够来来往往的人流连忘返。

本 章 小 结

统计学并蒂之花竞相开放
科学艺术的花朵五彩斑斓
统计的语言之花花开八瓣
一瓣一瓣一朵朵无限芬芳

知识点： 统计、统计学、统计语言、数据类型。

基本内容： 以学生的提问为引入点，首先介绍了统计学的含义和应用，然后介绍了数据语言和数据类型，最后介绍了 Excel 2010 款的数据分析软件。

基本框架：

研究对象：总体的数量特征 ◄——— 调研活动(搜集、整理、分析、传播)

结果

说明　　　　　　　　　汇总　　　　　　提供

总体数据 ◄——— 个体数据 ◄——— 个体

对本章内容基本框架的说明：

统计学的研究对象主要是总体的数量特征，研究目标主要是从数据的角度认识总体。

总体资料来源于个体数据，个体资料来源于调查研究。调查研究活动，简称"调研活动"，一般要循序渐进，依次经过搜集、整理、分析和传播数据 4 个环节。

这 4 个环节，如同一道美味佳肴的制作，经历了下单和备料(搜集数据)、切配(整理数据)、烹饪(分析数据)和打荷(数据呈现)。

这 4 个环节，如同一次美妙的旅行，经历了 4 个风光带。这 4 个风光带，就是本书主打的旅游景点，就是本书的基本框架，也是本书津津乐道的地方。

从亲密接触若干个体，得到若干个体的数据，到整合个体数据，得到总体的数据，得到对总体的印象。从个体到总体，从对个体的认识到对总体的认识，由此及彼，用数据之光照耀前路，这个过程十分迷人。

统计语言有 8 个要素，与此相应，数据的基本类型也有以下 8 款，如图 1-11 所示。

本书的各章，将走向数据，亲近数据，零距离体验数据之美。

第 1 章为描画统计的概貌，初识数据。

第 2 章为搜集数据，就是从数据的来源，即一手数据和二手数据的角度，寻找数据。

第 3 章为整理数据，就是整理所搜集的一手数据和二手数据。搜集的一手数据为个体数据，整理好的数据为总体数据。

第 4 章、第 5 章为静态分析数据，就是用静态方法计算的静态数据。静态数据包括静态的总量数、相对数和平均数。

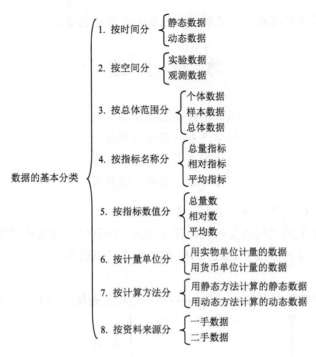

图 1-11　数据的基本类型

第 6～8 章为动态分析数据，就是用动态方法计算的动态数据。动态数据包括动态的总量数、相对数和平均数。

第 9 章是用数据说话，用数据写文章。

数据来自何方？搜集数据的章节有介绍。搜集数据是下一章的内容，是统计旅游的第一个风光带，主打景观是一手数据和二手数据的搜集。

真 题 上 市

一、单项选择题

1. 在统计学科史上，被认为有统计学之名而无统计学之实的学派是( )。

　A. 国势学派　　　　　　　　　　　B. 政治算术学派

　C. 数理统计学派　　　　　　　　　D. 社会经济统计学派

2. 统计学的基本含义是( )。

　A. 统计资料　　　　　　　　　　　B. 统计数据

　C. 统计活动　　　　　　　　　　　D. 统计学是一门研究"数据"的科学

3. 统计数据的( )是整个统计工作的灵魂。

　A. 准确、及时　　　　　　　　　　B. 准确、及时、方便

　C. 真实、准确、完整、及时　　　　D. 真实、准确、方便、及时

4. 大数据具有五大特点，即大量性、高速性、多样性、价值性和( )。

A. 真实性　　　　B. 随机性　　　　C. 完整性　　　　D. 确定性

5. 全球第一家大数据交易所，2015 年诞生在(　　)。

A. 中国　　　　　B. 美国　　　　　C. 英国　　　　　D. 德国

6. 当年全国的快递业务量，这个数据属于(　　)的数据类型。

A. 静态数据和个体数据　　　　　　B. 动态数据和个体数据

C. 静态数据和总体数据　　　　　　D. 动态数据和总体数据

7. 以下表述，正确的是(　　)。

A. 18 年 9 月，我们学院 3 千多的师生，热烈欢迎 18 级的新生

B. 18 年 9 月，我们学院超过 3 千多的师生，热烈欢迎 18 级的新生

C. 2018 年 9 月，我们学院三千多名师生，热烈欢迎 2018 级的新生

D. 2018 年 9 月，我们学院超过 3000 多名师生，热烈欢迎 18 级的新生

8. 为了便于数据分析，人们常用数字 1 表示男性，2 表示女性，其数字 1 和 2(　　)。

A. 只是一个编号　　　　　　　　　B. 可以进行运算

C. 具有实际数字含义　　　　　　　D. 具有数量上的差异

9. 在 Excel 中，表示加、减、乘、除、乘方的符号为(　　)。

A. +、-、*、/、^　　　　　　　　B. +、-、×、÷、^

C. +、-、×、/、^　　　　　　　　D. +、-、*、÷、^

10. 胖了，瘦了，还是体态匀称? 世界卫生组织的标准: 成年人 $19 \leqslant$ 身体质量指数 <25 为正常。身体质量指数=体重÷身高的平方，体重和身高的计量单位分别为"公斤"和"米"。2016 年巴西奥运会中国女排夺得冠军。作为主攻手朱婷的体重和身高分别为 78 公斤和 1.95 米，朱婷的身体质量指数为 21，即在电子表格的空白单元格中，输入(　　)，按 Enter 键，得到 21。

A. 78÷1.95×1.95　　　　　　　　B. =78/(1.95^2)

C. 78/(1.95*1.95)　　　　　　　　D. =78÷1.95×1.95

二、多项选择题

1. 17 世纪中叶，英国人威廉•配第所著《政治算术》一书的问世，标志着(　　)和(　　)的诞生。

A. 数学　　　　　B. 统计学　　　　C. 政治学　　　　D. 古典政治经济学

2. 统计思维是指(　　)的系统思维。

A. 搜集数据　　　B. 整理数据　　　C. 分析数据　　　D. 传播数据

3. 以下说法中，"统计"作为名词的有(　　)。

A. 李帅是学统计的

B. 李帅已做了 30 年统计了

C. 据统计，今年一季度手机销售量出现负增长

D. 请统计一下，4 月 23 日"世界读书日"这一天，我们书店的图书销售情况

4. 下列关于统计学的说法，正确的有(　　)。

A. 统计学是脱离统计实践而独立产生的

B. 今天，几乎所有领域都会用到统计学

C. 统计学的应用范围很广，但有时也会被误用和滥用

D. 统计学是用来处理数据的，是关于数据的一门学问

5. 形成统计总体应具备的条件有(   )。

    A. 同质性   B. 大量性   C. 差异性   D. 主观性

6. "《电商法》冲击波：中国两千多万微商人大考"，这是一条数据新闻。对照规范的统计语言，除了计算方法外，这条数据新闻还缺少(   )要素。

    A. 时间   B. 计量单位

    C. 资料来源   D. 空间、总体、指标名称、指标数值

7. "2020年"可以写成(   )。

    A. 二〇二〇年   B. 贰零贰零年   C. 二０二０年   D. 二零二零年

8. 属于文本型数据的有(   )。

    A. 出生地   B. 旅游地   C. 手机号码   D. 身份证号码

9. 属于数值型数据的有(   )。

    A. 年龄   B. 教龄   C. 身高   D. 体重

10. Excel实现统计分析的主要途径有(   )。

    A. 公式   B. 函数   C. 过程   D. "数据分析"工具

三、判断题

(   )1. 图书价格属于文本型数据。

(   )2. 统计最基本的职能是信息职能。

(   )3. 统计可以应用于所有领域，几乎毫无例外。

(   )4. 统计是适用于所有学科领域的通用的数据分析方法。

(   )5. 统计就是用来处理数据的，它是一门关于数据的学问。

(   )6. 报考大学和挑选专业时，其中也包含了统计思维的运用。

(   )7. 在统计学科史上，政治算术学派被认为是有实无名的统计学派。

(   )8. 统计是万岁事业，因为生活离不开数据，有效率的公民离不开统计思维。

(   )9. 实验数据可以是全部数据，也可以是部分数据，而观测数据只能是部分数据。

(   )10. 英文单词"statistics"，复数形式表示"统计学"，单数形式表示"统计数据"。

四、综合题

1. 解读

请指出下列资料中统计语言的8个要素，并说明数据的类型。

资料：中国网民规模超过8亿人，互联网普惠化成果显著。据中国互联网络信息中心发布的第43次《中国互联网络发展状况统计报告》显示，运用抽样法，截至2018年12月，中国网民规模达8.29亿人，普及率达59.6%，较2017年年底提升3.8个百分点，全年新增

网民 5653 万人。中国手机网民规模达 8.17 亿人，网民通过手机接入互联网的比例高达 98.6%。2018 年，互联网覆盖范围进一步扩大，贫困地区网络基础设施"最后一公里"逐步打通，"数字鸿沟"加快弥合；移动流量资费大幅下降，跨省"漫游"成为历史，居民入网门槛进一步降低，信息交流效率得到提升。

2. 解析

请从统计语言 8 个要素的角度，分析下面这篇新闻报道。此文曾在当年引起网民热议。

父母养大一个孩子平均要花 49 万元

来源：《北京晨报》　时间：2005 年 2 月 12 日

著名社会学家徐安琪的调研报告显示：

一个年轻人在成家立业前到底会花掉父母多少钱？最新的调查显示，父母养大一个身体健康的孩子平均要花掉 49 万元。这还不包括春节压岁钱等"额外"花费。

中国社会科学院社会学研究所最新一期的《青年研究》刊发了著名社会学家徐安琪的《孩子的经济成本：转型期的结构变化和优化》的调研报告。报告称，从直接经济成本看，0~16 岁孩子的抚养总成本将达到 25 万元左右。如估算到子女上高等院校的家庭支出，则高达 48 万元。估算 30 岁前的未婚不在读的子女的总成本达到 49 万元，这可以说，抚养子女的总经济成本是惊人的。这还不包括社会赠送、学校免费、春节压岁钱等 5 万~6 万元的花费。按照该研究的统计，孩子的零花钱和压岁钱两项人均年进账达 2300 元，最高达 4 万元。此外，这 49 万元尚不包括孕产期的支出以及从孩子孕育到成长过程中父母因孩子误工、减少流动、升迁等自身发展损失的间接经济成本。

调查中最出人意料的是，成年的未婚子女，有 85% 仍需要父母支出部分乃至全部生活费。其中，除租房(购房费)外，最高的费用是在家吃饭，加上服装、手机、上网、零用钱等，不在读的未婚子女竟然每年人均要花掉父母 1.4 万元。

遗憾的是，调查结果显示，家庭的经济付出与孩子的学业成绩、心理素质、身体健康和社会适应能力之间并未呈现显著的"正相关"，换句话说，并非在子女身上投入的经济成本越高，对子女的健康成长和全面发展越有利。

3. 画一画

题目：在本书开篇的空白地，亲手画一张萌萌哒的美图，体验放飞的乐趣。

小目标：把自己画的这张图拍成照片后，插入到电子文档中，并写出"我的留言"。

大目标：把全班同学的画作汇集在一起，找一找其中的规律。

五、计算题

1. 调用神器

调出"数据分析"工具，为以后的计算做准备。

2. 计算折扣

打折的计算表如表 1-4 所示。

表 1-4　打折的计算表

已知栏		计算栏
花费额/元	返券额/元	折扣数/折
1000	100	
2000	300	
5000	800	
10000	2000	

提问：顾客买多少，商家送多少，商家是在打几折？

要求：用 Excel 的赋值函数计算折扣数。请用文字分享一下你的购物小妙招。

3. 计算成绩

资料：如图 1-12 所示。

10名学生《旅游统计学》成绩登记表

已知栏												计算栏		
序号	姓名	平时成绩/分					期末成绩/分					平时成绩的平均分	期末成绩的总和分	总评分(平时占30%，期末占70%)
		第1次	第2次	第3次	第4次	第5次	第1题	第2题	第3题	第4题	第5题			
1		70	85	80	75	80	5	5	13	18	25			
2		95	90	90	95	95	9	10	20	28	29			
3		80	80	85	80	85	7	7	17	25	23			
4		65	75	75	60	70	3	3	15	17	18			
5		70	50	70	75	80	5	5	15	24	26			
6		85	85	85	85	75	6	8	21	25	23			
7		60	70	70	75	70	6	4	16	18	19			
8		70	75	80	80	85	7	6	20	23	26			
9		90	75	75	80	70	2	7	16	18	25			
10		95	85	85	90	80	2	8	21	16	23			

成绩分布表

成绩/分	人数/人	构成/%
60以下		
60～70		
70～80		
80～90		
90以上		
总计		

图 1-12　成绩登记表

要求：计算计算栏和成绩分布表中的空白数值。

第2章　数据从哪里来

【学习目标】

- 搜集数据的4步。
- 一手数据的来源。
- 二手数据的来源。
- 搜集数据的技巧。

	欣赏 左图：中国邮票。 说明：为纪念中国进入互联网时代20周年，2014年，中国发行《网络生活》邮票。	留言 找呀找呀找朋友 找到一个好朋友 敬个礼呀握握手 你是我的好朋友

学生和老师的一段对话。

学生：我有一个朋友，最近在写论文，说是为了找数据，整个人都要疯掉了。

老师：有那么严重吗？

学生：差不多吧，老师您给支个招儿好吗？

老师：如果你朋友选好了论文题目，对要写的内容感兴趣，那就在熟悉的圈子里找吧。

学生：熟悉的圈子？

老师：是啊，他感兴趣的内容，平时自然就会积攒这方面的材料吧，这点很重要。

学生：上网一搜，应有尽有，积攒材料，那不过是眨眼的事情。

老师：这是搜集数据的误区，你的朋友已吃到了苦头，你不想也这样吧。

学生：嘿嘿，自讨苦吃，谁想啊。

老师：要拥有优质的数据，一要有正确的寻找方向，二要在平时多积累。

学生：以前，我以为找数据，上网随便搜搜就可以了。

老师：随便搜搜，那不是做学问，做学问，都是有套路的。

学生：套路？

老师：找数据好比找食材。食材有自己亲手栽种的，也有到外面买的。找数据也是这样，有自己调查得到的，这是一手数据，也有从别人那里拿来的，这是二手数据。

学生：这个好记，寻找食材，一手数据，二手数据。

老师：要想写出一篇好的数据文章，一手数据和二手数据最好同时派上用场。

学生：一手数据和二手数据，它们都在哪里呢？

老师：都在你的掌控中啊，只要你够有才。找一手数据，学会问卷的套路很重要；找二手数据，知道数据基地很重要。找数据，有思路、有步骤、有实例，这一章，有详解。

2.1 搜集数据的4步

搜集数据是指根据调查方案，运用调查方法，搜集和调查与目的相关的数据。

搜集数据是统计调查的基础，如果搜集的数据质量好，整理、分析和传播的数据就有质量保证；如果搜集的数据质量不好，可想而知，带来的必是灾难。

要想搜集的数据质量好，就要从搜集数据的定义出发，以下4步要走好。

搜集数据的基本步骤如下。

第1步，设计周密的调查方案。

正如写论文要拟好提纲，建房子要有设计图纸，搜集数据之前也要做好统计设计。统计设计是根据确定的目标，对调查的各环节进行通盘考虑和安排，并制定调查方案的过程。

调查方案是指对整个调查过程的布局谋篇，是对搜集、整理、分析和传播数据的全盘设计。调查方案的内容可以归纳为"调查方案六W模型"。

"调查方案六W模型"，包括为什么要调查(Why)、向谁调查(Who)、调查什么(What)、何时调查(When)、何地调查(Where)、其他有关方面(Whole)。

这6个"W"分别要求确定搜集数据的目的、时间、空间、调查对象、调查内容、其他。其中，"其他"包括调查人员的配备、调研进程的安排、调研经费的预算，以及提交数据分析文章的方式等。

第2步，确定搜集数据的方法。

搜集数据的方法很多，永远也不可能穷尽。因为生活是生动活泼的，统计认识的对象是变化和有特点的，所以搜集数据的方法不会千篇一律。

常见的搜集数据的方法，按数据的来源不同分为一手数据和二手数据。

一手数据是指源于自己调查的原始数据，常用问卷法、抽样法等。

二手数据是指源于别人调查的间接数据，常用搜索引擎的方法。

一手数据是二手数据的基础，二手数据从一手数据过渡而来。

第3步，确定存储数据的方式。

按照科学的调查方案，采用合适的搜集数据的方法，在有条不紊地搜集数据的时候，这些数据怎么存放才好？这也是搜集数据时需要考虑的事情。为了降低丢失数据的风险，可以用纸质版和电子版的形式同时存储数据。

第4步，审核搜集数据的质量。

接下来，从搜集数据的来源这个角度，看一看一手数据和二手数据是怎样落实上面这4步的。

2.2 一手数据的搜集

一手数据是指来源于自己调查的原始数据。亲力亲为获取的一手数据，更贴近自己想了解的内容，时效性更强，数据更鲜活。

1. 制定一手数据的调查方案

一手数据质量的高低，既取决于方案的设计和调查的组织，也取决于被调查者的配合程度和调查人员的调查技巧。这里，对于国家级的普查方案，由国家统计局统计设计管理局会同相关机构拟订；对于市场调查方案，需要拟订者对这块市场较熟悉并感兴趣。当然，不管搜集一手数据的组织者是谁，都需要做好调查方案。

在"调查方案六 W 模型"中，"调查什么"是指调查的内容，也就是将调查的抽象理念设计转化为具体问题。将调查的问题依序列入表格，就是调查表。调查表有简明清爽的特点。根据需要，调查表既可以嵌入问卷表，也可以单独列出。调查表分单一表和一览表。单一表是指只列示一个调查单位(个体)，调查项目(标志)有多个。一览表是列示多个调查单位，调查项目与单一表相比要少一些。比如，个人学籍登记册就是单一表，成绩登记册就是一览表。

调查方案的撰写与评价。调查方案的撰写要根据调查方案的基本内容，依循调查方案的基本格式来完成。调查方案的完整格式包括 7 个部分，即摘要、前言、调查的目的和意义、调查的内容和范围、调查采用的方式和方法、调查进度安排和有关经费开支预算、附件。调查方案定稿前，要有两个方面的评估：一是要审核调查方案，从逻辑上看其是否合情合理；二是要试行调查方案，请专业人士研判和通过小范围的试点调查，看其是否通用可行。

国家搜集本国人口的数据，对国家而言，是一手数据的搜集。《2010 年中国第六次人口普查的调查方案》由 9 个部分组成，即总则；人口普查的标准时点、对象和内容；人口普查的宣传工作；普查指导员、普查员的借调、招聘和培训；人口普查登记前的现场准备工作；人口普查的登记和复查工作；人口普查数据的汇总、发布和管理；人口普查的质量控制；其他。

【例 2-1】一个调查方案。

以《2020 年中国第七次人口普查的调查方案》为例，说明"调查方案六 W 模型"。

为什么要调查(Why)。这次人口普查的目的是全面查清自 2010 年以来，中国人口数量、结构、分布、城乡住房等方面情况，为完善人口发展战略和政策体系，促进人口长期均衡发展，科学制定国民经济和社会发展规划，推动经济高质量发展，开启全面建设社会主义现代化国家新征程，向第二个百年奋斗目标进军，提供科学准确的统计信息支持。

向谁调查(Who)。人口普查的对象是指普查标准时点在中华人民共和国境内的自然人以及在中华人民共和国境外、但未定居的中国公民，不包括在中华人民共和国境内短期停留的境外人员。

调查什么(What)。人口普查主要调查人口和住户的基本情况，内容包括：姓名、公民身份号码、性别、年龄、民族、受教育程度、行业、职业、迁移流动、婚姻生育、死亡、住房情况等。

何时调查(When)。人口普查的标准时点是 2020 年 11 月 1 日 0 时。

何地调查(Where)。人口普查的调查范围是中国境内和境外。

普查的标准时间是指调查资料所属的时间。

人口普查的标准时间，就是规定一个时间点，无论普查员入户登记在哪一天进行，登记的人口及其各种特征都是反映那个时间点上的情况。根据这个规定，不管普查员在哪天进行入户登记，普查对象所申报的都应该是 2020 年 11 月 1 日 0 时的情况。通过这个标准时间，所有普查员普查登记完成后，经过汇总就可以得到 2020 年 11 月 1 日 0 时全国人口状况的基本数据。确定普查的标准时间，是为了避免在登记资料的时候出现重复和遗漏。

其他有关方面(Whole)。比如，交通极为不便的地区，需采用其他登记时间和方法的，须报请国务院人口普查领导小组批准。

2. 搜集一手数据的方法

一手数据的来源渠道有问卷、访谈和观察等。问卷的方法是搜集民意最常见的方法。

访谈法是指调查者通过口头交谈来搜集资料的方法，如中国中央电视台的节目《焦点访谈》就运用了访谈法。访谈法的优点是便于访谈双方互动，搜集资料的针对性强；其缺点是访谈效果受到访谈双方素质的影响，搜集的资料不容易被量化。

观察法是指调查者通过感官或仪器搜集资料的方法，如鸟类爱好者记录候鸟的生活情态就运用了观察法，如统计人员通过卫星遥感法调查粮食产量。观察法的优点是便于获得生动的资料，搜集资料的时效性强；其缺点是观察效果受观察条件的限制，搜集的资料有局限性。

问卷法是指调查者通过设计问卷搜集资料的方法。问卷法的优点是花钱少，时间短，匿名性好，资料便于用计算机处理等；其缺点是填答问卷时出现的误差不容易被发现，问卷的回收率难以保证。

在大大小小网站的首页，在人们阅读的各类杂志中，常常会看到问卷调查飘逸的身影。与其欣赏人家现成的，不如自己也学一手，说不准哪一天就用上了，或者在欣然参与答题时，更能体会设计者的匠心独运，对问卷有了更深一层的了解。动手设计是能力的体现，而参与也是一种学习。问卷的结构如同文章，有标题也有正文。

问卷表由标题和正文组成，而正文由开头、中间和结尾 3 个部分构成。

第一部分是标题。这部分是问卷的选题，是整个问卷内容最凝练的表达。标题选得好、有新意、有价值，才能引人注目。

第二部分是开头。这部分是填写说明。内容主要包括调查的单位、调查的目的、调查的起止时间、调查的承诺、填表的要求、问候与答谢等。

设计问卷的开头时，称呼要礼貌，文字要简洁，以有效地赢得答卷者的参与。

第三部分是中间。这部分由一系列的问题构成。要把问卷调查的理念，设计成一个一个的问题，这需要有一定的智慧。这些问题的类型有点像考试的题型，主要有选择题和简答题，其中，选择题又分单项选择题和多项选择题。这些问题按照由简单到复杂的顺序排列，并且前后之间要有逻辑联系。一般而言，选择题排在前面，简答题排在后面。通俗易懂的提问，是获得客观数据的基础。

设计问卷中的问题时，要遵循以下主要规则：用语要通俗易懂，不要用专业术语；选项要独立，不要有交叉；选项要全面，不要有遗漏；选项要具体，不要有歧义；提问不要带有诱导性；不要用否定形式提问；不要直接询问敏感性问题。

第四部分是结尾。这部分是补充说明，内容主要包括向填答者表示感谢、调查者的身份与联络方式、调查的期限等。

设计问卷的结尾时，要特别提醒调查者注意调查的截止期限。

设计好的问卷，可以用纸质档和电子档的形式投放。

知道了设计问卷的基本套路，就不妨来施展一下拳脚吧。

3. 实例说明搜集一手数据

例 2-2 列举了制作问卷时常见的误区。

例 2-3 是围绕奥运会志愿服务主题设计的问卷。对照设计问卷的基本原理与实例，回想奥运盛典中的人物，自然会萌发感悟。

【例 2-2】辨析题。

问卷中，以下提问是否妥当，为什么？

① 你谈朋友了吗？

② 你很想当奥运志愿者吗？

③ 你不喜欢当奥运志愿者吗？

④ 你还不到 18 岁吧，你也想当奥运志愿者，对吗？

解：问卷中，以上所有提问的形式都不妥当，都要避免；否则，会导致数据不准。

① 评点：属于敏感问题的提问。提问要尽量避免触及个人隐私。

② 评点：属于诱导性的提问。提问要保持中立，不能把提问者的个人意愿掺杂其中，诱导作答者顺应自己的观点。

本题可修改为：你是否想当奥运志愿者？

③ 评点：属于否定式的提问。提问要直截了当，避免使用否定句。

本题可修改为：你是否喜欢当奥运志愿者？或者：你是否想当奥运志愿者？

④ 评点：属于模棱两可的提问。提问要简单明了，不能把两个或两个以上的问题缠在一起，让作答者难以选择。

本题可修改为：你是否已满 18 岁？或者：你是否想当奥运志愿者？

【例 2-3】一份调查问卷。

2008 年是中国的奥运年，是中国人值得纪念的一年。这一年，170 万名奥运志愿者是其中一道亮丽的风景。奥运会开幕前两年，假如你接手了一个设计问卷的任务，给前来观看奥运会比赛的中外观众和游客搜集对北京奥运会志愿服务的意见和建议，目的是为推动奥运会志愿服务提供准确的第一手信息，问卷的内容只需 5 分钟左右即可填答完毕。如此这般，你会怎么做？

以下是当年设计的问卷表。来吧，让我们重温经典。

北京奥运志愿服务需求调查问卷

填写说明：北京奥运会志愿者工作协调小组办公室、第 29 届奥运会组织委员会志愿者部、共青团北京市委、北京志愿者协会、北京青年报社联合有关单位，于 2006 年 7 月至 2008 年 5 月，举办"北京志愿服务需求调查"，面向全球拟前来观看 2008 年奥运会比赛的观众和中外游客，搜集对北京奥运会志愿服务的意见和建议。

本表为调查北京志愿服务需求而设计，所有调查表将在分析整理后转交第 29 届奥林匹克运动会组织委员会，您的细致、客观和准确填写将对北京志愿服务工作提供帮助。

除了您的个人信息外，其他题目均为多选题。请您按照您认为的优先性排序选出相应选项，并将选项序号填入相应的选框中。

感谢您对北京奥运会志愿者工作的支持！

注意：答案填写的是您认为的优先性排序选出的选项序号，如 1、2、3、4、5。

一、您的性别：

○男 ○女

二、您的年龄：

○20 岁以下 ○21～30 岁 ○31～40 岁 ○41～50 岁 ○51～60 岁 ○60 岁以上

三、您的学历：

○初中及以下 ○高中学历(含职业高中) ○大学专科 ○大学本科 ○硕士、博士及以上

四、您来过北京吗？

○五年以前来过 ○三年以前来过 ○最近来过 ○经常来北京 ○从未来过北京 ○现在生活在北京

五、请问您的国籍是：

○中国(大陆) ○中国(香港) ○中国(澳门) ○中国(台湾) ○其他

六、您最希望志愿者在哪些场所出现？(   )

1.机场 2.火车站 3.公交和地铁站 4.繁华街道 5.旅游景点 6.商场 7.娱乐设施密集地周边 8.奥运场馆附近 9.其他

七、您心目中的奥运志愿者是什么样子？(   )

1.佩戴统一标志或者统一着装 2.能用外语与外国客人进行交流 3.对北京的地理和交通信息十分熟悉 4.服务热情，态度可亲 5.对奥运相关知识非常了解 6.能为遇到困难的人提供帮助或有效建议 7.了解本国和本地区文化(被服务者所在国家和地区的文化) 8.了解北京本地旅游信息 9.其他

八、您希望志愿者以何种形式提供服务？(   )

1.在固定区域提供服务 2.流动服务，但不主动提供，只在需要时提供帮助 3.流动服务，并主动提供服务 4.仅以宣传材料和小册子的形式提供寻求志愿服务指导 5.有一条可以随时拨通的电话服务热线 6.其他

九、您认为奥运志愿者应具备哪些技能和能力？(   )

1.掌握至少一门外语 2.良好的人际沟通能力 3.了解较多有关北京的历史、文化、风俗、地理等信息 4.有一定的服务专长(如应急救助) 5.知识面广 6.具有一定异域知识，了解并尊重他国文化、习俗、宗教等 7.了解较多的奥运知识 8.了解较多奥运场馆及比赛信息 9.其他

十、您认为北京的志愿者目前还存在哪些方面的欠缺？（　　）

1.文明礼仪方面有欠缺　2.语言沟通能力不够　3.对北京相关知识不够熟悉　4.对奥运相关知识不够了解　5.服务不够热情　6.服务不够主动　7.对于一些必要的技能掌握不到位　8.其他

十一、您认为北京的志愿服务工作还存在哪些问题和不足？（　　）

1.志愿者数量不够　2.志愿者分布不合理　3.服务水平有待提高　4.不知道如何找到志愿者　5.无法通过统一标志来区分志愿者与普通市民　6.参与志愿服务还没有形成社会风尚　7.专业志愿者少　8.其他

十二、您在北京生活期间，最希望得到哪些方面的帮助？（　　）

1.饮食　2.交通　3.住宿　4.购物　5.出游　6.语言　7.文化娱乐　8.其他

十三、您在北京最希望得到哪些休闲帮助？（　　）

1.寻找特色餐馆　2.国际驾照转换　3.租包车服务　4.公共交通乘车指南　5.时尚购物场所推荐　6.本地特色的商品信息　7.奥运纪念品信息　8.文化活动信息　9.其他

十四、您在出游方面需要哪些帮助？（　　）

1.旅游景点信息　2.旅游相关的交通信息　3.雇用导游信息　4.景点气象信息　5.旅游特色产品信息　6.奥运场馆信息　7.其他

十五、您希望得到哪些北京 2008 年奥运会的信息？（　　）

1.场馆位置信息　2.场馆交通信息　3.比赛时间　4.票务信息及预订　5.本国运动员的参赛日程　6.及时的比赛结果　7.其他

十六、您还有什么其他关于北京奥运志愿服务的意见和建议，请写明：

主办单位：北京奥运会志愿者工作协调小组办公室、第 29 届奥运会组织委员会志愿者部、共青团北京市委、北京志愿者协会、北京青年报社

协办单位：北青网、志愿者杂志、今日北京

提交

2008 年中国北京奥运会的宣传标志如图 2-1 所示。

图 2-1　2008 年北京奥运会的宣传标志

2.3 二手数据的搜集

二手数据是指来源于别人调查的间接数据。间接获取的二手数据，花销少，又很方便。在引用二手数据时，一要写明数据的来源，这既是尊重别人劳动的体现，也为自己和他人再复核提供了方便；二要注意数据的含义、统计口径和统计方法等，以避免滥用或误用。

1. 制定二手数据的方案

二手数据质量的高低，既取决于活动计划的制订，也取决于二手数据的来源。同样也可参照"调查方案6W模型"实行，这就是：为什么要调查(Why)、向谁搜集二手数据(Who)、二手数据的内容与甄别(What)、何时搜集二手数据(When)、何地搜集二手数据(Where)和其他(Whole)。

搜集二手数据时，确定谁在调查，调查者是否有公信力，这一点至关重要。

2. 搜集二手数据的方法

二手数据的来源渠道主要有3种。从提供方来看，主要有政府、企业、媒体、个人和调查公司；从提供的内容来看，主要有年鉴、资料汇编、财务报告和调查报告；从提供的形式来看，主要有纸质版和电子版。

1) 搜集二手数据的渠道

搜集的二手数据，是否权威，是否可信，最值得关注。下面介绍几家数据网站。

找免费的学术期刊，请登录"国家哲学社会科学文献中心"网站。这家网站于2016年12月30日上线，是一项由国家投入的公益工程，由国家免费向公众提供学术资源。

由图2-2可见，在左上角有"登录""注册"字样。要免费查阅这座宝库的内容，应先注册，再登录。

图2-2 中国"国家哲学社会科学文献中心"网站首页的截图

找宏观方面的数据，统计局是首选。统计局是数据基地，国家和各地每年都发布相应的《国民经济和社会发展统计公报》，里面提供了大量免费的统计资料。

由图2-3可见，网站列有6大专栏：走近统计、统计数据、统计工作、统计知识、统计服务和信息公开。在"统计数据"专栏中，打开"统计公报"选项，就可以看到历年的统计公报，而打开"数据解读"栏目中的"数据查询"选项，就可以看到国家数据，网页界面如图2-4所示。

找企业和行业方面的数据，可考虑调查公司。调查公司提供的数据常以调查报告的面貌出现，有免费的也有付费的，过期的往往打折。

图 2-3 中国国家统计局网站首页的截图

图 2-4 中国国家统计局网站网页的截图

在中国市场开展业务的调查公司，按公司资产和营业收入规模等为评选标准，可分为3 个阵营。第一阵营为居于业界领先地位的外资、独资或合资企业，如盖洛普公司、益普索公司；第二阵营为在国内领先的民营公司或合资公司，如央视–索福瑞媒介研究有限公司、中国互联网络信息中心；第三阵营为跻身实力派阵营的国内公司，如北京零点研究集团、新华信市场研究咨询有限公司。

如果有空，不妨逛一逛统计局、调查公司和其他机构的网站，它们那里的市场味很浓，专业味很浓，以数据质量求生存的气氛也很浓，里面有大量数据可解芸芸众生求数之渴。下面列出提供统计数据的部分网站的信息，如表 2-1 所示。

表 2-1 提供统计数据的部分网站

网站名称	网 址	主要数据
巨潮资讯网	http://www.cninfo.com.cn/	中国金融信息
联合国数据库	http://www.un.org/zh/databases/	国家的基本数据
中国经济信息网	http://www.cei.gov.cn/	中外经济信息
中国国家统计局网站	http://www.stats.gov.cn/	统计公报、统计咨询信息
中国互联网络信息中心	http://www.cnnic.net.cn/	中国互联网络的信息
国家哲学社会科学文献中心	http://www.ncpssd.org/	中外文献、报纸杂志信息

2) 国家数据的内幕

国家数据是指反映国情国力的数据。它事关国计民生，是国家制定政策和计划的依据。国家数据对官方采集者而言是一手数据，对使用者而言是二手数据。

中国的国家数据是怎么来的？

一是有人员保障。2019 年，有近十万名县级以上统计机构的统计人员，他们秉承"真实可信、科学严谨、创新进取、服务奉献"的统计核心价值观,为共和国数据大厦付出了艰辛努力。有 100 万家企业通过互联网向中国国家统计局直接报送数据,提升了统计资料来源的真实性和统计效率。同时,中国国家统计局还与百度、腾讯、阿里巴巴等多家企业签订了大数据战略合作框架协议。

二是有方法保障。建立了与国际统计分类标准相衔接的统计标准体系,与联合国国民经济核算体系基本衔接的核算体系;形成了以周期性普查为基础,以经常性抽样调查为主体,综合运用全面调查和重点调查,并充分利用行政记录资料的统计调查方法体系。

国家数据的调查方法有全面调查和非全面调查。

《中华人民共和国统计法》第十六条规定:"搜集、整理统计资料,应当以周期性普查为基础,以经常性抽样调查为主体,综合运用全面调查、重点调查等方法,并充分利用行政记录等资料。"

国家数据按照是否覆盖全部的调查单位,分为全面调查和非全面调查两类。

(1) 全面调查是指对全部调查单位进行的调查。它分为全面统计报表和普查。

全面统计报表是指自上而下布置任务,自下而上上报资料的统计制度或调查方法,要求调查对象中的每一个单位都要填报。它的特点是有统一表式、统一指标、统一报送方式、统一报送时间,如工业、农业、旅游业等统计报表。

普查是指专门组织的一次性的全面调查,用来调查一定时点上或一定时期内的调查对象的数据。

普查的特点是专门性、一次性和全面性。普查是一次性的专门调查,是一种全面调查,调查的资料具有全面、详尽和系统的优点。但普查的工作量大,投入的人力、物力和财力比较多,花费的时间比较长,因此一般不宜经常进行。

比如,在人口普查中,其专门性体现在它是为了解人口基本状况而专门组织的调查;一次性体现在它不可能也没必要经常开展这类调查,由于人口普查涉及面太广,投入太多,所以只能间隔一定年度来进行;全面性体现在它是对普查对象进行一个不漏的调查。

普查的标准时点是指人为规定一个时间点,无论在哪一天调查,调查的结果都是反映那个时间点上的情况。

人口普查的标准时点是指由国家规定的一个时间点,以保证人口普查资料的准确性。无论普查员入户登记在哪一天进行,登记的人口等都是反映那个时间点上的情况。

为什么人口普查要规定一个标准时点呢?因为对于某一个人口群体来讲,每时每刻都有可能发生出生、死亡的自然变动。同时对某一个地区来讲,都可能发生迁入迁出的人为变动。因此,为了科学地进行人口普查,就必须确定一个普查登记的标准时间点,以保证普查结果所反映的是每一个人在同一时间点上的情况。

比如,中国的第六次人口普查,在 2010 年 11 月 1 日 0 时开始实施,就是为了摸清在这个标准时间上的中国人口的国情。根据人口普查的标准时间,无论普查员在哪一天到您家普查登记,您都应该回答 2010 年 11 月 1 日 0 时您家的人口情况。如果有户人家 2010 年 11 月 2 日出生了一个孩子,普查员是 2010 年 11 月 8 日来登记的,这个孩子就不能被登记,因为在 2010 年 11 月 1 日 0 时,这个孩子还没有出生。

以下是中国规定的普查时间。

*中国人口普查从 1990 年起，每 10 年进行 1 次。1953 年为首次，2010 年为第 6 次，2020 年为第 7 次。人口普查是唯一写入《中华人民共和国宪法》的普查。

*中国农业普查从 2005 年起，每 10 年进行 1 次。1997 年为首次，2005 年为第 2 次。

*中国经济普查从 2008 年起，每 10 年进行 2 次，分别在逢 3、逢 8 的年份实施。2004 年为首次，2008 年为第 2 次，2013 年为第 3 次，2018 年为第 4 次。

*中国污染源普查从 2008 年起，每 10 年进行 1 次。2008 年为首次。

图 2-5 所示是 2020 年中国人口普查的标志。

图 2-5　2020 年中国人口普查的标志

在图 2-5 中，以汉字书法"人"字和国画"中式民居"及英文字母"C"为主要图形元素，以国旗颜色为主要色素。书画风格的"人"字抽象化为万里长城图形，具有典型的中国特色，两条环绕的彩带源于英文字母"C"，代表"CHINA"和"CENSUS"，"2020"表明普查年份，体现了"2020 年中国人口普查"的主题概念及与国际接轨的普查理念。

在这里，讲一个人口普查的小故事。耶稣为什么会降生在马槽？原来与人口普查有关。

有一首歌，歌名为《马槽歌》，是专门为耶稣降生在马槽而写的。第一段歌词是：远远在马槽里，无枕也无床，小小的主耶稣，睡觉很安康。众明星都望着主睡的地方，小小的主耶稣睡在干草上。

耶稣出生为什么会睡在马槽里？标准答案是：因为所有的客店都客满了。为什么耶稣的妈妈知道要生产了，还往外面跑？为什么那么巧，所有的客店一时之间都住满了人？原来，耶稣降生的时候，正是当时的罗马进行人口普查的时候。

当时皇帝有令：属下所有的人，一律要接受人口普查。为了响应皇帝的号召，耶稣的爸爸和妈妈，也就是约瑟和玛利亚，只好暂时离开在拿撒勒的家，赶回到约瑟的祖籍伯利恒注册。

到了伯利恒，天色已晚，客店里住满了人，他们不想打扰其他人，只好在马棚里过夜。就在那个马棚，就在那个夜晚，玛利亚生下了耶稣，并把他放在马槽里。也许有人会追问，耶稣回到了老家，总会有远亲近邻，何至于没有一个安身的地方？也有人解释说，这就是神的安排。

小故事讲完了。有人问："在中国，每十年才有一次人口普查，这中间的人口变化要怎么看？"问得好。实际上，除了普查，还有抽样调查等非全面调查。在两次人口普查之间的年份，每年都以抽样调查的方法获得数据，以保证人口数据的连续性。

(2) 非全面调查是指对部分调查单位进行的调查。它分为抽样调查、重点调查和典型调查。现分述如下。

抽样调查是指在调查对象中随机选择抽样单位进行的非全面调查。关于抽样调查的基本原理与方法，第 5 章将有相应的探讨。

比如，中国人口统计的时间表早已确定。尾数逢 0 的年份，每 10 年进行一次人口普查；尾数逢 5 的年份，每 5 年进行一次 1%人口抽样调查；除了尾数逢 0 和 5 的年份，每年要进行一次 1‰人口抽样调查。当年的全国人口数，就由抽样的数据进行科学估计。

重点调查是指在调查对象中，选择重点单位进行的非全面调查。

重点调查的特点，表现在重点单位是有目的选择的。重点单位是指调查的标志值在总体标志总量中占有很大构成比的单位，即所选择的重点单位的个数在全部调查单位总数中所占份额很小，但重点单位的标志值在全部调查单位的标志值总和中所占份额很大。

比如，为了掌握中国钢铁产量的基本情况，就可以重点调查大型钢铁企业，如宝钢集团、鞍钢集团、首钢集团等。这些重点企业，从企业数量来看，只占全部钢铁企业的少数，但从产量来看，却占全部钢铁企业产量的 7 成以上。

典型调查是指在调查对象中，选择典型单位进行的非全面调查。

典型调查的特点，表现在典型单位是有目的选择的。典型调查是在对调查对象进行初步分析的基础上，选择几个有代表性的单位进行深入细致的调查。

比如，对先进典型和后进典型进行的调查就是典型调查。又如，经济普查后，发现有些企业发展很快，因此决定对这些企业进行深入的调查，这种调查属于典型调查。

与全面调查相比，非全面调查更具有灵活性，更能节省人力、物力和财力。

【例 2-4】选择题。

题源：2014 年中国统计专业技术初级资格考试《统计专业知识和实务》真题试卷。

1. 目前中国的人口普查是(　　)。

　A. 每 5 年进行一次　　　　　　　B. 以户为单位进行登记

　C. 以人为单位进行登记　　　　　D. 以普查年度的 7 月 1 日零时为标准时点

2. 经济普查每 5 年进行一次，在尾数逢(　　)的年份实施。

　A. 0 和 5　　　　　B. 1 和 6　　　　　C. 2 和 7　　　　　D. 3 和 8

3. 为了解房价上涨情况，某课题组近日对北京、上海、广州和深圳的房价进行调查。这种调查属于(　　)。

　A. 普查　　　　　B. 抽样调查　　　　C. 重点调查　　　　D. 典型调查

4. 对全国各铁路交通枢纽的货运量、货物种类等进行调查，以了解全国铁路货运概况。这种调查的组织方式属于(　　)。

　A. 抽样调查　　　　B. 典型调查　　　　C. 重点调查　　　　D. 普查

答案：1. B　2. D　3. D　4. C

3. 实例说明搜集二手数据

做学问的人，做到的最高境界，就是把想法变成文字，在期刊发表，再传播到四方。

写论文的人，关注专业动态的人，想到的最好路径，就是能免费查询到相关的论文。

【例 2-5】上网查找免费的期刊论文。

目标：查找"国家哲学社会科学文献中心"网站的论文，先自行注册，再登录操作。

查找：《统计研究》杂志 2017 年第 1 期《大数据时代统计学发展的若干问题》一文。

路径：结果如图 2-6 所示。

图 2-6　查找免费论文的路径

查找论文的基本步骤，结合图 2-6，用文字说明如下。

登录"国家哲学社会科学文献中心"网站(http://www.ncpssD.org/)。

第 1 步，注册。

单击网站首页左上角的"注册"链接，按要求完成注册，以后直接登录。

第 2 步，登录。

单击网站首页左上角的"登录"链接，在弹出的"用户登录"对话框中，输入网站提供的验证码，再单击"登录"按钮。

第 3 步，检索。

单击"高级检索"按钮，弹出对话框，在"请输入关键词"的方框中，输入"大数据时代统计学发展的若干问题"，单击"提交"按钮，得到所需论文，再单击"下载"按钮，愉快结束查找本篇论文的行程。

2.4　搜集数据的技巧

在搜集数据时，掌握一点小技巧，总有好处。比如，掌握调查方法的结合运用，可以提升调查的整体效果。又如，掌握在线搜索的技巧，可以提高搜集数据的节奏。

技巧 1：调查方法的结合运用。

各种各样调查方法的涌现，是人们智慧的体现。为了搜集真实的数据，人们在实践中摸索出了许多调查方法，每一种调查方法都各有特色。人们根据自己的需要，选取相应的调查方法，既注意调查方法的创新，也注意将多种调查方法并用。调查方法有全面调查和非全面调查之分，其中，还有访谈和问卷等方法可供选用。如果能适当地结合使用各种调查方法，自然可为提升数据质量助力。

比如，中国互联网络信息中心从 1997 年起，就开始统计中国网民人数与结构特征、互联网基础资源、上网条件和网络应用等多方面的信息，每年两次发布《中国互联网络发展状况统计报告》，向社会展示中国互联网络发展的情况。这样的调查，怎么搜集相关的数据呢？在他们发布的全文免费的统计报告中，在"调查方法"这一部分中写道：依据统计学理论和国际惯例，在前面调查工作的基础上，本次调查采用了电话抽样调查、网上联机、网上自动搜索和统计数据上报的调查方法。这些调查方法，在报告中都有详细解读。

技巧 2：在线搜索的 4 招儿。

上网浏览，查找心仪的资料，这是网络时代网络中人的最爱。但是，复制和粘贴来的文章，与文档的格式不一样；复制和粘贴来的图片，与希望的大小不一样；复制和粘贴来的表格，与规范的表格不一样……怎么办？好办，只要略施小计就可以了。下面列出最常用的 4 招儿。

第 1 招儿，文章的快速打点。

将网上的文章复制到文档中的方法是：依次单击"复制"→"选择性粘贴"→"无格式文本"→"确定"命令。此方法优于用"复制"→"粘贴"的方法。如此一来，可以让网络文字资料的格式与 Word 文档的保持一致。

选择性粘贴后，如果每个自然段的开头都顶格，那么开头空两个汉字的方法是：全选文章后，打开"开始"选项卡，在"段落"组中，单击下拉按钮，弹出"段落"对话框，选择"特殊格式"中的"首行缩进"选项，设置"磅值"为"2 字符"，最后单击"确定"按钮。

选择性粘贴后，如果出现空行，那么消除空行的方法是：先将光标移到文章的开头，选择"文件"菜单中的"替换"命令，弹出"查找和替换"对话框，在英文输入状态下，在"查找内容"文本框中输入^p^p，在"替换为"文本框中输入^p，最后，单击"全部替换"按钮就可以了。单击之时，空行应声而去，举手之劳，令人愉快。

第 2 招儿，图片等大小的缩放。

等比例缩放图片的方法是：先选中图片，右击图片，在弹出的快捷菜单中选择"设置图片格式"命令，弹出"设置图片格式"对话框，切换到"大小"选项卡，然后在"缩放"选项组的"高度"微调框中输入相应的数字就可以了。

第 3 招儿，从一组数据直接生成表格。

有一组数据，每个数据之间以一个空格隔开，如果要把这些数据放到表格中，要不要把数据一个一个敲进去呢？答案当然是"坚决不要"。想一想，面对几十几百几千这样的数据，如果要一个一个地敲打，估计过劳的手指头会闹别扭。

面对这样的数据，要把它们放到表格中，方法很简单。如果想把数据放到 Word 文档中，可以先选中数据，单击"插入表格"，然后设定想要的列数就可以了。

第 4 招儿，超链接的妙用。

做好网络资料的超链接，是为了实现阅读时的跳转，便于查询和核实二手资料、拓展视野。超链接的做法很简单：先打开需要超链接的网页，右击地址栏中的网址，在弹出的快捷菜单中，选择"复制"命令，然后选择并右击需要超链接的对象，在弹出的快捷菜单中，选择"超链接"命令，在弹出的"插入超链接"对话框中，右击"地址"文本框，选择"粘贴"命令。

另外，碰到形形色色的问题，如果想要获得帮助的话，知乎、百度知道、搜搜问问、爱问知识人等网络平台都是好去处。

2.5　Excel 在搜集数据中的应用

本部分内容，共有两个干货。

一是输入数据。

二是编辑数据。

数据的录入：是指在单元格中输入各种数据，包括数字、文字和其他字符。

数据的编辑：是指对单元格中的数据进行复制、粘贴和剪切，以及使用条件格式和数据有效性等功能进行编辑。

【例 2-6】在 Excel 中输入数据的小技巧。

技巧 1：快速录入数字，以节省录入时间。

方法：可在数字键盘上操作。

技巧 2：在一个单元格中实现换行，以满足不时之需。

方法：先按住 Alt 键，再按 Enter 键。

【例 2-7】编辑数据的小技巧。

技巧：设置"数据有效性"，以提高输入数据的准确性。

方法：以学生成绩的正常范围 0～100 分为例进行说明。

第 1 步，准备。打开电子表格，选择需要输入数据的区域。

第 2 步，操作。单击"数据"标签，在"数据工具"选项组中，单击"数据有效性"下拉按钮，选择"数据有效性"命令。

第 3 步，在打开的"数据有效性"对话框中，选择"设置"选项卡，在"允许"下拉列表框中，选择"整数"选项，在"数据"下拉列表框中选择"介于"选项，在"最小值"和"最大值"文本框中分别填入"0"和"100"，最后单击"确定"按钮关闭对话框。

统 计 实 录

统计局的回复来了

图 2-7 所示的 4 张截图，是为了写出好看的统计教材，笔者于 2015 年向中国国家统计局咨询数据的一个原始记录。

图2-7 笔者亲历中国国家统计局的咨询服务

以下就是本轮咨询的全部内容。

您好，朋友。因统计教学的需要，我想得到一份以电子表格形式呈现的 2014 年我国 CPI 的数据资料，大体样式如附件中表格所示。

附件中的资料为假设的资料，分类也过时了。上课时，虽然可以用这个资料来演示方法，但毕竟不是真实的资料，我想跟学生一起增加一点现实感，所以特请您帮忙。

久仰您的优质服务，在此，我和我的学生一同谢谢您！

2015 年 4 月 13 日

本轮咨询的主题：2014 年中国居民消费价格指数(CPI)的计算表(电子表格)。

本轮咨询的动机：在本书第 6 章第 3 节中，讲到了居民消费价格指数，也就是 CPI。CPI 的编制离不开权数，权数就是构成比，各类的构成比是怎么分派的，我想一探究竟。

2015 年的春天，带着这个问题，我来到中国国家统计局网站，打开首页"统计服务"栏目下的"统计咨询"，填上自己的姓名、电话、邮箱，写好自己要提问的主题和内容，单击"上传附件"，然后单击"提交"按钮。一项统计咨询，就这样完成了。

本轮咨询的结果：不出所料，但我还是感到惊喜，咨询的求助信息发出后，我在第 3 天就收到了对方的回复。

在"回复内容查询"中，填上姓名、电话、邮箱，再单击"检索"按钮，看啊，回复来了，咨询的结果就这样到了。回复中，回赠了两个超链接，一个链接到 2014 年的统计公报，另一个链接到文章"CPI 中权数确定的方法"。同时，对方告诉我，CPI 各小类的具体数据，目前还没有对外公开。

进入统计公报大本营的路径：打开中国国家统计局网站，在网站首页，单击打开"统计数据"栏目中的"统计公报"，瞬间到达 2014 年的统计公报所在地。

进入居民消费价格指数(CPI)大本营的路径：打开中国国家统计局网站，在网站首页，单击打开"统计工作"栏目中的"专题集粹"，在"统计知识"这个板块，单击打开"CPI在中国"，就进入了 CPI 的百乐园。

从对方得到的回复，对写教材很有用，本书第 6 章第 3 节就用到了。

给我提供帮助的对方，他们姓甚名谁，我无从知晓。在我看来，对方就是春天，是活雷锋，是网站的形象代表。向回复者学习，向他们致敬，为他们点赞。

本 章 小 结

想要的数据来自何方
一手和二手源源不断
搜集的数据是原矿石
里面蕴含着迷人宝藏

知识点：搜集数据，调查方案，一手数据，二手数据，标准时点，全面调查，非全面调查。

基本内容：以写论文急需找数据为引入点，首先介绍了搜集数据的基本步骤，然后分别介绍了如何搜集一手数据和二手数据，最后推荐了搜集数据时常用的几个小技巧。

基本框架：

$$搜集数据的基本步骤 \begin{cases} 第1步，确定调查方案。 \\ 第2步，确定调查方法。 \\ 第3步，确定存储方式。 \\ 第4步，审核数据质量。 \end{cases}$$

对本章内容基本框架的说明如下。

搜集数据是指根据调查方案，运用调查方法，搜集与调查目的相关的数据。

搜集数据是我们统计旅游的第一个风光带，可以分 4 步走。

第 1 步，确定调查方案。

设计调查方案的"6W 模型"，即为什么要调查(Why)、向谁调查(Who)、调查什么(What)、何时调查(When)、何地调查(Where)、其他有关方面(Whole)。

第 2 步，确定调查的方式和方法。调查方式的比较如表 2-2 所示。

表 2-2　调查方式的比较

项　目	普　查	抽样调查	重点调查	典型调查
定义	专门组织的一次性全面调查	对抽样单位进行的非全面调查	对重点单位进行的非全面调查	对典型单位进行的非全面调查
特点	专门性、一次性、全面性	随机抽选样本。用样本值估计总体值。抽样误差可计算并控制	重点单位的数量不多，但其总量占总体总量的一半以上	有意识地选择典型单位

续表

项　目	普　查	抽样调查	重点调查	典型调查
调查的范围	全面	非全面	非全面	非全面
调查的时间	一次	经常或一次	经常或一次	一次
优点	掌握国情国力的数据	用样本值估计总体值	快速掌握研究对象的基本情况	掌握现象的规律并总结经验教训
缺点	工作量大,耗资多,耗时长,耗费人力和物力大	抽样调查的是部分单位,缺乏全面性	重点调查的是部分单位,缺乏全面性	选择典型单位时,容易受主观因素的影响

调查方式和调查方法的分类
- 调查方式按范围分
  - 全面调查
    - 普查
    - 全面统计报表
  - 非全面调查
    - 抽样调查
    - 重点调查
    - 典型调查
- 调查方法按形式分
  - 问卷法
  - 访谈法
  - ……

　　搜集数据的方式和方法层出不穷,围绕调查的目标,选择合适的调查工具,是一路畅行的法宝。登录网站,用搜索引擎的方法,用登录数据基地统计局网站的方法,这些都是搜集数据的常用方法。

　　第3步,确定存储方式。

　　建议用纸质版和电子版的形式同时存储数据,以降低丢失数据的风险。

　　第4步,审核数据。

　　主要审核一手数据的准确性、逻辑性、全面性。主要审核二手数据的权威性。

　　离开了数据,分析就成了"无源之水"。离开了优质数据,分析就容易"出轨"。

　　搜集的数据,尤其是个体数据,虽然鲜活生动,但从总体来看,杂乱无章,看不出头绪,因此,对搜集的数据还需要加以整理。

　　整理数据的结果是统计表和统计图。整理数据的对象是文本型数据和数值型数据。

　　数据怎么整理?请看下一章。整理数据是统计旅游的第二个风光带,主打景观是文本型数据和数值型数据的整理,还有数据的形象大使——统计表和统计图。

真 题 上 市

一、单项选择题

1. 为写论文而搜集数据资料,(　　)是一手数据。

　　A. 各企业公布的数据　　　　　　　B. 公开出版的统计数据

C. 研究机构发布的研究数据　　　　D. 自己用问卷的形式搜集的数据

2. 在观察新药的有效作用时，研究人员搜集的数据是(　　)。

  A. 一手观测数据　　　　　　　　　B. 二手观测数据

  C. 一手实验数据　　　　　　　　　D. 二手实验数据

3. 从调查范围和调查时间看，普查属于(　　)。

  A. 一次性全面调查　　　　　　　　B. 一次性非全面调查

  C. 经常性全面调查　　　　　　　　D. 经常性非全面调查

4. 人口普查规定统一的标准时间是为了(　　)。

  A. 登记资料的方便　　　　　　　　B. 确定调查的单位

  C. 确定调查的范围　　　　　　　　D. 避免登记资料的重复与遗漏

5. 全国人口数(　　)。

  A. 是一个观测数据　　　　　　　　B. 是一个实验数据

  C. 只能通过普查得到　　　　　　　D. 只能通过抽样调查得到

6. 重点调查的样本(　　)。

  A. 是按照方便的原则抽取的

  B. 是按照随机的原则抽取的

  C. 是有意识地选择具有典型意义的或有代表性的单位

  D. 具有所研究现象的总量在总体总量中占据绝大部分的特点

7. 为掌握图书商品的销售情况，对占该市图书商品销售额 70% 的 6 家大书店进行调查，这种调查方式属于(　　)。

  A. 普查　　　　B. 重点调查　　　　C. 典型调查　　　　D. 抽样调查

8. 在对总体现象进行分析的基础上，有意识地选择几个城乡接合部地区，调查外来流动人口在本市的生活状况，这种调查方式属于(　　)。

  A. 普查　　　　　B. 重点调查　　　　C. 典型调查　　　　D. 抽样调查

9. 1978—2018 年，中国改革开放 40 年，于敏等 100 名中国杰出贡献奖人员的当选，运用了(　　)。

  A. 普查　　　　　B. 重点调查　　　　C. 典型调查　　　　D. 抽样调查

10. 2017 年 9 月 19 日，中国信息报刊登了中国国家统计局局长签发的"致全国住户调查户的一封信"。信中写道："全国住户调查是国家法定统计调查项目，采用科学的(　　)方法，在全国随机抽取 16 万户作为全国 4 亿多家庭的代表。您的家庭被抽中作为调查户，代表了 2500 多个同类家庭。"

  A. 普查　　　　　B. 重点调查　　　　C. 典型调查　　　　D. 抽样调查

二、多项选择题

1. 制定一个完整的调查方案，应包括(　　)。

  A. 确定调查目的和内容　　　　　　B. 规定调查地点和时间

  C. 选择调查方式和方法　　　　　　D. 明确调查对象和调查单位

2. 搜集一手数据的方法有( )。

    A. 问卷法　　　　　　B. 访谈法　　　　　　C. 邮件法　　　　　　D. 文献检索法

3. 二手数据( )。

    A. 可来源于尚未公开发表的各类统计数据

    B. 可来源于各类年鉴、期刊、报告等公开出版物

    C. 应用时应了解数据的含义、计算口径、计算方法等

    D. 来源于使用者直接得到的各类观测数据和实验数据

4. 评价二手数据的可用性，除了要考虑数据内容的适用性外，还应考虑的问题是( )。

    A. 数据的提供者是否可信　　　　　B. 调查数据的目的是什么

    C. 数据的计算方法是否合适　　　　D. 数据的时间和空间是否具备

5. 普查的特点有( )。

    A. 不适宜经常举行　　　　　　　　B. 它是一次性的专门调查

    C. 工作量大、耗时长、成本高　　　D. 调查资料包括的范围全面、详尽、系统

6. 在下面的调查中，有可能取得总体全面资料的调查方式有( )。

    A. 普查　　　　　　　B. 重点调查　　　　　C. 抽样调查　　　　　D. 全面统计报表

7. 全国工业普查中，( )。

    A. 所有工业企业是调查对象　　　　B. 每一个工业企业是调查单位

    C. 所有工业企业的人数是统计指标　D. 每一个工业企业的人数是统计指标

8. 抽样调查适用于下列场合的有( )。

    A. 食品质量的检验　　　　　　　　B. 不需要了解总体的情况

    C. 只需要了解一部分单位的情况　　D. 不宜进行全面调查而又要了解全面情况

9. 抽样调查的优越性表现在( )。

    A. 经济性　　　　　　B. 时效性　　　　　　C. 准确性　　　　　　D. 灵活性

10. 某市工商管理部门于某月初突击抽查部分市场上销售的熟肉制品的卫生状况，这种调查应属于( )。

    A. 专门调查　　　　　B. 全面调查　　　　　C. 一次性调查　　　　D. 非全面调查

三、判断题

( )1. 搜集的数据都是二手数据。

( )2. 问卷中的提问是否合适？例如，你是否经常使用计算机？

( )3. 中国的人口数据都是采用普查的方式获取的。

( )4. 抽样调查、重点调查和典型调查均是非全面调查。

( )5. 中国的人口普查和经济普查都是每10年进行一次。

( )6. 重点调查中的重点单位是根据当前工作的重点来确定的。

( )7. 问卷中的提问是否合适？例如，请问是颜色还是外观吸引你购买华为手机？

( )8. 目前，中国人口普查的标准时点是尾数逢0年份的11月1日0时。

( )9. 一般来讲，搜集二手数据的特点是搜集数据的成本低，搜集比较容易。

( )10. 问卷中的提问是否合适？例如，消费者普遍认为华为的手机好，你对华为手机的印象如何？

四、综合题

1. 解读

大学生暑假的"情牵脱贫攻坚"实践活动(见图 2-8)，主要任务是进村入户，对所有的贫困户和特困户开展调研，通过走访和问卷，建立贫困户档案等。

请问：在上述调研活动中，运用的调查方式和方法有哪些？如果你参加过这样的假日活动，请用文字记录一下其中的苦乐，如调查中遇到的最大困难是什么，你是怎么解决的？

图 2-8　师生访谈村民

(图片来源：长大青年传媒中心，2017 年 7 月 26 日)

2. 解析

为什么普鲁斯特问卷能成为史上最古老和生命力最旺盛的问卷？到今天，填答这份问卷各大媒体和普罗大众仍乐此不疲。

背景资料：这份问卷，不知道出自何人之手，只知道最早出现在法国巴黎的社交场所。这份问卷因《追忆逝水年华》的作者马赛尔·普鲁斯特(法国，1871—1922，见图 2-9)的回答而走红，故称为"普鲁斯特问卷"。

普鲁斯特曾在他生命中的不同时期分别回答了这份问卷，同样的一个他，给出的答案却不完全相同。

图 2-9　普鲁斯特与他的著作《追忆逝水年华》

亲爱的朋友，如果你在今天填答，在若干年后的某天再来填答，答案会有什么变化呢？

答案就在你温柔的心中。以下就是这份问卷，请接题。

普鲁斯特问卷

Q1.你认为最完美的快乐是怎样的？

Q2.你最希望拥有哪种才华？

Q3.你最恐惧的是什么？

Q4.还在世的人中，你最钦佩的是谁？

Q5.你最痛恨哪种品质？

Q6.你最珍惜的财产是什么？

Q7.你对自己的外表哪一点不满意？

Q8.你最后悔的事情是什么？

Q9.你最喜欢男性的什么品质？

Q10.你最喜欢女性的什么品质？

Q11.你最痛苦的事情是什么？

Q12.你最看重朋友的什么品质？

Q13.你这一生中最爱的人是谁？

Q14.你最幸福的感觉是在何时何地？

Q15.如果你能改变家庭的一件事，你最希望改变的是什么？

Q16.如果你能选择的话，你希望让什么重现？

Q17.你的座右铭是什么？

3. 搜一搜

登录中国"国家哲学社会科学文献中心"免费网站(请先注册)。

查找《统计研究》杂志 2017 年第 1 期《大数据时代统计学发展的若干问题》一文。

五、淘宝题

1. 录入数据

搜集本班数据并制表，指出表中的数据类型。表中的内容包括：序号、姓名、性别、身份证上的出生年月日、年龄(岁)、生肖、身高(厘米)、体重(公斤)。

2. 旅游地图

"世界这么大，我想去看看。"请你罗列一个旅游清单，整理一下，分析一下，收藏起来，机会一到，随时出发。

请接题：每回跟团旅游，每个导游对当地的人口数量总是如数家珍，同时，也喜欢问一句："你们那儿有多少人？"以考一考游客，这个问题，能考倒你吗？请在中国国家统计局网站或地方政府网站，享受免费查询人口数据的乐趣。

3. 招聘规律

这个社会需要怎样的大学生？在校大学生努力的方向在哪里？请查找几份相关的招聘启事，写好来源并做好超链接，写出招聘的一般规律。下面是一则招聘启事，供参考。

<h1 style="text-align:center">中国人民大学统计学院招聘启事</h1>

来源：中国人民大学统计学院　时间：2019-03-05

因工作需要，统计学院拟面向社会公开招聘非事业编制工作人员，采用劳务派遣的用工形式。具体事项如下。

一、招聘岗位

行政助理。

二、岗位职责

协助完成学院安排的日常行政事务工作。

三、任职条件

1. 具有良好的思想品德和较强的政治素质，务实廉洁，具有较强的奉献精神和团队协作意识。

2. 具有大学本科及以上学历，统计、财经、经济、管理、计算机类专业优先。

3. 具有较强的组织协调能力、语言表达能力和文字写作能力，英语六级、口语流利，能够熟练运用各类常用办公软件。

4. 年龄一般不超过 35 周岁，身体健康。

四、招聘程序

1. 应聘者请于 2019 年 3 月 17 日前将个人简历、学历学位及相关专业技术职务证书材料电子版打包发送至电子邮箱 tongjihr@ruC. edu.cn，邮件标题注明"应聘+办公室行政助理 + 姓名"。

2. 综合考察应聘者材料，择优组织面试。

3. 按照规定办理相关手续。

联系人：张老师 陈老师　联系电话：010-62511318

第3章　数据怎么整理

【学习目标】

- 整理数据的步骤。
- 文本型数据的整理。
- 数值型数据的整理。
- 统计图表的规范画法。

	**欣赏** 左图：德国邮票。 　说明：5月12日，国际护士节，纪念南丁格尔(英国，1820—1910)。	**留言** 战争岁月 提灯女神的统计图挽救伤员生命 和平年代 统计图成了数据世界的形象大使

学生和老师的一段对话。

学生：天啊，我的女神，南丁格尔，提灯女神。

老师：噢，你认识？

学生：不认识，我知道。我妈是护士，南丁格尔是她的偶像，南丁格尔奖是她的梦想。

老师：南丁格尔奖是全世界护士们的最高奖项。我衷心祝愿你妈妈早一天梦想成真。

学生：谢谢老师！我还知道，5月12日是国际护士节，就是以她的生日来命名的。

老师：噢，你知道吗？南丁格尔除了是护理行业的开创者，还是一位杰出的统计学家。

学生：真的，南丁格尔，统计学家？

老师：是啊，在1854年到1856年的那场克里米亚战争中，她是随军护士。她手绘统计图，画出士兵伤亡的人数，还标出了原因，她用手绘的统计图向军方汇报，申请援助。

学生：我知道，申请援助，她成功了，统计图也可以用来救死扶伤啊！

老师：南丁格尔，有一颗仁爱的心，有精湛的护理技术，她还善于运用统计知识。

学生：我听妈妈讲，她数学很棒，文学、艺术、哲学也学得很好。她生在豪门，本来可以当千金小姐衣食无忧过一辈子的，可是，她听从内心召唤，当了护士。

老师："护士必须要有一颗同情心和一双愿意工作的手。"这是南丁格尔的名言。告诉你一个小秘密，她是我的偶像。

学生：她也是我的偶像，南丁格尔太伟大了！老师，您会放弃教书去当护士吗？

老师：其实，从事什么职业都一样，只要以南丁格尔女士为榜样，为世界更美好而尽心尽力，我觉得就很好了。这一章我们学习数据的整理，统计图是数据的形象大使。

学生：统计图是数据的形象大使，南丁格尔是护士界的形象大使。我也要靠自己的努力，还有知识的指点，画好统计图这个形象大使。

老师：太好啦，我们出发。

3.1　整理数据的 4 步

整理数据是指根据研究目的，运用整理的方法，对所搜集的数据进行加工，最后用统计图表的形式使之系统化。

从整理数据的定义，可以看到整理数据要明确其地位、对象、目标和步骤。

整理数据的地位，位于统计实践的中间环节，起着承上启下的作用。整理数据既是搜集数据的延续，又是分析和传播数据的基础。

整理数据的对象，主要是指所搜集的个体数据。

整理数据的目标，主要是将零乱的个体数据加工成有序的汇总数据，并把整理的结果用统计表和统计图呈现出来。

整理数据的步骤，主要有 4 步：审核→分组→汇总→制作表图。

第 1 步，审核数据。

审核是整理数据的前提。

审核是指审查和核实所搜集的数据的质量。

审核数据的质量，即审核数据的准确性、时效性和全面性。审核的目的是为了把搜集的优质数据进行整理。如果是一手数据，要侧重审核数据的准确性；如果是二手数据，要侧重审核数据来源是否具有权威性。

审核搜集数据的准确性，就是审核数据是否存在逻辑错误、记录错误和计算错误等。比如，填表时，有人在"年龄"一栏填"6 岁"，在"文化程度"一栏填"大学毕业"，这属于逻辑错误；有人在"年龄"一栏，将"6 岁"填成"8 岁"，这属于记录错误。

审核搜集数据的时效性，就是审核数据是否鲜活，因为准确的数据还要及时提供。

审核搜集数据的全面性，就是审核数据是否已完整提供。

第 2 步，进行分组。

分组是整理数据的基础。

统计分组是指根据研究目的，按一定的标志，将总体划分为几个组。分组对总体而言是"分"，对个体而言是"合"。

统计分组的作用在于划分总体的类型、研究总体的结构和研究总体各组之间的关系。

统计分组的核心在于分组标志的选择。分组标志是根据研究目的，将总体划分为不同特征的几个组的标准。

选择分组标志要遵循科学性的原则，即从研究目的出发，选择最能反映总体特征的标志进行分组，使组与组之间具有差异性，使组内各单位具有同质性。

比如，对考试结果按"成绩"这个标志进行分组，分为 5 个组，即优秀、良好、中等、及格和不及格。分组后，"优秀"这一组与其他 4 个组存在等级上的差异，但"优秀"这一组都具有 90 分以上的相同特点。

统计分组的原则为"不重不漏"，即要遵循互斥性和穷尽性的分组原则。

"不重"即穷尽性原则。它是指在分组后，所有的个体或个体数据只能归于其中某一个组，不能重复属于两个或两个以上的组。

"不漏"即互斥性原则。它是指在分组后，所有的个体或个体数据都能归于其中某一个组，一个也不能遗漏。

比如，对学生按"成绩"分组，每位学生的成绩都要归入相应的组内，各组的人数之和为总人数，不能多于或少于这个总数。这样做，就遵循了"不重不漏"的原则。

不同的成绩段有不同的属性，表现为互斥的关系，而相同的成绩段有相同的属性，表现为相融的关系，所谓"组内质同，组间质异"，讲的就是这个意思。

分组标志按数据的表现形式分为3种，即文本型数据的标志、数值型数据的标志和时间型数据的标志。

文本型数据的标志是以文本型数据的名称为标志，如按"性别"分组。

数值型数据的标志是以数值型数据的名称为标志，如按"身高"分组。

时间型数据的标志是以时间型数据的名称为标志，如按"出生年"分组。

按分组标志的多少，分为简单分组和复合分组。

简单分组是指按一个标志将总体进行分组，反映总体某一方面的类型。比如，中国快递业按"企业性质"这个文本型数据的标志分类，主要分为3类，即第一类是外资快递企业，如联邦快递、敦豪、天地快运；第二类是国有快递企业，如中国邮政、民航快递、中铁快运；第三类是大型民营快递企业，如顺丰速运、韵达快递、申通快递。

复合分组是指按两个或两个以上的标志对总体进行重叠分组，反映总体多方面的类型。比如，按"性别"这个标志对学生进行分组，再将各组按"年龄"这个标志进行重叠分组。

分组时，分组标志的选择要适当，不宜过多。如果分组过多，总体分布过于分散，将不利于反映总体分布的特征。

第3步，汇总数据。

汇总是整理数据的中心环节。

汇总数据是指在分组的基础上，汇总文本型数据和数值型数据。

汇总的结果是各组的次数。次数有总量数和相对数两种表现形式。次数的总量数形式是指分布到各组的个体数，而次数的相对数形式是指分布到各组的构成比，反映总体的结构。构成比是指各组的次数占总次数之比，各组的构成比之和为1或100%。

比如，在文本型标志"性别"分组的基础上，汇总各组的人数，或在数值型标志"年龄"分组的基础上，汇总各组的人数，两者的算法一样。每组的汇总人数就是次数的总量数形式，有多少人就表示出现了多少次，而用每组的人数除以总人数就是构成比，这是次数的相对数形式。

第4步，制作表图。

统计表和统计图是整理数据的结果。

统计表是指用统计表格呈现数据的形式。

统计图是指用统计图形呈现数据的形式。

统计图是用统计表中的数据画出来的图形。在分组和汇总的基础上，用统计表和统计图呈现分组和汇总的结果。用汇总的结果，可以得到次数分布表和次数分布图。在次数分布表的基础上，可以得到累计次数分布表，而在累计次数分布表的基础上，可以画出累计次数分布图。

次数分布表是指在统计分组的基础上，同时列出各组次数的统计表，可以反映各组次数的分布情况。次数分布表又称为"分配数列"。

次数分布图是根据次数分布表的数据绘制的统计图，可以直观地反映各组次数的分布情况。

累计次数分布表是在次数分布表的基础上编制的统计表。其累计的对象是次数分布表中的次数，可以反映各组累计次数的分布情况。

累计次数分布图是在累计次数分布表的基础上绘制的统计图，可以直观地反映各组累计次数的分布情况。

整理数据的对象，主要是未分组的数据，目标是把没有分组的个体数据整理成分组的数据，也就是把没有分组的文本型数据和数值型数据整理成分组的数据。

【例 3-1】请问在表 3-1 中，哪些数据属于文本型数据？哪些数据属于数值型数据？哪些数据属于时间型数据？

表 3-1 2016 年巴西奥运会中国女排夺冠运动员基本信息一览

序号	号码	姓 名	出生日期	身高/厘米	体重/公斤	球场位置	俱 乐 部
1	1	袁心玥	1996/12/21	199	78	副攻	广东八一深圳
2	2	朱 婷	1994/11/29	195	78	主攻	河南鑫苑
3	3	杨方旭	1994/10/06	190	71	接应	山东体彩
4	6	龚翔宇	1997/04/21	186	67	接应	江苏中天钢铁
5	7	魏秋月	1988/09/26	182	65	二传	天津渤海银行
6	9	张常宁	1995/11/06	195	72	主攻	江苏中天钢铁
7	10	刘晓彤	1990/02/16	188	70	主攻	北京汽车
8	11	徐云丽	1987/08/02	195	75	副攻	福建阳光城
9	12	惠若琪	1991/03/04	192	78	主攻	江苏中天钢铁
10	15	林 莉	1992/07/05	171	65	自由人	福建阳光城
11	16	丁 霞	1990/01/13	180	65	二传	辽宁大连金普新区
12	17	颜 妮	1987/03/02	192	74	副攻	辽宁大连金普新区

资料来源：中国排球协会。

答：判断数据是文本型数据还是数值型数据，关键看取值。文本型数据、数值型数据、时间型数据的取值分别为文本类、数值和时间。

属于文本型数据的有"序号""号码""姓名""球场位置""俱乐部"。

属于数值型数据的有"身高""体重"。

属于时间型数据的有"出生日期"。

3.2 文本型数据的整理

整理文本型数据的基本步骤如下。

第1步,审核数据。

审核数据的质量。对于二手数据,资料来源必须具有真实性和权威性。

比如,排球方面的数据来源于中国排球协会,就属于可靠的二手数据。

第2步,进行分组。

根据研究目的,用文本型数据的标志对文本型数据进行分组。由于文本型数据分为文本型顺序数据和文本型非顺序数据,所以,文本型数据的分组标志也分为两种,即文本型顺序数据的分组标志和文本型非顺序数据的分组标志。

文本型数据由文本型数据的名称和表现形式构成。文本型数据的表现形式为文本。

文本型数据按其名称的排列是否有序,分为文本型顺序数据和文本型非顺序数据。

文本型顺序数据是指文本型数据的排列有顺序,不能随意调换顺序。文本型顺序数据除了能用来区分事物,还能用来表明事物之间的大小、高低和优劣关系。

比如,按"年级"分组,就是按文本型顺序数据的标志进行的分组。由于"年级"的表现形式为"一年级""二年级"这样的文字,所以"年级"属于文本型数据;又由于"年级"按一年级、二年级来排序,二年级要比一年级高一个等级,所以"年级"属于文本型顺序数据。

文本型非顺序数据是指文本型数据的排列没有顺序,可以随意调换顺序。文本型非顺序数据只能用来区分事物,不能用来表明事物之间的大小、高低和优劣关系。

比如,按"性别"分组,就是按文本型非顺序数据的标志进行的分组。由于"性别"的表现形式为"男""女"这样的文字,所以"性别"属于文本型数据;又由于"性别"可以按男、女来排序,也可以按女、男来排序,所以"性别"属于文本型非顺序数据。

第3步,汇总数据。

在分组的基础上,对文本型的个体数据进行汇总,汇总的结果是各组的次数。

比如,在对"性别"分组的基础上,分别对男性和女性的人数进行汇总。

第4步,制作表图。

在汇总的基础上,对汇总的结果画出统计表,用统计表的数据画出统计图,以呈现各组次数分布的情况。

请留意:如果汇总的数据是文本型非顺序数据,就要对数据先排序,然后再制作统计表和统计图。

按文本型数据的名称进行分组,同时列出汇总的次数和构成比,这样形成的统计表,称为"次数分布表",这样形成的序列称为"品质数列",据此画出来的统计图称为"次数分布图"。

【例3-2】文本型数据的整理,资料如表3-2所示。

表 3-2 2016 年巴西奥运会 12 名中国女排运动员俱乐部所在地一览

序 号	姓 名	省(市)	地 区	序 号	姓 名	省(市)	地 区
1	袁心玥	广东省	东部	7	刘晓彤	北京市	东部
2	朱 婷	河南省	中部	8	徐云丽	福建省	东部
3	杨方旭	山东省	东部	9	惠若琪	江苏省	东部
4	龚翔宇	江苏省	东部	10	林 莉	福建省	东部
5	魏秋月	天津市	东部	11	丁 霞	辽宁省	东部
6	张常宁	江苏省	东部	12	颜 妮	辽宁省	东部

资料来源：中国排球协会。

要求：对"地区"的数据进行统计整理，并作统计分析。

思路：第 1 步，判断数据类型。"所在地"属于文本型非顺序数据，因为"所在地"的取值为文字，顺序可以自由变动。第 2 步，按照整理数据的基本步骤，对其进行审核、分组、汇总，并对汇总的数据进行排序。第 3 步，用汇总的数据制作统计表和统计图。第 4 步，结合整理数据的结果进行文字分析。

解答：对表 3-2 中的资料进行整理，结果如表 3-3 所示。

表 3-3 2016 年巴西奥运会 12 名中国女排运动员 9 成来自东部地区的俱乐部

地 区	人数/人	构成比/%
西部	0	0
中部	1	8
东部	11	92
总计	12	100

资料来源：中国排球协会。

在表 3-3 中，用"人数"的数据画图，结果如图 3-1 所示。

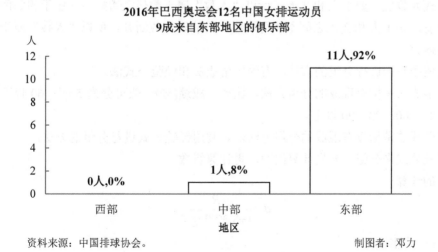

图 3-1 中国女排运动员俱乐部所在地区的分布

简析：由图 3-1 可见，2016 年巴西奥运会，一举夺冠的 12 名中国女排运动员，从她们俱乐部所属的地区来看，除了 1 人来自中部地区以外，其余的全部来自东部地区，占了 9 成，而西部地区为 0 人。显然，东部地区俱乐部成了培养女排国手的大本营。从长远来看，应加强在西部和中部俱乐部培养国手的力度，尽早实现西部地区输送女排国手零的突破。

3.3　数值型数据的整理

整理数值型数据的基本步骤如下。

第 1 步，审核数据。

审核数据的质量。数据来源于一手数据和二手数据，数据的来源要可靠。

第 2 步，进行分组。

根据研究目的，用数值型数据的标志对数值型数据进行分组。由于数值型数据分为数值型连续数据和数值型非连续数据，所以，数值型数据的分组标志也分为两种，即数值型连续数据的分组标志和数值型非连续数据的分组标志。

数值型数据由数值型数据的名称和表现形式构成。数值型数据的表现形式为数值。

数值型数据按其相邻两值之间的取值是否连续，分为数值型连续数据和数值型非连续数据。

数值型连续数据是指数值型数据的相邻两值之间可以无限取值。

比如，按"身高"分组，就是按数值型连续数据的标志进行的分组。由于"身高"的表现形式为数值，如 170 厘米和 180 厘米，所以"身高"属于数值型数据。又由于相邻两个身高之间的取值，如 170 厘米和 180 厘米之间可以无限取值，所以"身高"属于数值型连续数据。

数值型非连续数据是指数值型数据的相邻两值之间以整数断开。

比如，按"人数"分组，就是按数值型非连续数据的标志进行的分组。由于"人数"的表现形式为数值，如 1 人和 2 人，所以"人数"属于数值型数据。又由于相邻两个人数之间的取值，如 1 人和 2 人之间不能再取值，只能以整数断开，所以"人数"属于数值型非连续数据。

对数值型数据进行分组的方法，有约定俗成法和经验公式法。

约定俗成法是指有现成的分组方法。比如，成绩(分)一般可分为 5 档：60 以下、60～70、70～80、80～90、90 以上。

经验公式法是指没有现成的分组方法，是利用经验公式进行分组的方法。

用经验公式来分组，要先计算组距，再计算组数。

组距的计算

$$d = \frac{R}{1 + 3.322 \log N}$$

式中：d ——组距；

　　　　R ——全距；

N——个体的总数。

组数的计算

$$m=\frac{全距}{组距}=\frac{R}{d}$$

对组限、组距、全距和组数的说明如下。

组限是指每一组的分组界限，是下限和上限的统称。每一组的起点值为下限值，简称"下限"。每一组的终点值为上限值，简称"上限"。

选择组限时，要选择能反映现象本质差异的标志值为组限。同时，为了让每个数据都"有家可归"，因此，第一组的下限要小于或等于个体数据中的最小值，最后一组的上限要大于或等于个体数据中的最大值。

对于数值型的连续数据，由于连续性的特点，上一组的上限与下一组的下限是一样的，具有"重叠性"。对于数值型的非连续数据，由于非连续的特点，上一组的上限与下一组的下限可以断开。

组距是指每一组的上限与下限之差。组距一般取 5 或 5 的倍数。

全距是指一组数据中，最大值与最小值之差。

组数是指将一组数据分成几个组。

例如，在 2016 年巴西奥运会上，中国女排为夺冠之队，在 12 名球员的身高中，最高的为 199 厘米，最矮的为 171 厘米，身高萌差即全距为 28 厘米。如果要对她们的身高(厘米)进行分组，可以分为 3 个组，即 170～180、180～190、190～200。在第一组中，下限为 170 厘米，上限为 180 厘米，组距为 10 厘米。第一组的上限为 180 厘米，第二组的下限为 180 厘米，相邻两组的组限重叠。

按照常识来分组。分组时，第一组的最小值应等于或低于最矮的 171 厘米，最后一组的最大值应等于或高于最高的 199 厘米。由于分组的组距以 5 的倍数为宜，汇总的人数要"不重不漏"，所以，身高(厘米)分为 3 个组，即 170～180、180～190 和 190～200。

参照经验公式来分组。分组时，可参照组距和组数的计算结果。

组距的计算

$$d=\frac{R}{1+3.322\log N}=\frac{199-171}{1+3.322\times\log 12}=6.1$$

组距的确定。分组的组距以 5 的倍数为宜，组距取 10。

组数的计算

$$m=\frac{全距}{组距}=\frac{199-171}{10}=2.8$$

组数的确定。根据"不重不漏"的分组原则，组数取 3。

对于数值型数据的分组，知道了组距和组数，确定了第一组的起点值和最后一组的终点值，于是身高(厘米)分为 3 个组，即 170～180、180～190 和 190～200。

第 3 步，汇总数据。

在分组的基础上，对数值型的个体数据进行汇总，汇总的结果是各组的次数。汇总数据是个技术活。

比如，在对"身高"分组的基础上，分别对各组的人数进行汇总。

如果数据的类型属于数值型连续数据，那么在汇总次数时，就要遵循"上限不在内"的原则。"上限不在内"是指在数值型连续数据的条件下，当上一组的上限与下一组的下限重叠时，次数应归于下一组。

比如，"身高"属于数值型连续数据。将2016年巴西奥运会中国女排12名运动员的身高(厘米)分为3个组，即170~180、180~190、190~200。在汇总各组人数时，丁霞的身高为180厘米，180既是第一组的上限，又是第二组的下限，按"上限不在内"的分组原则，丁霞的身高应归于下限这一组，即第二组。同理，杨方旭的身高为190厘米，按照这个分组原则，她的身高应归于第三组。

如果有谁不记得"上限不在内"这个原则，那么就想一想百分制中60分的归属吧。成绩按百分制计算，成绩(分)有5档，即60以下、60~70、70~80、80~90、90以上。其中，60分既是第一组"60分以下"的上限，又是第二组"60~70分"的下限，如果有个学生的成绩为60分，那么，根据"上限不在内"的原则，这个学生应归于第二组统计，也就是划分到及格这一组进行统计。

第4步，制作表图。

在汇总的基础上，对汇总的结果得出统计表，用统计表的数据画出统计图，以呈现各组次数分布的情况。

按数值型数据的名称进行分组，同时列出汇总的次数和构成比，这样形成的序列称为"变量数列"，这样形成的统计表称为"次数分布表"，由次数分布表的数据画出来的统计图称为"次数分布图"。

请留意：次数分布图常见的形式有柱形图和直方图。柱形图和直方图的选择，取决于数据的特点，即数值型非连续数据适合画柱形图，数值型连续数据只能画直方图。柱形图和直方图的区别，从外观看，柱形图的各柱子之间互不重叠，直方图的各柱子之间相互重叠。

在变量数列中，按变量值分组的情况，又分为单项数列和组距数列。

单项数列是指以一个变量值为一组所编制的变量数列。它的运用条件是变量值的变动范围不大。

比如，正常招录的大学二年级的同班同学中，一般来讲，大家的年龄都比较相近，最小的为18岁，最大的为21岁，年龄从18岁到21岁，变动的范围不大，只相差3岁，即21-18=3(岁)。年龄为变量，年龄的取值为变量值，这时，就可以用单个的年龄取值进行分组，分为4个组，即18岁、19岁、20岁和21岁，而没有必要用组距的形式来分组。

组距数列是指以一个区间的变量值为一组所编制的变量数列。它的运用条件是变量值的变动范围比较大，数值比较多，用组距数列更能反映总体内部的构成。

比如，在2016年巴西奥运会上，12名中国女排运动员的身高，最矮的为171厘米，最高的为199厘米，身高从171厘米到199厘米，变动的范围比较大，相差28厘米，即199-171=28(厘米)。身高为变量，身高的取值为变量值，这时，就可以用身高的区间范围进行分组，即对身高(厘米)进行组距式分组，可以分为3个组，即170~180、180~190、

190～200。反之，如果用单个的身高值(厘米)为一组进行分组，那么就要分为 9 个组，即 171、180、182、186、188、190、192、195 和 199，显然，这样的分组看不出全队身高的特点。

等距数列是指在组距数列中，各组的组距都相等的变量数列。例如，身高(厘米)分为 3 个组，即 170～180、180～190、190～200，各组的组距相等，都为 10 厘米。

不等距数列是指在组距数列中，各组的组距不完全相等的变量数列。

累计次数分布表是指在次数分布表的基础上，对次数和构成比分别进行累计所形成的统计表。

累计次数分布图是指根据累计次数分布表的数据绘制的统计图。

在编制累计次数分布表时，累计的对象是次数和构成比，累计的方法是向上累计法和向下累计法。

向上累计法是指由变量值低的组向变量值高的组依次累计，累计的对象是次数和构成比，累计的结果表明上限以下的累计数是多少。

向下累计法是指由变量值高的组向变量值低的组依次累计，累计的对象是次数和构成比，累计的结果表明下限以上的累计数是多少。

【例 3-3】数值型数据的整理，资料如表 3-4 所示。

表 3-4　2016 年巴西奥运会 12 名中国女排夺冠运动员的身高一览

序　号	姓　名	身高/厘米	序　号	姓　名	身高/厘米
1	袁心玥	199	7	刘晓彤	188
2	朱　婷	195	8	徐云丽	195
3	杨方旭	190	9	惠若琪	192
4	龚翔宇	186	10	林　莉	171
5	魏秋月	182	11	丁　霞	180
6	张常宁	195	12	颜　妮	192

资料来源：中国排球协会官方网站。

要求：对"身高"的数据进行统计整理，并作统计分析。

思路：第 1 步，判断数据类型。"身高"属于数值型连续数据，因为"身高"的取值为数值，相邻两值之间可以无限取值。第 2 步，按照整理数据的基本步骤，对其进行审核、分组、汇总，分组前要对数据进行排序。第 3 步，用汇总的数据制作统计表和统计图。第 4 步，结合整理数据的结果进行文字分析。

解答：对表 3-4 中的资料进行整理，结果如表 3-5 所示。

表 3-5　2016 年巴西奥运会 12 名中国女排运动员各组身高的累计人数分布

身高/厘米	人数/人	构成比/%	向上累计		向下累计	
			人数 /人	构成比 /%	人数 /人	构成比 /%
(甲)	(1)	(2)	(3)	(4)	(5)	(6)
170～180	1	8	1	8	12	100

续表

身高/厘米	人数/人	构成比/%	向上累计		向下累计	
			人数 /人	构成比 /%	人数 /人	构成比 /%
180～190	4	33	5	41	11	92
190～200	7	59	12	100	7	59
总计	12	100	—	—	—	—

资料来源：中国排球协会。

在表 3-5 中，用第(1)栏的数据画图，结果如图 3-2 所示。

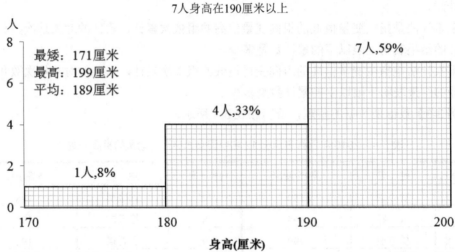

图 3-2　女排运动员身高分布直方图

简析：由图 3-2 可见，在 2016 年巴西奥运会上，12 名中国女排运动员各组身高的人数分布有高有低，最高点在 190 厘米到 200 厘米的范围内，有 7 名运动员分布在其中，占了总数的近 6 成，最低点在 170 厘米到 180 厘米的范围内，只有 1 名运动员分布在其中，只占 8%，而身高在 170 厘米到 180 厘米之间的有 4 人，占 33%。显然，这次出征巴西奥运会夺冠的 12 名女排姑娘，有一半以上都是 190 厘米的高个头。一般来讲，个头越高的排球运动员，经过训练后，在拦网和扣球方面就越有优势。不过，话说回来，个头不算高的运动员，只要努力，一样很棒，如女排冠军队中的林莉，身高只有 171 厘米，但她毫不逊色，扣球和拦网一样威风凛凛。

在表 3-5 中，用第(3)栏和第(4)栏的数据画图，结果如图 3-3 所示。

简析：由图 3-3 可见，12 名女排运动员中，190 厘米以下的有 5 人，占 41%。显然，女排运动员的身高在"上限以下"有多少人的数据，可以从这张图中直接读取出来。

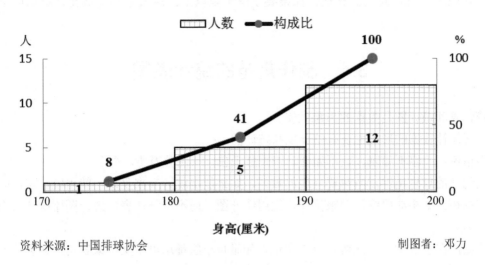

资料来源：中国排球协会　　　　　　　　　　　　制图者：邓力

图 3-3　向上累计次数分布的柱线图

在表 3-5 中，用第(5)栏和第(6)栏的数据画图，结果如图 3-4 所示。

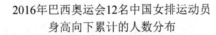

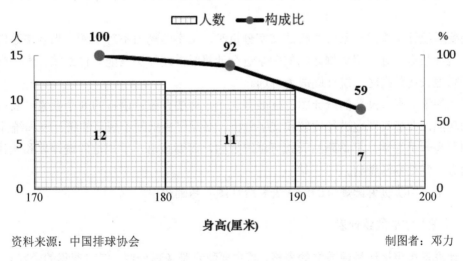

资料来源：中国排球协会　　　　　　　　　　　　制图者：邓力

图 3-4　向下累计次数分布的柱线图

简析：由图 3-4 可见，12 名女排运动员中，190 厘米以上的有 7 人，占 59%。显然，女排运动员的身高在"下限以上"有多少人的数据，可以从这张图中直接读取出来。

向上累计法和向下累计法的计算结果可以相互推算。比如，用向上累计法计算，190 厘米以下的有 5 人，占 41%，据此就可以推算出 190 厘米以上的有 7 人，占 59%。因为总人数为 12 人，12-5=7(人)；总构成为 100%，100%-41%=59%。

选择向上累计法还是向下累计法，要由研究目的来确定。如果要了解上限以下的总人数和构成比，就用向上累计法；如果要了解下限以上的总人数和构成比，就用向下累计法。

3.4 制作规范的统计表图

统计表和统计图是数据的形象大使。

呈现统计数据的形式主要有统计表和统计图。

俗话说："字不如表，表不如图。一表胜千言，一图胜万语。"

这句话的意思是讲，面对要呈现的数据，如果能用统计表来呈现，就用统计表，而不用文字描述；如果能用统计图来呈现，就用统计图，而不用统计表，统计图比统计表更具有吸引力。

比如，在表 3-5 中，身高分为 3 个组，如果每个组都用以下文字来表达，就会让人抓狂：在 12 名运动员中，180 厘米到 190 厘米这个身高组，共有 4 人，构成比为34%；向上累计的人数为 5 人，向上累计的构成比为 42%；向下累计的人数为 11 人，向下累计的构成比为 92%。显然，统计表与这样的文字表达相比，统计表以简洁的表达而大获全胜。

又如，用表 3-5 的数据，可以画出如图 3-2 所示的直方图，也可以画出如图 3-3 和图 3-4 所示的柱线图。显然，与统计表相比，统计图以其形象生动的表达在形式上更胜一筹。

当要对统计结果进行条分缕析的文字分析时，文字的魅力不容小觑。当要清楚地表达一大群统计数据，并利用数据之间的关系进行计算时，统计图只能让位给统计表。当要直观又清晰地表达数据时，统计图成为首选。

规范的统计表和规范的统计图，标准有 3 个，即要有统计语言的 8 个要素，要有化繁为简的功能，要能直观地进行比较和文字分析。必须坚决抵制不规范的统计表和统计图！

想要写一手好字，不是两三天就可以练好的，而要画出一手规范的统计表和统计图，只要用心，就很容易做到。

接下来，用实例解读规范的统计表和统计图的基础知识。

1．"王"字形的统计表

统计表是指用格线呈现数据的表格。其主要特点是条理分明，能将搜集的资料有序化，将整理的资料清爽地呈现出来，既能节省大量的文字描述，又能对数据进行相关计算，还有助于积累资料。

统计表是上下封口、左右开口的开放式的表格。

统计表格的外观如同"王"字形，如图 3-5 所示。

如图 3-5 所示，左图的统计表格，其框架宛如"王"字。"王"字形的统计表格，最上面的一条横向粗线称为"上基线"，中间为纵横交织的细格线，最下面的一条横向粗线称为"下基线"，表格的左边和右边都不画格线。

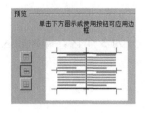 

图 3-5   "王"字形的统计表格

好的统计表，风貌是规范和美观。

1)规范的统计表

设计统计表的总体要求为实用、简练和美观，便于比较。表 3-6 是一张规范的统计表。

表 3-6   2016 年巴西奥运会中国女排运动员身高的统计   ←总标题

←列标题

身高/厘米	人数/人	构成比/%
170～180	1	8
180～190	4	33
190～200	7	59
总计	12	100

行标题→   ←数据

来源→资料来源：中国排球协会。   制表者：邓力

统计表的设计，一般要遵循从左往右的阅读习惯。

在表 3-6 中，可以读作：在 2016 年巴西奥运会上，12 名中国女排运动员身高 190 厘米以上的有 7 人，占比为 59%。

规范的统计表，可以从 3 个角度来看，即从数据来源、统计语言和统计表的构成来看。

一是从搜集和整理数据的角度来看统计表。

根据搜集的个体数据编制统计表，上方是总标题，第 1 列为序号，第 1 行是个体数据的名称，中间是个体数据的取值，下方是资料来源和相应说明。比如，表 3-4 就是搜集数据的调查表。

根据整理的汇总数据编制统计表，上方是总标题，第 1 列为分组，第 1 行是汇总数据的名称，中间是汇总数据的结果，下方是资料来源和相应说明。比如，表 3-6 就是整理数据的汇总表。

二是从统计语言的角度来看统计表。

统计语言包括 8 个要素，统计表也要包括 8 个要素。统计语言的 8 个要素是指时间、空间、总体、数据的名称、数据的取值、计量单位、计算方法和资料来源。

比如，在表 3-6 中，统计语言的 8 个要素分布如下：在总标题中，列出了①时间(年份)、②空间(中国)、③总体(所有女排运动员)、④数据的名称(身高)。在行标题中，列出了数据的名称(身高)和分组(170～180，180～190，190～200)。在列标题中，列出了指标名称(身高的人数和构成比)，还包括⑤计算方法 (汇总人数即运用总量数的方法，计算构成比即运用相对数的方法)，同时还列出了⑥计量单位("人")和计量形式("%")；在表格中间，包括⑦数值(身高的汇总结果)；在表格下方，列出了⑧资料来源和制表者的名称。

三是从统计表的构成来看统计表。

规范的统计表，从外观看，由上往下，分为 3 个区，即标题区、表格区和来源区，包括 4 个部分，即标题、格线、数值和来源。

标题区包括表号和总标题。

表号和总标题，统称为"表头"。

总标题是指统计表的名称，说明统计表的主要内容，一般位于统计表的最上方并居中。总标题的字体要加粗，用语要精练，可以表达 4 层意思，即时间(When)、空间(Where)、主体(Who)、数据的名称(What)。

如果要呈现的统计表不止一张，为区分各张统计表，可在每张统计表的总标题的左边编制表号。如果一张统计表不够用，即在一页纸上写不完时，应另起一页编制，其表首应写好标题，并注明"续表"字样。

表格区包括行标题、列标题、格线中的数值。

行标题是指统计表横行的名称，通常位于表的第一列，用于说明分组的名称。

列标题是指统计表纵栏的名称，通常位于表的第一行，用于说明指标的名称。

如果统计表的栏数较多，或为了说明数据栏之间的计算关系，通常要为各栏添加编号。比如，在行标题和计量单位的各栏，从左往右，用"(甲)""(乙)""(丙)"这样的文字来编号；在列标题的各栏，从左往右，用"(1)""(2)""(3)"这样的数字来编号。

在表格中录入数值时，要注意以下几点。

其一，数值中不能混杂计量单位。

其二，特别重要的数值可以特别标明，如加粗。

其三，数值相同时，不能用"同上""同下""同左""同右"这样的文字代替数值。

其四，同一列数值(不含总计数)，如果位数相差很大，为美观起见，可将全部数值右对齐。

其五，表格中不能有空白。常用符号为：用"0"表示可忽略不计的小数值，用短实线"—"表示没有数值，用 3 个小圆点"…"表示暂时没有数值。

来源区包括资料来源、制表者或附注。

来源是指说明统计表中的数据来自何方。

为保证数据的科学性与严肃性，在统计表中，必须注明资料来源，以方便查询使用；必要时，在统计表下添加注解或说明。

2) 统计表的分类

统计表不是现成的，每张表格都需要用智慧来设计。

统计表按是否按标志分组，分为未分组表和分组表。

未分组表是指对总体不按任何标志进行分组所得到的统计表。没有分组时，有多少个体，就有多少个体数据。比如，表 3-1、表 3-2 和表 3-4 就是未分组的统计表，有 12 名运动员，就有 12 名运动员的个人数据。

分组表是指对总体按一定标志进行分组所得到的统计表。分组以后，得到汇总数据。

分组表按分组标志的多少，分为简单分组表和复合分组表。

简单分组表是指对总体按一个或一个以上的标志平行排列在一起进行分组所得到的统计表。比如，表 3-3、表 3-5 和表 3-6 都是简单分组表。其中，表 3-3 是按"地区"这个标志分组所形成的统计表，表 3-5 和表 3-6 是按"身高"这个标志分组所形成的统计表。

复合分组表是指对总体按两个或两个以上的标志上下叠加在一起进行分组所得到的统计表。比如，对本校同年级的大学生，先按专业分组，再按性别分组。

【例 3-4】统计表的辨析。

修改前的统计表，如表 3-7 所示。

表 3-7　中国 1953—2010 年人口普查

年　份	人　口	标准时间
1953 年	601938035 人	6 月 30 日 24 时
1964 年	723070269 人	6 月 30 日 24 时
1982 年	1031882511	7 月 1 日零时
1990 年	1160017381	7 月 1 日零时
2000 年	129533 万人	11 月 1 日 0 时
2010 年	1370536875	11 月 1 日零时

辨析：从统计表的 3 个区来看，表 3-7 存在以下问题。

从标题区看，行标题和列标题都没有居中，字号没有加粗，时间和空间的顺序倒置，指标名称"人口数"缺失。

从表格区看，在行标题中，各组的"年"字多余；在列标题中，"人口"不是指标名称，缺少计量单位。

格线不是"王"字形的开口表而是闭合表，上基线和下基线也没有加粗，中间有 5 根细横线为多余的线条，数值和时间没有居中，数值带有计量单位，标准时间的数值表达没有统一。

从来源区看，缺少来源和制表者。

修改后的统计表，如表 3-8 所示。

表 3-8　1953—2010 年中国历届人口普查总人数一览

届　次	年　份	人口数/人	标准时间
1	1953	601938035	6 月 30 日 0 时
2	1964	723070269	6 月 30 日 0 时
3	1982	1031882511	7 月 1 日 0 时
4	1990	1160017381	7 月 1 日 0 时
5	2000	1295332226	11 月 1 日 0 时
6	2010	1370536875	11 月 1 日 0 时

资料来源：中国国家统计局。　　　　　　　　　　　　　　　　　　　制表者：邓力

2. "人"字形的统计图

统计图是指用点、线、面的几何图形或具体事物的形象来呈现统计数据的图形。其主要特点是能直观和生动地呈现数据。

统计图的外观如同"人"字形，如图 3-6 所示。

图 3-6　"人"字形的统计图

如图 3-6 所示，右图的统计图形，其框架宛如"人"字。"人"字形的统计图，最上面的标题区与人的头部对应，中间的绘图区与人的身体对应，最下面的来源区与人的双脚对应。

好的统计图，风貌是规范和美观。

1) 规范的统计图

从统计语言的角度来看统计图，统计语言包括 8 个要素，统计表包括 8 个要素，那么，在统计表的基础上画出来的统计图，同样也必须具备这 8 个要素。

从外观来看，统计图由 3 个部分组成，即标题区、绘图区、来源区。

标题区是指统计图的标题。标题区是指总标题，总标题位于绘图区的最上方，一般要居中并加粗。

总标题的用语要精练，可以表达 4 层意思，即时间(When)、空间(Where)、主体(Who)、指标名称(What)。

绘图区是指统计图形所在的区域。

来源区包括数据的来源和绘图者。来源区是整个统计图的两只脚，是脚踏实地的两只脚，是支撑统计图的两个支柱。

2) 统计图的分类

统计图按点、线、面的形状，主要分为 3 类，即点状图、线状图、面状图。

在常见的统计图中，点状图有散点图，线状图有折线图，面状图有柱形图、直方图、条形图、饼图和圆环图。

除此之外，还有组合图，如柱线图是柱形图和折线图的组合。象形图是指用现象的形象来呈现数据的统计图。象形图适合画各类数据。

8 种常见的统计图及其说明，如表 3-9 所示。

画统计图时，还要特别留意以下几点。

其一，当文本型数据为非顺序数据时，一定要对数据先排序，再画图。

其二，当数值型数据为连续数据时，只能画直方图。

表 3-9　统计图的基本分类与 8 种常见统计图的说明

分　类	名　称	统计图形	统计图形的选择
点状图	散点图		散点图是指用若干散点的分布来表示数值关系的图形。适合画两个相关变量的数据类型
线状图	折线图		折线图是指用线段的升降来表示数值变动趋势的图形。适合画时间型数据
面状图	柱形图		柱形图是指用有间隔的柱子的长短来表示数值大小的图形。适合画文本型数据、数值型不连续数据
	直方图		直方图是指用没有间隔的柱子的长短来表示数值大小的图形。只适合画数值型连续数据
	条形图		条形图是指用有间隔的条形的长度来表示数值大小的图形。适合画分组名称长、分组多的文本型数据，也适合画时间型数据
	饼图		饼图是指用圆形及圆内扇形的大小，比较同一个数据系列各部分所占比例结构的图形。适合画呈现一个数据系列结构的数据
	圆环图		圆环图是指用圆形及圆内扇形的大小，比较不同数据系列的各部分所占比例结构的图形。适合画呈现多个数据系列结构的数据
组合图	柱线图		柱线图是指同时用柱子和折线来呈现数据的图形，兼具柱形图和折线图的特点。适合画各类数据

注：统计图形来自 Excel 2016。

其三，画柱形图时，柱子的宽度要大于柱子之间的宽度。

其四，画饼图时，要从时钟 12 点整的位置开始，按顺时针旋转的方向排列数据。对文本型的非顺序数据，要按由大到小的顺序排列数据的构成比。

其五，除了饼图、圆环图，其他各图，如散点图、折线图、柱形图、直方图、条形图、柱线图，在纵轴和横轴交叉处的原点，其起点值都要从 0 开始。

【例 3-5】统计图的辨析。

问：在图 3-7 中，用同样的数据画同类的统计图，为什么画出的图形却不一样？

答：在图 3-7 中，有 4 张统计图。从横向看，有两对统计图，第 1 对是柱形图，第 2 对是折线图；从纵向看，第 1 列是不规范的统计图，第 2 列是规范的统计图。

在柱形图中，左图与右图相比，一是柱子矮了许多，二是来源区的缺失。

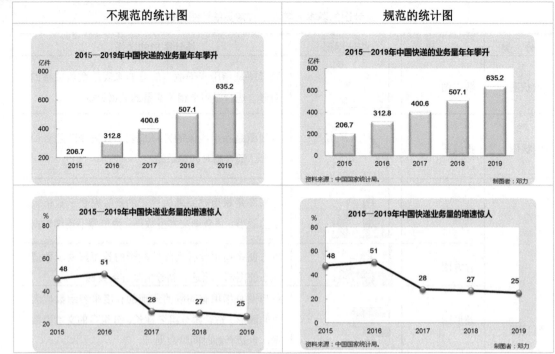

图 3-7　正误统计图的比较

在折线图中，左图与右图相比，一是折线陡然拔高了，二是来源区的缺失。

用同样的数据，画同类的统计图，为什么图形发生了变化？这是因为在第 1 列的两张统计图中，纵轴的起点值没有从"0"开始，于是画出的统计图就成了不规范的统计图。

不规范的统计图都是"渣图"。"渣图"的出现，原因有两类，一类是无意犯错，属于无知无畏者，如不知道要从 0 开始，或者没有留意，所以当计算机默认的起点值不是 0 时就照搬照用了。另一类是有意犯错，属于不怀好意者，因为想要忽悠人，如在起点值上做手脚，把业绩平平的折线图画成直冲云霄的折线图。

3）看图说话

为什么要看图说话？统计图虽有"一图胜千言"的美称，但图中的应有之义是什么，重点要表达什么意思，诸如此类，还需要用文字来解读。在数据文章中，离不开图文并茂的表达，在统计图的下方，通常是对图的说明。在英语考试中，常有看统计图写小作文的试题。

怎样看图说话？一般来讲，可以表达这样几层意思：一是开头指出统计图的类型；二是指出数据的总体分布情况，指出数据的最大值与最小值是多少；三是结合相关信息，分析数据产生的主要原因。如果能概括出数据的特点，用打比方的形式生动地解读数据，那么看图说话就更有味道了。

文无定法。在看统计图说话时，除了要说得有理有据外，还要尽可能说得生动形象。

【例 3-6】看柱线图说话。柱线图如图 3-8 所示。

2014—2018年中国快递业务量及其增长速度

图 3-8 柱线图

简析：图 3-8 是一张柱线图，图中呈现了中国从 2014 年到 2018 年的快递业务量及其增长速度。从图中可以看到，这 5 年，中国的快递规模年年攀高，增幅年年看涨，2018 年的快递量是 2014 年的近 4 倍，翻了近两番。

从总量看，中国的快递业务量年年攀高，由 2014 年的最低点 139.6 亿件，直达 2018 年的最高点 507.1 亿件。2013 年仅为 91.9 亿件，到 2014 年，业务量就由两位数直奔三位数，达到 139.6 亿件。令人惊叹的是，2014 年才突破 100 亿件的大关，2015 年又突破 200 亿件大关，2016 年再突破 300 亿件大关，到 2017 年和 2018 年又分别突破了 400 亿件和 500 亿件大关，快递量每年以百亿件的增量飙升。

据中国国家邮政局报道，2014—2018 年，中国连续五年快递业务规模世界第一。2016 年在全球占比超过四成，年业务收入首次突破 4000 亿元。

从增幅看，中国的快递业务量的增幅年年看涨，每年都有两位数的增速，增长幅度为 27%～52%。增幅最低的 2018 年也有 27%，增幅最高的 2014 年竟达到 52%。从 2014 年到 2018 年，这五年间，前三年的增幅稳定在 50%左右，后两年的增幅稳定在 30%左右。

2018 年 1 月 5 日，中国中央电视台报道，中国快递业务量的飞跃，是邮政体制改革以来，邮政行业持续健康快速发展的一个缩影。

3.5 Excel 在整理数据中的应用

本部分内容，共有 4 个干货。
一是整理文本型的个体数据。
二是整理数值型的个体数据。
三是制作"王"字形的统计表。

四是制作“人”字形的统计图。

应用 1：整理文本型的个体数据。

整理文本型个体数据的基本步骤如下。

第 1 步，录入数据并排序。

录入后，排序时，先单击“数据”标签，再单击“排序”按钮。

第 2 步，分组和汇总。

分组后，汇总时，先单击“数据”标签，再单击“分类汇总”按钮。

第 3 步，制表和制图。

制表时，先单击“插入”标签，再单击“表格”按钮。

制图时，先单击“插入”标签，再单击“图表”这一组的相关按钮。

资料来源要做好超链接。

【例 3-7】用 Excel 整理文本型的个体数据。

整理文本型个体数据“地区”，其上机操作步骤如图 3-9 所示。

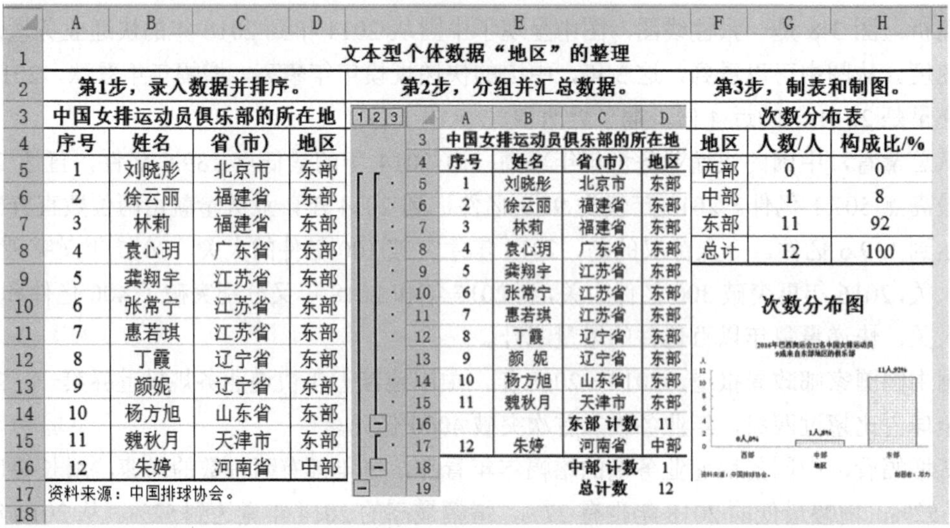

文本型个体数据“地区”的整理

第1步，录入数据并排序。

中国女排运动员俱乐部的所在地

序号	姓名	省(市)	地区
1	刘晓彤	北京市	东部
2	徐云丽	福建省	东部
3	林莉	福建省	东部
4	袁心玥	广东省	东部
5	龚翔宇	江苏省	东部
6	张常宁	江苏省	东部
7	惠若琪	江苏省	东部
8	丁霞	辽宁省	东部
9	颜妮	辽宁省	东部
10	杨方旭	山东省	东部
11	魏秋月	天津市	东部
12	朱婷	河南省	中部

资料来源：中国排球协会。

第2步，分组并汇总数据。

中国女排运动员俱乐部的所在地

序号	姓名	省(市)	地区
1	刘晓彤	北京市	东部
2	徐云丽	福建省	东部
3	林莉	福建省	东部
4	袁心玥	广东省	东部
5	龚翔宇	江苏省	东部
6	张常宁	江苏省	东部
7	惠若琪	江苏省	东部
8	丁霞	辽宁省	东部
9	颜妮	辽宁省	东部
10	杨方旭	山东省	东部
11	魏秋月	天津市	东部
		东部 计数	11
12	朱婷	河南省	中部
		中部 计数	1
		总计数	12

第3步，制表和制图。

次数分布表

地区	人数/人	构成比/%
西部	0	0
中部	1	8
东部	11	92
总计	12	100

图 3-9　文本型数据的整理

对图 3-9 上机操作步骤的说明如下。

第 1 步，录入数据并排序。

先录入数据，再进行排序。按“地区”排序的方法：先选择 A4:D16 单元格区域，单击“数据”标签，在“排序和筛选”这一组，单击“排序”按钮；打开“排序”对话框，在“主要关键字”下拉列表框中选择“地区”选项；再单击“添加条件”标签，单击“次要关键字”的下拉箭头，选择“省(市)”选项；最后，单击“确定”按钮。

第 2 步，分组和汇总。

先分组。按“地区”分组，分为 3 个组，即东部、中部和西部。

再汇总。选择 A4:D16 单元格区域，单击“数据”标签，在“分级显示”这一组，单击“分类汇总”按钮。在“分类汇总”对话框中，在“分类字段”下拉列表框中，选择“地区”选项；在“汇总方式”下拉列表框中，选择“计数”选项；在“选定汇总项”的选项组框中，选中“地区”复选框；至于其他的选项，选择默认值；最后，单击“确定”按钮。

第 3 步，制表和制图。

用汇总的人数和构成比制作次数分布表，用次数分布表制作次数分布图，即柱形图。

应用 2：整理数值型的个体数据。

整理数值型个体数据的基本步骤如下。

第 1 步，录入数据并排序。

录入后，排序时，先单击“数据”标签，再单击“排序”按钮。

第 2 步，分组。

根据研究目的，按约定俗成法分组，或参照经验公式法分组。

第 3 步，汇总。

先单击“数据”标签，再单击“数据分析—直方图”按钮。

第 4 步，制作次数分布的表图。

制表时，先单击“插入”标签，再单击“表格”按钮。

制图时，先单击“插入”标签，再单击“图表”这一组的相关按钮。

资料来源要做好超链接。

第 5 步，制作累计次数分布的表图。

制作方法与第 4 步相同。

【例 3-8】用 Excel 整理数值型的个体数据。

整理数值型个体数据“身高”，其上机操作步骤如图 3-10 所示。

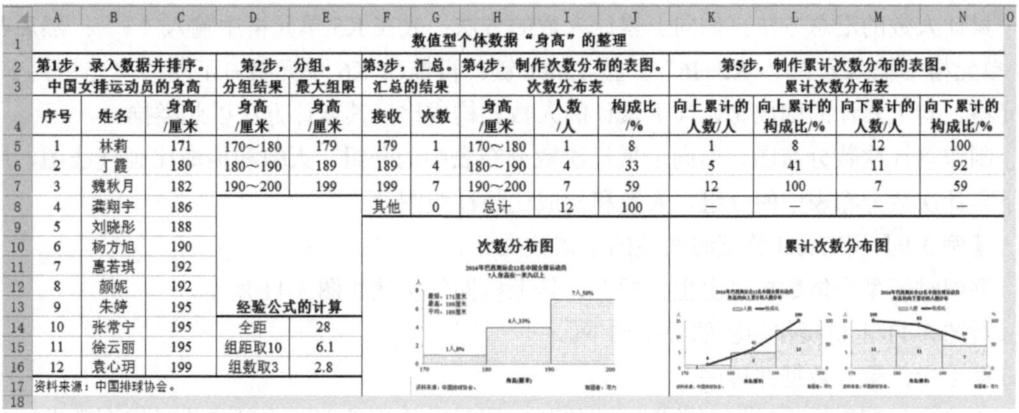

	A	B	C	D	E	F	G	H	I	J	K	L	M	N
1	数值型个体数据“身高”的整理													
2	第1步，录入数据并排序。			第2步，分组。		第3步，汇总。		第4步，制作次数分布的表图。			第5步，制作累计次数分布的表图。			
3	中国女排运动员的身高			分组结果	最大组限	汇总的结果		次数分布表			累计次数分布表			
4	序号	姓名	身高/厘米	身高/厘米	身高/厘米	接收	次数	身高/厘米	人数/人	构成比/%	向上累计的人数/人	向上累计的构成比/%	向下累计的人数/人	向下累计的构成比/%
5	1	林莉	171	170～180	179	179	1	170～180	1	8	1	8	12	100
6	2	丁霞	180	180～190	189	189	4	180～190	4	33	5	41	11	92
7	3	魏秋月	182	190～200	199	199	7	190～200	7	59	12	100	7	59
8	4	龚翔宇	186			其他	0	总计	12	100	—	—	—	—
9	5	刘晓彤	188											
10	6	杨方旭	190			次数分布图					累计次数分布图			
11	7	惠若琪	192											
12	8	颜妮	192											
13	9	朱婷	195	经验公式的计算										
14	10	张常宁	195	全距	28									
15	11	徐云丽	195	组距取10	6.1									
16	12	袁心玥	199	组数取3	2.8									
17	资料来源：中国排球协会。													

图 3-10　数值型数据的整理

对图 3-10 上机操作步骤的说明如下。

第 1 步，录入数据并排序。

先录入数据，再进行排序。按“身高”排序的方法：先选择 B4:C16 单元格区域，单击

"数据"标签，在"排序和筛选"这一组，单击"排序"按钮；打开"排序"对话框，在"主要关键字"下拉列表框中选择"身高/厘米"选项，最后，单击"确定"按钮。

第 2 步，分组。

按"身高"分组，共分为 3 个组，即 170～180、180～190、190～200。

计算全距。在 E14 单元格中输入公式"=C16-C5"，按 Enter 键，得到全距为 28。

计算组距。在 E15 单元格中输入公式"=E14/(1+3.322*LOG(12))"，按 Enter 键，得到 6.1，组距设为 10。

计算组数。在 E16 单元格中输入公式"=E14/10"，按 Enter 键，得到 2.8，组数为 3。

第 3 步，汇总。

按"身高"组汇总人数，即 170～180、180～190、190～200 各为 1 人、4 人、7 人。

汇总"人数"的方法：先列出各组身高的最大值 179、189、199，再单击"数据"标签，在"分析"这一组，选择"数据分析"按钮；打开"数据分析"对话框，在"分析工具"列表框中，选择"直方图"选项，单击"确定"按钮；打开"直方图"对话框，在"输入区域"组合框内输入 C5:C16，在"接收区域"组合框内输入 E5:E7，在"输出区域"组合框内输入 F4。最后，单击"确定"按钮。

第 4 步，制作次数分布表和次数分布图。

次数分布表的制作。用身高的分组、人数和构成比可制作次数分布表。

构成比的计算：在 J5 单元格中输入"=(I5/$I$8)*100"，再拖动 J5 单元格右下角的填充柄到 J7 单元格，再单击"自动求和"按钮。

次数分布图的制作。用次数分布表中的数据画直方图，图中可标明身高的最小值、最大值和平均数。

第 5 步，制作累计次数分布表和累计次数分布图。

制作累计次数分布表。用身高的分组、累计人数和累计构成比可制作累计次数分布表。

累计人数的汇总方法。如向上累计人数的方法：先在 K5 单元格中输入"1"；然后在 K6 单元格中输入公式"=K5+I6"，按 Enter 键；再拖动 K6 单元格右下角的填充柄到 K7 单元格。向上累计的构成比、向下累计的人数和构成比，其累计方法以此类推。

制作累计次数分布图。用向上累计次数分布表中的分组、人数和构成比画柱线图，用向下累计次数分布表中的分组、人数和构成比画柱线图。

【例 3-9】用 Excel 整理时间型的个体数据。

整理时间型个体数据"出生日期"，其上机操作步骤如图 3-11 所示。

对图 3-11 上机操作步骤的说明如下。

第 1 步，录入数据并排序。

"出生日期"属于时间型数据，"年龄"属于数值型数据。本题是将时间型数据转化为数值型数据的一个实例。

先根据夺冠时间和出生日期来计算年龄。年龄的计算：单击 D5 单元格，在编辑栏中，输入函数公式"=DATEDIF(C5,$C$18,"Y")"，按 Enter 键，得到第一个年龄值，再双击 D5 单元格右下角的填充柄，得到 D6:D16 的数值。再对年龄按升序排列。

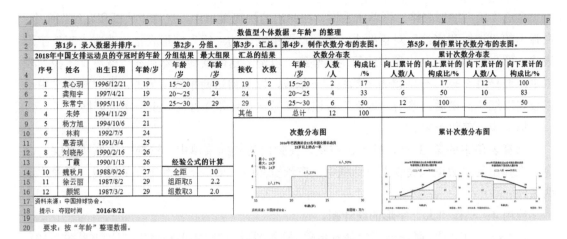

图 3-11　时间型数据的整理

从第 2 步到第 5 步，操作过程可参照【例 3-8】的说明。

应用 3：制作"王"字形的统计表。

制作统计表的基本步骤如下。

第 1 步，插入表格。

第 2 步，调整表格。

第 3 步，美化表格。

【例 3-10】制作统计表。

目标：制作一张统计表，如表 3-10 所示。

表 3-10　2016 年巴西奥运会 6 名中国女排夺冠运动员的年龄一览

序　号	姓　名	年龄/岁	序　号	姓　名	年龄/岁
1	袁心玥	19	4	龚翔宇	19
2	朱　婷	21	5	魏秋月	27
3	杨方旭	21	6	张常宁	20

资料来源：中国排球协会。

方法 1：用 Excel 制作统计表。

步骤：在电子表格中，先在标题区、表格区和来源区录入数据；再选择表格区域，并右键单击表格区域，在弹出的快捷菜单中，选择"设置单元格格式"命令；然后在弹出的"设置单元格格式"对话框中，单击"线条样式"以添加边框；最后，单击"确定"按钮。

方法 2：用电子文档制作统计表。

第 1 步，插入表格。

单击"插入"标签，在"表格"这一组，单击"表格"按钮的下拉箭头，再单击"6×4表格"，就得到 6 列和 4 行的"田"字形表格。

第 2 步，调整表格。

全选"田"字形表格，再单击右键，在弹出的快捷菜单中，选择"边框和底纹"命令；在弹出的"边框和底纹"对话框中，将预览图中默认的"田"字形表格修改成"王"字形表格，即先分别单击左边和右边的两根竖线，以消除这两条线；然后在"宽度"下拉列表框中，选择 1.5 磅，分别单击上基线和下基线，以加粗这两根线；另外，在"样式"中可以设置双细线；最后，单击"确定"按钮，就得到 6 列和 4 行的"王"字形表格。

第 3 步，美化表格。

选择表格中的第 3 行，并单击右键，在弹出的快捷菜单中，选择"边框和底纹"命令。在弹出的"边框和底纹"对话框中，在预览图中，单击上面和下面的细线，以隐藏这两条线。

应用 4：制作"人"字形的统计图。

在 Excel 2010 中，画统计图的基本步骤：插入图形、调整图形和美化统计图(见图 3-12)。

↓第 1 步，插入图形。

↓第 2 步，调整图形。

↓第 3 步，美化统计图。

图 3-12　制作统计图的基本步骤

对图 3-12 的说明如下。

第 1 步，插入图形。

选择数据区域，单击"插入"标签，在"图表"这一组，选择相应的统计图形。

第 2 步，调整图形。

调整图形时，应画好统计图的"四区"，即标题区、绘图区、来源区和美化区。

单击统计图形，在菜单栏会出现"图表工具"。依次单击"图表工具"栏下方的"设计""布局""格式"这 3 个标签，添加统计图的要素。

标题区的制作。

设置总标题和坐标轴标题。方法：单击"图表工具"栏中的"布局"标签，在"标签"

这一组，单击"图表标题"和"坐标轴标题"的下拉按钮，以完成标题的设置。

绘图区的制作。

添加数值和计量单位的名称。方法：单击"图表工具"栏中的"布局"标签，在"标签"这一组，单击"数据标签"的下拉按钮，添加图形所表示的数值；在"插入"这一组，单击"文本框"按钮，添加计量单位的名称。这样添加的文本框与统计图融为一体，与统计图同进退。

编辑图例名称和分类名称。方法：单击"图表工具"栏中的"设计"标签，在"数据"这一组，单击"选择数据"按钮，以完成图例名称和分类名称的编辑。

来源区的制作。

设置资料来源和绘图者。方法：单击"图表工具"栏中的"布局"标签，在"插入"这一组，单击"文本框"按钮，添加资料来源和制图者。

美化区的要点。

删除多余。计算机默认的部分，如果多余，就必须删除，如网格线和图例"系列 1"就可以删除。方法：右键单击要删除的对象，在弹出的快捷菜单中，选择"删除"命令。

款式挑选。根据选题和喜好，慢慢地挑，总有心仪的一款。

48 款统计图样式。方法：单击"图表工具"栏中的"设计"标签，多款统计图样式就在"图表样式"这一组。

42 款形状样式，30 款艺术字样式。方法：单击"图表工具"栏中的"格式"标签，多款形状样式和艺术字样式就位于其中。

添加背景。方法：先准备一张合适的图片，再右键单击绘图区，在弹出的快捷菜单中，选择"设置绘图区格式"命令，然后在弹出的"设置绘图区格式"对话框中，选中"图片或纹理填充"单选按钮，单击"插入自"选项中的"文件"按钮，选择所保存的图片，单击"插入"按钮，再单击"关闭"按钮，关闭"设置绘图区格式"对话框。

统一格调。画一张统计图，要根据主题，讲求布局合理，颜色恰当。在一篇文章里，画几张统计图，要根据主题，讲求风格相近，字体和字号要协调，画出一套图的模样，如同家庭套装一样。

规范的统计图，要清清爽爽，数据为主角，有用的元素一个都不能少，多余的元素一个也不要留。知道了规范的统计图是"四区"模样，如果自己动手画一画，亲自感受一下，让自己画的美图在自己的文章中大放异彩，如同优秀媒体常做的那样，自然很美妙。

接下来，举例说明折线图和柱线图的基本画法。聪明如你，起手不难，举一反三。

【例 3-11】用 Excel 画折线图，如图 3-13 所示。

以图 3-13 为例，画折线图的基本步骤如下。

第 1 步，准备。

判断数据类型→制作统计表→选择统计图。

判断数据类型。按"年份"分组的数据，属于时间型数据。

制作统计表。录入数据，如 A1:B24。

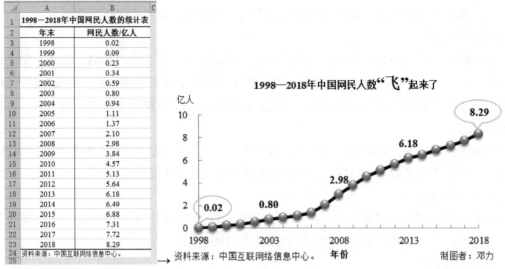

图 3-13　从统计表到折线图

选择统计图。时间型数据只有一个数据系列，适合画折线图。

第 2 步，画图。

在标题区，添加总标题，添加横轴标题"年份"。

在来源区，添加资料来源和制图者。

在绘图区，完成下列操作。

先插入图形。选择数据区域 B3:B23，在"图表"这一组，单击"插入"标签，选择"折线图"中的第 1 款。

再添加若干元素。

添加计量单位的方法：利用文本框，在纵轴上添加 "亿人"。

添加数据标记的方法：右键单击折线，在弹出的快捷菜单中，选择"设置数据系列格式"命令；在弹出的"设置数据系列格式"对话框中，"数据标记选项"设置为内置、圆形、大小为 8，"数据标记填充"设置为纯色填充中的灰色，同时，可将线条颜色设置为黑色，线型宽度设置为 3 磅，标记线颜色设置为"无"。

添加特殊数值的方法：两次单击某个数据标记，第一次单击表示所有的数据都被选中，第二次单击表示只选中这一个数据标记。如选中并右键单击第一个数据标记，在弹出的快捷菜单中，选择"添加数据标签"命令，这时显示数值为"62"。然后，再右键单击"62"，选择"设置数据标签格式"命令，在弹出的"设置数据标签格式"对话框中，将"标签位置"设为靠上。最后，对数值加粗并添加标注的形状。

第 3 步，美化。

删除多余的元素。右键单击要删除的对象，如网格线、图例"系列 1"，在弹出的快捷菜单中，选择"删除"命令。

时间点间隔的设置。右键单击水平(类别)轴，在弹出的快捷菜单中，选择"设置坐标轴格式"命令；在弹出的"设置坐标轴格式"对话框中，先选择"在刻度线上"选项，再将"指定间隔单位"设置为5。指定间隔单位为5,表示每5个单位就呈现一个时间点,最后,单击"关闭"按钮。

经过调整美化,得到折线图。

【例3-12】用Excel画柱线图,如图3-14所示。

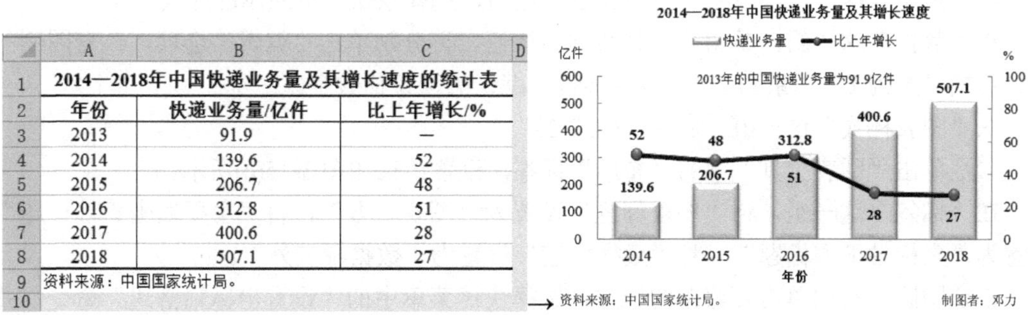

	A	B	C	D
1	2014—2018年中国快递业务量及其增长速度的统计表			
2	年份	快递业务量/亿件	比上年增长/%	
3	2013	91.9	—	
4	2014	139.6	52	
5	2015	206.7	48	
6	2016	312.8	51	
7	2017	400.6	28	
8	2018	507.1	27	
9	资料来源:中国国家统计局。			
10				

图 3-14　从统计表到柱线图

以图3-14为例,画柱线图的基本步骤如下。

第1步,准备。

判断数据类型→制作统计表→选择统计图。

判断数据类型。按"年份"分组的数据,属于时间型数据。

制作统计表。先录入数据,如A1:B9。再计算增长率,即在C4单元格中,输入"=(B4/B3)*100-100",按Enter键,得到62,然后双击C4单元格右下角的填充柄,得到C4:C8的数值。

选择统计图。时间型数据有两个数据系列,适合画柱线图,用柱子呈现总量数,用折线呈现总量数的增长率。

第2步,画图。

在标题区,添加总标题,添加横轴标题"年份"。

在来源区,添加资料来源和制图者。

在绘图区,完成下列操作。

先插入柱形图。选择B4:C8,单击"插入"标签,在"图表"这一组,选择"柱形图"中的第1款,设置的结果如图3-15(a)所示。

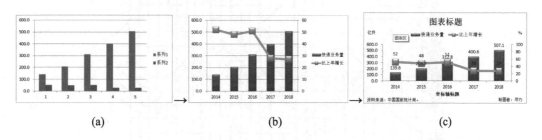

(a)　　　　　　　　　　(b)　　　　　　　　　　(c)

图 3-15　柱线图的画法

再调整柱形图为柱线图。

准备：右键单击系列 2 中的任意一根柱子，在弹出的快捷菜单中，选择"设置数据系列格式"命令；在弹出的"设置数据系列格式"对话框，选中"次坐标轴"单选按钮，最后单击"关闭"按钮。

一是单击"图表工具"下的"设计"标签，设置结果如图 3-15(b)所示。

在"类型"这一组，单击"更改图表"按钮，选择默认的折线图的样式。

在"数据"这一组，单击"选择数据"按钮，再分别单击"编辑"选项，改变图例的默认形式"系列 1""系列 2"，改变横轴上默认的阿拉伯数字。

在"图表样式"这一组，选择"样式 25"。

二是单击"图表工具"下的"布局"标签，设置结果如图 3-15(c)所示。

在"标签"这一组，将"图表标题"设置为"图表上方"，将"主要横坐标轴标题"设置为"坐标轴下方标题"，将"数据标签"设置为"数据标签外"。

在绘图区，右键单击要修改的地方，选择快捷菜单中的"设置坐标轴格式"命令，并在弹出的对话框中进行修改，如将主纵坐标轴上的数字设置为整数，将纵坐标轴上的刻度线设置为"内部"，将纵坐标轴上的刻度值进行调整，将横坐标轴上的刻度线设置为"无"，将"数据标记选项"设置为"8"，将"线型"设置为"3"。

第 3 步，美化。

删除多余的元素。右键单击要删除的对象，如网格线、图例"系列 1"，在弹出的快捷菜单中，选择"删除"命令。将"图例"设置为"在顶部显示图例"。

最后，经过调整美化，得到柱线图。

统 计 实 录

最早的统计图

人类最早的统计图在哪里？

在统计图的史册上，在数据可视化的历史教科书中，图 3-16 和图 3-17 是被提到的两幅最早的统计图。

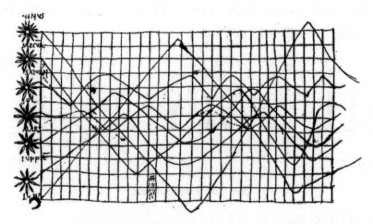

图 3-16　最早的由无名氏画的统计图

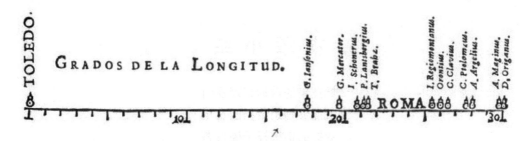

图 3-17　最早的由有名氏画的统计图

图 3-16 是一张由无名氏创作的最早的统计图。这张图出现在 10 世纪，由一位不知名的天文学家绘制而成。

这是一张表现时间序列的折线图，图中描绘的 7 根折线，呈现 7 个主要天体的时空变化。在这张折线图中，横轴代表时间，纵轴代表天体运行的轨迹，图中还有若干横线和纵线交织而成的网格线。

如果不由分说，就把图 3-16 拿出来欣赏，也许没有人知道图中的意思吧。因为在图中没有标题，也没有资料来源和画图者的名称，似乎没有一个数值，没有一点文字说明，甚至左下角即纵轴的起点值是否为 0 也看不清楚。

虽然用规范的统计图的要素来看这张图，这张图有种种不尽如人意之处，但在当时，在古老的年代，有人能够意识到把数据画出来，并以网格线为背景，把数据用图形展现出来，这种意念的火花，这种初始纯美的火花，这种落到实处的行动，是怎样了不起，是怎样的有开天辟地之盖世神功，对这样的创始之举，后人不管怎么赞美，都远远不够。

图 3-17 是一张由有名氏创作的最早的统计图。1644 年，这张图由一位名叫 Michael Florent van Langren (1600—1675)的人绘制而成。

在这张柱形图中，12 根柱子用线条来表达，以呈现从托莱多到罗马之间的 12 个已知的经度差异。这张图的构思特别有意思，每根线条由每位观测到经度差异的天文学家的名字组成。

这张图出现在 17 世纪，古朴的气息扑面而来，这是统计图的雏形。在这张图中，有意识地把数据画在一个直角坐标系中，横轴上有刻度，还标出了罗马的名称，纵轴上居然显示为托莱多这个地名，这种构思十分奇特，给人留下深刻的印象。当时，在数学领域，法国数学家笛卡尔已发现了坐标系；在统计学领域，英国人高斯已开始了人口统计学的研究；在天文学领域，学者们热衷于天体研究，对天体有了具体的数据记录。

数学、统计学和天文学，三管齐下，给绘图者的创作提供了实在的基础，同时也激发了绘图者的灵感，于是有了这一幅初始统计图的杰作。

到现在，统计图世界早已五彩纷呈，统计图的绘图工具早已是五花八门，统计图的运用早已是四通八达。

可以预见，随着时间的推移，统计图世界将会更繁荣。美妙的数据图形，盛开的统计之花，将更多更好地点缀在生活中，为人们所喜闻乐见。

本 章 小 结

把搜集的数据整理妥当
就能够画出数据的长相
数据的俏模样千姿百态
亲手描画要用心来思量

知识点：整理数据，统计分组，文本型数据，数值型数据，"王"字形的统计表，"人"字形的统计图，分配数列，累计次数分布表，累计次数分布图，柱线图。

基本内容：以提灯女神的故事导入，首先介绍了整理数据的基本步骤，然后分别介绍了如何整理文本型数据和数值型数据，最后介绍了统计图表，同时详解了统计图的基本画法。

基本框架：

$$
\text{整理数据的基本步骤}
\begin{cases}
\text{第1步，审核数据} \\
\text{第2步，进行分组} \\
\text{第3步，进行汇总}
\begin{cases}
\text{文本型数据的汇总} \\
\text{数值型数据的汇总}
\end{cases} \\
\text{第4步，制作表图}
\end{cases}
$$

对本章内容基本框架的说明如下。

第1步，审核。审核是整理数据的前提。审核数据的质量，这是必过的一关。确定数据的类型，是文本型数据、数值型数据还是时间型数据。

第2步，分组。分组是整理数据的基础。分组的关键是分组标志的选择。文本型数据的分组一般是约定俗成法，数值型数据的分组方法有约定俗成法和经验公式法。

第3步，汇总。汇总是整理数据的中心。汇总的对象有两个，即文本型数据的汇总和数值型数据的汇总。

第4步，制作表图。统计表图是整理数据的结果。统计图是用统计表的数据画出来的图形。统计表和统计图的构成都有3个，即标题区、表格区和来源区。统计表和统计图的制作，讲求规范和美观。

统计表如同"王"字形。以下是统计表的基本分类。

$$
\text{统计表的类型}
\begin{cases}
\text{未分组表} \\
\text{分组表}
\begin{cases}
\text{简单分组表} \\
\text{复合分组表}
\end{cases}
\end{cases}
$$

次数分布表又称为"分配数列"。以下是分配数列的基本分类。

$$
\text{分配数列}
\begin{cases}
\text{品质数列} \\
\text{变量数列}
\begin{cases}
\text{单项数列} \\
\text{组距数列}
\end{cases}
\end{cases}
$$

统计图如同"人"字形。以下是统计图的基本分类。

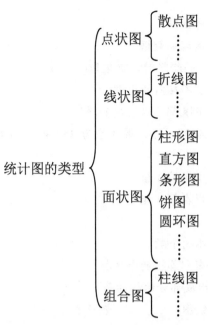

要画出既规范又美观的统计图，需要多多借鉴，好好用心体会。

下面这首顺口溜，是笔者总结统计图的一点心得，供同好者参考。

标题美化又醒目，题文相称不可误。

标题句式可灵活，锦绣心计或可睹。

数值显示要清楚，重点之数可突出。

计量单位相伴随，如同好花相对出。

图中颜色要有数，自然清新能脱俗。

杂色纷呈总雷人，不如复归入朴素。

资料来源要有主，数关全局要在乎。

空闲之地有点缀，悠然往返现风度。

是谁画得如此图，作者是谁写清楚。

是谁推荐发此图，能有出处底气足。

制图软件快上路，随时提示图要素。

图中添加超链接，从此点化成活图。

数据的大小，可以画出来，本章实现了这个愿望。

数据的长相，也可以画出来，还可以算出来，究竟怎么画，怎么算，请看下一章。

下一章是我们统计旅游的第三个风光带，主打景观是画出和算出数据的长相。

真 题 上 市

一、单项选择题

1. 在整理数据时，中心环节是(　　)。

A. 统计分组
B. 汇总数据
C. 编制统计图表
D. 审核调查数据

2. 在统计分组中，如果某一数值恰好等于某一组的组限时，则采取(　　)。

A. 下限不在内的原则
B. 上限不在内的原则
C. 上下限都不在内的原则
D. 上下限都可以在内的原则

3. 按年龄(岁)分组，第1组为15~25、第2组为25~35、第3组为35~45、第4组为45以上，则数据(　　)。

A. 25岁在第1组
B. 35岁在第3组
C. 35岁在第2组
D. 45岁在第3组

4. 次数分布中的次数是指(　　)。

A. 分组的组数
B. 总体的个数
C. 分组的划分标准
D. 分布到各组的个体数

5. 下列图示方法中，最适于用来研究总体中各组成部分结构的是(　　)。

A. 饼图
B. 条形图
C. 折线图
D. 散点图

6. 描述身高与体重的关系，最适宜的统计图是(　　)。

A. 饼图
B. 条形图
C. 折线图
D. 散点图

7. 最适合呈现分组名称比较长的文本型数据的统计图是(　　)。

A. 饼图
B. 条形图
C. 柱形图
D. 直方图

8. 用于呈现数值型连续数据的统计图是(　　)。

A. 饼图
B. 条形图
C. 柱形图
D. 直方图

9. 在分析数据时，我们可以运用加、减、乘、除等多种不同数学方法对(　　)进行计算。

A. 文本型数据
B. 数值型数据
C. 文本型顺序数据
D. 文本型非顺序数据

10. 直方图与条形图的区别之一是(　　)。

A. 直方图和条形图都可以用来呈现文本型数据和数值型数据
B. 直方图的各矩形是连续排列的，而条形图则是分开排列的
C. 条形图的各矩形是连续排列的，而直方图则是分开排列的
D. 直方图主要用于呈现文本型数据，条形图则主要用于呈现数值型数据

二、多项选择题

1. 整理数据的主要内容有(　　)。

A. 对原始数据进行审核
B. 对统计数据进行分组
C. 对统计数据进行汇总
D. 编制统计表和绘制统计图

2. 按文本型数据的标志进行分组的有(　　)。

A. 性别
B. 等级
C. 生活费
D. 文化程度

3. 关于统计分组的说法，正确的有(　　)。

A. 组与组之间有互斥性

B. 应根据研究目的选择统计分组的标志

C. 正确选择分组标志是实现统计分组目的的关键

D. 划分组间界限，应既有科学性，又要具备完整性和组间的不相容性

4. 统计分组的主要作用在于( )。

    A. 汇总数据   B. 划分总体的类型

    C. 研究总体的构成   D. 研究总体各组之间的关系

5. 编制组距数列，在确定组限时，应当考虑( )。

    A. 任何数列相邻两组的组限必须间断

    B. 选择能反映现象本质差异的标志值为组限

    C. 最低组的下限应小于或等于个体数据中的最小值

    D. 最高组的上限应大于或等于个体数据中的最大值

6. 统计数据的表现形式主要有( )。

    A. 统计表   B. 统计图   C. 统计史   D. 统计方法

7. 统计表的主要组成部分包括( )。

    A. 表头   B. 行标题   C. 列标题   D. 数值资料

8. 绘制统计图的原则，除了应该突出主题外，还应当遵循的原则是( )。

    A. 列明数据的来源

    B. 简明扼要和通俗易懂

    C. 真实和准确地反映客观情况

    D. 根据资料的性质和绘图目的来选择恰当的统计图形

9. 表 3-11 中的分配数列所属的类型为( )。

表 3-11　2019 年中国居民人均消费最多的前 3 类支出

排　名	消费支出的项目	消费支出所占的构成比/%
1	食品烟酒	28.2
2	居住	23.4
3	交通通信	13.3

资料来源：中国国家统计局。

    A. 单项数列   B. 数值型数列   C. 文本型数列   D. 非顺序型数列

10. 适合文本型数据的统计图有( )。

    A. 条形图   B. 折线图   C. 散点图   D. 饼图和圆环图

三、判断题

( )1. 统计分组的核心问题是选择分组标志。

( )2. 比较多个总体某变量的内部结构时宜采用饼图。

( )3. 直方图的纵轴上的数字代表各变量值出现的次数。

( )4. 简单分组和复合分组的区别在于选择的分组标志的多少。

( )5. 在对资料进行分组时，不一定要遵循"不重不漏"的分组原则。

( )6. 某组向上累计的次数,表明该组下限以上的各组次数之和为多少。

( )7. 当一组数据呈现急剧增长或急剧下降时,对其分组宜采用不等距分组。

( )8. 文本型数据既能反映现象在性质上的差异,又能反映现象在数量上的差异。

( )9. 划分连续变量的组限时,相邻两组的组限既可以是间断的,也可以是重叠的。

( )10. 在分析数据时,可以运用加、减、乘、除等多种不同的数学方法对数值型数据进行计算。

四、综合题

1. 解读

下面有两列统计图(见图 3-18),为什么第 1 列的统计图不规范?

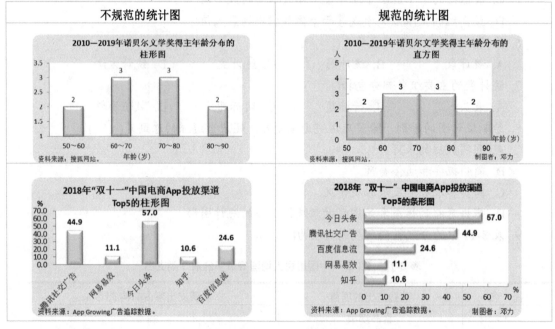

图 3-18 两组统计图的对比

2. 解析

下面有一张统计图(见图 3-19),来自中国国家统计局发布的《2019 年中国国民经济和社会发展统计公报》。

图 3-19 柱线图

请问: 上面这张统计图, 你会画吗? 口说无凭, 一画见分晓! 画完以后, 看图说话。

3. 画一画

如表 3-12 所示, 这是一张不规范的统计表, 请重新制表。

表 3-12 按投诉问题性质分类情况表(单位: 件)

项　目	2018 上半年	投诉比重 /%	2017 上半年	投诉比重 /%	比重 变化
售后服务	101045	28.5	94931	33.2	↓4.7
质量	87355	24.6	74110	25.9	↓1.3
合同	72647	20.5	52253	18.3	↑2.2
虚假宣传	31483	8.9	19988	7.0	↑1.9
价格	14288	4.0	10618	3.7	↑0.3
假冒	11774	3.3	8019	2.8	↑0.5
安全	11636	3.3	8210	2.9	↑0.4
人格尊严	4218	1.2	2354	0.8	↑0.4
计量	2198	0.6	3505	1.2	↓0.6

如图 3-20 所示, 这是一张不规范的统计图, 请重新制图。写出画图的过程, 写出自己画图过程中已解决和没有解决的问题, 并请一位同学为新图做点评式的留言。

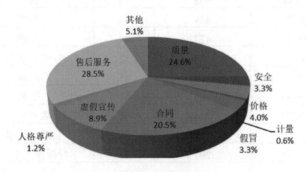

图 3-20　饼图

提示: 表 3-12 和图 3-20 的数据来源于中国消费者协会。

五、计算题

1. 计算成绩

资料如图 3-21 所示。

要求:

① 验算计算栏的数值。

② 根据总评成绩, 先排序, 再用"数据分析"工具, 编制成绩分布的统计表, 画出成绩分布的统计图, 在图上标出平均分、最低分和最高分。

2. 整理数据

目标: 整理所给的数据, 画出数据的大小, 写出整理的好处。

	A	B	C	D	E	F	G	H	I	J	K	L	M	N	O
1							10名学生《旅游统计学》成绩登记表							计算栏	
2					已知栏								平时	期末	总评分
3	序号	姓名	平时成绩/分					期末成绩/分					成绩的	成绩的	(平时占30%,
4			第1次	第2次	第3次	第4次	第5次	第1题	第2题	第3题	第4题	第5题	平均分	总和分	期末占70%)
5	1		70	85	80	75	80	5	5	13	18	25	78	66	70
6	2		95	90	90	95	95	9	10	20	28	29	93	96	95
7	3		80	80	85	80	85	7	7	17	25	23	82	79	80
8	4		65	75	75	60	70	3	3	15	17	18	69	56	60
9	5		70	50	70	75	80	5	5	15	24	26	69	75	73
10	6		85	85	85	85	75	6	8	21	25	23	83	83	83
11	7		60	70	70	75	70	6	4	16	18	19	69	63	65
12	8		70	75	80	80	85	7	6	20	23	26	78	82	81
13	9		90	75	75	80	70	2	7	16	18	25	78	68	71
14	10		95	85	85	90	80	2	8	21	16	23	87	70	75
15															

图 3-21　成绩登记表

资料如表 3-13 所示。

表 3-13　2017 年福布斯全球科技界前 20 名富豪榜

排　名	姓　名	净财富/亿美元	年龄/岁	财富来源	所 在 地
1	比尔·盖茨	845	61	微软	美国
2	杰夫·贝索斯	817	53	亚马逊	美国
3	马克·扎克伯格	696	33	Facebook	美国
4	拉里·埃里森	593	73	软件	美国
5	拉里·佩奇	439	44	谷歌	美国
6	谢尔盖·布林	427	44	谷歌	美国
7	马云	374	52	电子商务	中国
8	马化腾	367	45	网络服务	中国
9	史蒂夫·鲍尔默	329	61	微软	美国
10	迈克尔·戴尔	224	52	戴尔电脑	美国
11	孙正义	224	60	互联网，电信	日本
12	埃隆·马斯克	207	46	特斯拉汽车公司	美国
13	保罗·艾伦	205	64	微软，投资	美国
14	李健熙	183	75	三星	韩国
15	阿齐姆·普莱姆基	182	72	软件服务	印度
16	丁磊	161	45	网游	中国
17	李彦宏	158	48	互联网搜索	中国
18	希夫·纳达尔	135	72	软件服务	印度
19	达斯汀·莫斯科维茨	133	33	Facebook	美国
20	哈索·普拉特纳	126	73	软件	德国

资料来源：福布斯中文网(http://www.forbeschinA.com/)。

要求：

① 整理文本型数据。画出数据的大小，编制次数分布表，画出次数分布图。

② 整理数值型数据。画出数据的大小，编制累计次数分布表，画出累计次数分布图。

第4章 静态分析：静态数据

【学习目标】

● 掌握静态数列与静态数据的含义与应用。
● 掌握静态总量数的含义与应用。
● 掌握静态相对数的含义与应用。
● 掌握静态平均数的含义与应用。

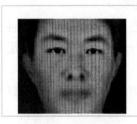	**欣赏** 问：世界上最"大众"的一张男人脸长什么样？ （思考中……） 答：请见左图。	**留言** 数据的长相是千姿百态 可以画出来也能算出来 画出来的数据清清爽爽 算出来的数据明明白白

学生和老师的一段对话。

学生：老师啊，您从哪里捡了上面这样一张脸来了呀？

老师：网上捡的，不要钱的。

学生：不要钱的，靠不靠得住啊。

老师：你的怀疑精神，很棒！

学生：谢谢老师夸奖！您强调过的，凡是二手资料，一律要有来源。您布置作业的时候，还吓唬我们说，凡是二手资料，不写来源，不做超链接的，您要给这样的作业打0分。

老师：怪我啰，说绝话。记住：二手数据没有好的来源，就是没法再利用的垃圾。

学生：您这样说了狠话，我们一狠心，也记住了啊。

老师：记住就好，记住了就用好。上面这张大众脸，刊登在2011年《国家地理杂志》上，是为了配合当年世界人口首次登上70亿人口的主题宣传。

学生：噢，原来这是一张有来头的脸。老师，地球上真有这么一个人吗？

老师：地球上没有这个人。这是一张平均脸，是研究人员在分析了世界人口以后，用全球将近二十万张男性的照片所平均出来的"世界第一大众脸"。"他"的长相很接近28岁的中国汉族男性。根据研究推测，印度人在未来可能会成为"世界第一大众脸"。

学生：哈哈，"世界第一大众脸"可以平均出来，真是世界一大奇迹啊。

老师：用数据信息进行平均，不只是可以画出大众脸，还有很多其他方面的功能。

学生：还有什么好玩的，一组数据，还可以怎么玩？

老师：好吧，看在"常言道"的份上，我剧透一下本章的内容。数据的长相，就是以标准像为基础，用计算的结果来刻画数据的高矮胖瘦。

学生：数据的长相，可以算出来，还能画出来，有味！老师，我要开启预习模式了。

4.1 静态数列与静态三数

静态分析是指对静态数据的分析，包括对静态三数和数据分布的分析。

静态三数是指根据静态数列计算的数据。它是静态总量数、静态相对数和静态平均数的简称。

静态数列是指静态的分配数列，是反映现象现状的序列。静态数列中的静态数据，是指现象在某一个时点或某一个时期上的数据。

静态数列有未分组和已分组之分。比如，将朱婷等12位女排运动员的年龄排列下来，这样所形成的序列就是未分组的静态数列，而将朱婷等12位女排运动员的年龄分组以后，再汇总各组的人数和构成比，这样所形成的序列就是已分组的静态数列。

这两种数列的关系密切，未分组的静态数列是编制已分组的静态数列的基础。这两种数列各有特点，未分组的静态数列，个体出现的次数都相同，而已分组的静态数列，每组出现的次数都不完全相同。

数据分布是指一组数据的分布形态。数据的分布形态，既可以用线条画出来，也可以用偏度和峰度计算出来。

4.2 静态总量数

1. 静态总量数的基本概念

静态总量数是指在同一时间条件下，将搜集的数据经过整理后得到的数据，用来反映现象的总规模和总水平。

静态总量数是认识现象的最基本的数据，是计算其他指标的基础。数据分析中，离不开总量数分析。

总量数最大的特点是具体性，它是计算相对数和平均数的基础。比如，构成比(反映结构)是相对数中的一种，是部分次数与总次数的比；均值(反映平均水平)是平均数中的一种，是标志总量与个体总量之比，在构成比和均值的计算公式中，它们的分子和分母都是总量数。

2. 静态总量数的基本分类

总量数可以按汇总对象和计量单位进行分类。

首先，按汇总对象分，总量数可以分为个体总量和标志总量。

个体总量是指对个体数目的汇总，即总次数，计量单位只有一个。

标志总量是指对各变量值的汇总，计量单位可以有多个，从不同角度反映总体的总量。

比如，12名球员的总年龄和总身高。其中，球员12人为个体总量，它是对每位球员人数的汇总，计量单位只有一个，即"人"，而总年龄和总身高为标志总量，它们分别是对每位球员年龄和身高的汇总，计量单位分别为"岁"和"厘米"。

其次，按计量单位分，静态总量数可以分为实物指标和价值指标。

实物指标是指用实物单位计量的总量指标。实物单位是根据现象的自然属性和特点而采用的计量单位，主要包括自然单位、度量衡单位、标准实物单位、双重单位和复合单位。自然单位是按照自然状态来计量的单位，如飞机用"架"计量。度量衡单位是按照统一的度量衡制度来计量的单位，如长度用"米"计量。标准实物单位是按照统一的折算标准来计量的单位，如能源用"吨标准煤"计量。双重单位是以除号分开的结合使用的计量单位，如人口密度用"人/平方千米"计量。复合单位是以乘积形式构成的两个计量单位，如发电量用"千瓦时"计量。

价值指标是指用货币单位计量的总量指标。货币单位，如人民币、美元、欧元和英镑。

运用总量数时，指标范围要明确，文字表述要准确，统计语言要用好。

【例 4-1】总量数的辨析。

① 这样表达总量数，真的很好吗？(见图 4-1)

图 4-1 来自网络的数据图片

辨析：在图 4-1 中，所有数值都是总量数。数据的呈现很有冲击力，从上往下看，既有一个特别突出的数值"50"，也有一张小字号的数据单。在大字号的数值右边，用符号"+"表示"多"的意思，这样的呈现，别有风味。整个布局，设计独特，简洁明快。

可惜，图片中的数据，属于"四无"数据，即没有标题、没有来源、没有写全计量单位、没有说明计算方法。因此，这些数据难以取信于民，只会让人一笑了之。

② 以下有 6 个标题，前面 3 个标题来自 2018 年 3 月 29 日的新华网，后面 3 个标题来自 2019 年 2 月 19 日(元宵节)的凤凰网，从统计的角度看，它们有什么共同点？

标题 1：上海登记企业二百多万家 居民创业热情持续走高

标题 2："绿色娘子军"26 年在海南西岸种下 338 万株海防林

标题 3：《快递暂行条例》2018 年 5 月 1 日起施行 泄露寄件人隐私最高罚 10 万元

标题 4：中国 18 城直播元宵接力 一睹散落在人间的最美灯火

标题 5：六百年来首次开放夜景 为了当网红的北京故宫也太努力了！

标题6：北京故宫回应元宵灯会票"秒光"：3500人预约成功 请勿相信黄牛票

辨析：这6个标题，都是数值标题，都是总量数。这些标题，用数据说话，突出总量特征，客观实在，吸引读者。

4.3 静态相对数

1. 静态相对数的基本概念

静态相对数是指在同一时间条件下，呈现两个有联系的数值之比，用于对比分析。

相对数最大的特点是抽象性、可比性。相对数是将分母的数值抽象，常用百分号(%)的形式呈现数值，在分析时，与总量数相比，具有可比性。

2. 静态相对数的基本分类

首先，相对数按计量形式分，分为有名数和无名数。

有名数是指将相对数的分子与分母的计量单位同时使用的计量形式，主要用于强度相对数的计量形式，如人口密度用"人/平方千米"表示。

无名数是指将相对数的分母的数值抽象而得到的计量形式，如系数、倍数、成数、百分数、千分数。相对数常用无名数的计量形式来呈现。

在相对数中，将分母的值抽象为1，则计量形式为系数和倍数；抽象为10，则为成数；抽象为100，则为百分数，百分号为"%"；抽象为1000，则为千分数，千分号为"‰"。

相对数要采用什么样的计量形式，取决于现象的特点和数值的大小。当分子的值与分母的值相近时，用百分数和系数；当分子的值比分母的值小很多时，用千分数；当分子的值比分母的值大很多时，用倍数。比如，1000%适合用10倍来表示。

其次，相对数按研究目的和对比基础的不同，可以分为4类，即计划完成相对数、结构相对数、比较相对数和强度相对数。各相对数的对比，如表4-1所示。

表4-1 静态相对数的比较

分类	项目	计划完成相对数	结构相对数	比较相对数	强度相对数
联系	时间	同一时间数值之比			
	内容	两个有联系的数值之比			
区别	含义	实际数与计划数之比	各部分的数值与全部数值之比	同类指标之比	两个性质不同而又有联系的不同总体的总量数之比
	功能	反映计划的完成程度	反映总体中各部分的构成比	反映现象的比例关系	反映现象的强度、密度、普遍程度等
	计量形式	无名数	无名数	无名数	有名数、无名数

续表

分类	项目	计划完成 相对数	结构 相对数	比较 相对数	强度 相对数
区别	计算 公式	实际数÷计划数	各组的总量数÷ 全部的总量数	某现象的总量数 ÷另一现象的同 类总量数	某现象的总量数÷另 一现象不同类的 总量数
	特点	分子和分母不能颠倒		分子和分母可以颠倒	

运用相对数时，要注意 5 点，即对比的基础要选好、对比的数据要可比、相对数与总量数要结合、相对数之间要结合、相对数的文字表述要准确。

对比的基础要选好是指选择的对比基础要根据研究目的，结合研究现象的特点来确定。否则，就不能准确反映现象的数量关系。

对比的数据要可比是指对比的两个数据，其计算范围、计算方法等是否与计算该相对数的要求相适应。

相对数与总量数要结合是指两者要结合运用，取长补短，因为相对数具有抽象性，不能反映现象的总量差异。

相对数之间要结合是指综合运用各种相对数，从多方面反映现象的数量对比情况。

相对数的文字表述要准确是指数据语言的运用要规范。

【例 4-2】相对数的辨析。

①甲班的甲同学对乙班的乙同学说："我们班这次英语六级考试，100%全过！"乙同学惊呼："厉害！全班全过？"甲同学一笑，说："报了 1 个，过了 1 个，全过！"

辨析：应注意相对数与总量数的结合运用。本例中，甲班 30 人，英语六级过关的只有 1 人，在运用相对数的时候，不管什么时候，必须要有总量数到场，否则容易引起错觉。

②《人民日报》(海外版)1998 年 5 月 29 日刊载《小儿哮喘亦需心理治疗》一文论述："此病多发生于 4～5 岁以上的小儿。目前认为情绪对哮喘的发作是重要的促发因素，据报道大约 5%～20%的哮喘发作由情绪因素引起。"

辨析：应注意文字表述要准确。"4～5 岁"与"以上"重复，应该将"4～5 岁以上"改为"4 岁以上"，或"5 岁以上"，或"4～5 岁"。同样，"大约"与"5%～20%"重复，应该将"大约 5%～20%"改为"大约 5%"，或"大约 20%"，或"5%～20%"。

4.4 静态平均数

静态平均数是指在同一时间条件下，呈现一组数值的一般水平即代表性，表示一组数值与其中心值的集中程度。其特点有两个，即总体的同质性、数值的代表性。其计算要根据数值的特点，采用相应的算法。

怎么理解平均数呢？

先看笑话。张家有财一千万，九个邻居穷光蛋。平均起来算一算，个个都是张百万。

平均数"个个都是张百万"，就是用一千万元除以 10 得到的。显然，这个计算结果是荒谬的，荒谬的结果，源于错误的算法"一加一除"，也就是误用了均值，正确的算法是众数和中位数。

平均数的分类。平均数主要有 3 种，即均值、众数、中位数。均值是根据所有数值参与计算的，计算条件是数值的分布比较均匀。众数和中位数是根据数值所处的特殊位置参与计算的，计算条件是数值中出现了极端值。

显然，笑话中提到的"个个都是张百万"，错就错在将位置平均数误用成了数值平均数。因为当出现极端值的时候，即只有张家暴富，其余的都是赤贫，在这种情况下，就不能用"一加一除"的方法，而只能根据位置平均数的计算结果来代表他们的一般收入水平，即赤贫更能反映这个群体大多数人的收入状况。

平均数的运用。在平均数中，均值适合数值型数据的计算，众数和中位数适合数值型数据和文本型数据的计算。均值用得最多，因为一组数值的分布比较均匀的现象最普遍，但众数和中位数这两种平均数也大有用武之地。

比如，中国和美国的人均收入都是用中位数的方法计算出来的。在中国国家统计局发布的《中国国民经济和社会发展统计公报》中，对正文中的统计结果有一条注解，即"人均收入中位数是指将所有调查户按人均收入水平从低到高(或从高到低)顺序排列，处于最中间位置调查户的人均收入"。

平均数的计算。均值是标志总量与总体总量之比。众数是指出现次数最多的那个变量值。中位数是指数值排序后，位于中间位置上的那个变量值。

静态变异数是指在同一时间条件下，呈现一组数值的差异水平即离散性，表示一组数值与其中心值的离中程度。

变异数的分类。变异数主要有 3 种，即全距、标准差、标准差系数。

变异数的运用。平均数具有代表性，变异数用于衡量平均数代表性的强弱。

变异数的计算。全距是指一组数据中，最大值与最小值之差。标准差是指各变量值与其平均数的离差平方的均值的平方根。标准差系数是指标准差与其平均数之比。标准分数是指单个变量值与其均值之差，再与其标准差之比。

数据是否分组。一组数据有分组和未分组之分。在未分组的条件下，计算出来的平均数，就是简单数值平均数和简单位置平均数；计算出来的变异数，就是简单变异数。在分组的条件下，计算出来的平均数，就是加权平均数；计算出来的变异数，就是加权变异数。平均数和变异数的计量单位，除了标准差系数用系数或百分数表示外，其余都与变量值的计量单位一样。

接下来举例说明在未分组和分组的条件下，平均数、变异数和数据长相的计算。

1. 用未分组的数据求平均数和变异数

在未分组条件下，对一组个体数据进行静态分析，就是要做"三数"分析。"三数"包括总量数、相对数和平均数。鲜活的个体数据，让数据分析充满魅力。

接下来，先用【例 4-3】中的个体数据(见表 4-2)，说明其计算结果(见表 4-3)，然后从原理的角度出发，围观一系列计算方法。

【例 4-3】 计算未分组的静态数据。

表 4-2　2016 年巴西奥运会中国女排夺冠运动员的身高一览

序　号	姓　名	身高/厘米	序　号	姓　名	身高/厘米
1	林　莉	171	7	惠若琪	192
2	丁　霞	180	8	颜　妮	192
3	魏秋月	182	9	朱　婷	195
4	龚翔宇	186	10	张常宁	195
5	刘晓彤	188	11	徐云丽	195
6	杨方旭	190	12	袁心玥	199

资料来源：中国排球协会。

要求：计算平均数、变异数、偏度与峰度，并对计算结果进行简要分析。

分析思路：先判断数据的类型。这组数据，属于静态的个体数据。时间上，只有一个时间点，这属于静态数据；总体上，有 12 名运动员，就有 12 份资料，这属于没有分组的个体数据。对于个体数据，要先排序。

根据表 4-2 的数据，用静态分析的方法，计算结果如表 4-3 所示。

表 4-3　用"身高"的个体数据统计的结果

分　类	计算方法	计算结果	计量单位
1.基本分布(取值范围)	(1) 实际范围	171～199	厘米
	(2) 正常范围	166～212	厘米
2.集中分布(平均数)	(1) 均值	188.75	厘米
	(2) 众数	195	厘米
	(3) 中位数	191	厘米
3.离中分布(变异数)	(1) 全距	28	厘米
	(2) 标准差	7.5842	厘米
	(3) 标准差系数	4.02	%
4.分布形态	(1) 偏度	-0.8999	系数
	(2) 峰度	0.1006	系数

简析： 由表 4-3 可见，根据个体数据计算，可以看到身高的基本分布、集中分布、离中分布和分布形态的统计结果。从这些统计结果中，可以解读出以下内容。

从基本分布来看，也就是从身高变动的范围来看，12 名中国女排运动员的身高分布比较均匀，没有出现极端值。因为实际身高的范围(171～199 厘米)落在正常身高的范围(166～212 厘米)内。由于身高的分布比较均匀，所以用均值的方法来计算平均身高。

从集中分布来看，反映 12 名运动员各自的身高围绕平均身高的集中程度，可用平均值说明，平均身高为 188.75 厘米。中国女排这支 12 人的夺冠队伍，齐刷刷一亮相，真是让人仰视。均值显示,她们的平均身高将近一米九。她们个个身手不凡,身材也高挑出众。众数显示,在这 12 人当中,身高 195 厘米的最多,有 3 人,她们是朱婷、张常宁和徐云丽。中位数显示,身高排在中间位置的为 191 厘米。

从离中分布来看,反映 12 名运动员各自的身高围绕平均身高的离中程度,可用标准差说明,标准差为 7.5842 厘米。标准差系数为 4.02%。由于没有对比的对象,所以标准差衡量平均数代表性的强弱,也就无从比较。

从分布形态来看,也就是从身高数据的长相来看,身高的偏度为-0.8999<0,说明与标准正态分布相比,这一组身高数据的分布向左偏斜,呈左偏分布,说明运动员的身高集中在高个头的区域。由于身高的均值小于众数,即身高(厘米)的均值=188.75<中位数=191<众数=195,说明小于平均身高 188.75 厘米的身高值分布比较分散,拉升平均身高的主力是众数 195 厘米。身高的峰度为 0.1006>0,说明这一组身高数据的分布陡峭,呈尖峰分布。身高呈尖峰分布,说明在平均身高附近的身高值的分布比标准正态分布更集中。

要从数据中挖掘有用的信息,要对感兴趣的对象进行数据分析,就必须用相应的计算方法计算出结果。

请留意,在静态分析中,还要分清所计算的数据是全部数据还是样本数据,为了表示区别,两者的计算公式分别用大写符号和小写符号表示。本章以全部数据为例解读,如表 4-2 所示,因此所有的公式符号均为大写。下一章以样本数据为例解读,因此相应的公式符号均为小写。

接下来,结合表 4-2 的个体数据,看一看表 4-3 中提到的计算方法。

1) 用未分组的数据求平均数

在没有分组的条件下,计算平均数的方法主要有 3 种:均值、众数和中位数。

所有的平均数计算结果都说明:平均数越大,平均水平越高;反之,则越低。

简单均值($\bar{X}$) 是指在一组变量值中,标志总量与总体总量之比。其计算公式为

$$简单均值 = \frac{标志总量}{总体总量}$$

简单均值用符号表示为:$\bar{X} = \dfrac{X_1 + X_2 + \cdots + X_n}{N} = \dfrac{\sum X_i}{N} = \dfrac{\sum X}{N}$

请留意:其一,在公式中,"$\bar{X}$"为"X bar",中文读作"X 吧"或"X 杠";X_i 表示各变量值;"$\sum$"是求和的符号,读作"西格玛"。其二,题目要求计算哪个的均值,哪个就是"X"。比如,要求计算平均身高,那么身高就是"X"。又如,要求计算平均计划完成百分比,那么计划完成百分比就是"X"。

例如,在表 4-2 中,平均身高为 188.75 厘米,即 2265(身高的总和)与 12(总人数)之比。

简单众数(M_o) 是指在一组变量值中,出现次数最多的那个变量值。其计算公式为

$$M_o = X_{出现的次数最多}$$

例如,在表 4-2 中,身高的众数为 195 厘米,即 195 厘米就是出现次数最多的变量值。

简单中位数(M_e) 是指在一组排序的变量值中,位于中间位置的那个变量值。

如果一组数据为奇数项 n,那么经过排序后,位于中间位置上的那个数据就是中位数。

其计算公式为

$$M_e = X_{\left(\frac{N+1}{2}\right)}$$

如果一组数据为偶数项 n，那么经过排序后，位于中间位置上的两个数值的简单均值就是中位数。其计算公式为

$$M_e = \frac{X_{\left(\frac{N}{2}\right)} + X_{\left(\frac{N}{2}+1\right)}}{2}$$

例如，在表4-2中，身高的中位数为191厘米。身高按高矮排序，即171、180、182、186、188、190、192、192、195、195、195、199，则位于中间位置上的身高为191厘米，即由第6项的190厘米与第7项的192厘米相加以后，再除以2得到的。

判断一组数据是否出现了极端值，要用正常值的范围来衡量。如果一组数据落在正常值的范围内，就用均值来反映其平均水平，而如果落在正常值的范围之外，就要考虑用众数或中位数来反映其平均水平。

正常值范围的计算公式为

正常值的范围=均值±3×标准差

=(均值-3×标准差)～(均值+3×标准差)

例如，在表4-2中，身高的正常值范围为166～212厘米。即

身高的正常值的范围=188.75±3×7.5842=(188.75-3×7.5842)～(188.75+3×7.5842)=166～212

显然，12名运动员的平均身高，用均值比用众数和中位数更合适。因为这12名运动员的身高没有出现极端值，而且都落在正常值的范围内。这12名运动员，最矮的171厘米，最高的199厘米，实际身高范围为171～199厘米，落在正常值166～212厘米的范围内。

标准差是什么？标准差属于变异数。

2) 用未分组的数据求变异数

在没有分组的条件下，计算变异数的方法主要有4种：全距、标准差、标准差系数和标准分数。

所有的变异数，计算结果都说明：变异数越小，平均数的代表性越强；反之，则越弱。

简单全距(R)是指在一组变量值中，最大值与最小值之差。其计算公式为

简单全距=最大值-最小值

简单全距用符号表示为：$R = X_{max} - X_{min}$

例如，在表4-2中，身高的简单全距为28厘米，即 $R=199-171=28$。

评价：简单全距是最大值和最小值之差，计算时只涉及两个变量值。由于没有考虑中间值的变化，所以计算结果容易受极端值的影响。

简单标准差(S)是指各变量值与其简单均值离差平方的简单均值的平方根，用于反映各变量值围绕简单均值变动的程度。其计算公式为

$$简单标准差 = \sqrt{\frac{\sum(变量值-简单均值)^2}{总体总量}}$$

简单标准差用符号表示为：$S=\sqrt{\dfrac{\sum\left(X-\overline{X}\right)^2}{N}}$

由于各变量值与其简单均值离差之和为零，即 $\sum X-\overline{X}=\sum X-N\times\dfrac{\sum X}{N}=0$，为了避免各变量值与其简单均值相减后，其正离差和负离差相抵为零，于是在计算简单标准差时，其公式就通过平方以后再开平方根的形式来化解这个尴尬。

例如，在表 4-2 中，身高的简单标准差为 7.5842 厘米，即

$$\sqrt{\dfrac{(171-188.75)^2+(180-188.75)^2+\cdots+(195-188.75)^2+(199-188.75)^2}{12}}=7.5842$$

评价：在没有极端值出现的条件下，简单标准差由于考虑了所有变量值围绕简单均值变化的情况，所以应用很广。

简单标准差系数(V)是指标准差与其简单均值之比，用于对比不同总体的差异程度。其计算公式为

$$简单标准差系数=\dfrac{简单标准差}{简单均值}$$

简单标准差系数用符号表示为：$V=\dfrac{S}{\overline{X}}$

例如，在表 4-2 中，身高的简单标准差系数为 4.02%，即 7.5842 与 188.75 之比。

评价：当对比总体的均值不相等时，就要启动标准差系数的计算。因为标准差的大小受均值大小的影响，所以为了消除均值的不同对标准差的影响，就要用标准差系数进行比较，以准确地反映总体之间的差异程度。

3) 用未分组的数据求偏度和峰度

人有五官之说，数据也有，数据叫"偏度"。人有高矮胖瘦，数据也有，数据叫"峰度"。人有标准像，数据也有。不偏不倚、不高不矮的数据，就是数据的标准像。当一组数据的"三数"即均值、众数和中位数都相等的时候，就是数据的标准像，即标准正态分布曲线。

在没有分组的条件下，数据的偏度和峰度可以计算出来。

数据的五官长相——偏度(S_k)。

偏度是指描述某变量所有取值分布曲线对称性的方法。对偏度的度量，通常与标准正态分布曲线进行比较，将偏度分为两种，即左偏和右偏。

测定数据偏斜程度最常用的方法是计算偏度。偏度是指 3 阶中心矩与其简单标准差的 3 次方之比。其计算公式为

$$简单偏度=\dfrac{3阶中心矩}{简单标准差的3次方}$$

简单偏度用符号表示为：$S_k=\dfrac{M_3}{S^3}=\dfrac{\dfrac{\sum(X-\overline{X})^3}{N}}{S^3}$

对偏度的计算结果的说明如下。

当 S_k =0 时，即均值=中位数=众数，表示数据的分布为对称的分布。

当 $S_k \neq 0$ 时，表示数据的分布为不对称的分布。

如果 S_k <0 时，即均值<中位数<众数，表示数据的分布为左偏。均值小于众数，说明小于均值的变量值的分布比较分散，拉升平均水平的主力是众数。

如果 S_k >0 时，即均值>中位数>众数，表示数据的分布为右偏。均值大于众数，说明大于均值的变量值的分布比较分散。

例如，在表 4-2 中，身高的简单偏度为-0.8999<0，呈左偏分布。

数据的高矮胖瘦——峰度(K)。

峰度是指描述某变量所有取值分布曲线陡缓程度的方法。对峰度的度量，通常与标准正态分布曲线进行比较，将峰度分为两种，即平峰和尖峰。

测定数据波峰程度的最常用的方法是计算峰度。峰度是指 4 阶中心矩与其简单标准差的 4 次方之比，再减 3。其计算公式为

$$简单峰度=\frac{4阶中心矩}{简单标准差的4次方}-3$$

简单峰度用符号表示为：$K=\dfrac{M_4}{S^4}-3=\dfrac{\dfrac{\sum X-\bar{X}^4}{N}}{S^4}-3$

对峰度的计算结果的说明如下。

当 K=0 时，表示数据的分布为标准正态分布。

当 $K \neq 0$ 时，表示数据的分布与标准正态分布相比，显得更尖峭或更平缓。

如果 K>0 时，表示数据的分布比标准正态分布更尖峭，为尖峰，说明在均值附近的变量值的分布比标准正态分布更集中。K 的值越大，则整体数据的顶端分布越尖峭。

如果 K<0 时，表示数据的分布比标准正态分布更平缓，为平峰，说明在均值附近的变量值的分布比标准正态分布更平坦。K 的值越大，则整体数据的顶端分布越平坦。

例如，在表 4-2 中，身高的简单峰度为 0.1006>0，呈尖峰分布。

【小知识】矩与中心矩。

测量次数分布的偏度和峰度的重要基础是"矩"。那么，什么是"矩"呢？

矩是指一系列刻画数据次数分布特征的方法的统称。一般而言，将所有变量值与其均值的离差的 k 次方的均值，称为变量的 k 阶中心矩，记为 M_k。k 阶中心矩的计算公式为

$$k阶中心矩=\sqrt{\frac{\sum\left(变量值-均值\right)^k}{总次数}}$$

k 阶中心矩用符号表示为：$M_k=\dfrac{\sum\left(X-\bar{X}\right)^k}{N}$

当 k=1 时，称为 1 阶中心矩，它恒等于 0，即 M_1=0。

当 k=2 时，称为 2 阶中心矩，也就是方差，即 $M_1=S^2$。

当 k 为奇数项时，可以用来刻画次数分布的偏度。由于 k=1 时，其结果为 0，所以 k 值选奇数项中的最小值 3。也就是说，分布曲线的偏斜程度与奇数阶中心矩的数值大小有直接关系。如果分布是对称的，那么，所有奇数阶中心矩都为 0。如果分布不对称，那么，

除了 1 阶中心矩为 0 外，其余奇数阶中心矩都不为 0。于是，可以利用 3 阶以上的奇数阶中心矩来测量偏态。显然，最简便的是利用 3 阶中心矩。以 3 阶中心矩为基础，为了消除计量单位不同的影响，再除以标准差的 3 次方，这样所得到的相对数就可用来衡量偏度。

当 k 为偶数项时，可以用来刻画次数分布的峰度。由于 $k=2$ 时，为标准差的平方，即方差，所以 k 值选偶数项中的最小值 4。也就是说，分布曲线的陡峭程度与偶数阶中心矩的数值大小有直接关系。以 4 阶中心矩为基础，为了消除计量单位不同的影响，再除以标准差的 4 次方，这样所得到的相对数减去 3 后，就可以用来衡量峰度。在峰度的计算公式中，为什么要减去 3 呢？这是因为标准正态分布曲线的 4 阶中心矩与其标准差的 4 次方之比等于 3，即 $\dfrac{M_1}{S^4} = 3$。

2. 用已分组的数据求平均数

对已分组的数据进行静态分析，与没有分组的数据一样，也包括平均水平、变异水平和分布形态这 3 个方面的分析。

将没有分组的数据进行整理，就得到了分组的数据。比如，将表 4-2 中的个体数据进行整理，就得到了表 4-4 的分组数据。

接下来，先用【例 4-4】中的分组数据(见表 4-4)列出其计算结果(见表 4-5)，然后从原理的角度出发，围观一系列计算方法。

【例 4-4】计算已分组的静态数据。

表4-4 2016 年巴西奥运会中国女排运动员各组身高的人数分布表

身高/厘米	实际身高	人数/人	构成比/%
170～180	171	1	8
180～190	180,182,186,188	4	33
190～200	190, 192, 192, 195, 195, 195, 199	7	59
总计	—	12	100

资料来源：中国排球协会。

要求：计算平均数、变异数、偏度与峰度，并对计算结果进行简要分析。

分析思路：先判断数据的类型。这组数据，属于静态的分组数据。时间上，只有一个时间点，这属于静态数据；总体上，有 12 名运动员，分成 3 个组，这属于已分组的组距数列。对于组距数列，要先计算组中值。

根据表 4-4 的数据，用静态分析方法，计算结果如表 4-5 所示。

表4-5 用"身高"的分组数据统计的结果

分　类	计算方法	计算结果	计量单位
1.变量值的范围	(1) 分组范围	170～200	厘米
	(2) 正常范围	171～209	厘米

续表

分　类	计算方法	计算结果	计量单位
2.集中分布(平均数)	(1) 均值	190	厘米
	(2) 众数	193	厘米
	(3) 中位数	191	厘米
3.离中分布(变异数)	(1) 全距	30	厘米
	(2) 标准差	6.4550	厘米
	(3) 标准差系数	0.0340	%
4.分布形态	(1) 偏度	−0.9295	系数
	(2) 峰度	−0.2400	系数

简析：表 4-5 与表 4-3 相比，两者的解读方法一样，但统计结果不一样。

将个体数据分组就得到分组数据。表 4-3 的统计结果来源于个体数据，是根据实际值计算出来的。表 4-5 的统计结果来源于分组数据，是根据假定值计算出来的。例如，组中值是假定的均值，即假定的代表值。

为什么要耗费时间来计算表 4-5 中的假定值？实际上，个体数据和分组数据，两者各有其用。在进行静态分析时，如果有个体数据，就要直接用个体数据的计算结果，即不必计算表 4-5。但只有在分组的条件下，才能看出总体的构成和各组的关系，才能画出次数分布的曲线，才能直观地理解由个体数据计算出来的偏度和峰度的含义。

比较来看，根据个体数据计算的偏度和峰度(见表 4-3)，其值分别为−0.8999 和 0.1006，分别表示左偏和尖峰，而根据分组数据计算的偏度和峰度(见表 4-5)，其值分别为−0.9295和−0.24，分别表示左偏和平峰。12 名运动员身高的数据，从没有分组到分组，居然导致了峰度分布形态的错乱。原因何在？这就是因为在分组以后，出现了组中值，组中值是个假定值，由组中值计算的峰度也是假定值。

什么是组中值？接下来，结合表 4-4 的分组数据，来看表 4-5 中提到的计算方法。

1) 用已分组的数据求平均数

在分组的条件下，计算平均数的方法主要有 3 种：均值、众数和中位数。

加权均值($\bar{x}$)是指在一组变量值中，标志总量与总体总量之比。其计算公式为

$$加权均值=\frac{标志总量}{总体总量}$$

加权均值用符号表示为：$\bar{X}=\dfrac{\sum XF}{\sum F}=\sum\left(X\dfrac{F}{\sum F}\right)$

式中：$\sum$——求和的符号；

　　　X——各组的变量值或组中值或组均值；

　　　F——各组的次数；

　　　$\dfrac{F}{\sum F}$——各组的构成比，即各组的次数与总次数之比。

评价：加权均值的大小，既受各组变量值或组中值大小的影响，也受各组次数多少的

影响。在平均数静态分析中，结构的变化起着关键作用。加权均值的公式表明，加权均值的计算有两种方法可供选择，一是用组中值乘以相应的次数，加总求和得到标志总量，然后再除以总体总量，得到加权均值，二是用组中值乘以相应的构成比，然后再加总求和，得到加权均值。

用 X 表示各组的变量值或组中值。当分组资料为单项数列时，用 X 表示各组的变量值。当分组资料为组距数列时，用 X 表示各组的组中值。

组中值是指一组的中间值。它是将一组的上限和下限的均值作为该组的代表值，这是假定的均值。

组中值的计算公式为

$$组中值 = \frac{上限 + 下限}{2}$$

组中值的计算条件有两种，即在闭口组和开口组中计算。

闭口组是指各组的上限和下限都有的分组。其组中值的计算公式为

$$闭口组的组中值 = \frac{上限 + 下限}{2}$$

开口组是指首组缺下限或末组缺上限的分组。在分组中，常有"以上""以下"这样的文字出现。其组中值的计算公式为

$$首组缺下限的组中值 = 首组上限 - \frac{邻组组距}{2}$$

$$末组缺上限的组中值 = 末组下限 + \frac{邻组组距}{2}$$

开口组的组中值，其公式的证明如下。

由：首组假定的下限 = 首组上限 - 邻组组距

得：首组缺下限的组中值 $= \dfrac{上限 + 下限}{2} = \dfrac{首组上限 + 首组假定的下限}{2}$

$$= \frac{首组上限 + 首组下限 - 邻组组距}{2}$$

$$= 首组上限 - \frac{邻组组距}{2}$$

由：末组假定的上限 = 末组下限 + 邻组组距

得：末组缺上限的组中值 $= \dfrac{上限 + 下限}{2} = \dfrac{末组假定的上限 + 末组下限}{2}$

$$= \frac{(末组下限 + 邻组组距) + 末组下限}{2}$$

$$= 末组下限 + \frac{邻组组距}{2}$$

比如，在开口组条件下，如果首组的身高(厘米)为"180 以下"，组距为 10，那么，首组的假定下限=180-10=170，首组的组中值=(170+180)÷2=175。如果末组的身高(厘米)为"190 以上"，那么，末组的假定上限=190+10=200，末组的组中值=(190+200)÷2=195。

例如，在表4-4中，这是一个闭口组的资料。3组身高(厘米)的组中值分别为175、185

和 195，也就是对 3 组的组限分别计算简单均值。首组的组中值=(170+180)÷2=175，其余，依此类推。身高(厘米)170~180 的组中值为 175 厘米，表示 175 厘米代表本组球员的平均身高。实际上，这组球员只有 1 人，身高为 171 厘米。显然，用组中值代表各组的平均水平是假定值。

接下来，用组中值的数据来验证加权均值的两个计算公式。

求证：加权均值 $\bar{X}=\dfrac{\sum XF}{\sum F}=\sum\left(X\dfrac{F}{\sum F}\right)$

证明：

$$\bar{X}=\frac{\sum XF}{\sum F}=\frac{X_1F_1+X_2F_2+\cdots+X_NF_N}{\sum F}=X_1\times\frac{F_1}{\sum F}+X_2\times\frac{F_2}{\sum F}+\cdots+X_N\times\frac{F_N}{\sum F}=\sum\left(X\frac{F}{\sum F}\right)$$

证毕。

例如，在表 4-4 中，3 组身高(厘米)的组中值分别为 175、185 和 195，用组中值计算加权均值，即

$$\bar{X}=\frac{\sum XF}{\sum F}=\frac{175\times1+185\times4+195\times7}{12}=175\times\frac{1}{12}+185\times\frac{4}{12}+195\times\frac{7}{12}$$

$$=\sum\left(X\frac{F}{\sum F}\right)=190(厘米)$$

加权众数(M_o)是指在一群变量值中，出现次数最多的那个变量值。

加权众数的计算公式，有上限公式和下限公式，两个公式计算的结果一样。

加权众数的下限公式为

$$M_o=X_l+\frac{\Delta_1}{\Delta_1+\Delta_2}\times d_m$$

加权众数的上限公式为

$$M_o=X_u+\frac{\Delta_1}{\Delta_1+\Delta_2}\times d_m$$

式中：M_o——加权众数；

$\quad\quad d_m$——众数组的组距；

$\quad\quad X_l$——众数组的下限；

$\quad\quad X_u$——众数组的上限；

$\quad\quad \Delta_1$——众数组的次数与上面一组的次数之差；

$\quad\quad \Delta_2$——众数组的次数与下面一组的次数之差。

计算加权众数，两步即可：第 1 步，确定众数组。众数组是指出现次数最多的组，而所求的众数就落在众数组内。第 2 步，用加权众数的公式求出众数。

例如，在表 4-4 中，计算加权众数的步骤如下：第 1 步，确定众数组。第 3 组是众数组，人数最多的组，也就是说，次数出现最多的组在第 3 组，有 6 次。第 2 步，用公式法求出众数。

$$M_o = X_l + \frac{\Delta_1}{\Delta_1 + \Delta_2} \times d_m = 190 + \frac{7-4}{(7-4)+(7-0)} \times (200-190) = 193(\text{厘米})$$

$$M_o = X_u + \frac{\Delta_1}{\Delta_1 + \Delta_2} \times d_m = 200 - \frac{7-0}{(7-4)+(7-0)} \times (200-190) = 193(\text{厘米})$$

求证：加权众数的公式。

证明：画出众数组与相邻两组的直方图，如图 4-2 所示。

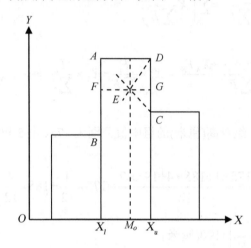

图 4-2　推导加权众数公式的示意图

连接 A 点和 C 点、B 点和 D 点，相交于 E 点，过 E 点向 AB、CD 作垂线，分别交于 F 点和 G 点。

由 $\triangle AEB \backsim \triangle CED$，有 $\dfrac{EF}{AB} = \dfrac{EG}{CD}$，即 $\dfrac{M_o - X_l}{\Delta_1} = \dfrac{X_u - M_o}{\Delta_2}$

$$M_o = \frac{\Delta_1 X_u + \Delta_2 X_l}{\Delta_1 + \Delta_2} \tag{4-1}$$

又因 $X_u - X_l = d_m$，将 $X_u = d_m + X_l$ 代入式(4-1)，得到加权众数的下限公式

$$M_o = X_l + \frac{\Delta_1}{\Delta_1 + \Delta_2} \times d_m$$

将 $X_l = X_u - d_m$ 代入式(4-1)，得到加权众数的上限公式

$$M_o = X_u - \frac{\Delta_1}{\Delta_1 + \Delta_2} \times d_m$$

加权中位数(M_e)是指在一组排序的变量值中，处于中间位置的那个变量值。

加权中位数的计算公式，有上限公式和下限公式，两个公式计算的结果一样。

加权中位数的下限公式为

$$M_e = X_l + \frac{\dfrac{\sum F}{2} - S_{m-1}}{F_m} \times d_m$$

加权中位数的上限公式为

$$M_e = X_u - \frac{\frac{\sum F}{2} - S_{m+1}}{F_m} \times d_m$$

式中：M_e——中位数；

$\quad\quad d_m$——中位数所在组的组距；

$\quad\quad X_l$——中位数所在组的下限；

$\quad\quad X_u$——中位数所在组的上限；

$\quad\quad F_m$——中位数所在组的次数；

$\quad\quad \dfrac{\sum F}{2}$——总次数的一半；

$\quad\quad S_{m-1}$——中位数组上面各组的累计次数；

$\quad\quad S_{m+1}$——中位数组下面各组的累计次数。

计算加权中位数，两步即可：第 1 步，确定中位数组。先求总次数的一半，以此数为标准，在向上累计或向下累计的次数中，看哪一组最早达标，哪一组就是中位数组。第 2 步，用加权中位数公式法求出中位数。

例如，在表 4-4 中，要计算身高的加权中位数，计算结果为 2 厘米，计算步骤如下：第 1 步，确定中位数组。总人数为 12 人，12 除以 2 为 6，以 6 人为标准，在向上累计的人数中，第一组和第二组的人数相加为 5，没有达到 6 人，加上第三组的 6 人，最早达标，所以，第三组就是中位数的所在组，所求的中位数就落在这个组内。第 2 步，用公式法求出中位数。

$$M_e = X_l + \frac{\frac{\sum F}{2} - S_{m-1}}{F_m} \times d_m = 190 + \frac{\frac{12}{2} - (1+4)}{7} \times 200 - 190 = 191(厘米)$$

$$M_e = X_u - \frac{\frac{\sum F}{2} - S_{m+1}}{F_m} \times d_m = 200 - \frac{\frac{12}{2} - 0}{7} \times 200 - 190 = 191(厘米)$$

求证：加权中位数的公式。

证明：先画出中位数组与其相邻两组的示意图，如图 4-3 所示。

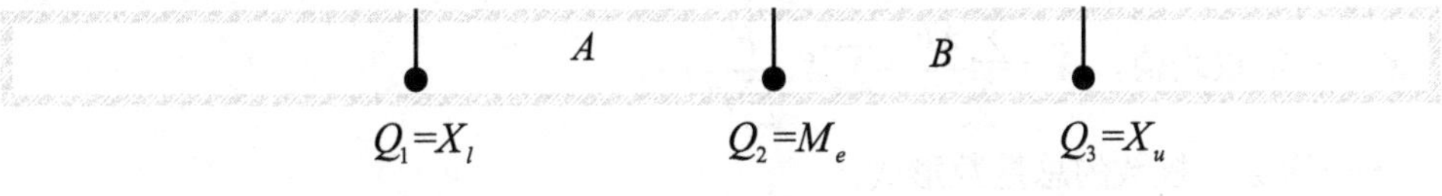

$Q_1 = X_l \quad\quad\quad A \quad\quad\quad Q_2 = M_e \quad\quad\quad B \quad\quad\quad Q_3 = X_u$

图 4-3 推导加权中位数公式的示意图

在图 4-3 中，Q_1、Q_2 和 Q_3 这 3 个点将一根直线平分为 4 个部分。Q_2 为中间点，即为中位数 M_e，$Q_1 = X_l$，$Q_3 = X_u$。

由 $\dfrac{Q_1Q_2 的长度}{Q_1Q_2 的长度 + Q_2Q_3 的长度} = \dfrac{A 区域的次数}{A 区域的次数 + B 区域的次数}$ 有

$$\frac{M_e - X_l}{X_u - X_l} = \frac{\frac{\sum F}{2} - S_{m-1}}{F_m} \tag{4-2}$$

将 $X_u = d_m + X_l$ 代入式(4-2)，得到加权中位数的下限公式

$$M_e = X_l + \frac{\dfrac{\sum F}{2} - S_{m-1}}{F_m} \times d_m$$

由 $\dfrac{Q_2Q_3 \text{的长度}}{Q_1Q_2 \text{的长度} - Q_2Q_3 \text{的长度}} = \dfrac{B \text{区域的次数}}{A \text{区域的次数} - B \text{区域的次数}}$ 有

$$\frac{X_u - M_e}{X_u - X_l} = \frac{\dfrac{\sum F}{2} - S_{m+1}}{F_m}$$

将 $X_l = X_u - d_m$ 代入式(4-2)，得到加权中位数的上限公式

$$M_e = X_u - \frac{\dfrac{\sum F}{2} - S_{m+1}}{F_m} \times d_m$$

2) 用已分组的数据求变异数

在分组的条件下，计算变异数的方法主要有两种：全距和标准差。

加权全距(R) 指在分组变量值中，末组的最大值与首组的最小值之差。其计算公式为

加权全距=末组的上限-首组的下限

用符号表示加权全距的公式 $R = X_{\max} - X_{\min}$

例如，在表 4-4 中，加权全距为 30 厘米。加权全距(R)$= X_{\max} - X_{\min} = 200-170 = 30$。

加权标准差(S) 是指各变量值与其加权均值离差平方的加权均值的平方根，用于反映各变量值围绕加权均值变动的程度。其计算公式为

$$\text{加权标准差} = \sqrt{\frac{\sum(\text{变量值或组中值} - \text{加权均值})^2 \times \text{次数}}{\text{总次数}}}$$

用符号表示加权标准差的公式为

$$S = \sqrt{\frac{\sum(X - \bar{X})^2 F}{\sum F}} = \sqrt{\sum\left[(X - \bar{X})^2 \frac{F}{\sum F}\right]}$$

式中：X——变量值或组中值；

$\bar{X}$ ——加权均值，$\bar{X} = \dfrac{\sum XF}{\sum F} = \sum X \dfrac{F}{\sum F}$；

F——次数，权数的总量数形式；

$\dfrac{F}{\sum F}$——构成比，权数的相对数形式。

例如，在表 4-4 中，加权均值为 190 厘米，加权标准差为 6.455 厘米。

3) 已分组数据的图形特征

人的高矮胖瘦，有标准身材做参照；人的五官搭配，有标致面庞做参考。而数据呢，一群数据的分布是什么模样，它以正态分布曲线为参照物。

人的高矮可以通过测量得到，人的胖瘦可以通过称重知道。数据的高矮胖瘦、左右偏斜的评判，一有图示法，可以直观地瞧出大概；二有指标法，可以准确地量化结果。

数据的标准长相，无人不知，用图形画出来，就是标准正态分布曲线。标准正态分布曲线，如同倒扣的钟，以中心轴为主线，两边完全对称。

要成就标准正态分布曲线的长相，条件很苛刻，就是均值、众数和中位数 3 者要相等。但这样的条件，绝大部分的数据群都不符合，因此数据长相千姿百态。

数据的长相，在分组的条件下，可以画出来，下面举一个例子来看一看。

用分组的整理数据，就可以画出数据的长相，如图 4-4 所示。

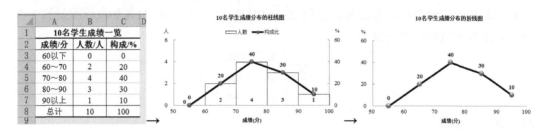

图 4-4　从统计表到曲线图

在图 4-4 中，中间的柱线图是根据左边的统计表绘制的，右边的曲线图是其柱线图中的折线。

数据的长相可以画出来，图 4-4 就是用数据画出来的数据的长相。这张柱线图，画法很简单，就是先画直方图，然后把各个柱子的中心点相连，这样就形成了一根折线，接着把折线用平滑的线画出来，就形成了一根曲线。

数据的长相还可以计算出来，只要计算出偏度和峰度就行了。从柱线图中的曲线来看数据的长相，是左偏还是右偏，是平坦还是陡峭，一眼望去，只能看个大概，而偏度和峰度的量化计算，可以帮助人更好地进行判断。

数据的长相可以说出来。在图 4-4 中，偏度和峰度的计算原理，对未分组和分组都一样，所不同的是分组以后，出现了不完全相同的次数，所以在计算时，要考虑权数的影响。

数据的五官长相——偏度(S_k)。

偏度是指在分组条件下，数据分布曲线的不对称程度和偏斜程度。对偏态的度量，通常以标准正态分布曲线为比较标准，一般将偏度分为标准正态分布、左偏分布和右偏分布 3 种，如图 4-5 所示。

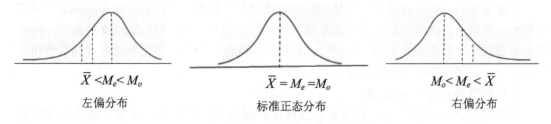

$\overline{X} < M_e < M_o$　　　　　$\overline{X} = M_e = M_o$　　　　　$M_o < M_e < \overline{X}$
左偏分布　　　　　　　　标准正态分布　　　　　　　　右偏分布

图 4-5　不同偏度的次数分布曲线

在图 4-5 中，横轴表示分组的数值，纵轴表示次数。次数分布的曲线，以标准正态分布曲线为标准，面对面地来看，如果长尾巴拖在左边就是左偏，如果长尾巴拖在右边就是右偏。

在标准正态分布中，均值、中位数和众数是相等的。在左偏分布中，众数最大，中位数居中，均值最小。在右偏分布中，均值最大，中位数居中，众数最小。

在次数分布曲线中，不管左偏还是右偏，中位数总是居于众数和均值之间，众数总是波峰最高的那个值。波峰最高，表示出现的次数最多，而出现次数最多的那个变量值就是众数。

用均值、众数、中位数这三者来描画次数分布的曲线，也就是用来刻画一组数据的集中程度。三者在比较大小时，不是看纵轴上的次数，而是看横轴上的数值。

测定偏斜程度最常用的方法是计算偏度。偏度是指 3 阶中心矩与其加权标准差的 3 次方之比。加权偏度的计算公式为

$$S_k = \frac{M_3}{S^3} \begin{cases} =0, & \text{对称} \\ >0, & \text{右偏} \\ <0, & \text{左偏} \end{cases}$$

式中： S_k ——偏度；

M_3 ——中心矩， $M_3 = \sqrt{\dfrac{\sum (X - \bar{X})^3 F}{\sum F}}$ ；

S ——加权标准差， $S = \sqrt{\dfrac{\sum (X - \bar{X})^2 F}{\sum F}}$ 。

判别：偏斜程度越严重， S_k 的绝对值越大。

当 $S_k = 0$ 时，曲线是对称的，均值=中位数=众数。

当 $S_k < 0$ 时，曲线是不对称的，呈现为左偏，长尾巴拖在左边。这说明横轴上数值偏大的次数比较多，向左延伸的长尾巴必然拉动均值向变量值小的一方靠拢，均值受极小值的影响大，而众数和中位数由于是位置平均数，不受极端值的影响，因此，均值、中位数和众数的关系表现为：均值<中位数<众数。

当 $S_k > 0$ 时，曲线是不对称的，呈现为右偏，长尾巴拖在右边。这说明横轴上数值偏小的次数比较多，向右延伸的长尾巴必然拉动均值向变量值大的一方靠拢，均值受极端值的影响大，而众数和中位数由于是位置平均数，不受极端值的影响，因此，均值、中位数和众数的关系表现为：均值>中位数>众数。

例如，在表 4-4 中，加权偏度为-0.9295，为左偏。

计算平均数，有 3 种算法，要选用哪一种才好呢？显然，当次数分布曲线呈现为基本对称时，也就是当均值、众数和中位数这三者的数值相等或相近时，选用均值最好；当次数分布曲线呈现为明显的左偏或右偏时，也就是当均值、众数和中位数这三者的数值相差比较大时，选用众数和中位数最好。

数据的高矮胖瘦——峰度(K)。

峰度是指在分组条件下，数据分布曲线的陡缓程度。对峰度的度量，通常以标准正态分布曲线为比较标准，一般将峰度分为正态峰度、尖峰分布和平峰分布 3 种，如图 4-6 所示。

测定峰度最常用的方法是计算峰度。峰度是指 4 阶中心矩与其加权标准差的 4 次方之比，再减 3。

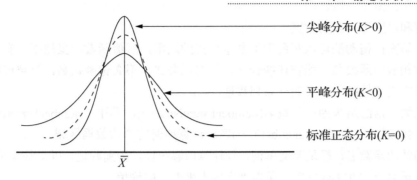

图 4-6　不同峰度的次数分布曲线

加权峰度的计算公式为

$$K = \frac{M_4}{S^4} - 3 \begin{cases} =0, & \text{正态} \\ >0, & \text{尖峰} \\ <0, & \text{平峰} \end{cases}$$

式中：K——峰度；

M_4——中心矩，$M_4 = \sqrt{\dfrac{\sum(X-\bar{X})^4 F}{\sum F}}$；

S——加权标准差，$S = \sqrt{\dfrac{\sum(X-\bar{X})^2 F}{\sum F}}$。

例如，在表 4-4 中，加权峰度为-0.24，为平峰。

总之，面对一组静态数据，为了进行静态分析，可以先用分组数据画出数据长相的曲线图，再用未分组数据的计算结果说明数据分布。

4.5　Excel 在静态三数中的应用

本部分内容，共有两个干货：一是计算未分组数据的分布；二是计算分组数据的分布。

应用 1：计算未分组数据的分布。

用一组没有分组的数据，可以计算出数据的分布。

数据的分布有 4 个，即基本分布、集中分布、离中分布和分布形态。

刻画数据分布的方法有 3 种，即填充柄拖动法、赋值函数法和描述统计法。填充柄拖动法和赋值函数法适合所有的数据类型，描述统计法只适合样本数据的计算。

填充柄拖动法是根据基本公式，在 Excel 中利用填充柄的功能来计算数据的方法。

赋值函数法是利用 Excel 设置的函数，先选函数名，再选数据区域来计算数据的方法。

描述统计法是利用 Excel 设置的工具，先选工具，再选数据区域来计算数据的方法。

比如，对一组没有分组的总体数据计算标准差，如果用填充柄拖动法，就是按照简单标准差的计算公式，拖动填充柄，以计算标准差的分子的值。如果用赋值函数法，就是先选择总体标准差的函数名 STDEVP，再选择数据区域，以计算标准差。如果用描述统计法，就是利用工具，先选择"数据分析—描述统计法"工具，再选择数据区域，以计算标准差、均值、偏度和峰度等一系列数据。

显然，填充柄拖动法可以帮助理解基本公式的运用，赋值函数法虽然不必套用公式，但需要记住相应的函数名。而描述统计法，不必记公式，不必记函数名，只要调用一个工具，就能计算出如标准差之类的一系列数据。

赋值函数的语法结构为：函数名(number1,number2,…)。其中，number1 表示计算均值的第一个个体数据，(number1,number2,…)表示计算均值的个体数据区域。

赋值函数的函数名，都是英文单词，与计算内容一样，特别好记，以下是 8 个函数名。

● 函数名"AVERAGE"，译为"平均水平"，即均值。

● 函数名"MODE"，译为"模式"，即众数。

● 函数名"MEDIAN"，译为"中间值"，即中位数。

● 函数名"MAX"是"maximum"的简写，译为"最大值"。

● 函数名"MIN"是"minimum"的简写，译为"最小值"。

● 函数名"STDEV"是"standard""deviation"的组合，译为"样本标准差"。样本标准差是根据样本数据计算的标准差。

● 函数名"STDEVP"是"standard""deviation""population"的组合，译为"总体标准差"。总体标准差是根据全部数据计算的标准差。

● 函数名"SUMPRODUCT"有"赋值函数中的劳模"之称，也是一个组合词，"SUM"译为"求和"，"PRODUCT"译为"相乘"，表示相乘之后再求和。SUMPRODUCT函数要选择"数学与三角函数"类别。

【例 4-5】用 Excel 计算未分组数据的分布。

已知：2016 年巴西奥运会 12 名中国女排运动员的身高。

要求：分别用填充柄拖动法、赋值函数法和描述统计法，计算身高的分布。

解答：身高的分布包括基本分布、集中分布、离中分布和分布形态。

方法一：填充柄拖动法，结果如图 4-7 所示。

	D4		▼	f_x	=(C4-$H$8)^2				
	A	B	C	D	E	F	G	H	I	J
1					未分组条件下：身高分布的计算（填充柄拖动法）				
2		已知栏			计算栏1			计算栏2	
3	序号	姓名	身高/厘米 x	$(x-\bar{x})^2$	$(x-\bar{x})^3$	$(x-\bar{x})^4$	统计方法	统计结果	统计过程
4	1	林莉	171	315.0625	-5592.3594	99264.3789	1.基本分布(取值范围)		
5	2	丁霞	180	76.5625	-669.9219	5861.8164	实际值的范围	171~199	MIN(C4:C15),MAX(C4:C15),
6	3	魏秋月	182	45.5625	-307.5469	2075.9414	正常值的范围	166~212	H8-3*H13,H8+3*H13
7	4	袭翔宇	186	7.5625	-20.7969	57.1914	2.集中分布(平均数)		
8	5	刘晓彤	188	0.5625	-0.4219	0.3164	(1) 算术平均数	188.75	C16/12
9	6	杨方旭	190	1.5625	1.9531	2.4414	(2) 众数	195	目测法
10	7	惠若琪	192	10.5625	34.3281	111.5664	(3) 中位数	191	(C9+C10)/2
11	8	颜妮	192	10.5625	34.3281	111.5664	3.离中分布(变异数)		
12	9	朱婷	195	39.0625	244.1406	1525.8789	(1) 全距	28	MAX(C4:C15)-MIN(C4:C15)
13	10	张常宁	195	39.0625	244.1406	1525.8789	(2) 标准差	7.5842	(D16/12)^(1/2)
14	11	徐云丽	195	39.0625	244.1406	1525.8789	(3) 标准差系数	0.0402	H13/H8
15	12	袁心玥	195	105.0625	1076.8906	11038.1289	4.分布形态(偏度与峰度)		
16		总计	2265	690.2500	-4711.1253	123100.9843	三阶动差	-392.5938	E16/12
17	资料来源：中国排球协会。						四阶动差	10258.4154	F16/12
18							(1) 偏度	-0.8999	H16/(H13^3)
19							(2) 峰度	0.1006	(H17/(H13^4))-3
20									

图 4-7　填充柄拖动法的计算过程与结果

对图 4-7 计算结果的说明如下。

在计算栏 1 中，先在 D4 单元格输入"=(C4–$H$8)^2"，再单击输入的符号"√"；在 E4 单元格输入公式"=(C4–$H$8)^3"，再单击输入的符号"√"；在 F4 单元格输入公式"=(C4–$H$8)^4"，再单击输入的符号"√"。然后选择单元格区域 D4:F4，拖动 F4 的填充柄到 F15 单元格，再单击自动求和按钮"∑"，这样一来，D4:F16 单元格区域的数值就计算出来了。

在计算栏 2 中，直接套用计算公式。比如，计算均值 188.75，就是在 H8 单元格中输入公式"=C16/12"，再单击输入的符号"√"。

方法二：赋值函数法，结果如图 4-8 所示。

E8				f_x	=AVERAGE(C4:C15)		
	A	B	C	D	E	F	G
1	未分组条件下：身高分布的计算（赋值函数法）						
2	已知栏			计算栏			
3	序号	姓名	身高/厘米 x	统计方法	统计结果	统计过程	
4	1	林莉	171	1.基本分布(取值范围)			
5	2	丁霞	180	实际值的范围	171～199	MIN(C4:C15),MAX(C4:C15)	
6	3	魏秋月	182	正常值的范围	166～212	E8–3*E13,E8+3*E13	
7	4	龚翔宇	186	2.集中分布(平均数)			
8	5	刘晓彤	188	(1) 算术平均数	188.75	AVERAGE(C4:C15)	
9	6	杨方旭	190	(2) 众数	195	MODE(C4:C15)	
10	7	惠若琪	192	(3) 中位数	191	MEDIAN(C4:C15)	
11	8	颜妮	192	3.离中分布(变异数)			
12	9	朱婷	195	(1) 全距	28	MAX(C4:C15)–MIN(C4:C15)	
13	10	张常宁	195	(2) 标准差	7.5842	STDEVP(C4:C15)	
14	11	徐云丽	195	(3) 标准差系数	0.0402	E13/E8	
15	12	袁心玥	199	4.分布形态(偏度与峰度)			
16	资料来源：中国排球协会。			三阶动差	–392.5938	SUMPRODUCT((C4:C15–E5)^3)/12	
17				四阶动差	10258.4154	SUMPRODUCT((C4:C15–E5)^4)/12	
18				(1) 偏度	–0.8999	E16/(E13^3)	
19				(2) 峰度	0.1006	(E17/(E13^4))–3	
20							

图 4-8 赋值函数法的计算过程与结果

对图 4-8 计算结果的说明如下。

以均值即平均身高 188.75 厘米为例说明。在 E8 单元格输入赋值函数的公式"=AVERAGE(C4:C15)"，再按 Enter 键。也可以单击编辑栏左边的输入按钮，在弹出的"插入函数"对话框中，选择"统计"类别中的"AVERAGE"函数，单击"确定"按钮，在弹出的"函数参数"对话框中，输入数据区域，本题为 C4:C15；单击"确定"按钮，就得到计算结果 188.75。

方法三：描述统计法。由于本题数据不属于样本数据，而是全部数据，所以不符合描述统计法的计算条件。

应用 2：计算分组数据的分布。

用一组分组的数据，可以计算出数据的分布。

数据的分布有 4 个，即基本分布、集中分布、离中分布和分布形态。

刻画数据分布的方法有两种，即填充柄拖动法和赋值函数法。

【例 4-6】用 Excel 计算分组数据的分布。

已知：2016 年巴西奥运会 12 名中国女排运动员的身高。

要求：分别用填充柄拖动法和赋值函数法，计算身高的分布。

解答：身高的分布包括基本分布、集中分布、离中分布和分布形态。

方法一：填充柄拖动法，结果如图 4-9 所示。

	D4		▼	f_x	=B4*C4					
	A	B	C	D	E	F	G	H	I	J	K
1	已分组条件下：身高分布的计算（填充柄拖动法）										
2	已知栏			计算栏1				计算栏2			
3	身高/厘米	组中值/厘米 x	人数/人 f	xf	$(x-\bar{x})^2 f$	$(x-\bar{x})^3 f$	$(x-\bar{x})^4 f$	统计方法	统计结果	统计过程	
4	170~180	175	1	175	225	-3375	50625	1.基本分布(取值范围)			
5	180~190	185	4	740	100	-500	2500	实际值的范围	170~200	首组的下限~末组的上限	
6	190~200	195	7	1365	175	875	4375	正常值的范围	171~209	I8-3*I13,I8+3*I13	
7	总计		12	2280	500	-3000	57500	1.集中分布			
8	资料来源：中国排球协会。							(1) 算术平均数	190	D7/12	
9								(2) 众数	193	190+(((C6-C5)/((C6-C5)+(C6-0)))*10	
10								(3) 中位数	191	190+(((C7/2)-(C4+C5)/C6)*10	
11								2.离中分布			
12								(1) 全距	30	200-170	
13								(2) 标准差	6.4550	(E7/12)^(1/2)	
14								(3) 标准差系数	0.0340	I13/I8	
15								3.分布形态			
16								三阶动差	-250.0000	F7/12	
17								四阶动差	4791.6667	G7/12	
18								(1) 偏度	-0.9295	I16/(I13^3)	
19								(2) 峰度	-0.2400	(I17/(I13^4))-3	
20											

图 4-9 填充柄拖动法的计算过程与结果

方法二：赋值函数法，结果如图 4-10 所示。

	E4		▼	f_x	=SUMPRODUCT(B4:B6,C4:C6)/SUM(C4:C6)		
	A	B	C	D	E	F	G
1	已分组条件下：身高分布的计算（赋值函数法）						
2	已知栏			计算栏			
3	身高/厘米	组中值/厘米 x	人数/人 f	统计方法	统计结果	统计过程	
4	170~180	175	1	1.集中分布：算术平均数	190.00	SUMPRODUCT(B4:B6,C4:C6)/SUM(C4:C6)	
5	180~190	185	4	2.离中分布：标准差	6.4550	SQRT(SUMPRODUCT((B4:B6-E4)^2,C4:C6)/SUM(C4:C6))	
6	190~200	195	7	3.分布形态			
7	总计	—	12	三阶动差	-250.0000	SUMPRODUCT((B4:B6-E4)^3,C4:C6)/SUM(C4:C6)	
8	资料来源：中国排球协会。			四阶动差	4791.6667	SUMPRODUCT((B4:B6-E4)^4,C4:C6)/SUM(C4:C6)	
9				(1) 偏度	-0.9295	E7/(E5^3)	
10				(2) 峰度	-0.2400	E8/(E5^4)-3	
11							

图 4-10 赋值函数法的计算过程与结果

统 计 实 录

嫁妆的计算

每当看到图 4-11 这张充满了喜感的剧照，就会开心一笑。照片中的男人，就是法国喜剧电影《吝啬鬼》中的男主角，大名"阿巴贡"，外号"吝啬鬼"。

一个吝啬鬼，怎么可以这样逗人呢？

图 4-11 法国电影《吝啬鬼》中的剧照

照理说，吝啬鬼是该用的都舍不得用，是小气得不能再小气的人。而照片中的这个吝啬鬼，居然用珍贵的孔雀羽毛、厚实的金边镜来装扮自己，这样大手笔的花费，究竟是为哪般呢？为哪般？哈哈，还不是为了所谓的"爱情"。

媒人有求于阿巴贡，媒人带来了阿巴贡暗恋的姑娘，这位姑娘与阿巴贡老爷的女儿年龄相仿。这张照片，就是阿巴贡与姑娘面对面的初次会见。阿巴贡老爷的着装如此不同凡响，这一切足以证明，吝啬鬼确实已春心荡漾，老人家对姑娘确实是喜爱不已。但这并不证明，吝啬鬼遇上了爱情，就脱胎换骨成为情圣，就不顾一切为爱情抛撒钱财，恰恰相反，吝啬鬼遇到了爱情，更显现出其吝啬无比的天性。

吝啬鬼不管遇见谁，哪怕爱情，也丝毫不改其惜财敛财的本色。他不仅想占有姑娘的美貌，同时还想拥有姑娘的一大笔嫁妆。这一大笔嫁妆，始终是阿巴贡老爷追求的一个发财梦。可惜天公一点也不作美，姑娘与生病的母亲相依为命，连生计都困难，哪有嫁妆。

媒人有求于阿巴贡，媒人要说动阿巴贡。姑娘没有嫁妆，媒人偏说她有，不仅有，而且还有很多，媒人一笔一笔算，还是往少里算，这位美丽的姑娘，至少每年可以为阿巴贡老爷雷打不动地带来嫁妆 12000 法郎。

有没有搞错呀，整整 12000 法郎，每年都有？没错，媒人精得很，有谁见过媒人错过吗？从来没有！

下面就是媒人当着阿巴贡的面，当然是背着姑娘的面，为阿巴贡做的一道简单的加法题，3 个数字相加，每一个数字都是好大一笔钱。这 3 个数字是 3000、4000、5000，3 个数相加，12000，计量单位：法郎。

贫穷的姑娘，每年哪来的这么一大笔钱呢，而且还是固定收入。媒人的嘴从来不会空穴来风，媒人的手从来不会乱写乱画。12000 法郎，3 笔数字，3 笔钱，每笔钱都有出处，请听媒人神采飞扬地娓娓道来。

第 1 笔钱 3000 法郎，这是姑娘不喜欢吃精美的零食所省下来的。

第 2 笔钱 4000 法郎，这是姑娘不喜欢奢华的服装、首饰和家具省下来的。

第 3 笔钱 5000 法郎，这是姑娘不喜欢赌博省下来的。

这样的算法，吝啬鬼不信，他半点也没有被爱情冲昏头脑。

尽管媒人说了，一般姑娘家喜欢的奢华的吃穿用住行，这位姑娘都不喜欢；一般姑娘喜欢的奢华的习气，这位姑娘一点也不沾，但吝啬鬼不吃这一套。

吝啬鬼没有看到实实在在的嫁妆，没有摸到真金白银一样的嫁妆，他死活都不干，怎么着也不认，这让媒人也没有办法。

"女人的美德，富可敌国。"拿民谚来衡量，吝啬鬼可真愚蠢，而媒人颇有智慧。

女人的嫁妆，要怎么算呢？吝啬鬼用财物来计算，媒人用美德来计算。

吝啬鬼装扮成孔雀求偶的样子多么可爱呀，吝啬鬼在嫁妆这个问题的处理上又是多么惹人发笑。好了，还是回到本文开篇的那张照片，看一看吝啬鬼那姿色俱佳的俏模样，多么可乐，多么有味，多么多么用心良苦。

唉，可惜呀，多么可惜，吝啬鬼再怎么装扮成美丽的公孔雀，再怎么做出老夫撩发少年狂的样子，他那贪婪的本性又怎么可能同步美丽，他那吝啬鬼的习气又怎么可能一改了之。

伟大的法国喜剧作家莫里哀，赋予了吝啬鬼以艺术生命。吝啬鬼啊吝啬鬼，不思悔改的吝啬鬼，供人娱乐取笑的吝啬鬼，令人徒唤奈何啊。吝啬鬼，命中注定，百年孤独。

本 章 小 结

怎么画出数据的长相
怎么算出数据的长相
写写画画如此的惬意
静态三数中把玩观赏

知识点：静态数列，静态数据，静态总量数，静态相对数，静态平均数，静态变异数，偏度，峰度。

基本内容：以"世界大众脸"的消息为引入点，首先介绍了静态分析中"静态三数"的含义，然后用实例解读总量数、相对数和平均数。

基本框架：

静态三数 {
总量数
相对数
平均数
}

数据的分析 {

基本分布 {
观测值的范围
正常值的范围
}

集中分布(平均数) {
数值平均数：均值
位置平均数 {
众数
中位数
}
}

离中分布(变异数) {
全距
标准差
标准差系数
}

分布形态 {
偏度
峰度
}

}

对本章内容基本框架的说明如下。

静态分析法是指依据静态数据，计算静态三数，用于描述现象数量特征的方法。静态数据是指同一时间上的数据。本章介绍了三类静态数据，以分别描述总体的 3 大数量特征：一是用总量数描述总体的总规模；二是用相对数描述总体的数量对比程度；三是用平均数来描述总体的一般水平，用变异数来衡量平均数的代表性，用偏度和峰度来描画总体数量特征的长相。

数据的分布，可以算出来和画出来。面对一组数据，用取值范围呈现其基本分布，用平均数呈现其集中分布，用变异数呈现其离中分布，用偏度和峰度呈现其分布形态即长相。

对静态数据进行静态分析时，先要用分组数据画出曲线图，以直观地看出数据的长相和分类特征，再用未分组数据计算出数据长相的量化值，如数据的异常点(观测值超过或低于均值±3×标准差)、最低点、最高点、中心点(均值)、离散点(变异度)和分布的形态(偏度和峰度)。

在未分组和已分组条件下，静态平均数与变异数的计算公式如表 4-6 所示。

表 4-6　静态平均数与变异数的公式一览

计算方法	未分组条件下的 计算公式	分组条件下的 计算公式
1.集中分布(平均数)		
(1) 均值($\bar{X}$)	$\bar{X}=\dfrac{\sum X}{N}$	$\bar{X}=\dfrac{\sum XF}{\sum F}=\sum\left(X\dfrac{F}{\sum F}\right)$
(2) 众数(M_o)	$M_o=X_{出现的次数最多}$	下限公式：$M_o=X_l+\dfrac{\Delta_1}{\Delta_1+\Delta_2}\times d_m$ 上限公式：$M_o=X_u-\dfrac{\Delta_2}{\Delta_1+\Delta_2}\times d_m$
(3) 中位数(M_e)	奇数时：$M_e=X_{\left(\frac{N+1}{2}\right)}$ 偶数时：$M_e=\dfrac{X_{\left(\frac{N}{2}\right)}+X_{\left(\frac{N}{2}+1\right)}}{2}$	下限公式：$M_e=X_l+\dfrac{\frac{\sum F}{2}-S_{m-1}}{F_m}\times d_m$ 上限公式：$M_e=X_u-\dfrac{\frac{\sum F}{2}-S_{m+1}}{F_m}\times d_m$
2.离中分布(变异数)		
(1) 全距(R)	$R=X_{\max}-X_{\min}$	$R=$末组的上限-首组的下限
(2) 标准差(S)	$S=\sqrt{\dfrac{\sum\left(X-\bar{X}\right)^2}{N}}$	$S=\sqrt{\dfrac{\sum(X-\bar{X})^2F}{\sum F}}=\sqrt{\sum\left[(X-\bar{X})^2\dfrac{F}{\sum F}\right]}$
(3) 标准差系数(V)	$V=\dfrac{S}{\bar{X}}$	$V=\dfrac{S}{\bar{X}}$

续表

计算方法	未分组条件下的 计算公式	分组条件下的 计算公式
3.分布形态		
(1) 偏度(S_k)	$S_k = \dfrac{M_3}{S^3}$	$S_k = \dfrac{M_3}{S^3} \begin{cases} =0, & \text{对称} \\ >0, & \text{右偏} \\ <0, & \text{左偏} \end{cases}$
(2) 峰度(K)	$K = \dfrac{M_4}{S^4} - 3$	$K = \dfrac{M_4}{S^4} - 3 \begin{cases} =0, & \text{正态} \\ >0, & \text{尖峰} \\ <0, & \text{平峰} \end{cases}$

数据的长相,可以画出来,也可以算出来,本章实现了这个愿望。那么,在静态分析条件下,用抽选的部分数据,怎么估计全部的数据,这种估计里面有什么门道,请看下一章的说明。

下一章是我们统计旅游第三个风光带的第2个景点,主打景观是抽样分析。

真 题 上 市

一、单项选择题

1. 将不同国家的同类数据进行对比所得到的总体数据,通常称为(　　)。
   A. 结构相对数　　　B. 强度相对数　　C. 比较相对数　　D. 动态相对数

2. 数据的集中趋势用(　　)度量。
   A. 全距　　　　　　　　　　　　B. 标准差系数
   C. 方差和标准差　　　　　　　　D. 均值、众数和中位数

3. 在右偏分布的条件下,均值、众数和中位数的关系为(　　)。
   A. 均值>中位数>众数　　　　　B. 众数>中位数>均值
   C. 众数>均值>中位数　　　　　D. 均值=中位数=众数

4. 一批数据中,如果有少数极端值,则描述其集中趋势时不宜采用(　　)。
   A. 均值　　　　　B. 众数　　　　　C. 中位数　　　　D. 标准差

5. 加权均值中,权数的实质是(　　)。
   A. 总体单位数　　　　　　　　　B. 各组的单位数
   C. 各组次数占总次数的构成比　　D. 各组的单位数与变量值的乘积

6. 对于文本型数据和数值型数据都能测量的方法是(　　)。
   A. 方差　　　　　B. 众数　　　　　C. 平均数　　　　D. 标准差

7. 如果两个总体的均值相等,标准差不相等,那么,要比较这两个总体均值的代表性,就是要比较其标准差系数的大小,以下说法正确的是(　　)。
   A. 两个均值的代表性相同　　　　B. 标准差小的,均值的代表性小
   C. 标准差小的,均值的代表性大　　D. 标准差大的,均值的代表性大

8. 两个总体的标准差相等，均值不等，如果比较这两个总体的差异程度，也就是要比较其标准差系数的大小，以下说法正确的是(　　)。

    A. 两个总体的差异程度相同　　　　B. 均值小的，总体差异程度小

    C. 均值小的，总体差异程度大　　　　D. 均值大的，总体差异程度大

9. 偏度大于 0，表示该组数据是(　　)。

    A. 左偏分布　　　　B. 右偏分布　　　　C. 平峰分布　　　　D. 尖峰分布

10. 峰度大于 0，表示该组数据是(　　)。

    A. 左偏分布　　　　B. 右偏分布　　　　C. 平峰分布　　　　D. 尖峰分布

二、多项选择题

1. 总量数的意义是(　　)。

    A. 必须有计量单位　　　　　　　　B. 反映事物的总规模

    C. 只能用全面调查得到　　　　　　D. 反映事物总水平的增加或减少

2. 相对数的分子和分母可以互换位置的有(　　)。

    A. 结构相对数　　　B. 强度相对数　　　C. 比较相对数　　　D. 计划完成相对数

3. 平均数的作用是(　　)。

    A. 反映总体的一般水平

    B. 测定总体各单位分布的离散程度

    C. 测定总体各单位分布的集中趋势

    D. 对不同时间、不同地点和不同部门的同质总体的平均数进行对比

4. 在(　　)条件下，加权均值等于简单均值。

    A. 各组次数都相等　　　　　　　　B. 各组次数都为 1

    C. 单项数列为组距数列　　　　　　D. 各组次数占总次数的构成比都相等

5. 在各种平均数中，不受极端值影响的平均数有(　　)。

    A. 众数　　　　　　B. 中位数　　　　　C. 均值　　　　　　D. 变异数

6. 某高校学生上网时间的差异很大，因此宜采用(　　)反映学生上网时间的平均水平。

    A. 众数　　　　　　B. 全距　　　　　　C. 中位数　　　　　D. 平均数

7. 8 名受访者表示，他们 1 月份网购的次数分别为：2、2、3、2、5、1、3、6，则其 1 月份网购次数的(　　)。

    A. 众数等于 3　　　B. 均值等于 3　　　C. 众数等于 2　　　D. 中位数等于 2.5

8. 不同总体之间的标准差不能简单进行比较，这是因为(　　)。

    A. 均值不一致　　　　　　　　　　B. 标准差不一致

    C. 计量单位不一致　　　　　　　　D. 总体单位数不一致

9. 下列关于方差和标准差的说法，正确的有(　　)。

    A. 标准差的平方是方差

    B. 标准差的平方根是方差

    C. 标准差越大，表明各个观测值分布得越分散

D. 标准差越大，表明各个观测值的集中程度越小

10. 下列选项中，反映数据离散程度的是(　　)。

A. 全距　　　　　B. 方差　　　　　C. 中位数　　　　　D. 标准差

三、判断题

(　　)1. 相对数是两个数的比。

(　　)2. 平均数就是指数值平均数。

(　　)3. 变异数反映总体的离散趋势。

(　　)4. 文本型顺序数据无法计算中位数。

(　　)5. 总量数是最基础的数据，在数据分析中必不可少。

(　　)6. 一门课程的成绩呈左偏分布，表示高分的学生比较多。

(　　)7. 权数起作用的前提之一，就是各组的次数必须有差异。

(　　)8. 当一组数据存在极端值，则中位数的代表性要劣于均值。

(　　)9. 用已分组数据计算的均值比用未分组数据计算的均值要准确。

(　　)10. 在贫富悬殊的地方，穷人远远多于富人，则人们的收入呈右偏分布。

四、综合题

1. 解读

解释"静态三数"的基本概念，举例说明静态三数的运用。

2. 解析

请对以下计算结果进行分析。

资料：一家集团公司对其所属的216家商店在过去6年的业绩情况进行了统计。

其中2010年和2015年利润的汇总数据(用占总营业额的百分比表示)的结果如表4-7所示。

表4-7　第1年和第6年216家商店业绩水平计算结果一览

数据的分布	统计方法	第1年利润额占营业额的构成比/%	第6年利润额占营业额的构成比/%
集中分布	均值	7.94	9.14
	众数	5.63	2.30
	中位数	7.17	6.86
离散分布	全距	22.85	28.36
	最小值	−8.67	−8.80
	最大值	14.18	19.56
	标准差	6.45	6.98
分布形态	偏度	0.78	1.22
	峰度	3.56	2.47

题源：经典实例。

3. 搜一搜

目标：在国家哲学社会科学文献中心网站，下载一篇或多篇论文，并进行点评式留言。

五、计算题

1. 变异分析

一家物业公司需要购买一批灯泡，小王接受了采购灯泡的任务。小王看中了两种知名品牌的灯泡，价格一样，他想从中选择一种，却不知道选哪一种。经公司同意，他从两个供应商处各随机抽取了 80 个灯泡，进行了"破坏性"试验，得到灯泡寿命的数据，经分组后，结果如表 4-8 所示。

表 4-8　两种品牌的灯泡寿命一览

灯泡寿命/小时	供应商甲的灯泡数/个	供应商乙的灯泡数/个
700 以下	8	10
700～900	15	4
900～1100	20	35
1100～1300	24	20
1300～1500	10	4
1500 以上	3	7
总计	80	80

题源：经典实例。

问：

① 哪个供应商的灯泡具有更长的寿命？

② 哪个供应商的灯泡寿命更稳定？

③ 甲、乙两个供应商灯泡寿命分布的偏度和峰度分别是多少？

④ 甲、乙两个供应商灯泡寿命的分布特征是什么？

⑤ 小王应该购买哪个供应商的灯泡？

2. 静态分析

有资料如表 4-9 所示。

表 4-9　2016 年巴西奥运会女排夺冠双方运动员的身高一览

中国运动员			塞尔维亚运动员		
序　号	姓　名	身高/厘米	序　号	姓　名	身高/厘米
1	林　莉	171	1	塞比奇	167
2	丁　霞	180	2	布拉格耶维奇	181
3	魏秋月	182	3	维索维奇	182
4	龚翔宇	186	4	奥杰年诺维奇	183
5	刘晓彤	188	5	季科维奇	185
6	杨方旭	190	6	久里斯罗	188
7	惠若琪	192	7	科斯马诺维奇	188
8	颜　妮	192	8	米哈伊洛维奇	189
9	朱　婷	195	9	维利科维奇	190
10	张常宁	195	10	拉西奇	193
11	徐云丽	195	11	斯塔洛维奇	195
12	袁心玥	199	12	布拉科塞维奇	196

资料来源：中国排球协会。

要求：对两支球队运动员"身高"的个体数据进行静态分析和对比分析。

第 5 章　静态预测：抽样分析

【学习目标】

- 理解抽样分析的含义与特征。
- 掌握允许误差的含义与应用。
- 掌握区间估计的含义与应用。

	欣赏	留言
	左图：美国邮票。 说明：为纪念乔布斯(美国，1955—2011)，2015 年，美国发行纪念邮票。	一滴水能够折射太阳的光辉 由点到面是抽样分析的精髓 这里的世界有怎样的好风光 本章愿为这种方法痴狂迷醉

学生和老师的一段对话。

学生：这不是乔布斯嘛，我的男神，美国苹果电脑公司的创始人。

老师：你的心里住着多少大神啊，南丁格尔是你的女神，乔布斯是你的男神。

学生：老师，我们的心是明媚的天堂，当然有神灵自由来往。

老师：我估计，诗神也来了。乔布斯是你的偶像，你说一个他的之最吧。

学生：我说呀，他走得太早了，55 岁，黄金年龄，走了，这是最大的遗憾。

老师：是的，太可惜了，他死于胰腺癌。我手头有本《大数据时代》的书，是英国人舍恩伯格写的，书中写到了乔布斯，我用笔标注了，请你读一下好吗？

学生：好的，老师。标题："大数据与乔布斯的癌症治疗"，正文："苹果公司的传奇总裁史蒂夫•乔布斯在与癌症斗争的过程中采用了不同的方式，成为世界上第一个对自身所有 DNA 和肿瘤 DNA 进行排序的人。""乔布斯开玩笑说：'我要么是第一个通过这种方式战胜癌症的人，要么就是最后一个因为这种方式死于癌症的人。'虽然他的愿望都没有实现，但是这种获得所有数据而不仅是样本的方法还是将他的生命延长了好几年。"

老师：DNA 数据从不能获得到能够获得，从部分获得到全部获得，这是癌症患者的福音。

学生：老师，书中接下来的标题是"全数据模式：样本=总体"。样本没用了吗？可是，有的总体根本不能替换样本。比如，食品质量的检查，就只能抽取样本。

老师：说得好。为什么说"有的总体虽然可以替换样本，但样本依然有用"呢？你看，知道了全部 DNA 的数据，还要抽取特别的样本，进行详细的分析。

学生：我明白了，所谓"全数据模式：样本=总体"是有条件的，样本永远有用！

老师：用样本数据估计总体数据，用样本数据验证总体数据，这一章学习抽样估计。

学生：抽样估计，怎么抽样？怎么估计？要留意什么？带着问题学习，是最好的学习。

5.1 抽样分析的步骤

生活中，熬了一锅鸡汤，盐味怎么样，要先舀一小勺来尝一尝。这其中有抽样的理念。

1. 抽样分析的定义

抽样分析是指按照随机原则，从总体中抽取一部分单位作为样本进行观察研究，再用样本值来估计总体值。

抽样分析属于抽样调查，抽样调查是一种非全面的、一次性的或经常性的专门调查。

抽样调查与其他非全面调查相比，有以下 4 个特点。

第一，抽选部分单位时，要遵循随机原则，排除主观因素对选取样本单位的影响。这一点与典型调查不同。

第二，只调查总体中的一部分单位。这一点与全面调查不同。

第三，只用一部分单位的值来估计总体的值。这一点与重点调查不同。

第四，由于遵循随机原则而产生的误差可以计算和控制。这一点与典型调查和重点调查不同。

抽样调查的功能强，优点多，既能节省人力、财力和物力，又能提高调查资料的时效性，还能有效推算总体的值。

抽样调查主要适用于以下 4 种情况。

第一，对不可能进行全面调查而又要了解总体情况的现象进行调查。比如，食品监督管理部门对食品的调查。

第二，对可以进行全面调查，但抽样法可以取得事半功倍效果的现象进行调查。比如，对人口的抽样调查。中国现行的人口调查就是以 10 年一次的人口普查为基础，以经常性的抽样调查为主体，进行每年 1‰ 的人口抽样调查，每 5 年 1% 的人口抽样调查。

第三，对全面调查结果进行补充和订正。比如，人口普查后，还要采用人口的抽样方法来抽取样本，经过登记样本资料，算出修正系数，从而对普查结果进行修正。

第四，对工业生产的过程进行质量控制。

2. 抽样分析的步骤

根据抽样分析的定义，可知抽样分析的基本步骤，即先抽样，再估计，最后检验。

第 1 步，抽样。抽样是指从总体数目中抽选样本。抽选样本的基本形式有两种，即概率抽样和非概率抽样。

第 2 步，估计。估计是指用抽选的样本值来估计总体值。抽样估计的方法有两种，即点估计法和区间估计法。

第 3 步，检验。检验是指对抽样估计的结果进行检验。

3. 抽样的基本形式

先看一份资料，感受一下抽样形式的实际运用。

背景：《互联网周刊》原总编胡延平，2002 年在《互联网周刊》发表了一篇题为"谁是中国电子政务建设的主力军？"的文章，以下是这篇文章的摘录。

为什么要组织这次调查？

在此之前，有关电子政务的所有数据都是笼而统之的揣测，所谓这个领域的 IT 产业秩序也多是大而化之的泛泛之谈；在此之后，有关电子政务市场的讨论将变得更有针对性，更为"可预期""可分析""可具体化"，我们将知道这个市场"是什么""有谁在做""做得怎么样"。我们希望自己哪怕是部分地实现了最初的自我期望："明确电子政务范畴，使中国的电子政务规划者、实施者全面了解中国电子政务的 IT 厂商的规模、技术、产品及解决方案。充分反映政府在电子政务规划、选型、采购、实施、运营维护环节中存在的问题，为政府和 IT 企业更有效地合作提供切实的建议。"

采用了哪些调查形式？

经过了试调查、(准)普查、整群抽样、滚雪球抽样、多阶段抽样、主观抽样、偶遇抽样等多阶段、多层次的调查。

调查的结果怎么评价？

历时两个月，有两千多家 IT 厂商参与其中的本次调查，还存在着一些不足之处，比如，调查问卷本身不够充实；有部分企业由于财务制度的原因未能参与调查；由于难以避免的沟通和联系原因而导致有部分企业未能充分地知晓；对于数值的核实不够有效等。

上面的摘录文字，让人再次感叹调查结果的来之不易。在这次调查中，采用了一些调查形式，如整群抽样、滚雪球抽样、多阶段抽样等，它们是什么意思？

抽样的基本形式有两种，即概率抽样和非概率抽样。

1) 概率抽样

概率抽样是指按照随机原则，从总体中抽取所需样本数，使总体中每个单位都有可能被抽中的抽样形式。

概率抽样主要有 4 种抽样方法：简单随机抽样法、等距抽样法、分层抽样法、整群抽样法。

简单随机抽样法是指先对总体单位编号，再从中随机抽选样本的抽样方法。

比如，在饮料厂，对饮料先编号再进行质量抽检。

评价：简单抽样法是最基本的抽样方法，是其他抽样方法的基础。其优点是理论上最符合随机原则，计算简单。其缺点是与其他抽样方法相比，抽样误差较大。抽选的方法有两种，即按照抽选的样本是否放回，分为重复抽样法和不重复抽样法。

等距抽样法是指先对总体单位排序，再每隔一定距离抽选样本的抽样方法。

比如，从居民 1000 人中，抽取 100 人作为样本。先将 1000 人按收入大小，从低到高排队；再计算等分，即 1000/100=10 等分，就是每隔 10 个就抽 1 个。那么，从哪一个开始抽选呢？这里有两种方法可供选择。

方法一，中间取样。每部分 10 人，再取每部分中间位置数，即 5,15,25,…,995，共 100 人作为样本。

方法二，对称等距取样。也就是从编号 1～10 中，随机抽出一个值。假如随机抽出的是 3 号，那么，所选样本，就是 3,13,23,33,…,993。

评价：等距抽样法适合在对总体结构有一定了解的条件下进行抽样。其优点是简便易行，样本单位分布均匀，代表性强，抽样误差小，抽样效果好。其缺点是缺少随机性，不能抽到其他可供替换的样本。

分层抽样法是指先将总体分层，再从各层中随机抽选样本的抽样方法。

比如，调查某商场的食品质量。该商场共有 4 类食品，即粮食类、植物油类、肉食类及果蔬类，各类分别有 40 种、30 种、20 种和 10 种，共 100 种。现要从 100 种食品中抽取 10 种进行调查，采用分层抽样法，则从各类中应分别抽选 4 种、3 种、2 种和 1 种进行调查。计算样本数的方法很简单，就是用 10%分别乘以各类的种数。

评价：分层抽样法适合在有进行分类资料的条件下进行抽样，要求每层有比较好的代表性，即层内各单位的差异小，而不同层之间的差异大。其优点是实施方便，节省经费，抽样误差小。其缺点是层内的样本往往差异大，抽样程序比简单随机抽样复杂。

整群抽样法是指先将总体分群，再从各群中随机抽选样本的抽样方法。

比如，在进行劳动力情况调查时，先从所有居委会中随机抽取若干居委会，然后对居委会中的每家每户进行调查。

评价：整群抽样法适合在缺乏总体单位的抽样框的条件下进行抽样，要求每群有比较好的代表性，即群内各单位的差异大，而不同群之间的差异小。其优点是实施方便，节省经费。其缺点是整群中的样本往往具有一定的相似性，抽样程序比简单随机抽样复杂。

整群抽样与分层抽样的比较。在形式上，两者有相似之处，但实际上差别很大。一是对抽样框的要求不同。分层抽样要求各层之间的差异很大，层内个体或单元差异小，而整群抽样要求群与群之间的差异比较小，群内个体或单元差异大。二是抽选的方法不同。分层抽样的样本是从每个层内抽取若干单元或个体构成，而整群抽样则是要么整群被抽取，要么整群不被抽取。

2) 非概率抽样

非概率抽样是指没有完全按照随机原则，而是根据人们的主观经验或其他条件来抽中样本的抽样形式。

条件：调查的目的主要是用于调查的设计开发、探索性研究、分析概率抽样调查结果等，而不是由样本推断总体，因此，采用随机抽样就不一定是必需的。

优点：操作方便，省钱省力，不需要抽样框，操作上比概率抽样简单，而且如果能对调查对象有较好的了解，抽样也可获得相当大的成功。

非概率抽样主要有 4 种抽样方法：偶遇抽样、判断抽样、配额抽样、滚雪球抽样。

偶遇抽样法是指调查者根据现实情况，以自己方便的形式抽取偶然遇到的人作为调查对象，或者仅仅选择那些离得最近的、最容易找到的人作为样本的抽样方法。

比如，街头随机访问、网上问卷调查。

评价：优点是方便省力，是所有抽样技术中花费最小的(包括经费和时间)；缺点是样本的代表性差，有很大的偶然性。

判断抽样法是指调查者基于对总体的了解，从总体中抽选有代表性的典型单位作为样本的抽样方法。

比如，从所有企业中抽选若干先进的、居中的、落后的企业作为样本，来考察全体企业的经营状况。

评价：运用判断抽样法时，如果判断准确，就有可能取得较好代表性的样本，但这种方法受主观因素影响较大。

配额抽样法是指调查者将调查总体分类，主观决定各类中样本分配比例的抽样方法。

比如，有家生产饮料的公司，想调查消费者对其产品的看法。依照过去的经验，该产品消费中，成人约占 30%，青少年约占 40%，小孩约占 30%。在调查时，就以这个不精确的比例作为配额来抽选样本。

评价：配额抽样是根据总体的结构特征来分派定额，以取得一个与总体结构特征大体相似的样本。即使希望样本对总体具有更好的代表性，但仍不一定能保证样本就是有代表性的。

配额抽样与分层抽样的主要区别在于：各类所占构成比是否预先确定。配额抽样时，研究者事先不知道总体的分布，而是根据学识和经验来确定各部分所占的构成比。分层抽样时，研究者已确知总体中各层所占的构成比。

配额抽样与判断抽样的主要区别在于：判断抽样比配额抽样更主观。在配额抽样中，研究者只是估计总体的构成比，而在判断抽样中，研究者通过判断哪些样本比较有代表性来决定是否对其进行调查。

滚雪球抽样法是指用第一次从总体中抽取的一定量的样本数，像滚雪球一样去扩大更多的样本数，直到获得所需足够的样本数的抽样方法。

比如，对非法移民的调查，就是先从调查者认识和掌握的样本开始，然后让这些人提供更多的非法移民者，依此类推，开始少，渐渐多，就像滚雪球一样越滚越大，一直达到所需访问的样本数为止。

评价：滚雪球抽样的主要目的是估计难以找到的特殊群体的总体特征。由于后来被推荐的人可能类似于推荐他们的那些人，因此这种方式的调查也是非概率的。

什么时候用概率抽样？什么时候用非概率抽样？应当根据相应的条件来决定。

概率抽样用于需要对总体给出准确的估计情况。从理论上讲，概率抽样是最科学的抽样方法，因为它能保证抽选出来的部分单位对总体单位的代表性，而且它能将抽样误差控制在一定范围之内。

非概率抽样用于不需要估计总体的值，而且所研究的总体内部同质性比较强的情况。从理论上讲，虽然不能保证抽选出来的部分单位对总体单位的代表性，不能计算抽样误差，不能由部分单位的特征值准确地推断总体的特征值，但非概率抽样应用也很广，因为这种方法既简单经济又易于操作，同时符合调查目的在于得到样本给出各种不同应答的构成比。

本章关注概率抽样中的简单随机抽样，这是最基本的抽样形式。在简单随机抽样的条件下，抽样估计的方法有两种，即点估计法和区间估计法。

5.2 点 估 计

点估计是指用样本值直接估计总体值，即用样本均值估计总体均值，用样本构成比估计总体构成比。点估计的方法是抽样估计的基本方法。

1. 总体值和样本值

总体是指由具有某种共同性质的所有全体及个体所组成的集合体。在抽样估计中，总体值用样本值估计。

样本总体是指由具有某种共同性质的所有样本个体所组成的集合体。在抽样估计中，用样本值估计总体值。

总体值和样本值的符号对照如表 5-1 所示。

表 5-1 总体值和样本值的符号对照

项 目	总体值(总体参数)	样本值(样本统计量)
定义	描述总体特征的数据	描述样本特征的数据
符号	N：总体容量 $\overline{X}$：总体均值 P：总体构成比 S：总体标准差 S^2：总体方差	n：样本容量 $\overline{x}$：样本均值 p：样本构成比 s：样本标准差 s^2：样本方差

在表 5-1 中，总体值和样本值分别用大写字母和小写字母来表示，其含义说明如下。

总体值又称"总体参数"，它是说明总体特征的数据，如总体容量、总体均值、总体构成比、总体标准差。

总体容量(N)是指总体中所包含的全部个体数。

总体均值($\overline{X}$)是指根据总体的某一数量标志计算出来的均值。

总体构成比(P)是指总体中某一类单位所占的构成比。

总体标准差(S)是指总体中各变量值与其均值离差平方的均值的平方根。

样本值又称"样本统计量"，它是说明样本特征的数据，如样本容量、样本均值、样本构成比、样本标准差。

样本容量(n)是指样本总体中所包含的全部个体数。

样本均值($\overline{x}$)是指根据样本总体的某一数量标志计算出来的均值。

样本构成比(p)是指样本总体中某一类单位所占的构成比。

样本标准差(s)是指样本总体中各变量值与其均值离差平方的均值的平方根。

例如，保险公司从 1000 名(总体容量)投保人(全及总体)中，随机抽取 30 名(样本容量)投保人(样本总体)。由 30 名投保人提供的数据所计算的值是样本值(样本统计量)，由 1000

名投保人提供的数据所计算的值是总体值(总体参数)。根据这 30 名投保人提供的资料进行计算，得到这 30 名投保人的平均年龄为 40.43 岁(样本均值)、男性所占比例为 40%(样本构成比)。如果用点估计法对全及总体进行估计，那么这 1000 名投保人的平均年龄(总体均值)为 40.43 岁、男性所占比例(总体构成比)为 40%。

2. 交替标志的均值和标准差

交替标志是把全部总体单位，分为具有某种标志和不具有某种标志两组。用"是""否"或"有""无"来作为断定的标志。

比如，产品分为合格品和不合格品。又如，学生分为戴眼镜和不戴眼镜。

在交替标志的计算中，如果用"1"表示具有这个标志，用"0"表示不具有这个标志，则交替标志的构成比的计算结果如表 5-2 所示。

表 5-2　交替标志的构成比的计算

标志表现	标志值 x	样本容量 $n = n_1 + n_0$	样本构成比 $p + q = 1$
肯定	1	n_1	$p = \dfrac{n_1}{n} = 1 - q$
否定	0	n_0	$q = \dfrac{n_0}{n} = 1 - p$

由表 5-2，可以得到交替标志的均值、标准差和方差的计算公式。

交替标志的均值的计算公式为

$$\bar{x} = \sum \left(x \times \frac{n}{\sum n} \right) = 1 \times \frac{n_1}{n} + 0 \times \frac{n_0}{n} = 1 \times p + 0 \times q = p$$

交替标志的标准差的计算公式为

$$s = \sqrt{\sum \left[(x - \bar{x})^2 \times \frac{n}{\sum n} \right]} = \sqrt{(1-p)^2 \times p + (0-p)^2 \times q} = \sqrt{q^2 p + p^2 q} = \sqrt{pq}$$

交替标志的方差的计算公式为

$$s^2 = pq = p(1-p)$$

5.3　区 间 估 计

区间估计是指在一定的把握程度下，用样本值估计总体值，得到的结果是一个区间。

$$\text{抽样估计的方法} \begin{cases} \text{点估计} \begin{cases} \overline{X} = \bar{x} \\ P = p \end{cases} \\ \text{区间估计} \begin{cases} \overline{X} = \bar{x} \pm \Delta_{\bar{x}}, \ \text{即：} \ \bar{x} - \Delta_{\bar{x}} \leqslant \overline{X} \leqslant \bar{x} + \Delta_{\bar{x}} \\ P = p \pm \Delta_p, \ \text{即：} \ p - \Delta_p \leqslant P \leqslant p + \Delta_p \end{cases} \end{cases}$$

式中：Δ ——允许误差；

   $\Delta_{\bar{x}}$ ——样本均值的允许误差；

   Δ_p ——样本构成比的允许误差。

$\Delta = t\mu$，即允许误差=概率度×抽样误差。

区间估计与点估计不同，它是根据样本值的抽样分布，对样本值与总体值的接近程度给出一个概率的度量。

【例 5-1】保险公司从 1000 名投保人中，随机抽取 30 人，并对这 30 人的年龄和性别进行了登记，按年龄排序后，结果如下。

  23 男 24 男 31 女 32 男 33 女 34 女 34 女 34 女 36 男 36 女

  38 男 39 男 39 女 39 女 40 女 42 男 42 男 43 女 44 女 45 男

  45 男 45 女 46 女 47 女 48 男 48 女 49 女 50 男 53 女 54 女

求：

(1) 所抽选的这 30 名投保人，其平均年龄、男性所占构成比分别是多少？

(2) 用样本值估计这 1000 名投保人，其平均年龄、男性所占构成比分别是多少？估计的把握程度为 95%。

解：

(1) 30 名投保人的平均年龄：$\bar{x} = \dfrac{\sum x}{n} = \dfrac{23 + 24 + \cdots + 54}{30} = 40.34$(岁)

30 名投保人中，男性所占的构成比：$p = \dfrac{n_1}{n} = \dfrac{12}{30} = 40\%$

(2) 用抽样估计的方法计算。

第 1 种方法：点估计法。

1000 名投保人的总体值=30 名投保人的样本值。

$\bar{X} = \bar{x} = 40.43$(岁)，即 1000 名投保人的平均年龄=40.43(岁)。

$P = p = 40\%$，即 1000 名投保人中的男性所占构成比=40%。

第 2 种方法：区间估计法。

1000 名投保人的总体值=30 名投保人的样本值±允许误差。

$\bar{X} = \bar{x} \pm \Delta_{\bar{x}} = 40.34 \pm \Delta_{\bar{x}}$，即 1000 名投保人的平均年龄=40.43±允许误差=38～43(岁)。

$P = p \pm \Delta_p = 40\% \pm \Delta_p$，即 1000 名投保人中的男性所占构成比=40%±允许误差=23%～57%。

从【例 5-1】中可以看到抽样的全貌，对理解抽样的概念大有好处。样本值是根据样本资料计算出来的，样本值的计算方法有均值和构成比，抽样估计的目的就在于用样本值(样本均值和样本构成比)来估计总体值(总体均值和总体构成比)。用样本值估计总体值时，存在抽样误差。

抽样法要解决的主要问题，就在于计算和控制抽样误差，以提高抽样估计的准确度。

允许误差=概率度×抽样误差。

1. 抽样误差

抽样误差是指由于抽样的随机性而产生的所有可能的样本值与总体值之间的平均离差，用于衡量样本值的离散程度。

准确是统计数据的生命。为了有效提高数据的准确性，因此减少数据的误差至关重要。下面列出统计误差的主要来源。

$$\text{统计误差} \begin{cases} \text{登记性误差} \\ \text{代表性误差} \begin{cases} \text{偏差} \\ \text{随机误差} \begin{cases} \text{实际误差} \\ \text{抽样误差} \begin{cases} \text{样本均值的抽样误差} \\ \text{样本构成比的抽样误差} \end{cases} \end{cases} \end{cases} \end{cases}$$

登记性误差是指在调查过程中，由于主观和客观原因引起的登记差错所造成的误差。

代表性误差是指在抽样调查中，由于样本各单位的结构差异，使其不足以代表总体特征所造成的误差。

偏差是指在选择样本中，由于没有遵循随机原则和抽样组织形式不当所造成的误差。

从统计调查的误差来源看，有的误差是人为造成的，可以通过提高责任心、提高技术水平来加以避免，如登记性误差、代表性误差中的偏差，而有的误差是客观存在也无法避免的，如随机误差，但抽样误差可以事先进行计算并加以控制。

在简单随机抽样条件下，抽样误差(μ)的计算公式如下。

$$\text{样本均值的抽样误差} \begin{cases} \text{重复抽样：} \mu_{\bar{x}} = \sqrt{\dfrac{S^2}{n_{\bar{x}}}} \\ \text{不重复抽样：} \mu_{\bar{x}} = \sqrt{\dfrac{S^2}{n_{\bar{x}}} \times \left(\dfrac{N-n_{\bar{x}}}{N-1}\right)} \approx \sqrt{\dfrac{S^2}{n_{\bar{x}}} \times \left(1 - \dfrac{n_{\bar{x}}}{N}\right)} \end{cases}$$

$$\text{样本构成比的抽样误差} \begin{cases} \text{重复抽样：} \mu_p = \sqrt{\dfrac{P(1-P)}{n_p}} \\ \text{不重复抽样：} \mu_p = \sqrt{\dfrac{P(1-P)}{n_p} \times \left(\dfrac{N-n_p}{N-1}\right)} \approx \sqrt{\dfrac{P(1-P)}{n_p} \times \left(1 - \dfrac{n_p}{N}\right)} \end{cases}$$

对抽样误差的计算公式，有以下 5 点解读。

第一，抽样误差可以事先控制在预定的限度内。

当选定了抽样方法以后，就可以根据预先给定的允许误差范围的要求，通过抽样误差公式计算必要的样本单位数，使得在抽取足够样本单位数的前提下，保证抽样误差不超过给定的范围。从这个意义上来说，抽样误差可以事先控制在预定的限度之内，这也是抽样调查的科学性之所在。

第二，用样本方差代替总体方差。

方差就是标准差的平方。在计算抽样误差时，如果不知道总体方差，一般可以用样本方差来代替总体方差，也可以用历史资料，或实验调查的资料，或过去全面调查的资料来代替总体方差。用样本方差代替总体方差，即 $s^2 = S^2$，$p(1-p) = P(1-P)$。

在抽样误差公式中，当 N 比较大，而 $\dfrac{n}{N} \geqslant 5\%$ 时，则 $\left(\dfrac{N-n}{N-1}\right)$ 可以简化为 $\left(1-\dfrac{n}{N}\right)$；当 N 比较大，而 $\dfrac{n}{N} < 5\%$ 时，则 $\left(\dfrac{N-n}{N-1}\right)$ 近似为 1，这时，可以按重复抽样的方法计算。

第三，减少抽样误差的 4 条途径。

影响抽样误差的因素有 4 个，即样本单位、标准差、抽样形式、抽选方法。显然，减少抽样误差的途径有以下 4 条，一是增加样本单位数，因为样本单位数与抽样误差成反比。二是缩小标准差，因为标准差与抽样误差成正比。三是选择适当的抽样形式。抽样形式主要有简单随机抽样、等距抽样、分层抽样、整群抽样。抽样形式不同，抽样误差也不一样。四是选择适当的抽选方法。抽选样本的方法有重复抽样和不重复抽样。抽选的方法不同，抽样误差也不同。不重复抽样的抽样误差要小于重复抽样的抽样误差。

第四，重复抽样与不重复抽样的关系。

抽样估计时，按抽选方法的不同，可以分为重复抽样和不重复抽样。

重复抽样是指从总体中抽取一个单位进行登记后，再放回总体中，然后再抽取下一个单位的方法。

按重复抽样的方法抽选样本单位，则样本配合数为：$m = N^n$。

不重复抽样是指从总体中抽取第一个样本单位，记录该单位数据后，这个样本单位不再放回总体中参加下一次抽选的方法。

按不重复抽样的方法抽选样本单位，则样本配合数为：$m = \dfrac{N!}{n!(N-n)!}$。

例如，从 A、B、C 这 3 位记者中随机抽选 2 位。$N=3$，$n=2$。

按重复抽样的方法，共有 9 种样本配合数，即(A,A)、(A,B)、(A,C)、(B,A)、(B,B)、(B,C)、(C,A)、(C,B)、(C,C)，用公式计算为：$N^n = 3^2 = 9$(种)。

按不重复抽样的方法，共有 3 种样本配合数，即(A,B)、(A,C)、(B,C)，用公式计算为：$\dfrac{N!}{n!(N-n)!} = \dfrac{3!}{2!(3-2)!} = 3$(种)。

第五，抽样误差公式的含义。

解释：在重复抽样条件下，抽样误差 $= \sqrt{\dfrac{总体的方差}{样本单位数}} \approx \sqrt{\dfrac{样本的方差}{样本单位数}}$

下面以【例 5-2】说明抽样误差公式的含义。

【例 5-2】有 3 名记者，名为 A、B 和 C，他们每月采写的新闻稿分别为 2 篇、4 篇和 6 篇。现按重复抽样的方法，随机抽选 2 人进行抽样调查。

求：总体的方差、样本的方差、抽样误差。

解：总体的均值：$\overline{X} = \dfrac{\sum X}{N} = \dfrac{2+4+6}{3} = 4$(篇)

总体的方差：$S^2 = \dfrac{\sum(X-\bar{X})^2}{N} = \dfrac{(2-4)^2+(4-4)^2+(6-4)^2}{3} = \dfrac{8}{3}$

样本配合数的相关计算如表 5-3 所示。

表 5-3　在重复抽样条件下的样本配合数及相关计算

序号	样本的配合 m /次		样本配合的取值 x /篇		样本配合的均值 $\bar{x}$ /篇	$(\bar{x}-\bar{\bar{x}})^2$ $\bar{\bar{x}}=4$
(甲)	(1)	(2)	(3)	(4)	(5)	(6)
1	A	A	2	2	2	4
2	A	B	2	4	3	1
3	A	C	2	6	4	0
4	B	A	4	2	3	1
5	B	B	4	4	4	0
6	B	C	4	6	5	1
7	C	A	6	2	4	0
8	C	B	6	4	5	1
9	C	C	6	6	6	4
总计	9		—	—	36	12

对表 5-3 的说明如下。

第(1)栏和第(2)栏是成对样本的配合，如序号 1 的样本配合为(A,A)。按重复抽样的方法，样本配合数共有 $N^n=3^2=9$(种)。

第(3)栏和第(4)栏是样本配合的取值。如序号 1 的样本配合为(A,A)，由于 A 记者的写稿数为 2 篇，则(A,A)的取值为(2,2)。

第(5)栏是样本配合的均值，用 $\bar{x}$ 表示。样本配合的均值是对第(3)栏和第(4)栏"样本配合的取值"求简单均值。如序号 1 的样本配合的取值为(2,2)，对 2 和 2 求简单均值，得到 2。

第(6)栏是样本配合的均值与样本配合均值的均值之差的平方。样本配合的均值用 $\bar{x}$ 表示，样本配合均值的均值用 $\bar{\bar{x}}$ 表示。

样本配合的均值的均值：$\bar{\bar{x}} = \dfrac{样本配合的均值之和}{所有样本的配合数} = \dfrac{\sum \bar{x}}{m} = \dfrac{36}{9} = 4$(篇)

样本配合的均值的标准差：$\mu_{\bar{x}} = \sqrt{\dfrac{\sum(\bar{x}-\bar{\bar{x}})^2}{m}} = \sqrt{\dfrac{12}{9}} = \sqrt{\dfrac{4}{3}} = \sqrt{\dfrac{\frac{8}{3}}{2}} = \sqrt{\dfrac{总体的方差}{样本单位数}} = \sqrt{\dfrac{S^2}{n}}$

样本配合的均值的标准差就是样本均值的抽样误差。抽样误差等于总体的方差与样本单位数之比开平方根。显然，抽样误差(μ)小于总体的标准差(S)。

在抽样估计时，如果没有得到总体的方差(S^2)，则由样本的方差(s^2)来代替。即

$$\mu_{\bar{x}} = \sqrt{\dfrac{S^2}{n}} \approx \sqrt{\dfrac{s^2}{n}}$$

样本的方差：$s = \sqrt{\dfrac{\sum (x - \bar{x})^2}{n-1}}$

为什么样本的标准差的分母为"$n-1$"？这是因为"$n-1$"为样本标准差的自由度。自由度是指一组数据中可以自由取值的个数。设样本的数据个数为 n、样本的均值为 $\bar{x}$，在计算样本均值($\bar{x}$)时，如果确定了 $\bar{x}$，那么就有 1 个样本值不能自由取值，而只有"$n-1$"个样本值可以自由取值。例如，1、2、3 这 3 个样本值，样本均值为 2，即(1+2+3)÷3=2，如果确定了均值 2、样本值 1 和样本值 2，那么第 3 个值就别无选择了，只能是 3。

比如，在【例 5-1】中，由于不知道总体的方差(S)，则由样本的方差(s)来代替。又由于已知总体单位数(N)，可由不重复抽样的公式来计算样本均值的抽样误差和样本构成比的抽样误差。

样本均值的方差：$s_{\bar{x}}^2 = \dfrac{\sum (x-\bar{x})^2}{n-1} = \dfrac{(23-40.43)^2 + (24-40.43)^2 + \cdots + (54-40.43)^2}{30-1} = 60.25$

样本均值的抽样误差：$\mu_{\bar{x}} = \sqrt{\dfrac{s_{\bar{x}}^2}{n}\left(1 - \dfrac{n}{N}\right)} = \sqrt{\dfrac{60.25}{30}\left(1 - \dfrac{30}{1000}\right)} = 1.40$

样本构成比的方差：$s_p^2 = p(1-p) = 40\% \times 60\% = 24\%$

样本构成比的抽样误差：$\mu_p = \sqrt{\dfrac{s_p^2}{n}\left(1 - \dfrac{n}{N}\right)} = \sqrt{\dfrac{24\%}{30}\left(1 - \dfrac{30}{1000}\right)} = 8.81\%$

2. 概率度

仍以【例 5-2】的资料说明概率与概率度。有 3 名记者，名为 A、B 和 C，他们每月采写的新闻稿分别为 2 篇、4 篇和 6 篇。现按重复抽样的方法，随机抽选 2 人进行抽样调查。

先看总体的分布状况，总体取值的概率分布的结果如表 5-4 和图 5-1 所示。

表 5-4　总体取值的概率分布

序　号	姓　名	稿件数/篇 X	次数/次 F	构成比即概率/% $p(X) = \dfrac{F}{\sum F} \times 100\%$
1	A	2	1	33.3
2	B	4	1	33.3
3	C	6	1	33.3
总计	—	12	3	100

由表 5-4 的数据，可画柱形图，如图 5-1 所示。

由图 5-1 可见，总体为均匀分布，即从 3 位记者中，每次取一个值，即稿件数的概率都一样，均为 1/3。

再看样本的分布状况，利用表 5-3 第(5)栏的资料，将样本均值进行分组，同时列出次数和构成比，结果如表 5-5 所示。

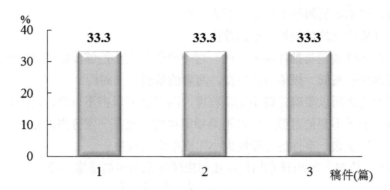

图 5-1　总体取值的概率分布

表 5-5　样本均值的概率分布

按样本的均值分组/篇 $\bar{x}$	次数/次 f	构成比即概率/% $p(\bar{x}) = \dfrac{f}{\sum f} \times 100\%$
2	1	11.1
3	2	22.2
4	3	33.3
5	2	22.2
6	1	11.1
总计	9	100

由表 5-5 的数据，可画折线图，如图 5-2 所示。

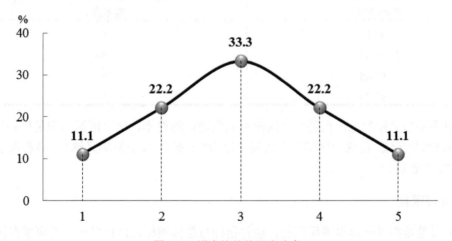

图 5-2　样本均值的概率分布

由图 5-2 可见，从 3 个记者中随机抽选 2 个样本，有 9 个样本配合数，其样本呈正态分布。正态分布是以均值为中心的对称分布，越接近均值的变量值出现的次数越多，越远离均值的变量值出现的次数越少。

比较图 5-1 和图 5-2 的概率分布，可以看出两者的不同。从形状来看，总体的概率分布为均匀分布，样本均值的概率分布为对称分布。

概率是指现象出现的可能性大小的数值。

概率度是指允许误差与抽样误差之比。这个比值的大小能够反映估计区间的宽窄，标志着概率保证程度的高低。概率与概率度，两者的数值一一对应。

计算抽样误差之所以要确定概率保证程度，两者之所以密不可分，是因为抽样误差本身是随机变量，不是不变的常数，所以不能指望抽样误差在一定范围内是一个必然事件，这样就必须研究发生这一事件的可能性大小即概率保证程度。

根据表 5-5 的资料，写出样本均值落在相应区间范围内的概率，即

$$p(3 \leqslant \bar{x} \leqslant 5) = \frac{2}{9} + \frac{3}{9} + \frac{2}{9} = \frac{7}{9}$$

将以上概率形式转换成抽样误差的形式，即求得样本均值与总体均值的误差的绝对值不超过一定范围的概率，即

$$P(|\bar{x} - \bar{X}| \leqslant 1) = F(t) = \frac{7}{9} \approx 78\%$$

这说明在重复抽样中，用抽样平均发稿数估计总体平均发稿数，用这种方法估计的可靠程度为 78%。

在正态分布曲线中，正态分布曲线下面的范围即概率为 100%。以正态分布曲线的中心即均值为原点，在距离均值左右 1 个标准差的范围是 68.27%，在距离均值左右 1.96 个标准差的范围是 95%。

常见的概率所对应的概率度，结果如表 5-6 所示。

表 5-6　概率与概率度的对照

概率 $F(t)$/%	概率度 t
68.27	1
95.00	1.96
95.45	2
99.73	3

小概率是指总体参数落在某一区间内可能犯错误的概率。这个区间一般是指正态分布曲线两端 5%的区域，在这个区间发生的概率称为"小概率"。小概率又称为"显著性水平"，用符号"α"表示。

3. 允许误差

允许误差是指以一定概率保证的，抽样指标与总体指标之间抽样误差的可能范围。

已知抽样误差(μ)和概率度(t)，就可以计算允许误差($\Delta = t\mu$)。用样本值加减允许误差，就可以估计总体值的范围，这就是区间估计。

在【例 5-1】中，$n=30$，$F(t)=95\%$，则 t 为 1.96。

则 $\Delta_{\bar{x}} = t\mu_{\bar{x}} = 1.96 \times 1.4 = 2.74$

$\bar{X} = \bar{x} \pm \Delta_{\bar{x}} = 40.43 \pm 2.74 = 38 岁 \sim 43(岁)$

$$\Delta_p = t\mu_p = 1.96 \times 8.81\% = 17\%$$

则 $P = p \pm \Delta_p = 40\% \pm 17\% = 23\% \sim 57\%$。

故在 95%的把握程度下，从 1000 名投保人中随机抽选 30 名投保人进行抽样估计的结果是，1000 名投保人的平均年龄为 38～43 岁，男性投保人所占的构成比为 23%～57%。

利用允许误差的公式，还可以推导出样本抽样数的公式。

比如，在重复抽样条件下，样本均值的允许误差的公式为

$$\Delta_{\bar{x}} = t\mu_{\bar{x}} = t\sqrt{\frac{S^2}{n_{\bar{x}}}}$$

则

$$n_{\bar{x}} = \frac{t^2 S^2}{\Delta_{\bar{x}}^2}$$

本节以【例 5-1】和【例 5-2】为向导，观览了一遍抽样估计基本原理的运用。本章第 5 节可进入 Excel，感受快速实现区间估计和抽选样本的乐趣。

5.4　运用抽样分析法的注意点

抽样估计是在一定条件下，用样本值估计总体值。

运用抽样估计的方法，一般来讲，要留意以下 4 个方面。

一是根据目的，设计好抽样框，选择好样本。

抽选样本的形式，不管是先排序再抽选样本，还是先分类、等距或者整群来抽选样本，抽选样本前，都要有相应的抽样框，这是选择好样本的基础。如果抽样框有问题，如抽样框不完整、抽样框存在漏洞等，那么，在抽样框的基础上抽选出来的样本，就会有问题。

二是客观认真，登记好样本值。

抽选了样本后，就要登记相应的样本数值。登记时，要认真细致，不要心浮气躁，不能弄虚作假。

三是运用好公式，用样本值估计总体值。

按一定的把握程度，用样本的数值估计总体的数值，现成的公式要运用得当，要在可靠的点估计值的基础上，计算出总体估计值的区间范围。

四是参照背景，评估结果。

用样本的数值估计了总体的区间数值后，要结合实际情况，认真评估计算结果。

用样本统计量对总体参数进行估计，好的估计量有 3 个标准，即无偏性、有效性和一致性。

无偏性是指估计量的样本统计量等于被估计的总体参数，即样本均值的均值等于总体均值，样本构成比的构成比等于总体构成比，样本方差等于总体方差与修正系数之积。因此，样本均值、样本构成比和样本方差是总体均值、总体构成比和总体方差的无偏估计量。

有效性是指优良估计量的方差要小于其他估计量的方差。对同一个总体参数的几个无偏估计量，样本估计量的方差越小就越有效。

一致性是指随着样本量的增大，点估计量的值越来越接近被估计总体的参数。也就是说，一个大样本($n \geq 30$)计算的估计量要比一个小样本($n < 30$)计算的估计量更接近总体的参数。

【例 5-3】说明样本估计量的无偏性和一致性。

资料：有 3 位记者，名为 A、B 和 C，其中，A 和 B 为男，C 为女。他们每月采写的新闻稿件分别为 2 篇、4 篇和 6 篇。现按不重复抽样的方法，随机选 2 人作为样本进行调查。

要求：

(1) 说明样本估计量的无偏性：样本均值的均值=总体均值。

(2) 说明样本估计量的无偏性：样本构成比的构成比=总体构成比。

(3) 说明样本估计量的无偏性和一致性：样本配合的方差=总体方差×修正系数。

解：

(1) 由已知条件，可列出表 5-7。

表 5-7　不重复抽样条件下的样本配合的均值的计算

序号	样本的配合 m /次		样本配合的取值 x /篇		样本配合的均值 $\bar{x}$ /篇
1	A	B	2	4	3
2	A	C	2	6	4
3	B	C	4	6	5

总体的均值为 4，即 3 位记者的平均发稿量为 4 篇，即 $\bar{X} = \dfrac{\sum X}{N} = \dfrac{2+4+6}{3} = 4$。

样本配合的均值的均值为 4，即 $\bar{\bar{x}} = \dfrac{\sum \bar{x}}{m} = \dfrac{3+4+5}{3} = 4$。

计算结果表明，样本配合的均值的均值=总体均值。

(2) 由已知条件，可列出表 5-8。

表 5-8　不重复抽样条件下的样本配合构成比的计算

序号	样本的配合 m / 次		在样本的配合中	
			男性的构成比 p	女性的构成比 $1-p$
1	男	男	2/2	0/2
2	男	女	1/2	1/2
3	男	女	1/2	1/2
总计	3		2	1

总体的构成比，即 3 位记者中，男性：$p = \frac{N_2}{N} = \frac{2}{3}$，女性：$1 - p = \frac{1}{3}$。

样本配合的构成比的构成比，男性：$\bar{p} = \frac{\sum p}{m} = \frac{\frac{2}{2} + \frac{1}{2}}{3} = \frac{2}{3}$，女性：$1 - \bar{p} = \frac{1}{3}$。

计算结果表明，样本配合的构成比的构成比=总体的构成比。

(3) 由(1)的计算知：$\bar{X} = \bar{\bar{x}} = 4$，$\bar{x} = 3, 4, 5$。

总体的方差：$S^2 = \frac{\sum (X - \bar{X})^2}{N} = \frac{(2-4)^2 + (4-4)^2 + (6-4)^2}{3} = \frac{8}{3}$

样本配合的方差：$s^2 = \frac{\sum (\bar{x} - \bar{\bar{x}})^2}{m} = \frac{(3-4)^2 + (4-4)^2 + (5-4)^2}{3} = \frac{2}{3}$

$$= \frac{\frac{8}{3}}{2} \times \frac{3-2}{3-1} = \frac{S^2}{n} \times \left(\frac{N-n}{N-1} \right)$$

计算结果表明，样本配合的方差=总体方差×修正系数。

样本配合的方差(s^2)就是抽样误差的平方(μ^2)。

从抽样误差的公式可以看出，抽样误差(μ)与样本量(n)有关，样本量越大，抽样误差越小，两者成反比。这也说明了，大样本与小样本相比，抽样误差更小，用大样本计算的样本均值更接近于总体均值，用大样本计算的样本构成比更接近于总体构成比，即随着样本量的增大，点估计量的值会越来越接近被估计的总体参数。因此，用大样本估计的样本统计量与总体参数具有一致性。

5.5　Excel 在抽样分析中的应用

本部分内容，共有 3 个干货。

一是均值的区间估计。

二是构成比的区间估计。

三是分别用简单随机抽样、等距抽样和分层抽样的方法，从 N 个单位中抽选 n 个样本。

【例 5-4】用 Excel 进行总体均值的区间估计。

保险公司从 1000 名投保人中，随机抽取 30 人，资料如图 5-3 所示。

要求：用 30 名投保人的年龄估计 1000 名投保人的平均年龄。估计的把握程度为 95%。

解：对图 5-3 "数据分析—描述统计" 的上机操作如下。

第 1 步，在已知栏输入数据，如数据区域 A1:B33。

第 2 步，单击 "数据" 选项卡的标签，选择 "数据分析" 选项。

第 3 步，在弹出的 "数据分析" 对话框中，选择 "描述统计" 选项，单击 "确定" 按钮。

第 4 步，在弹出的 "描述统计" 对话框中，完成以下操作：在 "输入区域" 的组合框输入 B4:B33，勾选 "汇总统计" 复选框，勾选 "平均数置信度" 复选框，在 "输出区域"

的组合框输入 C3，单击"确定"按钮，结果如数据区域 C3:D17 所示。

D21	▼	f_x	=D4+D17	
	A	B	C	D	E

	A	B	C	D
1	\multicolumn{4}{	c	}{总体平均年龄的区间估计}
2	\multicolumn{2}{	c	}{已知栏}	\multicolumn{2}{c	}{计算栏}
3	序号	年龄/岁 x	统计方法	统计结果
4	1	23	平均	40.43
5	2	24	标准误差	1.42
6	3	31	中位数	41
7	4	32	众数	45
8	5	33	标准差	7.76
9	6	34	方差	60.25
10	7	34	峰度	-0.17
11	8	34	偏度	-0.39
12	9	36	区域	31
13	10	36	最小值	23
14	11	38	最大值	54
15	12	39	求和	1213
16	13	39	观测数	30
17	14	39	置信度(95%)	2.90
18	15	40		
19	16	42	预测	
20	17	42	区间估计(下限)	38
21	18	43	区间估计(上限)	43
22	19	44		
23	20	45		
24	21	45		
25	22	45		
26	23	46		
27	24	47		
28	25	48		
29	26	48		
30	27	49		
31	28	50		
32	29	53		
33	30	54		
34				

图 5-3 "数据分析—描述统计"工具输出的结果

第 5 步，计算总体平均年龄的区间估计值。D4 为样本均值 40.43，D17 为允许误差 2.9。在单元格 D20 输入"=D4−D17"，按 Enter 键，得到估计值的下限，即 38。

在单元格 D21 输入"=D4+D17"，按 Enter 键，得到估计值的上限，即 43。

即 $\bar{X} = \bar{x} \pm \Delta_{\bar{x}} = 40.43 \pm 2.74 = 38\sim43$。

答：1000 名投保人的平均年龄为 38～43 岁。

说明：在计算栏中，观测数为样本单位数。标准误差、标准差和方差的关系如下。

$$标准误差 = \sqrt{\frac{样本方差}{样本单位数}} = \frac{样本标准差}{\sqrt{样本单位数}} = \frac{\sqrt{\dfrac{\sum(x-\bar{x})^2}{样本单位数-1}}}{\sqrt{样本单位数}}$$

【例 5-5】用 Excel 进行总体均值和总体构成比的区间估计。

有一家外贸公司出口一种茶叶，规定每包规格不低于 150 克，现在用不重复抽样的方法抽取其中 1%进行检验，资料如图 5-4 所示。

要求：

	A	B	C	D	E	F	G	H	I	J	K	L	M
1							总体均值和总体构成比的区间估计						
2		已知栏		计算栏			总体均值(重量)的区间估计			总体构成比(合格率)的区间估计			
3	每包重量/克	每包重量的组中值/克x	包数/包f	$\frac{f}{\Sigma f}$	xf	$(x-\bar{x})^2f$	统计方法	统计结果	统计过程	统计方法	统计结果	统计过程	
4	148~149	148.5	10	10	1485	32.40	1.平均重量	150.30	=E8/C8	1.合格率	0.70	=(D6+D7)/100	
5	149~150	149.5	20	20	2990	12.80	2.样本方差	0.77	=F8/(C8-1)	2.样本方差	0.21	=K4*(1-K4)	
6	150~151	150.5	50	50	7525	2.00	3.抽样误差	0.0872	=((H5/C8)*(1-1%))^(1/2)	3.抽样误差	0.0456	=((K5/C8)*(1-1%))^(1/2)	
7	151~152	151.5	20	20	3030	28.80	4.概率度	3.00		4.概率度	3.00		
8	总计	—	100	100	15030	76.00	5.允许误差	0.26	=H7*H6	5.允许误差	0.1368	=K7*K6	
9							区间估计			区间估计			
10							下限	150.04	=H4-H8	下限	0.56	=K4-K8	
11							上限	150.56	=H4+H8	上限	0.84	=K4+K8	
12													

图 5-4　公式法输出的结果

(1) 以 99.73%的概率，估计这批茶叶平均每包重量的范围，以便确定平均重量是否达到规格要求。

(2) 以同样的概率保证，估计这批茶叶合格率范围。

解：对图 5-4 的上机操作说明如下。

第 1 步，输入数据。在已知栏输入数据，如数据区域 A1:B8。

第 2 步，进行计算。统计过程是统计结果的说明，如单元格 H4 的统计结果为 150.3，即统计过程为在单元格 H4 中输入"=E8/C8"。

答：以 99.73%的概率进行估计，这 100 包茶叶平均每包重量的范围是在 150.04～150.56 克，平均每包重量达到不低于 150 克的规格要求。同时，这批茶叶的合格率在 56%～84%的范围内。

【例 5-6】一家电视台想了解观众对某个电视专题节目的喜欢情况，于是选取了 1000 个观众作为样本，结果发现喜欢该节目的有 600 人，资料如图 5-5 所示。

	A	B	C	D	E	F	G	H	I
1					总体构成比的区间估计				
2	已知栏				计算栏				
3	样本人数(人)	1000	统计方法一	统计结果	统计过程	统计方法二	统计结果	统计过程	
4	喜欢的人数(人)	600	1.喜欢率(构成比)	0.60	=B4/B3	1.喜欢率(构成比)	0.60	=B4/B3	
5	概率度	1.96	2.样本方差	0.24	=B6*B7	2.允许误差	0.0304	=TINV(0.05,999)*SQRT((0.60*0.40)/1000)	
6			3.抽样误差	0.0155	=(D5/B3)^(1/2)	区间估计(下限)	0.57	=G4-G5	
7			4.概率度	1.96		区间估计(上限)	0.63	=G4+G5	
8			5.允许误差	0.0304	=D6*D7				
9			区间估计(下限)	0.57	=D4-D8				
10			区间估计(上限)	0.63	=D4+D8				
11									

图 5-5　综合法输出的结果

要求：以 95%的概率，估计观众喜欢这一专题节目的区间范围。

解：对图 5-5 的上机操作说明如下。

第 1 步，输入数据。在已知栏输入数据，如数据区域 A1:B5。

第 2 步，进行计算。统计过程是统计结果的说明，如单元格 D4 的统计结果为 0.6，即统计过程为在单元格 D4 中输入"=B4/B3"。

请留意：用 TINV(0.05,499)的计算可代替查 t 分布表，SQRT 为平方根的赋值函数。

答：以 95%的概率估计，观众喜欢这一专题节目的构成比在 57%～63%的范围内。

【例 5-7】用 Excel 抽选样本。

中国排球协会官方网站的资料显示，2016 年巴西奥运会，中国 12 名女排队员的阵容按球场位置排序后，资料如图 5-6 所示。

	A	B	C	D	E	F	G	H	I	J
1	从12名球员中随机抽选3人的抽样方法与结果									
2	已知栏			抽样栏：3种抽样方法的结果						
3	编号	姓名	球场位置	(1) 简单抽样法		(2) 等距抽样法		(3) 分层抽样法		
4				样本编号	样本	样本编号	样本	球场位置	样本编号	样本
5	1	魏秋月	二传	8	朱婷	2	丁霞	二传	2	丁霞
6	2	丁霞	二传	7	龚翔宇	6	杨方旭	副攻	5	颜妮
7	3	袁心玥	副攻	2	丁霞	10	刘晓彤	接应	7	龚翔宇
8	4	徐云丽	副攻					主攻	11	惠若琪
9	5	颜妮	副攻					自由人	12	林莉
10	6	杨方旭	接应							
11	7	龚翔宇	接应							
12	8	朱婷	主攻							
13	9	张常宁	主攻							
14	10	刘晓彤	主攻							
15	11	惠若琪	主攻							
16	12	林莉	自由人							
17	资料来源：中国排球协会。									
18										

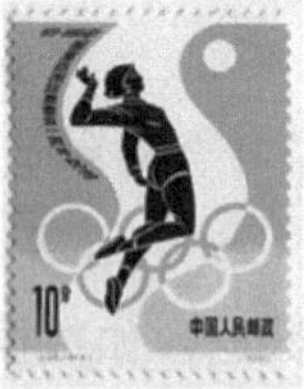

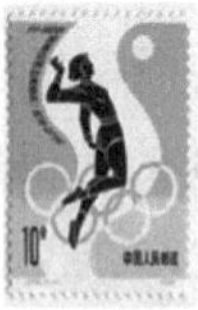

图 5-6　用 Excel 抽选样本

要求：

(1) 用简单抽样法，从 12 名球员中随机抽选 3 人。

(2) 用等距抽样法，从 12 名球员中随机抽选 3 人。

(3) 用分层抽样法，从 12 名球员中随机抽选 5 人。

解：对图 5-6 的上机操作说明如下。

在已知栏中，录入编号、姓名和球场位置。

(1) 用简单抽样法，从 12 名球员中随机抽选 3 人。

第 1 步，抽出样本编号。

单击“数据”选项卡的标签，选择“数据分析”选项，弹出“数据分析”对话框；在“数据分析”对话框，选择“抽样”选项，单击“确定”按钮，弹出“抽样”对话框；在“抽样”对话框完成以下操作：在“输入区域”组合框中输入 A5:A16 单元格区域，在“随机样本数”组合框中输入“3”，在“输出区域”组合框中输入 E5 单元格，再单击“确定”按钮，得到样本编号的结果。

第 2 步，输出相应样本。

选中存放样本的单元格区域 F5:F7，单击编辑栏左边的插入函数“f_x”按钮，弹出“插入函数”对话框；在“插入函数”对话框，在“搜索函数”组合框中输入“INDEX”，单击“转到”按钮；在“插入函数”对话框，单击“确定”按钮，弹出“选定参数”对话框；在“选定参数”对话框，选择第 2 项，再单击“确定”按钮，弹出“函数参数”对话框；在“函数参数”对话框，完成以下操作：在“Reference”组合框中输入 B5:B16，在“Row_num”组合框中输入 D5:D7，再按 Shift+Ctrl+Enter 组合键，得到与样本编号相对应的样本结果。

(2) 用等距抽样法，从 12 名球员中随机抽选 3 人。

第 1 步，求出间距和起点值。

确定间距。由 $k = \dfrac{N}{n}$，有 $k = \dfrac{12}{3} = 4$，即在 12 人中，每隔 4 人抽选 1 人。

确定起点值。间距的中点值可为起点值。本题中，由 $k/2$，有 4/2=2，即起点值为 2 号。

第 2 步，抽出样本编号。第 1 个起点值为 2 号，因间距为 4，故第 2 个值为 6 号，第 3 个值为 10 号。本题中，也可选择数据区域 F5:F6，再拖动 F6 单元格的填充柄到 F7，就得到步长为 4 的样本编号。

第 3 步，输出相应样本。选中存放样本的单元格区域 G5:G7，单击插入函数 "f_x" 按钮，弹出 "插入函数" 对话框；在 "插入函数" 对话框，在 "搜索函数" 组合框中输入 "INDEX"，单击 "转到" 按钮；在 "插入函数" 对话框，单击 "确定" 按钮，弹出 "选定参数" 对话框；在 "选定参数" 对话框，选择第 2 项，再单击 "确定" 按钮，弹出 "函数参数" 对话框；在 "函数参数" 对话框，完成以下操作：在 "Reference" 组合框中输入 B5:B16，在 "Row_num" 组合框中输入 F5:F7，再按 Shift+Ctrl+Enter 组合键，得到与样本编号相对应的样本结果。

(3) 用分层抽样法，从 12 名球员中随机抽选 5 人。

第 1 步，列出分层的类别。

在单元格区域 H5:H9 中，列出二传、副攻、接应、主攻和自由人。目标是从这 5 类中，分别抽选 1 人。

第 2 步，抽出样本编号。

在两个二传中任选 1 人的方法：单击 "数据" 选项卡的标签，选择 "数据分析" 选项，弹出 "数据分析" 对话框；在 "数据分析" 对话框，选择 "抽样" 选项，单击 "确定" 按钮，弹出 "抽样" 对话框；在 "抽样" 对话框，完成以下操作：在 "输入区域" 组合框中输入 A5:A6 单元格区域，在 "随机样本数" 组合框中输入 "1"，在 "输出区域" 组合框中输入 I5 单元格，再单击 "确定" 按钮，得到样本编号的结果。

其余分类中任选 1 人的方法，依此类推。

第 3 步，输出相应样本。

选中存放样本的单元格区域 J5:J9，单击插入函数 "f_x" 按钮，弹出 "插入函数" 对话框；在 "插入函数" 对话框，在 "搜索函数" 组合框中输入 "INDEX"，单击 "转到" 按钮；在 "插入函数" 对话框，单击 "确定" 按钮，弹出 "选定参数" 对话框；在 "选定参数" 对话框，选择第 2 项，再单击 "确定" 按钮，弹出 "函数参数" 对话框；在 "函数参数" 对话框，完成以下操作：在 "Reference" 组合框中输入 B5:B16，在 "Row_num" 组合框中输入 I5:I9，再按 Shift+Ctrl+Enter 组合键，得到与样本编号相对应的样本结果。

统 计 实 录

小文用抽样法为爸爸解困

小文在本地上大学，这个周末跑回家打牙祭。回到家，发现爸爸有点不对劲。

小文："玩纸团啊，爸爸？"

爸爸："嘿嘿，这个嘛，抽签用。"

原来，爸爸手头有两张票，是听讲座的，科室有 10 个人，大家都想去，可票只有两张，怎么办？这不，爸爸正埋头在每张小纸片上写名字，再揉成小纸团，到时候摸到谁就是谁了。

"爸爸，要是你们单位有 100 号人马，也只有几张票，那你要揉 100 个纸团啊？"小文一问，爸爸愣了，"嗯，这个，可不好弄。"

不花分文，不费点墨，不用片纸，点击之间就抽选成了，这就是小文教给爸爸的网上抽样法。得了此法，爸爸乐呵呵地跑到厨房下饺子去了。

作为奖励，爸爸叫小文用文字将抽选的过程写出来，至于为啥，自然不言自明了。

小文刚学了抽样方法，没想到这么快就派上了用场，心中自然一片欢喜。他想，何不拿爸爸的这 10 选 2 编道题，把还热乎着的抽样法，焐得再热一点。想到做到，说干就干。

题目：10 选 2 时，简单随机抽样法能有什么作为？题目资料如图 5-7 所示。

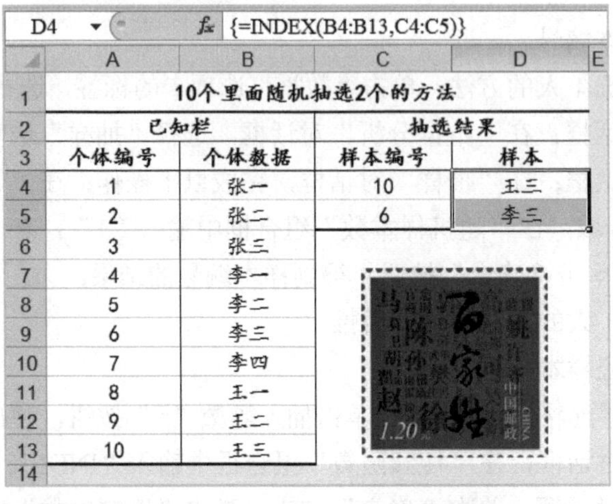

D4 {=INDEX(B4:B13,C4:C5)}

10个里面随机抽选2个的方法			
已知栏		抽选结果	
个体编号	个体数据	样本编号	样本
1	张一	10	王三
2	张二	6	李三
3	张三		
4	李一		
5	李二		
6	李三		
7	李四		
8	王一		
9	王二		
10	王三		

图 5-7　10 个中任选 2 个的操作过程

工欲善其事，必先利其器。

动手之前，有两个概念要念叨一下，有一个工具要摆放出来。

一个概念是"简单随机抽样"，它是指从总体 N 个单位中任意抽取 n 个单位作为样本，使每个可能的样本被抽中的概率相等的一种抽样方式。比如，从爸爸科室里 10 人中任选 2 人，10 人当中，每个人被抽中的概率都一样。

另一个概念就是"抽样框"，它是指对可以选择作为样本的总体单位列出名册或排序编号。抽样框的设置应不重不漏。比如，以花名册为抽样框，那么，调走的和新来的，核实了没有。以爸爸科室的这个抽选为例，如果有人请事假，有人请病假，无法去听讲座，那么这些人的名字也就没有必要包含在抽样框里了。因此，抽样框中的单位，哪些要包括，哪些不包括，一定要优先考虑，核实清楚。

一个工具就是"数据分析—抽样"神器。

简单随机抽样的方法很简单，这是从操作层面来讲的。从 N 中任选 n，在键盘上动几下手指头，走好以下 3 步就可以了。

第 1 步，输入个体编号和个体数据，如 A1:B13。

第 2 步，抽出 2 个样本编号。选择"数据"→"数据分析"→"抽样"→"确定"命令；在弹出的"抽样"对话框中，完成以下操作：在"输入区域"组合框中输入个体编号的区域，即 A4:A13，在"样本数"组合框中输入 2，在"输出区域"组合框中输入 C4，单击"确定"按钮。

第 3 步，求出与样本编号相对应的样本名称。先全部选中存放样本的区域 D4:D5，再打开"插入函数"下全部函数中的 INDEX，单击"确定"按钮；在弹出的"选定参数"对话框中，单击"确定"按钮；在弹出的"函数参数"对话框中，完成以下操作：在 Array 组合框中输入个体数据 B4:B13，在 Row-num 组合框中输入样本编号 C4:C5，然后按组合键 Shift+Ctrl+Enter 即可。本轮 10 选 2 的抽样结果如图 5-7 所示。

当然，用这样的方法，每次抽选的结果都是随机的。为了公平起见，当众抽选，当堂拍板，既公平又有趣。

如果爸爸手中听讲座的票，要任选 1 男 1 女，以体现男女平等，那该怎么办？如果任选一年轻人和一中年人，以体现老少都一样，又该怎么办？

其实，不管是在性别分类的基础上抽选，还是在年龄分类的基础上抽选，这都属于分层随机抽样的方法，先分类，再从各类中抽选，抽选的方法与简单随机抽样的方法一样。

如果要每隔相等的距离抽一个，这属于等距随机抽样的方法，至于抽样的起点值要怎么定，自然也离不开简单随机抽样的方法。

小文把学过的过了一遍，把该想的想了一遍，到了这会儿，爸爸下的热腾腾的饺子也端上来了。

本 章 小 结

抽样的乐趣谁能说得完
用样本值把全部值推断
看似无常的却蕴含规律
抽样的金钥匙闪耀荣光

知识点：抽样分析，概率抽样，非概率抽样，总体参数，样本统计量，点估计，区间估计，抽样误差，概率度，允许误差。

基本内容：以文摘《大数据与乔布斯的癌症治疗》为引入点，首先介绍了抽样估计的基本含义，然后用实例解读抽取样本和区间估计的方法。

基本框架：

$$\text{抽样调查的基本方法}\begin{cases}\text{概率抽样}\begin{cases}\text{简单抽样}\\\text{分层抽样}\\\text{等距抽样}\\\text{整群抽样}\end{cases}\\\text{非概率抽样}\begin{cases}\text{偶遇抽样}\\\text{判断抽样}\\\text{配额抽样}\\\text{滚雪球抽样}\end{cases}\end{cases}$$

$$\text{抽样估计的基本方法}\begin{cases}\text{点估计：}\overline{X}=\overline{x},\ P=p\\\text{区间估计：}\overline{X}=\overline{x}\pm\Delta_{\overline{x}},\ P=p\pm\Delta p\end{cases}$$

$$\text{样本均值条件下的允许误差}(\Delta_{\overline{x}})\begin{cases}\text{重复抽样：}\Delta_{\overline{x}}=t\mu_{\overline{x}}=t\sqrt{\dfrac{S^2}{n_{\overline{x}}}}\\[3mm]\text{不重复抽样：}\Delta_{\overline{x}}=t\mu_{\overline{x}}=t\sqrt{\dfrac{S^2}{n_{\overline{x}}}\times\left(1-\dfrac{n_{\overline{x}}}{N}\right)}\end{cases}$$

$$\text{样本构成比条件下的允许误差}(\Delta p)\begin{cases}\text{重复抽样：}\Delta p=t\mu_p=t\sqrt{\dfrac{P(1-P)}{n_p}}\\[3mm]\text{不重复抽样：}\Delta p=t\mu_p=t\sqrt{\dfrac{P(1-P)}{n_p}\times\left(1-\dfrac{n_p}{N}\right)}\end{cases}$$

由允许误差的公式，可以推导出样本抽样数的公式。

$$\text{样本抽样数的基本公式}\begin{cases}\text{样本均值条件下}\begin{cases}\text{重复抽样：}n_{\overline{x}}=\dfrac{t^2S^2}{\Delta_{\overline{x}}^2}\\[3mm]\text{不重复抽样：}n_{\overline{x}}=\dfrac{Nt^2S^2}{N\Delta_{\overline{x}}^2+t^2S^2}\end{cases}\\\text{样本构成比条件下}\begin{cases}\text{重复抽样：}n_p=\dfrac{t^2p(1-p)}{\Delta_p^2}\\[3mm]\text{不重复抽样：}n_p=\dfrac{Nt^2p(1-p)}{N\Delta_p^2+t^2p(1-p)}\end{cases}\end{cases}$$

$$\text{样本配合数的基本公式}\begin{cases}\text{重复抽样：}N^n\\[2mm]\text{不重复抽样：}\dfrac{N!}{n!(N-n)!}\end{cases}$$

对本章内容基本框架的说明如下。

抽样分析是指按照随机原则，从总体中抽取一部分单位作为样本进行观察研究，用样本值来估计总体值的一种非全面调查。

抽样分析的总目标，就是用样本值来估计总体值。

样本值是样本提供的数据。样本是从总体中按照随机原则抽选出来的。

样本的选择，在纯随机抽样中，可以请计算机来帮忙。在 Excel 中，打开"数据"选项卡的标签，在"分析"这一组，选择"数据分析"选项，在弹出的"数据分析"对话框中，选择"抽样"选项，输入相关信息，单击"确定"按钮，就可以得到抽样输出的结果。

抽样分析的总目标只有一个，就是用样本值来估计总体值。这个总目标可以分解为两个具体的目标，即用样本的均值来估计总体的均值，用样本的构成比来估计总体的构成比。因为用样本值(样本统计量)估计总体值(总体参数)，选用的数据类型是平均数中的均值和相对数中的构成比。

抽样分析的方法有两个，即点估计和区间估计的方法。点估计是直接用样本值估计总体值，区间估计是在点估计值的基础上，计算并控制了抽样误差以后得到的结果。

上一章和这一章，都是静态分析的模式，从下一章开始，切换到动态分析的模式。

下一章是我们统计旅游第三个风光带的第 3 个景点，主打景观是动态分析的全家福。

真 题 上 市

一、单项选择题

1. 下列陈述中，不属于抽样调查特点的是(　　)。

　　A. 不存在抽样误差　　　　　　　　B. 经济性较高，时效性较强

　　C. 样本单位按随机原则抽取　　　　D. 其目的是根据样本特征对总体特征进行推断

2. 下列不属于概率抽样的是(　　)。

　　A. 分层抽样　　　　　　　　　　　B. 整群抽样

　　C. 等距抽样　　　　　　　　　　　D. 街头拦访

3. 进行抽样调查时，先对性别分组，然后分别在男性和女性人口中随机抽取样本单位，这种抽样方法是(　　)。

　　A. 分层抽样　　　　　　　　　　　B. 整群抽样

　　C. 等距抽样　　　　　　　　　　　D. 简单随机抽样

4. 在对某地区居民的一项民意调查中，先将所有居民分成若干居民小区，然后从中随机抽取若干小区，对选中的小区进行全面调查，这是(　　)。

　　A. 分层抽样　　　　　　　　　　　B. 整群抽样

　　C. 等距抽样　　　　　　　　　　　D. 简单随机抽样

5. 由样本统计量来估计总体参数的方法有(　　)。

　　A. 点估计　　　　　　　　　　　　B. 区间估计

　　C. 点估计和区间估计　　　　　　　D. 简单均值和加权均值

6. 抽样误差的大小与( )。

    A. 样本量的平方根成反比   B. 样本量的大小成反比

    C. 样本量的大小成正比   D. 总体的标准差成反比

7. 样本方差越大,表明( )。

    A. 样本的集中程度越好   B. 样本观察值的分布越集中

    C. 样本观察值的分布越分散   D. 观察值与平均水平的差异程度越小

8. 用 $\bar{x}$ 表示样本的均值,用 $\bar{X}$ 表示总体的均值,当 $\bar{x} = \bar{X}$ 时,说明( )。

    A. $\bar{x}$ 是 $\bar{X}$ 的无偏估计量   B. $\bar{x}$ 是 $\bar{X}$ 的有效估计量

    C. $\bar{x}$ 与 $\bar{X}$ 是完全等价的   D. 用 $\bar{x}$ 估计 $\bar{X}$ 是没有误差的

9. 一个 1 亿人口的国家与一个 100 万人口的国家,两国居民年龄的方差相同,如果用重复抽样方法抽取本国 1‰ 的人口数来推断总体的平均年龄,那么抽样误差( )。

    A. 两者相等   B. 前者大于后者

    C. 前者小于后者   D. 无法确定

10. 为了估计总体的构成比,已经求得其 95% 的区间估计为 (82%, 88%)。下列说法中,表述错误的是( )。

    A. 点估计值为 85%

    B. 此次估计的误差范围是 ±3%

    C. 用该方法估计的可靠程度为 95%

    D. 总体构成比落在这个区间估计的概率为 95%

二、多项选择题

1. 重复抽样的特点有( )。

    A. 每次抽样时,总体单位数始终不变

    B. 每次抽样时,总体单位数逐渐减少

    C. 各单位被抽中的机会在各次抽选中相等

    D. 各单位被抽中的机会在各次抽选中不等

2. 评价估计量的标准有( )。

    A. 无偏性   B. 一致性

    C. 有效性   D. 计算简便性

3. 影响样本容量的因素主要包括( )。

    A. 样本均值   B. 概率

    C. 总体标准差   D. 允许的估计误差

4. 样本统计量通常包括( )。

    A. 样本均值   B. 样本方差

    C. 样本构成比   D. 总体构成比

5. 在区间估计中,总体参数所在的范围( )。

    A. 是可能的范围   B. 是绝对可靠的范围

C. 不是绝对可靠的范围　　　　　　D. 是有一定把握程度的范围

6. 点估计这种方法(　　)。

    A. 简单易懂　　　　　　　　　　　B. 考虑了抽样误差大小

    C. 没有考虑抽样误差大小

    D. 不能对样本统计量与总体参数的接近程度给出一个区间范围

7. 在抽样调查中，样本量的多少会影响(　　)。

    A. 抽样误差的大小　　　　　　　　B. 系统误差的大小

    C. 总体差异的大小　　　　　　　　D. 样本代表性的大小

8. 在抽样估计中，以下说法正确的是(　　)。

    A. 总体参数是一个随机变量　　　　B. 样本统计量是唯一确定的量

    C. 总体参数是一个确定的量　　　　D. 样本统计量是一个随机变量

9. 某网站调查网民的想法，这种调查(　　)。

    A. 属于概率抽样

    B. 属于非概率抽样

    C. 不能保证样本单位对总体单位的代表性

    D. 由于不能由样本的特征准确地推断总体特征，因此没有什么价值

10. 从 5 个中随机抽取 2 个进行调查，那么，(　　)。

    A. 采用重复抽样，可以组成 $5^2=25$ 个不同的样本

    B. 采用重复抽样，可以组成 $2 \times 5 = 10$ 个不同的样本

    C. 采用不重复抽样，可以组成 $5^2=25$ 个不同的样本

    D. 采用不重复抽样，可以组成 $\dfrac{5!}{2!(5-2)!}=10$ 个不同的样本

三、判断题

(　　)1. 总体参数包括总体均值。

(　　)2. 样本统计量具有随机性。

(　　)3. 样本统计量包括样本均值。

(　　)4. 点估计可以给出估计的可靠程度。

(　　)5. 区间估计可以给出估计的可靠程度。

(　　)6. 在抽样估计中，抽样误差虽然不可避免，但可以控制。

(　　)7. 抽样误差就是指由于错误判断事实或者错误登记事实而发生的误差。

(　　)8. 在相同的条件下，重复抽样的抽样误差一定比不重复抽样的抽样误差大。

(　　)9. 为了估计某大学学生的平均身高，已求得其 95% 的区间估计为(159 cm, 173 cm)，则点估计值为 165 cm。

(　　)10. 在简单随机重复抽样的条件下，要使抽样平均误差减少 1/4，其他条件不变，则样本单位数必须增加到原来的 4 倍。

四、综合题

1. 解读

解释"抽样估计"的基本概念，举例说明抽样估计的运用。

2. 解析

从抽样方法的角度，对以下资料进行分析。

资料：2009年8月6日，赖某接受《华商报》记者独家专访，其摘录源于网易网站。

记者：按照官方数字，你参与走私所瞒报的税款达到500亿元人民币，你怎么可能进行那么大金额的走私？

赖某：作为商人我只想多赚钱，我钻了海关的空子。我可以给你举个例子：香烟。当时海关对香烟采取抽查制度，抽查率是10%。如果我进150个货柜，就要抽查15个货柜。150个货柜卸到货场，我把150个货柜的清单送去报关，海关人员指定哪几个货柜要检查。

不过，我一般都是在下午4点钟左右去报关，海关就要下班了，来不及当天检查。我在香港成立的船务公司，做两套货柜封条，我在海关下班后将海关指定的那些货柜的封条剪开，把里面的香烟取出来，换上其他的东西调包，通常都是化学品等低关税货物，再用另一套封条把货柜封好。

3. 选一选

从本班同学中选5人参加高校大学生联谊晚会。上机操作，练习简单抽样法、等距抽样法和分层抽样法。

五、计算题

1. 计算样本数

① 区政府希望了解辖区内小微企业的平均盈利情况。若要将平均利润的最大允许误差控制在20万元以内，概率为95%，以前的经济普查数据显示其总体标准差为100万元，在重复简单随机抽样条件下，需要抽选多少家企业进行调查？

② 质检人员想了解生产线上零件的质量情况。已知零件过去的合格率为95%，现在要求误差不超过1%，概率为95.45%，在重复简单随机抽样条件下，需要抽选多少个零件进行调查？

2. 一道考题

题源：2016年中国统计专业技术中级资格考试《统计基础理论知识》试题。

题目：某市政府为了解居民对其公共服务的满意程度，想从市民中随机抽取若干名居民，调查其对公共服务的满意度。请根据上述资料回答下列问题。

① 市政府研究人员首先要确定从居民中随机抽取的样本量，在总体构成比未知时，总体构成比可取(   )。

    A. 0.7   B. 0.3   C. 0.5   D. 1.0

② 如果研究人员随机抽取100名居民进行调查，调查结果显示有80%的居民对公共服务表示满意。那么，以95.45%的概率估计该市居民对公共服务的满意度，其(   )。

A. 下限为 $80\% - 2 \times \dfrac{80\% \times 20\%}{\sqrt{100}} = 76.8\%$

B. 下限为 $80\% - 2 \times \sqrt{\dfrac{80\% \times 20\%}{100}} = 72\%$

C. 上限为 $80\% + 2 \times \dfrac{80\% \times 20\%}{\sqrt{100}} = 83.2\%$

D. 上限为 $80\% + 2 \times \sqrt{\dfrac{80\% \times 20\%}{100}} = 88\%$

3. 一道考题

题源：2016 年中国统计专业技术初级资格考试《统计学和统计法基础知识》试卷。

题型：综合应用题。

题目：从某企业 90 名员工中依据工号随机抽取 10 名员工调查其 6 月份的医疗费支出。相关调查结果如表 5-9 所示。

表 5-9　员工医疗费支出

工号	2	13	18	33	36	53	62	68	75	83
医疗费支出/元	628	650	97	10	30	8	32	7	164	274

请根据上述资料回答下列问题。

① 员工的工号数据属于(　　)。

　　A. 分类数据　　　B. 顺序数据　　　C. 定性数据　　　D. 定量数据

② 本题中的抽样调查属于(　　)。

　　A. 简单随机抽样　　B. 分层抽样　　　C. 整群抽样　　　D. 系统抽样

③ 10 名员工 6 月份医疗费支出的中位数是(　　)。

　　A. 32　　　　　　B. 97　　　　　　C. 64.5　　　　　D. 不存在

④ 可以采用(　　)来反映员工 6 月份医疗费支出的差异程度。

　　A. 标准差　　　　B. 极差(全距)　　C. 方差　　　　　D. 标准差系数

⑤ 假设总体服从正态分布，全公司员工平均医疗费支出 95% 的为(　　)。(备注：样本均值为 190，样本标准差为 251.53，$t_{0.025}(9)=2.262$)

　　A. 置信上限为 $190 + 2.262 \times \dfrac{251.53}{\sqrt{10}}$　　B. 置信上限为 $190 + 2.262 \times \dfrac{251.53}{10}$

　　C. 置信下限为 $190 - 2.262 \times \dfrac{251.53}{\sqrt{10}}$　　D. 置信下限为 $190 - 2.262 \times \dfrac{251.53}{10}$

第6章 动态分析：动态数据

【学习目标】

- 掌握动态数列与动态数据的含义与应用。
- 掌握动态总量数与动态相对数的含义与应用。
- 掌握动态平均数的含义与应用。

留言
　　万事万物都在时间上运行，如果用横坐标表示时间，纵坐标表示数据，那么就可以勾画出一幅数据随时间变化的图形。本章将运用时间上的数据，介绍最常见的动态分析方法。

学生和老师的一段对话。

学生：喔——喔——喔——好神气的大公鸡，鸡年邮票。

老师：是啊，左边这张，1981 年发行的，这是第一轮生肖邮票的作品。

学生：好漂亮，右边这张，我眼熟，2017 年的。

老师：没错，2017 年的，还要再等 12 年，到 2029 年才能看到新的生肖鸡邮票。

学生：再过 12 年，会怎么样？老师，您要好好的。我、我的同学，又会在哪里？

老师：在人生的过程当中，会有无数的车站，从起点说那是永恒……

学生：哈哈，老师唱起来了，好好听，歌名是什么？

老师：我唱得不好，刘文正先生唱得好，歌词写得不错，歌名是《人生的车站》。

学生：很好听，回头我上网学着唱。

老师：好啊，音乐的音符是数字，统计学的语言是数据，相通的，都很美。

学生：老师好可爱，总是三句话不离本行。

老师：那确实。你们同学中，有没有准备报考公务员的？

学生：我就有这个想法，我想要开始准备了。不管考得上考不上，学点东西总是好的吧。

老师：是的，现在应聘，笔试基本上都少不了，公务员考试的选题带有方向性。

学生：老师这么关心公务员考试，我猜，公务员考试中，肯定有统计学的内容。

老师：聪明，猜对了！在"行政职业能力测验"这门课程中，就要考统计知识。上网搜一搜"公务员考试统计术语"，就有这么几对与本章有关：发展水平和增减量、逐期增加量和累计增加量、增加与增长、倍数和翻番、发展速度与增长速度、平均发展速度和平均增长速度，还有序时平均数。这一章的【例6-14】基本上可以将这些内容一网打尽。

学生：我就喜欢举例说明，为了长知识，我要静心学习动态分析。

6.1　动态数列与动态数据

动态分析是指通过对动态数据的分析，以找到现象的变动趋势。

动态数列又称时间数列，它是指同一现象在不同时间上的数据排列而成的序列。动态数列由时间项目和相应的数据构成，数据的取值称为发展水平。

发展水平是指在动态数列中，与时间相对应的数值，说明现象在各个时间上所达到的规模和水平。

动态数列就是用统计表的形式来呈现数据在时间上结的一串串果子，如表 6-1 所示。

表 6-1　1996—2016 年中国奥运军团荣获的金牌数

序　号	年　份	金牌数/枚
1	1996	16
2	2000	28
3	2004	32
4	2008	51
5	2012	38
6	2016	26

资料来源：中国奥委会官方网站(http://www.olympic.cn/)。

在表 6-1 中，动态数列的两个构成要素，即"年份"是时间项目，"金牌数"是数据的名称，金牌数每年的取值就是发展水平，如 2008 年金牌数的发展水平为"51"枚。

发展水平的基本分类，结合表 6-1 说明如下。

按发展水平的功能，分为总量数水平、相对数水平和平均数水平。由总量数构成的动态数列称为总量数动态数列，由相对数构成的动态数列称为相对数动态数列，由平均数构成的动态数列称为平均数动态数列。比如，金牌数属于总量数，金牌数的取值就是总量数水平，再加上时间序列，表 6-1 就构成了总量数动态数列。

按发展水平所处的位置，可以分为最初水平、中间水平和最末水平。最初水平和最末水平分别位于动态数列中的第一位和最后一位，位于中间位置的发展水平为中间水平。比如，1996 年的金牌数 16 枚为最初水平，2016 年的金牌数 26 枚为最末水平，其余 4 年的金牌数为中间水平。

按发展水平对比的时间，可以分为报告期和基期。报告期是指研究问题的时期，基期是指作为对比的时期。比如，以 2012 年为例，如果研究 2016 年与 2012 年相比，那么 2016 年为报告期，2012 年为基期；如果研究 2012 年与 2008 年相比，那么 2012 年为报告期，2008 年为基期。

按发展水平所选的时间，可以分为报告期水平和基期水平。报告期水平是指报告期的发展水平，基期水平是指基期的发展水平。比如，研究 2016 年与 2012 年的金牌数相比，那么 2016 年的金牌数 26 枚为报告期水平，2012 年的金牌数 38 枚为基期水平。

按基期水平选择的不同,又可以分为前一期水平和固定期水平。固定期水平一般为最初水平。

用表 6-1 的数据,画出折线图,结果如图 6-1 所示。

资料来源:中国奥委会官方网站(http://www.olympic.cn/)。　　制图者:邓力

图 6-1　1996—2016 年中国奥运军团荣获金牌数的折线图

简析:图 6-1 是一张折线图,由图 6-1 可见,从 1996 年到 2016 年,中国奥运军团连续参加了 6 届奥运会,获得奥运金牌的数量呈现出有升有降的趋势。一路走来,夺金之路有起有伏,并不平坦,每一枚金牌都来之不易,都是拼搏与汗水的结晶。夺金点最低的在 1996 年,有 16 枚,世界排名第四;夺金点最高的是 2008 年,共斩获 51 枚,世界排名第一。中国在世界的排名中,2000 年和 2016 年均排名第三,2004 年和 2012 年均排名第二。

从图 6-1 中可计算出,以 1996 年为对比的一届,从 2000 年到 2016 年,这 5 届奥运会,平均每届的夺金数为 35 枚,平均每届累计增加 2 枚,平均增幅为 10%。

怎么看奥运夺金的最低点和最高点?登录中国奥委会官方网站(http://www.olympic.cn/),翻开"奥运百科",阅读奥运会的记录册,就可以看到,1984 年是中国实现奥运金牌零突破之年,1996 年是中国在奥运赛场上积累经验的一年,万事起步难。比较来看,1996 年的奥运金牌总数,虽然比后面的 5 届都要少,但在世界金牌榜上,已排名第四,令世人瞩目。2008 年的金牌数之所以跃上有史以来的顶峰,这是因为当年的奥运会首次在中国本土举办,由于人缘和地缘等优势,鼓足了中国奥运健儿的拼劲。中国无疑是一个夺金大国,1996 年以后的 5 届,中国在世界金牌榜上的排名始终稳居前三。

6.2　动态总量数

动态总量数是指根据动态数列中的发展水平计算的总量数。其计算形式为增(减)量。

1) 增加量和减少量

增(减)量是指同一个总体的两个不同时间的发展水平之差,反映变动水平增加或减少

的总量。其计算公式为

$$增(减)量=报告期水平-基期水平$$

增(减)量的计算结果，如果为正，表示增加的总量；如果为负，表示减少的总量。

增加量的文字表述常用"增加""增加到"，减少量的文字表述常用"减少""减少到"。比如，2008 年与 2004 年相比，中国奥运会的金牌由 32 枚增加到 51 枚，增加了 19 枚。

增(减)量的分类。由于选择的基期不同，增(减)量分为逐期增(减)量和累计增(减)量。

逐期增(减)量是指报告期水平与前一期水平之差，反映报告期比前一期增加或减少的总量。其计算公式为

$$逐期增(减)量 = 报告期水平 - 前一期水平 = y_i - y_{i-1}$$

累计增(减)量是指报告期水平与固定期水平之差，说明报告期比某一固定期增加或减少的总量，也说明在某一段较长时间内，现象总的增加或减少的数量。其计算公式为

$$累计增(减)量=报告期水平-固定期水平= y_i - y_0$$

逐期增(减)量与累计增(减)量之间存在以下关系：逐期增(减)量之和=相应时期内的累计增(减)量。即

$$\sum(y_i - y_{i-1}) = (y_1 - y_0) + (y_2 - y_1) + \cdots + (y_n - y_{n-1}) = y_n - y_0$$

比如，在表 6-1 中，设金牌数为 y_i，i 的取值为 0 到 5。金牌的逐期增(减)量之和=(28–16)+(32–28)+(51–32)+(38–51)+(26–38)=26–16= $y_5 - y_0$ =金牌数的累计增加量=10(枚)。计算结果表明，以 1996 年为基期，从 2000 年到 2016 年，历经 5 届奥运会，中国奥运军团的金牌数累计增加 10 枚。

2) 计算动态总量数的注意点

其一，注意对比时的可比性。对两个时间上的总量数进行对比，要注意总量数含义的可比。如果时间变了，总量数包括的内容也变了，就要进行文字说明，不能粗暴地相减，不然就会得到可笑的结果。

其二，注意表述语言的准确性。动态总量数的文字表述中，用"增加"而不是"增长"。增加反映总量增多的变化，增长反映程度提高的变化。

【例 6-1】 辨析：增加、增长。

资料：2019 年 3 月 14 日，今日头条转发了中诺餐饮加盟网的一篇文章，标题为"两个月营业额增长 8 万元，看这家火锅店如何成功升级菜单？"

修改：标题为"两个月营业额增加 8 万元，看这家火锅店如何成功升级菜单？"

点评：反映总量增多的变化用文字"增加"表示，反映程度提高的变化用文字"增长"表示。

6.3　动态相对数

动态相对数是指根据动态数列中的发展水平计算的相对数。其计算形式为速度、指数。速度为一般的动态相对数，指数为特殊的动态相对数。

1. 一般的动态相对数

1) 发展速度和增长速度

发展速度是指报告期水平与基期水平之比，反映现象发展变化的程度。其计算公式为

$$发展速度=\frac{报告期水平}{基期水平}$$

发展速度的文字表述常用"发展为"或"发展到"。

比如，2004年的金牌数为32枚，1996年的金牌数为16枚，则2004年金牌数的发展速度=32/16=200%=2(倍)=1(番)，即2004年的金牌数发展为1996年的200%，是2004年的2倍，翻了一番。这里的计量形式，选用倍数或番数更恰当。

发展速度的计量形式常用倍数、成数、百分数、千分数、番数来表示。将发展速度的分母的数值抽象为1，就是倍数或系数；将发展速度的分母的数值抽象为10，就是成数；将发展速度的分母的数值抽象为100，就是百分数；将发展速度的分母的数值抽象为1000，就是千分数；发展速度等于2的m次方，m即为番数。计量形式的选择，取决于研究目的和两个对比的数值的特点。如果分子和分母的数值相近，就选择百分数或成数；如果分子的数值比分母的大很多，就选择倍数或番数；如果分子的数值比分母的小很多，就选择千分数。

发展速度的分类。由于选择的基期不同，发展速度分为环比发展速度和定基发展速度。

环比发展速度是指报告期水平与前一期水平之比，反映现象逐期发展变化的速度。其计算公式为

$$环比发展速度=\frac{报告期水平}{前一期水平}=\frac{y_i}{y_{i-1}}$$

定基发展速度(即总速度)是指报告期水平与固定期水平之比，反映现象在较长时期内总的发展变化的速度。其计算公式为

$$定基发展速度(总速度)=\frac{报告期水平}{固定期水平}=\frac{y_i}{y_0}$$

环比发展速度与定基发展速度之间存在以下关系：环比发展速度的连乘积=定基发展速度(总速度)。即

$$\frac{y_1}{y_0}\times\frac{y_2}{y_1}\times\cdots\times\frac{y_n}{y_{n-1}}=\frac{y_n}{y_0}$$

以上关系式证明，总速度等于环比发展速度的连乘积，而不是各项环比发展速度之和。比如，在表6-1中，设金牌数为y_i，i的取值为0～5。即，

$$环比发展速度连乘积=\frac{28}{16}\times\frac{32}{28}\times\frac{51}{32}\times\frac{38}{51}\times\frac{26}{38}\times\frac{26}{16}=\frac{y_n}{y_0}=163\%=1.63(倍)$$

计算结果表明，从1996年到2016年，历经6届奥运会，中国奥运军团的夺金总速度为163%，总增长63%，2016年的金牌数是1996年的1.63倍，增长了63%。

年距发展速度(即同比发展速度)是指当年某期发展水平与上年同期发展水平之比。计

算方法适用于具有季节变化的现象，目的在于消除季节变动的影响。其计算公式为

$$年距发展速度=\frac{当年某期发展水平}{上年同期发展水平}$$

同比与环比的区别。同比是指当年某月(季、年)的发展水平与去年同期的发展水平之比。环比是指当年某月的发展水平与当年上个月的发展水平之比。比如，国际航空运输协会发布的数据显示，2018 年，全球航空货运需求(按照货运吨公里计算)同比增长 3.5%，9 月份全球航空公司股价环比下跌 1.0%。显然，2018 年与 2017 年的发展水平相比属于同比，2018 年 9 月与 2018 年 8 月的发展水平相比属于环比。

增长速度与发展速度关系密切，增长速度是在发展速度的基础上计算出来的。

增长速度是指增加量与基期水平之比，反映现象增长变化的程度。其计算公式为

$$增长速度=发展速度-1=\frac{报告期水平-基期水平}{基期水平}=\frac{增加量}{基期水平}$$

增长速度的文字表述常用"增长"或"增长了""提高""提高了"。

比如，2004 年的金牌数是 1996 年的 2 倍，即增长了 1 倍。

增长速度的计量形式常用倍数、成数、百分数、千分数来表示。

增长速度的分类。由于选择的基期不同，增长速度分为环比增长速度和定基增长速度。

环比增长速度是指逐期增加量与前一期发展水平之比，反映现象逐期增长的程度。其计算公式为

$$环比增长速度=环比发展速度-1=\frac{报告期水平-前一期水平}{前一期水平}=\frac{逐期增加量}{前一期水平}$$

定基增长速度是指累计增加量与某一固定期发展水平之比，反映现象在较长时期内总的增长程度。其计算公式为

$$定基增长速度=定基发展速度-1=\frac{报告期水平-固定期水平}{固定期水平}=\frac{累计增加量}{固定期水平}$$

2) 计算一般动态相对数的注意点

其一，不宜用速度，宜用总量数的情形。

当发展水平中出现了 0 或者负数时，不适合计算速度，而要用总量数来分析。比如，某企业连续 5 年的利润额分别为 3 万元、5 万元、-2 万元、0 万元、1 万元，如果要计算速度，那么，分母为 0，相除没有意义；分母为负数，相除不符合实情。

其二，速度和总量数的结合运用。

速度是相对数，具有抽象性，因此需要结合总量数进行分析。

在计算动态相对数时，由于分子和分母同时扩大或缩小相同的数值，其最终结果不变。这时，在高速度下，可能隐含着较低的总量数；而在低速度下，可能隐含着较高的总量数。为了有效地比较和说明现象的真实变化，就有必要计算每增长 1%所提供的总量数为多少，也就是要计算增长 1%的绝对值。

增长 1%的绝对值是指前一期水平与 100 之比的绝对值。其计算公式为

$$增长1\%的绝对值 = \left|\frac{逐期增加量}{环比增长速度 \times 100}\right| = \left|\frac{报告期水平 - 前一期水平}{\dfrac{报告期水平 - 前一期水平}{前一期水平} \times 100}\right| = \left|\frac{前一期水平}{100}\right|$$

比如,有甲、乙两家企业。甲企业报告期和基期的利润额分别为1200万元和1000万元,增长速度为20%,算式为(1200-1000)÷1000。乙企业报告期和基期的利润额分别为120万元和100万元,增长速度为20%,算式为(120-100)÷100。怪哉!甲企业的利润额,不论是报告期的还是基期的,都是乙企业的10倍,但两个企业的增长速度相同,都为20%。在这种情况下,就要计算增长1%的绝对值。经计算知,甲企业每增长1%提供的利润额为10万元,而乙企业的只有1万元,甲企业是乙企业的10倍。这说明两个企业虽然增长速度一样,但甲企业与乙企业的经营业绩相比,不是一样好而是更好。

【例6-2】辨析:增长率、增长1%的绝对值。

有资料如表6-2所示。

表6-2 2015年和2016年中国与美国的国内生产总值(GDP)对比

年份	已知栏		计算栏			
	GDP 的总量数 /亿美元		GDP 的增长率 /%		GDP 增长 1%的绝对值 /亿美元	
	中国	美国	中国	美国	中国	美国
2015	108669	179378	–	–	–	–
2016	113916	185619	5	3	1087	1794

资料来源:中国国家统计局。

简析:2015年,在全球国内生产总值的排行榜上,美国和中国分别排在第一位和第二位,2016年的名次不变。

在表6-2中,计算栏的计算结果显示,2016年与2015年相比,一方面,中国国内生产总值的增长率5%比美国的3%高2个百分点;另一方面,中国国内生产总值增长1%的绝对值1087亿美元比美国的1794亿美元少了707亿美元。计算结果表明,中国应在保护环境的前提下,保持适度的经济增长速度,提高国内生产总值的基数,提高增长1%绝对值的含金量。

2. 特殊的动态相对数

运用一般的动态相对数,可以计算销售额的发展速度。既然销售额是销售量和价格的乘积,那么,销售量和价格这两个因素对销售额的影响分别是多少呢?在这种情况下,就需要运用特殊的动态相对数即指数分析的方法来解决。

1) 指数的含义

指数的定义。指数有广义和狭义之分。

从广义上看,指数是指所有反映现象数量变动的相对数,如发展速度、增长速度。

从狭义上看，指数是指反映现象数量变动的特殊的相对数，如股价指数、居民消费价格指数。本章关注的是狭义指数的编制原理和基本应用。

指数的编制最早起源于物价指数。1650 年，英国人沃汉首创物价指数，用于反映物价的变化。当时，大量金银流入欧洲，使得欧洲的物价飞涨，引起社会不安，于是产生了价格指数，用来反映物价变动的程度。但最早计算的物价指数，只是反映某种商品价格的变动。后来，指数运用的领域不断扩展。

指数的分类。从研究范围上，指数分为个体指数和总指数。

个体指数是指反映单个现象数量变动的相对数，如某种商品价格的变动。

总指数是指反映不能直接相加的、由多要素所构成的现象其综合变动的相对数，如多种商品价格的变动。

总指数的主要特点有 3 个。其一，动态性。它是用来反映现象的总变动中，各因素的变动对总变动的影响。其二，比较性。指数是个特殊的相对数，它具有使不能直接对比的现象，转化为可比的特征。其三，平均性。指数从若干因素中综合信息，具有平均的性质。

总指数的主要作用表现在可以进行因素分析，可以综合反映现象的变动方向和程度。

个体指数用符号“I”表示，取“指数”的英文单词“index”的第一个字母。总指数用符号“$\bar{I}$”表示，“I”上面一横，表示平均和综合的意思。

总指数又称为综合指数，包括数量指数和质量指数。在指数分析中，不管是反映总量数的变动，还是反映平均数的变动，都可以分解为数量指数和质量指数来进行分析。

2) 总量数变动的指数分析

总量数的数量指数和质量指数的计算步骤如下。

第 1 步，列出静态公式，用乘积关系式来表示。这是进行指数分析的前提。

静态公式：总量数=数量指标×质量指标。数量指标是反映数量的指标，质量指标是反映质量的指标。

比如，销售额=销售量×价格。销售额为总量数，销售量为数量指标，价格为质量指标。

第 2 步，列出动态公式，用乘积关系式和差额关系式来表示。这是进行指数分析的内容。

动态公式，包括乘积关系式和差额关系式。

乘积关系：总量数的指数=数量指数×质量指数。数量指数是反映数量指标综合变动的特殊相对数，质量指数是反映质量指标综合变动的特殊相对数。

差额关系：总量数的指数的增(减)量=数量指数的增(减)量+质量指数的增(减)量。

编制数量指数的原则：在编制数量指数时，以质量指标为同度量因素，并且同时固定在基期。

编制质量指数的原则：在编制质量指数时，以数量指标为同度量因素，并且同时固定在报告期。

比如，以销售额的指数分析为例。

乘积关系：销售额指数=销售量指数×价格指数。

差额关系：(销售额指数的分子−销售额指数的分母)=(销售量指数的分子−销售量指数的

分母+(价格指数的分子-价格指数的分母)。

在编制销售量指数时，以质量指标即价格为同度量因素，并且同时固定在基期。

在编制价格指数时，以数量指标即销售量为同度量因素，并且同时固定在报告期。

第3步，求出指数的结果。

根据指数的动态公式，计算各指数的结果。

第4步，写出指数分析。

根据指数的计算结果，写出一段文字分析。在进行指数分析时，要特别留意一点，指数虽是相对数，但进行计算和分析时，必须要有相对数和总量数这两个方面的分析。指数从相对数方面的分析，就是乘积关系的分析，也就是指数体系的分析，而指数从总量数方面的分析，就是差额关系的分析。

接下来，用【例6-3】的资料，与指数来一个亲密接触。

【例6-3】综合指数的计算与分析。

一家早餐店一天上午的营业资料如表6-3所示。

表6-3　指数分析的基本资料

食品名称	计量单位	p 单价/元		q 销售量	
		调价前 p_0	调价后 p_1	调价前 q_0	调价后 q_1
(甲)	(乙)	(1)	(2)	(3)	(4)
米粉	碗	4	5	50	60
豆浆	杯	1	1	80	85

求：个体指数、总变动指数、数量指数、质量指数，并进行指数分析。

解：表6-3是一个动态数列，因为有时间变动。调价后为报告期，调价前为基期。

设：用 p 表示价格，用 q 表示销售量；用下标0表示基期即调价前的时间，用下标1表示报告期即调价后的时间。p_0 表示调价前的价格，p_1 表示调价后的价格，q_0 表示调价前的销售量，q_1 表示调价后的销售量。用 I 表示个体指数，用 $\bar{I}$ 表示综合指数。由表6-3的资料，可得到表6-4的计算结果。

表6-4　指数分析的基本计算

食品名称	计量单位	p 销售额/元			I 个体指数/%		
		基期 $p_0 q_0$	报告期 $p_1 q_1$	假定 $p_0 q_1$	价格 $I_p = \dfrac{p_1}{p_0}$	销售量 $I_q = \dfrac{q_1}{q_0}$	销售额 $I_{pq} = \dfrac{p_1 q_1}{p_0 q_0}$
(甲)	(乙)	(5)=(1)×(3)	(6)=(2)×(4)	(7)=(1)×(4)	(8)=$\dfrac{(2)}{(1)}$	(9)=$\dfrac{(4)}{(3)}$	(10)=$\dfrac{(6)}{(5)}$
米粉	碗	200	300	240	125	120	150
豆浆	杯	80	85	85	100	106	106
总计	—	280	385	325	—	—	138

个体指数的计算结果，如计算栏中的第(8)栏和第(9)栏所示。

总变动指数的计算结果，如计算栏中的第(10)栏所示。

总变动指数为发展速度。本例中，两种早餐食品的销售额的发展速度=385/280=138%，增加的销售额=385-280=105 元。既然销售额增长38%，增加 105 元，那么销售量和价格的影响程度和差额各是多少呢？这就需要计算销售量指数和价格指数。

计算销售量指数和价格指数的基本步骤如下。

第 1 步，列出静态公式。

销售额=销售量×价格，即 $pq = p \times q$

第 2 步，列出动态公式。

乘积关系：销售额指数=销售量指数×价格指数，即 $I_{pq} = \overline{I}_q \times \overline{I}_p$，即

$$\frac{\sum q_1 p_1}{\sum q_0 p_0} = \frac{\sum q_1 p_0}{\sum q_0 p_0} \times \frac{\sum p_1 q_1}{\sum p_0 q_1}$$

差额关系：销售额变动的差额=销售量变动的差额+价格变动的差额，即

$$\sum q_1 p_1 - \sum q_0 p_0 = (\sum q_1 p_0 - \sum q_0 p_0) + (\sum p_1 q_1 - \sum p_0 q_1)$$

第 3 步，计算综合指数。

销售量的综合指数：$\overline{I}_q = \dfrac{\sum q_1 p_0}{\sum q_0 p_0} = \dfrac{325}{280} = 116\%$

销售量综合指数的差额关系：$\sum q_1 p_0 - \sum q_0 p_0 = 325 - 280 = 45(元)$

价格的综合指数：$\overline{I}_p = \dfrac{\sum p_1 q_1}{\sum p_0 q_1} = \dfrac{385}{325} = 118\%$

价格综合指数的差额关系：$\sum p_1 q_1 - \sum p_0 q_1 = 385 - 325 = 60(元)$

第 4 步，进行分析。

简析：由以上计算，可以写出动态的乘积关系式和差额关系式，即

相对数分析(乘积关系)：销售额指数=销售量指数×价格指数，即138%=116%×118%

总量数分析(差额关系)：销售额变动的差额=销售量变动的差额+价格变动的差额，

即385 − 280=45 + 60=105(元)

计算结果表明，两种早餐食品调价后与调价前相比，销售额增长 38%，增加 105 元，这是由销售量和价格两个因素共同作用的结果，其中，销售量增长 16%，从而增加销售额 45 元；提价 18%，从而增加销售额 60 元。

怎么理解销售量和价格的综合指数？接下来，从同度量因素的角度来解读综合指数的编制原则。

3) 综合指数的编制原则

在综合指数的计算中，一个关键的因素就是同度量因素。

狭义的指数是指反映现象数量变动的特殊的相对数。其特殊性就表现在对比的数量不能直接相加。而将不能直接相加的指标转化为能够相加的指标，这个起转化作用的因素，就是同度量因素。

同度量因素是指在综合指数的编制中，将不能直接相加的因素转化为能够相加的因素。

同度量因素起着权衡轻重和同度量的作用。综合指数是数量指数和质量指数的总称。

按照狭义指数的定义，个体销售量指数、个体价格指数、总变动指数即销售额的发展速度都不属于狭义指数，因为它们对比的数值都能直接相加。比如，在表 6-4 中，两种食品的销售额的发展速度=报告期销售额的总和/基期销售额的总和 385/280=138%，其增加量=报告期销售额的总和-基期销售额的总和=385-280=105(元)。

狭义指数的目标，就是计算两种食品的销售量和价格的变动，各自对销售额的影响。

解读 1：数量指数的编制原则。 在编制数量指数时，以质量指标为同度量因素，并且同时固定在基期。

以销售量指数($\bar{I}_q$)为例，数量指数的编制经历了以下过程，即

$$\bar{I}_q \neq \frac{\sum q_1}{\sum q_0} \rightarrow \frac{\sum q_1 p}{\sum q_0 p} \rightarrow \bar{I}_q = \frac{\sum q_1 p_0}{\sum q_0 p_0}$$

首先，对比的销售量不可加也不可比，即 $\bar{I}_q \neq \dfrac{\sum q_1}{\sum q_0}$，不能反映销售量的综合变动。

两种食品销售量的变动能写成"报告期的销售量之和/基期的销售量之和"吗？显然不行。因为两者的计量单位不同，代表的食品不同。报告期的销售量之和不等于 5 碗米粉加 1 杯豆浆，基期的销售量之和不等于 4 碗米粉加 1 杯豆浆，相加没有意义。既然分子的值和分母的值一样，都不能相加，自然也就不能相除，计算销售量的变动也就成了泡影。

其次，确定销售量的同度量因素(p)，即 $\bar{I}_q = \dfrac{\sum q_1 p}{\sum q_0 p}$，以反映销售量的综合变动。

使不能直接相加的销售量，通过与价格相乘，转化为能够相加的销售额。因为销售额是价值指标，具有可加性。在编制销售量指数时，以价格为同度量因素。

最后，确定销售量的同度量因素的时期为基期(p_0)，即 $\bar{I}_q = \dfrac{\sum q_1 p_0}{\sum q_0 p_0}$，以单纯地反映销售量的综合变动。

$\bar{I}_q$ 表示销售量的综合指数，分子 $\sum q_1 p_0$ 表示基期的销售额，分母 $\sum q_0 p_0$ 表示报告期的销售额。其分子与分母相除的结果，表示在基期价格水平的基础上，考察各种食品销售量的综合变动程度；其分子与分母相减的结果，表示报告期实际销售的食品，由于销售量的变化而增加或减少了多少销售额。

解读 2：质量指数的编制原则。 在编制质量指数时，以数量指标为同度量因素，并且同时固定在报告期。

以价格指数($\bar{I}_p$)为例，质量指数的编制经历了以下过程，即

$$\bar{I}_p \neq \frac{\sum p_1}{\sum p_0} \rightarrow \frac{\sum p_1 q}{\sum p_0 q} \rightarrow \bar{I}_p = \frac{\sum p_1 q_1}{\sum p_0 q_1}$$

首先，对比的价格不可加也不可比，即 $\bar{I}_p \neq \dfrac{\sum p_1}{\sum p_0}$，不能反映价格的综合变动。

两种食品价格的变动能写成"报告期的价格之和/基期的价格之和"吗？显然不行。两种食品的价格都用"元"表示，计量单位相同，但因为反映的是不同质地的食品价格，所

以两种食品调价后的价格直接加起来再与调价前的相除，也毫无意义。

其次，确定价格的同度量因素(q)，即$\dfrac{\sum p_1 q}{\sum p_0 q}$，以反映价格的综合变动。

使不能直接相加的价格，通过与销售量相乘，转化为能够相加的销售额。因为销售额是价值指标，具有可加性。在编制价格指数时，以销售量为同度量因素。

最后，确定销售量的同度量因素的时期为基期(q_1)，即$\dfrac{\sum p_1 q_1}{\sum p_0 q_1}$，以单纯地反映价格的综合变动。

$\bar{I}_p$表示销售量的综合指数，分子$\sum p_1 q_1$表示报告期销售额，分母$\sum p_0 q_1$表示假定的销售额。其分子与分母相除的结果，表示在报告期销售量的基础上，考察各种食品价格的综合变动程度；其分子与分母相减的结果，表示报告期实际销售的食品，由于价格的变化而增加或减少了多少销售额。

怎么选择同度量因素的时期？历史上，拉氏学派和派氏学派各执一词。

拉氏学派认为，同度量因素都要固定在基期。拉氏学派倡导的拉氏指数于 1864 年出现，创始人为德国的经济统计学家拉斯贝尔。

派氏学派认为，同度量因素都要固定在报告期。派氏学派倡导的派氏指数于 1874 年出现，创始人为德国的经济统计学家、当时年仅 23 岁的派舍。

同度量因素时期的选择，要根据研究目的和实际意义来考虑。后人经过比较，选择了拉氏学派关于质量指数的同度量因素固定在基期，选择了派氏学派关于数量指数的同度量因素固定在报告期。

数量指数的同度量因素固定在基期，即$\dfrac{\sum q_1 p_0}{\sum q_0 p_0}$，它所计算的数量指数表示在基期价格水平的基础上，考察各种商品销售量的综合变动程度。

数量指数的同度量因素固定在报告期，即$\dfrac{\sum q_1 p_1}{\sum q_0 p_1}$，它所计算的数量指数表示在报告期价格水平的基础上，考察各种商品销售量的综合变动程度。

质量指数的同度量因素固定在报告期，即$\dfrac{\sum p_1 q_1}{\sum p_0 q_1}$，它所计算的质量指数表示报告期实际销售的商品，由于销售量的变化而增加或减少了多少销售额。

质量指数的同度量因素固定在基期，即$\dfrac{\sum p_1 q_0}{\sum p_0 q_0}$，它所计算的质量指数表示基期实际销售的商品，由于销售量的变化而增加或减少了多少销售额。

在表 6-3 中，计算综合指数的资料齐备，基期、报告期的数量指标和质量指标的资料都有。实际上，如果只有个体资料和综合指数基本公式中的分子或分母资料，就要运用综合指数的变形公式来计算。

【例 6-4】综合指数变形的计算。

有资料如表 6-5 和表 6-6 所示。

表 6-5 综合指数变形之一的计算表

食品名称	计量单位	销售量 q		基期的销售额/元 $p_0 q_0$	个体销售量指数/% $I_q = \dfrac{q_1}{q_0} \times 100\%$	假定的销售额/元 $I_q p_0 q_0 = p_0 q_1$
		调价前 q_0	调价后 q_1			
(甲)	(乙)	(1)	(2)	(3)	$(4) = \dfrac{(2)}{(1)}$	(5)= (4) × (3)
米粉	碗	50	60	200	120	240
豆浆	杯	80	85	80	106	85
总计	—	—	—	280	—	325

已知：第(1)栏、第(2)栏和第(3)栏的资料。

求：两种早餐食品的销售量指数($\overline{I}_q$)为多少？

解：表 6-5 是销售量综合指数的变形计算。计算条件是已知销售量的个体指数(I_q)、销售量综合指数的分母资料($p_0 q_0$)。

计算见第(4)栏和第(5)栏。

由：$\overline{I}_q = \dfrac{\sum q_1 p_0}{\sum q_0 p_0}$

有：$\overline{I}_q = \dfrac{\sum I_q q_0 p_0}{\sum q_0 p_0} = \dfrac{\sum \left(\dfrac{q_1}{q_0} \times q_0 p_0 \right)}{\sum q_0 p_0} = \dfrac{325}{280} = 116\%$

答：两种早餐食品的销售量，调价后与调价前相比，综合增长 16%。

表 6-6 综合指数变形之二的计算表

食品名称	单价/元 p		报告期的销售额/元 $p_1 q_1$	个体价格指数/% $I_p = \dfrac{p_1}{p_0} \times 100\%$	假定的销售额/元 $\dfrac{p_1 q_1}{I_p} = p_0 q_1$
	调价前 p_0	调价后 p_1			
(甲)	(1)	(2)	(3)	$(4) = \dfrac{(2)}{(1)}$	$(5) = \dfrac{(3)}{(4)}$
米粉	4	5	300	125	240
豆浆	1	1	85	100	85
总计	—	—	385	—	325

已知：第(1)栏、第(2)栏和第(3)栏的资料。

求：两种早餐食品的价格指数($\overline{I}_p$)为多少？

解：表 6-6 是价格综合指数的变形计算。计算条件是已知价格的个体指数、价格综合指数的分子资料。

计算见第(4)栏和第(5)栏。

由：$\bar{I}_p = \dfrac{\sum p_1 q_1}{\sum p_0 q_1}$

有：$\bar{I}_p = \dfrac{\sum p_1 q_1}{\sum \left(\dfrac{p_0}{p_1} p_1 q_1 \right)} = \dfrac{\sum p_1 q_1}{\sum \dfrac{p_1 q_1}{I_p}} = \dfrac{385}{325} = 118\%$

答：两种早餐食品的价格，调价后与调价前相比，综合上涨 18%。

4) 平均数变动的指数分析

平均数以均值为例。均值的数量指数和质量指数的计算步骤如下。

第 1 步，列出静态的乘积关系式。

静态上：均值=数量指标×质量指标

加权均值的基本公式为

$$\bar{X} = \sum \left(X \frac{F}{\sum F} \right)$$

式中：X——质量指标；

$\dfrac{F}{\sum F}$——数量指标。

第 2 步，列出动态的乘积关系式和差额关系。

动态上，指数体系：均值的指数=固定指数×结构指数。

差额关系：均值的指数的增(减)量=数量指数的增(减)量+质量指数的增(减)量。

其中，均值指数是反映均值变动的相对数；固定指数即数量指数，反映各组均值变动的相对数；结构指数即质量指数，反映各组单位数在总体总量中所占构成比变动的相对数。

第 3 步，计算并说明指数的结果。

计算时，遵循编制总量数指数的基本原则，即在编制数量指数时，以质量指标为权数，并固定在基期；在编制质量指数时，以数量指标为权数，并固定在报告期。

以下是对加权均值进行指数分析的内容框架。

加权均值的指数分析
$$\begin{cases} \text{指数体系：} I_{XF} = I_X \times I_F \\[4pt] \text{即：} \dfrac{\sum \left(X_1 \dfrac{F_1}{\sum F_1} \right)}{\sum \left(X_0 \dfrac{F_0}{\sum F_0} \right)} = \dfrac{\sum \left(X_1 \dfrac{F_1}{\sum F_1} \right)}{\sum \left(X_0 \dfrac{F_1}{\sum F_1} \right)} \times \dfrac{\sum \left(X_0 \dfrac{F_1}{\sum F_1} \right)}{\sum \left(X_0 \dfrac{F_0}{\sum F_0} \right)} \\[6pt] \text{差额关系：} \sum \left(X_1 \dfrac{F_1}{\sum F_1} \right) - \sum \left(X_0 \dfrac{F_0}{\sum F_0} \right) \\[6pt] = \left[\sum \left(X_1 \dfrac{F_1}{\sum F_1} \right) - \sum \left(X_0 \dfrac{F_1}{\sum F_1} \right) \right] + \left[\sum \left(X_0 \dfrac{F_1}{\sum F_1} \right) - \sum \left(X_0 \dfrac{F_0}{\sum F_0} \right) \right] \end{cases}$$

【**例 6-5**】题源：2007 年中国统计专业技术初级资格考试《统计学和统计法基础知识》试卷。

题目：对某企业职工的工资情况进行调查，结果如表 6-7 所示。

表 6-7　职工工资情况调查表

指　标	计量单位	符　号	基　期	报告期
工资总额	万元	XF	1500	1680
职工人数	人	F	1000	1050
平均工资	元/人	X	15000	16000

根据资料，分析该企业工资总额的变动及其各因素变动对它的影响，并逐项填答下列问题。

(1) 该项调查的调查单位是(　　)。

    A. 该企业的全体职工　　　　　　B. 该企业全体职工的工资

    C. 该企业的每个职工　　　　　　D. 该企业每个职工的工资

(2) 结合资料，指出以下正确的选项(　　)。

    A. 工资总额时间数列是时期数列

    B. 工资总额时间数列是时点数列

    C. 平均工资时间数列是相对数时间数列

    D. 平均工资时间数列是平均数时间数列

(3) 按此题要求，下面指数体系正确的是(　　)。

    A. $\dfrac{X_1F_1}{X_0F_0}=\dfrac{X_1F_1}{X_0F_1}\times\dfrac{X_0F_1}{X_0F_0}$　　　　B. $\dfrac{\sum X_1F_1}{\sum X_0F_0}=\dfrac{\sum X_1F_1}{\sum X_0F_1}+\dfrac{\sum X_0F_1}{\sum X_0F_0}$

    C. $\dfrac{X_1F_1}{X_0F_0}=\dfrac{X_1F}{X_0F_0}\times\dfrac{X_1F_1}{X_1F_0}$　　　　D. $\dfrac{\sum X_1F_1}{\sum X_0F_0}=\dfrac{\sum X_1F_0}{\sum X_0F_0}\times\dfrac{\sum X_1F_1}{\sum X_1F_0}$

(4) 在进行总量数分析时，下面算式正确的是(　　)。

    A. $X_1F_1-X_0F_0=(F_1-F_0)X_0+(X_1-X_0)F_1$

    B. $X_1F_1-X_0F_0=(F_1-F_0)X_1+(X_1-X_0)F_0$

    C. $\sum X_1F_1+\sum X_0F_0=\sum(F_1-F_0)X_0-\sum(X_1-X_0)F_1$

    D. $\sum X_1F_1-\sum X_0F_0=\sum(F_1-F_0)X_1+\sum(X_1-X_0)F_0$

(5) 对表中资料分析的结果，表明(　　)。

    A. 该企业工资总额报告期比基期增长了 12%，增加 180 万元

    B. 由于平均工资增长 6.7%，使工资总额增加 105 万元

    C. 由于职工人数增长 5%，使工资总额增加 75 万元

    D. 由于职工人数增长 5%，使工资总额增加 80 万元

答案：(1) C　(2) AD　(3) A　(4) A　(5) ABC

5) 常见的指数

这里介绍居民消费价格指数、股票价格指数，两者都属于质量指数。

居民消费价格指数是指综合反映居民在一定时期内所购买的消费商品与服务项目价格变动的相对数。其英文全称为 Consumer Price Index，英文简称为 CPI。

每当统计部门发布居民消费价格指数，CPI 就会出现在各大媒体的显要位置。联合国每年都在其《统计月报》公布各国的 CPI。人们关注 CPI，是因为 CPI 与生活息息相关。

CPI 的作用主要有 4 个，即反映居民所购买的生活消费品的价格和服务项目价格的变动情况、反映通货膨胀的状况、反映货币购买力的状况、反映对实际工资的影响。

一是反映居民所购买的生活消费品的价格和服务项目价格的变动情况。这是 CPI 的基本功能。在中国国家统计局制定的调查方案中，CPI 的调查内容按用途划分为八大类，即食品、烟酒及用品、衣着、家庭设备用品及维修服务、医疗保健和个人用品、交通和通信、娱乐教育文化用品及服务、居住。

二是反映通货膨胀的状况。反映通货膨胀的指标是通货膨胀率。通货膨胀率是指反映一定时期内商品价格变动的相对数，通常用居民消费价格指数来表示。其计算公式为：通货膨胀率=(报告期居民消费价格指数−基期居民消费价格指数)÷基期居民消费价格指数。

三是反映货币购买力的状况。反映货币购买能力的指标是货币购买力指数。货币购买力指数是指反映单位货币所能购买的消费品和服务的数量变动的相对数。居民消费价格指数上涨，货币购买力则下降，反之则上升。因此，居民消费价格指数的倒数就是货币购买力指数。其计算公式为：货币购买力指数=1÷居民消费价格指数。

四是反映对实际工资的影响，居民消费价格指数的提高，意味着居民实际工资的减少，反之则增加。因此，利用居民消费价格指数可以将居民的名义工资转化为实际工资，以反映居民的消费水平。其计算公式为：实际工资=名义工资÷居民消费价格指数。

居民消费价格指数还是多种费用调整的基础。这些费用包括养老金、房屋的租金、员工的赔偿费、赠养费和抚养费等。用 CPI 来调整费用，以保证人们的收支与 CPI 同步进行。

比如，CPI 每增长一个百分点，养老金就增长 1%。如果有一位退休人员，他每月的养老金为 1000 元，那么当 CPI 由 101%上升到 106%，上升了 5 个百分点，这时，这位退休人员就可以得到养老金 1050 元，比原来的 1000 元多 50 元。养老金的月增长额的计算为：1000 元×5×1%=50(元)。

大学生毕业时的薪酬水平，也与各地的 CPI 挂钩，也要考虑 CPI 的水平。

用 2010—2019 年中国居民消费价格指数画折线图，结果如图 6-2 所示。

简析：图 6-2 是一张折线图，由图 6-2 可见，2010—2019 年，中国居民消费价格的总体水平呈下降趋势，特别是自 2012 年以来，价格变化比较平稳。2011 年的价格涨幅最高，高达 5.4%；2015 年的价格涨幅最低，低至 1.4%；从 2012 年到 2019 年，这 8 年中，有 7 年的价格变化稳定在 2%～2.9%的范围内。

CPI 的计算。CPI 是在商品和服务项目的代表规格品分类的基础上，先计算代表规格品的价格指数，再计算小类的价格指数，然后计算中类的价格指数，最后计算大类的价格指数，大类的价格指数即为居民消费价格指数(CPI)。中国各个省(自治区、直辖市)CPI 调查的大类、中类和小类是统一的，但商品和服务项目的代表规格品不完全相同，各地要结合实际情况来选择。各类价格指数的计算公式为

图 6-2　居民消费价格指数的折线图

$$\overline{I}_p = \frac{\sum p_2 q_0}{\sum p_0 q_0} = \frac{\sum \dfrac{p_2}{p_0} p_0 q_0}{\sum p_0 q_0} = \sum \left(\frac{p_2}{p_0} \times \frac{p_0 q_0}{\sum p_0 q_0} \right) = \sum I_p w$$

w 为权数，CPI 的权数是反映调查商品或服务项目的价格变动在总指数形成中影响程度的指标。各类权数的确定既要结合城乡住户调查的居民消费支出的数据，又要结合典型调查和专家评估。权数实行千分制，即各类权数之和均为 1000‰。为确保 CPI 能准确地反映居民的最新消费模式，为确保 CPI 的准确性和可比性，统计局每年都会根据居民消费支出的变动情况，对各类权数进行及时的调整和修正。

【例 6-6】计算居民消费价格指数(CPI)，资料如表 6-8 所示。

表 6-8　CPI 的计算表

商品类别及品种名称	规格等级	计量单位	平均价格(元)		权数	指数
			基期	报告期	/‰	/%
(甲)	(1)	(2)	(3)	(4)	(5)	(6)
居民消费价格指数					1000	**103**
一、食品					561	**106**
1.粮食					79	**102**
(1)大米	标二				414	**103**
籼米		千克	4.00	4.20	600	**105**
糯米		千克	5.15	5.20	400	**101**
(2)面粉	富强粉				393	104

续表

商品类别及品种名称	规格等级	计量单位	平均价格(元)		权数/‰	指数/%
			基期	报告期		
					已知栏	计算栏
(甲)	(1)	(2)	(3)	(4)	(5)	(6)
(3)粮食制品					31	101
(4)其他					162	96
2.淀粉及薯类					13	101
3.干豆类及豆制品					19	100
4.油脂					41	120
5.肉禽及其制品					219	107
6.蛋					73	102
7.水产品					9	126
8.菜					111	119
9.调味品					20	99
10.糖					11	102
11.茶及饮料					52	98
12.干鲜瓜果					62	111
13.糕点饼干					98	101
14.奶及奶制品					34	102
15.在外用膳食品					17	101
16.其他食品及加工服务费					142	103
二、烟酒及用品					132	99
三、衣着					84	98
四、家庭设备用品及维修服务					22	98
五、医疗保健和个人用品					13	99
六、交通和通信					44	98
七、娱乐教育文化用品及服务					66	99
八、居住					78	101

问：居民消费价格指数为 103%，这是怎么计算出来的？

答：CPI 的计算，是运用加权平均法，一层一层计算出来的。表 6-8 第(6)栏下面 6 个加粗的数值，均为计算结果。其计算步骤如下。

第 1 步，确定各类的权数。

大类、中类、小类代表规格品，各自的权数之和均为 1000‰。比如，八大类的权数之和=561‰+132‰+84‰+22‰+13‰+44‰+66‰+78‰=1000‰。

第 2 步，计算代表规格品的价格指数。

由：代表规格品的价格指数=(代表规格品报告期的平均价格÷代表规格品基期的平均价

格)×100

有：籼米的价格指数=(4.20÷4.00)×100=105，糯米的价格指数=(5.15÷5.20)×100=101

第3步，计算各类的价格指数。

先计算小类消费品的价格指数。

由：小类消费品的价格指数=[∑(代表规格品的价格指数×代表规格品的权数)]÷1000

有：大米的价格指数=(105×600+101×400)÷1000=103

再计算中类消费品的价格指数。

由：中类消费品的价格指数=[∑(小类消费品的价格指数×相应小类消费品的权数)]÷1000

有：粮食的价格指数=(103×414+104×393+101×31+96×162)÷1000=102

然后再计算大类消费品的价格指数。

由：某大类消费品的价格指数= [∑(中类消费品的价格指数×相应中类消费品的权数)]÷1000

有：食品的价格指数=(102×79+101×13+100×19+120×41+107×219+102×73+126×9+119×111+99×20+102×11+98×52+111×62+101×98+102×34+101×17+103×142)÷1000=106

第4步，计算居民消费价格指数。

由：居民消费价格指数= [∑(大类消费品的价格指数×相应大类消费品的权数)]÷1000

有：居民消费价格指数= (106×561+99×132+98×84+98×22+99×13+98×44+99×66+101×78)÷1000=103。

股价指数是指综合反映某一股票市场上多种股票价格变动的相对数，是反映股票市场行情变化的参考值。股价指数是"股票价格指数"的简称。

股票在最初发行时，通常按面值出售。股票面值是指股票的票面上所标示的金额。但在证券市场交易时，股票就出现了与面值不一致的市场价格。股票的市场价格是指股票在证券市场交易时的价格。为了反映整个股市的股价变动，要选择同时具有代表性和敏感性的样本股票。样本股票的代表性是指在种类繁多的股票中，既要选择不同行业的股票，又要选择能代表该行业股价变动趋势的股票，而样本股票的敏感性是指样本股票价格的变动能敏感地反映出整个股市价格的升降变化趋势。

股价指数由证券交易所或金融服务机构编制。世界上各大股价指数的编制方法，主要运用了简单平均法和加权平均法。

用简单平均法计算股价指数。股价均值是指在股票市场上，多种股票的收盘价在某一时点上的平均水平。股价指数($\bar{I}_p$)的计算公式为

$$\bar{I}_p = \frac{\text{报告期的股票收盘价的简单均值}}{\text{基期的股票收盘价的简单均值}} = \frac{\dfrac{\sum p_1}{n_1}}{\dfrac{\sum p_0}{n_0}}$$

比如，道·琼斯指数就是用简单平均法计算的股价指数。该指数由美国道·琼斯公司于1884年开始编制并发布。该指数对纽约证券交易所65家公司的股票价格通过简单算术平

均法综合计算得到。这 65 家公司，包括 15 家公用事业公司、20 家运输公司和 30 家工业公司。

用加权平均法计算股价指数。目前，世界上大多数股价指数都采用派氏指数的计算方法，即以报告期股票的发行量(q_1)为权数进行计算，中国股价指数的编制也不例外。股价指数($\bar{I}_p$)的计算公式为

$$\bar{I}_p = \frac{\sum(\text{报告期每种股票的价格}\times\text{相应的发行量})}{\sum(\text{基期每种股票的价格}\times\text{相应的发行量})} = \frac{\sum p_1 q_1}{\sum p_0 q_1}$$

比如，标准普尔股价指数就是用加权平均法计算的股票指数。该指数由美国标准普尔公司于 1923 年开始编制并发布。该指数对纽约证券交易所 500 种样本股票通过加权算术平均法综合计算得到。

道·琼斯股价指数和标准普尔股价指数，都是世界上老字号的股价指数，都是美国纽约证券交易所发布的股价指数。相比而言，标准普尔指数比道·琼斯指数具有更好的代表性。因为标准普尔指数的选样更多，计算方法更科学，数据的连续性更强。

又如，恒生股价指数、上证股价指数和深圳股价指数，也是用加权平均法计算的股票价格指数。

恒生股价指数是由中国香港恒生银行于 1969 年 11 月 24 日开始编制发布的股票价格指数。该指数现以 1996 年 7 月 31 日为基期，对香港股票市场 33 种样本股票通过加权算术平均法综合计算得到。由于这 33 家公司的股票总值占全部香港上市股票总值的 65% 以上，所以恒生指数是目前香港股票市场最具权威性和代表性的股票价格指数。

上证股价指数是由中国工商银行上海分行信托投资公司于 1991 年 7 月 15 日开始公布的股票价格指数。该指数以 1990 年 12 月 19 日为基期，以上海证券交易所上市交易的全部股票为计算对象，用加权算术平均法计算股价指数，反映上海股票价格的变动情况。

深圳股价指数是由深圳证券交易所公布的股票价格指数。该指数以 1991 年 4 月 3 日为基期，以深圳证券交易所上市交易的全部股票为计算对象，用加权算术平均法计算股价指数，反映深圳股票价格的变动情况。

股价指数通常以"点"为计量单位，将基期水平固定为 100 或 1000，股票价格与基期相比，每变动 1% 或 1‰，称为变动了一点，即变动了一个百分点或一个千分点。

6.4 动态平均数

动态平均数是指在不同时间条件下，呈现增加量、速度和发展水平的一般水平，用于衡量其代表性。

动态平均数按计算的不同对象，可以对增加量、速度和发展水平求平均。动态平均数又可分为 3 种：平均增加量、平均速度和平均发展水平。现分述如下。

1. 平均增加量

平均增加量是指对动态数列中的增加量来计算平均数。其计算公式为

平均增加量=逐期增加量之和÷逐期增加量的个数

=累计增加量÷(观察值的个数－1)

例如，利用表 6-1 的数据，平均增加量的计算结果为 2 枚，即 10÷5=2(枚)。

2. 平均速度

平均速度是指对动态数列中的数值求平均数。

速度有发展速度和增长速度之分，平均速度也有平均发展速度和平均增长速度两种。

增长速度=发展速度–1 或 100%。

平均增长速度=平均发展速度–1 或 100%。

平均发展速度是指一定时期内各个环比发展速度的平均数，说明现象在一个较长时期内逐期平均发展变化的程度。

平均增长速度是指一定时期内各个环比增长速度的平均数，说明现象在一个较长时期内逐期平均增长变化的程度。

平均增长速度与平均发展速度的关系是：平均增长速度=平均发展速度-1 或 100%。

平均发展速度的计算方法有两种：几何平均法和方程式法。其中，几何平均法侧重于考察期末水平，方程式法侧重于考察全期水平。

为说明计算平均发展速度的几何平均法和方程式法，先列出式(6-1)。

设：y_i 表示各期发展水平，x_i 表示各期环比发展速度，$\bar{y}$ 表示平均发展速度，R 表示总速度。

则：$x_1 = \dfrac{y_1}{y_0}, x_2 = \dfrac{y_2}{y_1}, \cdots, x_n = \dfrac{y_n}{y_{n-1}}$

即：$y_1 = y_0 x_1, y_2 = y_1 x_2 = y_0 x_1 x_2, \cdots, y_n = y_0 x_1 x_2 \cdots x_n$ (6-1)

1) 几何平均法

用几何平均法计算平均发展速度。

几何平均法是指用 n 个环比发展速度的连乘积开 n 次方根来计算平均发展速度的方法。

运用几何平均法的条件是：主要考虑在长期计划中，最末一期的发展水平是否达到了预期目标，即着重解决按什么样的平均速度发展才能达到最后一年的发展水平。

几何平均法用于计算速度和比率的平均数，如销售量的年平均发展速度、平均年利率。

在式(6-1)中，最末水平为：$y_n = y_0 x_1 x_2 \cdots x_n$。假设每期环比发展速度 x_i 都以相同的平均发展速度 $\bar{y}$ 发展，则

$$y_n = y_0 \bar{y}\,\bar{y}\cdots\bar{y} = y_0 \bar{y}^n$$

这个式子说明：现象从最初水平(y_0)出发，每期按一定的平均发展速度($\bar{y}$)发展，经过一定时期(n)，所计算出的期末理论值应与期末实际值相等。

由：$y_n = y_0 \bar{y}\,\bar{y}\cdots\bar{y} = y_0 \bar{y}^n$

有：$\bar{y} = \sqrt[n]{x_1 x_2 \cdots x_n} = \sqrt[n]{\pi x} = \sqrt[n]{\dfrac{y_n}{y_0}} = \sqrt[n]{R}$

式中：$\bar{y}$——平均发展速度；

$\quad x_i$——各期的环比发展速度（$i = 1, 2, \cdots, n$）；

$\quad n$——环比发展速度的个数；

$\quad \pi$——连乘的符号，读作"派"；

$\quad y_n$——最末水平；

$\quad y_0$——最初水平；

$\quad R$——总速度。

例如，利用表 6-1 中的数据，已知各届金牌的环比发展速度，可求得平均速度。

平均发展速度的计算为

$$\bar{y} = \sqrt[n]{x_1 x_2 \cdots x_n} = \sqrt[5]{1.75 \times 1.14 \times 1.59 \times 0.75 \times 0.68} = 1.1 \times 100\% = 110\%$$

平均增长速度的计算为

$$\bar{y} - 1 = 1.1 - 1 = 0.1 \times 100\% = 10\%$$

几何平均数的计算方法有两种，即简单几何平均数和加权几何平均数。

简单几何平均数的公式为 $\bar{y} = \sqrt[n]{\pi x}$

加权几何平均数的公式为 $\bar{y} = \sqrt[\Sigma f]{\pi x f}$

计算简单几何平均数的统计函数为 GEOMEAN (number1,number2,…)。

加权几何平均数是简单几何平均数的变形。在简单几何平均数的计算中，每个环比发展速度出现的次数都要一样，都是 1 次，所以，有几个环比发展速度相乘，就开几次方根。在加权几何平均数的计算中，有的环比发展速度是一样的，把相同的环比发展速度合并，就出现了次数，以次数为权数计算出来的几何平均数，就是加权几何平均数。

【例 6-7】说明加权几何平均数是简单几何平均数的变形。

资料：中国国家统计局发布的《中国国民经济和社会发展统计公报》显示：从 2013 年到 2018 年，中国普通本专科招生人数逐年增长 1.6%、3%、2.36%、1.49%、1.6% 和 3.94%。

求：计算 2013—2018 年中国普通本专科招生人数的平均发展速度。

解：将已知条件中的环比增长速度还原为环比发展速度，即 2014—2018 年的环比发展速度分别为 101.6%、103%、102.36%、101.49%、101.6% 和 103.94%。

用简单几何平均数的方法计算平均发展速度：

$$\bar{y} = \sqrt[n]{\pi x} = \sqrt[6]{101.6\% \times 103\% \times 102.36\% \times 101.49\% \times 101.6\% \times 103.94\%} = 102.33\%$$

用加权几何平均数的方法计算平均发展速度：

$$\bar{y} = \sqrt[\Sigma f]{\pi x f} = \sqrt[6]{101.6\% \times 103\% \times 102.36\% \times 101.49\% \times 101.6\% \times 103.94\%}$$

$$= \sqrt[(2+1+1+1+1)]{(101.6\%)^2 \times 103\% \times 102.36\% \times 101.49\% \times 103.94\%} = 102.33\%$$

即 2013—2018 年这 6 年，中国普通本专科招生人数的平均发展速度为 102.33%，平均增长速度为 2.33%，即年均增长 2.33%。

请留意：用几何平均法计算平均发展速度，算法简单，应用很广。但这种方法只涉及最初水平、最末水平和时间项目这3项资料的计算,它的计算结果,一方面很容易受最初水平和最末水平的异常值影响,另一方面不能反映中间水平过高过低的影响,在这种情况下,运用这种方法计算的平均发展速度就没有代表性,就不能说明平均发展的程度。因此,在进行分析时,平均发展速度就要与增加量、环比发展速度、分段平均速度等结合运用,只有这样才能正确而完整地认识现象的发展变化过程。

"番"与"倍"的说明:在"翻番"中,"翻"是动词,"番"是量词。"番"是以2为基数,翻一番为2^1,翻两番为2^2,翻m番为2^m。番和倍,都是量词。番数和倍数,都是表示分子的值比分母的值大很多的计量形式。番与倍的不同在于,"番"是按几何级数计算的,"倍"是按算术级数计算的。比如,增长一倍,就是增长100%;翻一番,也是增长100%。除了一倍与一番相当外,两倍与两番以上的数字含义就不同了。而且数字越大,差距越大。例如,增加两倍,就是增长200%;翻两番就是400%,增长了300%,翻三番就是800%,增长了700%,即增长7倍。如果以m表示番数,那么,计算翻番的公式为

$$2^m = \frac{y_n}{y_0}$$

例如,中国国家统计局发布的《中国国民经济和社会发展统计公报》显示:中国的快递业务量,2011年为36.7亿件,2018年为507.1亿件,则2018年的快递业务量比2011年的翻了四番。即

$$2^m = \frac{y_n}{y_0} = \frac{507.1}{36.7} = 14 \ , \quad m = 4$$

2) 方程式法

用方程式法计算平均发展速度。

方程式法是指通过研究一定时期内各期的实际发展水平累计之和与基期水平对比所确立的代数方程来计算平均发展速度的方法。

运用方程式法的条件是:主要考虑在长期计划中,整个时期发展水平的总量是否达到了预期目标。它通常用于计算垦荒造林、固定资产投资、新增固定资产等的平均速度。

将式(6-1)中各项发展水平相加,即得全期发展水平。即

$$y_1 + y_2 + \cdots + y_n = y_0 x_1 + y_0 x_1 x_2 + \cdots + y_0 \underbrace{x_1 x_2 \cdots x_n}_{n \uparrow x}$$

上式中,假设每期环比发展速度c_i,都以相同的平均发展速度$\bar{y}$发展,则

$$\sum y = y_0 \bar{y} + y_0 \bar{y}\,\bar{y} + \cdots + y_0 \underbrace{\bar{y}\,\bar{y} \cdots \bar{y}}_{n \uparrow \bar{y}}$$

即$\bar{y} + \bar{y}^2 + \cdots + \bar{y}^n = \dfrac{\sum y}{y_0}$

解高次方程,即得$\bar{y}$,方程式法由此得名。

【例6-8】中国全社会的固定资产投资额,2014—2018年这5年的总额($\sum y$)为2967400亿元,2013年的(y_0)为444618亿元。

求:2014—2018年,中国固定资产投资额的平均发展速度和平均增长速度各为多少?

解:

$$\overline{y} + \overline{y}^2 + \overline{y}^3 + \overline{y}^4 + \overline{y}^5 = \frac{\sum y}{y_0} = \frac{2967400}{444618}$$

解高次方程，得到平均速度($\overline{y}$)=109.79%。平均增长速度=109.79%–100%=9.79%。

即 2014—2018 年这 5 年，中国固定资产投资额的平均发展速度为 109.79%，平均增长速度为 9.79%。

3. 平均发展水平

平均发展水平是指对动态数列中不同时期的发展水平求平均数，又称为"序时平均数"。平均发展水平用符号 $\overline{y}$ 表示。

1) 由总量数动态数列求序时平均数

总量数有时期数和时点数，相应地，总量数动态数列也有时期数动态数列和时点数动态数列。

时期数列是指由时期数构成的动态数列，是"时期数动态数列"的简称。

时点数列是指由时点数构成的动态数列，是"时点数动态数列"的简称。

那么，什么是时期数和时点数？

时期数是指现象在一段时期内累计达到的总数量。比如，毕业生人数、出生数、出口额、战争次数及和平年数等。

时期数的特点是：其一，数值可以累计。这种现象是连续不断发生的，每个时期的累计数表明现象在该时期整个活动过程的总成果。其二，数值大小与时期的长短有直接关系。

时点数是指现象在某一时刻上所达到的总数量。比如，在校生人数、人口数、储蓄存款余额、商品库存量等。

时点数的特点是：其一，数值不可以累计，累计无意义。其二，数值大小与时点的间隔长短没有直接的关系。

区分时期数列和时点数列，有助于计算平均发展水平。两者的比较如表 6-9 所示。

表 6-9　时期数列与时点数列的区别

判别标准	时期数列	时点数列
搜集数据的方式是否连续	连续登记	间断登记
各项数据是否可以相加累计	可以	不可以
各项数据的大小是否与时间长短有直接关系	有	没有

一看时期数列求 $\overline{y}$。

$$简单算术平均法：\overline{y} = \frac{各时期数值之和}{时期项数} = \frac{\sum y}{n}$$

上式说明：由于时期数具有可加性，即各期的数值加起来有意义，并且数值大小与时间长短有直接关系，故将各时期数值相加，得到这一段时期的总量，再除以时期项数，就得到这一段时期的均值。

例如，金牌数是一个时期数，具有直接相加有意义、与时间长短有直接联系、可连续统计的特点。

2000—2016 年，中国参加了 5 届奥运会，每届都有傲人的金牌入账。由计算可知，中国每届奥运会所获得平均金牌数为 35 枚，其计算如下。

$$\bar{y} = \frac{\sum y}{n} = \frac{28 + 32 + 51 + 38 + 26}{5} = \frac{175}{5} = 35(枚)$$

二看时点数列求 $\bar{y}$。

时点数列有连续时点数列和间断时点数列两种，这两种时点数列按时点间隔是否相等，又各有两种计算形式。

由连续时点数列求 $\bar{y}$。 连续时点数列是指由每天都登记的时点数列资料所形成的动态数列。

间隔相等时，用简单算术平均法，即

$$\bar{y} = \frac{各时点数数据之和}{时点项数} = \frac{\sum y}{n}$$

间隔不等时，用加权算术平均法，即

$$\bar{y} = \frac{\sum yf}{\sum f}$$

【例 6-9】 员工出勤情况如表 6-10 和表 6-11 所示。

表 6-10　员工出勤情况(未分组)

时　间	y 出勤人数/人
星期一	37
星期二	40
星期三	40
星期四	36
星期五	40

↓整理

表 6-11　员工出勤情况（已分组）

时　间	出勤人数/人 y	间隔时间/天 f
星期一	37	1
星期二、三、五	40	3
星期四	36	1

求：一周来平均每天的员工出勤人数。

解：表 6-10 是整理前未分组的数据，各时期的间隔相等，可采用简单算术平均法。

$$\bar{y} = \frac{\sum y}{n} = \frac{37 + 40 + 40 + 36 + 40}{5} = \frac{193}{5} \approx 39(人)$$

表 6-11 是整理后分组的数据，各时期的间隔不相等，可采用加权算术平均法。

$$\bar{y} = \frac{\sum yf}{\sum f} = \frac{37 \times 1 + 40 \times 3 + 36 \times 1}{1 + 3 + 1} = \frac{193}{5} \approx 39(人)$$

由间断时点数列求 $\bar{y}$。 间断时点数列是指由不是每天都登记的时点数列资料所形成的动态数列。间断时点数列的数据，是每隔一段时间登记一次。其登记的方式有两种，一种是每次登记的间隔相等；另一种是每次登记的间隔不完全相等。实际中，常在期初或期末登记，如月(季、年)初或月(季、年)末。

由于间断时点数列一般只有期初或期末的数据，所以计算它的动态平均数要采用两个假设条件，即上期期末数＝本期期初数；现象在间隔期内的数量变化是均匀的。

当间隔相等时，用"首末折半法"，即

$$\bar{y} = \frac{\dfrac{y_0}{2} + y_1 + \cdots + y_{n-1} + \dfrac{y_n}{2}}{n}$$

顺口溜记忆"首末折半法"公式：首末项之半，加中间各项，除以 n 项。

推导公式的步骤：先平均，再平均。

第 1 步，求相邻两个时点的简单均值。

这里，遵循了一个会计原则，即假设上期期末数为本期期初数。

第 2 步，将各简单均值再加以简单平均。

【例 6-10】 2015—2018 年中国网民的人数资料如表 6-12 所示。

表 6-12　2015—2018 年中国网民人数一览

年份.月份	网民人数/亿人
2015.12	6.88
2016.12	7.31
2017.12	7.72
2018.12	8.29

资料来源：中国互联网络信息中心。

求：2016—2018 年中国网民的平均人数。

解：设网民人数为 y_i。

第 1 步，求各年网民人数的简单均值。

2016 年平均网民人数：$\bar{y}_1 = \dfrac{y_0 + y_1}{2} = \dfrac{6.88 + 7.31}{2} = 7.10$(亿人)

2017 年平均网民人数：$\bar{y}_2 = \dfrac{y_1 + y_2}{2} = \dfrac{7.31 + 7.72}{2} = 7.52$(亿人)

2018 年平均网民人数：$\bar{y}_3 = \dfrac{y_2 + y_3}{2} = \dfrac{7.72 + 8.29}{2} = 8.01$(亿人)

第 2 步，对各年的平均网民人数求简单均值。

$$\bar{y} = \frac{\bar{y}_1 + \bar{y}_2 + \bar{y}_3}{3} = \frac{\dfrac{y_0 + y_1}{2} + \dfrac{y_1 + y_2}{2} + \dfrac{y_2 + y_3}{2}}{3}$$

$$= \frac{\dfrac{y_0}{2} + y_1 + y_2 + \dfrac{y_3}{2}}{4-1} = \frac{\dfrac{6.88}{2} + 7.31 + 7.72 + \dfrac{8.29}{2}}{3} = 7.54(亿)$$

即 2016—2018 年这 3 年来，中国网民的平均人数为 7.54 亿人。

在间隔相等的时点数列中，由于各时点之间的间隔相等，即权数相等，权数作用相同。

在间隔不等的时点数列中，由于各时点之间的间隔不完全相等，则要用间隔的长度为权数，对各间隔期的平均水平再进行加权平均计算，以求得动态平均水平。

当间隔不等时，用加权算术平均法，即

$$\bar{y} = \frac{\left(\dfrac{y_0 + y_1}{2}\right) \times f_1 + \left(\dfrac{y_1 + y_2}{2}\right) \times f_2 + \cdots + \left(\dfrac{y_{n-1} + y_n}{2}\right) \times f_n}{f_1 + f_2 + \cdots + f_n}$$

式中，f 为时间的间隔长度。

【例 6-11】2015—2018 年中国网民的人数资料如表 6-13 所示。

表 6-13　2015—2018 年中国网民人数

年份.月份	网民人数/亿人 y_i	时间的间隔长度/年 f
2015.12	6.88	—
2017.12	7.72	2
2018.12	8.29	1

资料来源：中国互联网络信息中心。

求：2016—2018 年中国网民的平均人数。

解：设网民人数为 y_i，时间的间隔长度为 f。

由：$$\bar{y} = \frac{\left(\dfrac{y_0 + y_1}{2}\right) \times f_1 + \left(\dfrac{y_1 + y_2}{2}\right) \times f_2 + \cdots + \left(\dfrac{y_{n-1} + y_n}{2}\right) \times f_n}{f_1 + f_2 + \cdots + f_n}$$

有：$$\bar{y} = \frac{\left(\dfrac{6.88 + 7.72}{2}\right) \times 2 + \left(\dfrac{7.72 + 8.29}{2}\right) \times 1}{2+1} = 7.54(亿人)$$

即 2016—2018 年这 3 年来，中国网民的平均人数为 7.54 亿人。

2) 由相对数动态数列求序时平均数

计算公式为

$$\bar{c} = \frac{\bar{a}}{\bar{b}}$$

步骤如下。

第 1 步，写出相对数的公式：$c = \dfrac{a}{b}$，确定 a、b、c。

第 2 步，求 $\bar{c} = \dfrac{\bar{a}}{\bar{b}}$，即分别求 a、b 和 c 三个数列的动态平均数。

【例6-12】2015—2018年中国网民的人数资料如表6-14所示。

表6-14 2015—2018年中国网民人数及手机网民构成比

年份.月份	已知栏		计算栏
	网民人数 /亿人 b	手机网民所占构成比 /% c	手机网民人数 /亿人 a
(甲)	(1)	(2)	(3)=[(1)×(2)]÷100
2015.12	6.88	90.10	6.20
2016.12	7.31	95.10	6.95
2017.12	7.72	97.50	7.53
2018.12	8.29	98.60	8.17

资料来源：中国互联网络信息中心。

求：2016—2018年中国手机网民人数占中国全部网民人数的平均构成比。

解：设网民人数为b，手机网民所占构成比为c，手机网民人数为a，中国手机网民人数占中国全部网民人数的平均构成比为$\bar{c}$。

第1步，求a。

由：$c = \dfrac{a}{b}$，有：$a = b \times c$

即由：手机网民的构成比$=\dfrac{\text{手机网民人数}}{\text{网民人数}} \times 100\%$

有：手机网民人数=网民人数×手机网民的构成比

即：$a = b \times c$。其计算结果如表6-14第(3)栏所示。

第2步，分别求a数列和b数列的平均发展水平。由于a数列和b数列都是间隔相等的间断时点数列，所以都用首末折半法来求解。

由：$\bar{c} = \dfrac{\bar{a}}{\bar{b}}$

有：$\bar{a} = \dfrac{\dfrac{a_0}{2} + a_1 + \cdots + \dfrac{a_n}{2}}{n} = \dfrac{\dfrac{6.20}{2} + 6.95 + 7.53 + \dfrac{8.17}{2}}{3} = 7.22(\text{亿人})$

$\bar{b} = \dfrac{\dfrac{b_0}{2} + b_1 + \cdots + \dfrac{b_n}{2}}{n} = \dfrac{\dfrac{6.88}{2} + 7.31 + 7.72 + \dfrac{8.29}{2}}{3} = 7.54(\text{亿人})$

则：$\bar{c} = \dfrac{\bar{a}}{\bar{b}} = \dfrac{7.22}{7.54} \times 100\% = 96\%$

即2016—2018年这3年来，中国手机网民占全部上网用户人数的平均构成比为96%。

3) 由平均数动态数列求序时平均数

由平均数动态数列计算序时平均数（$\bar{y}$），要分间隔相等和间隔不等两种情况。

当间隔相等时，求序时平均数，用简单算术平均法，即

$$\bar{y} = \frac{y_1 + \cdots + y_{n-1} + y_n}{n} = \frac{\sum y}{n}$$

式中：$\bar{y}$——序时平均数；

$\quad\quad \sum y$——各时段的简单均值之和；

$\quad\quad n$——各时段的项数。

【例 6-13】2016—2018 年中国网民的人数资料如表 6-15 所示。

表 6-15　2016—2018 年中国网民平均人数

年　份	平均网民人数/亿人
2016	7.10
2017	7.52
2018	8.01

资料来源：中国互联网络信息中心。

求：2016—2018 年中国网民的平均人数。

解：设平均网民人数为 y。

由：$\bar{y} = \dfrac{\sum y}{n}$

有：$\bar{y} = \dfrac{7.10 + 7.52 + 8.01}{3} = 7.54 \text{(亿人)}$

即 2016—2018 年这 3 年来，中国平均每年的网民人数为 7.54 亿人。

当间隔不相等时，求序时平均数，以间隔的长度(f)为权数，用加权算术平均法，即

$$\bar{y} = \frac{y_1 f_1 + \cdots + y_{n-1} f_{n-1} + y_n f_n}{f_1 + \cdots + f_{n-1} + f_n} = \frac{\sum yf}{\sum f}$$

【例 6-14】2015—2018 年中国网民的人数资料如表 6-16 所示。

表 6-16　2015—2018 年中国网民平均人数

年　份	平均网民人数/亿人 y	时间的间隔长度/年 f
2015	6.69	1
2017	7.52	2
2018	8.01	1

资料来源：中国互联网络信息中心。

求：2015—2018 年中国网民的平均人数。

解：

由：$\bar{y} = \dfrac{y_1 f_1 + \cdots + y_{n-1} f_{n-1} + y_n f_n}{f_1 + \cdots + f_{n-1} + f_n} = \dfrac{\sum yf}{\sum f}$

有：$\bar{y} = \dfrac{6.69 \times 1 + 7.52 \times 2 + 8.01 \times 1}{1 + 2 + 1} = 7.44 \text{(亿人)}$

即 2015—2018 年这 4 年来，中国平均每年的网民人数为 7.44 亿人。

6.5　Excel 在动态三数中的应用

本部分内容，共有 3 个干货。

一是计算动态三数的"全家福"。

二是计算平均增长速度。

三是计算平均发展水平。

【例 6-15】用 Excel 计算动态三数的"全家福"。结果如图 6-3 所示。

L7		f_x =(C12/C7)^(1/5)											

1996—2016年中国奥运军团荣获金牌数的计算表

	已知栏		计算栏1 动态总量数		计算栏2 动态相对数				计算栏3 动态平均数				
序号	年份	金牌数/枚	增(减)量/枚		发展速度		增长速度		平均发展水平/枚	平均增加量/枚	平均发展速度		平均增长速度
			逐期	累积	环比	定基	环比	定基	SUM(C8:C12)/5	D13/(6-1)	方法一：(C12/C7)^(1/5)		L7-1
		y_i	$y_i - y_{i-1}$	$y_i - y_0$	$\dfrac{y_i}{y_{i-1}}$	$\dfrac{y_i}{y_0}$	$\dfrac{y_i}{y_{i-1}}-1$	$\dfrac{y_i}{y_0}-1$			方法二：GEOMEAN(F8:F12)		L8-1
(甲)	(乙)	(1)	(2)	(3)	(4)	(5)	(6)	(7)	(8)	(9)	(10)		(11)
1	1996	16	—	—	—	100	—	—	35	2	1.10		0.10
2	2000	28	12	12	1.75	1.75	0.75	0.75			1.10		0.10
3	2004	32	4	16	1.14	2.00	0.14	1.00					
4	2008	51	19	35	1.59	3.19	0.59	2.19					
5	2012	38	-13	22	0.75	2.38	-0.25	1.38					
6	2016	26	-12	10	0.68	1.63	-0.32	0.63					
总计		191	10										

资料来源：中国奥委会官方网站（http://www.olympic.cn/）。

图 6-3　动态三数"全家福"的计算

求：以 1996 年为对比基础，计算 2000—2016 年的奥运金牌数的变化。

① 画折线图。

② 动态总量数：增(减)量。

③ 动态相对数：发展速度和增长速度。

④ 动态平均数：平均发展水平、平均增(减)量、平均发展速度和平均增长速度。

解：对图 6-3 计算结果的上机操作说明如下。

① 折线图的画法。选择数据区域 C7:C12，单击插入折线图。

② 动态总量数即增(减)量，计算结果请见图 6-3 计算栏 1。

在 D8 单元格中输入公式"=C8-C7"；在 E8 单元格中输入公式"=C8-$C$7"。

③ 动态相对数即发展速度和增长速度，计算结果请见图 6-3 计算栏 2。

在 F8 单元格中输入公式"=C8/C7"；在 G8 单元格中输入公式"=C8/$C$7"；在 H8 单元格中输入公式"= F8-1"；在 I8 单元格中输入公式"= G8-1"。

将 D8 到 I8 单元格的数据计算出来以后，选中 D8:I8 单元格区域，将鼠标指针移到 I8 的右下角，当出现填充柄，即鼠标指针变成"+"字形时，双击"+"字形，就得到 D8:I12 单元格区域的全部数据。

双击一下，结果尽显，岂不美妙，如同放了一把绚丽的焰火。

④ 动态平均数即平均水平、平均增(减)量、平均发展速度和平均增长速度，计算结果

请见图 6-3 计算栏 4。

平均发展水平为 35 枚，即在 J7 单元格中输入公式"=SUM(C8:C12)/5"。因为题目要求计算 2000—2016 年的奥运金牌数的变化，所以没有包括 1996 年的金牌数。

平均增加量为 2 枚，即在 K7 单元格中输入公式"=D13/5"。

平均发展速度为 1.1。方法一：公式法。在 L7 单元格中输入"=(C12/C7)^(1/5)"，按 Enter 键，得到 1.1。方法二：几何平均法。在 L8 单元格中输入"=GEOMEAN(F8:F12)"，单击"确定"按钮，得到 1.1。几何平均数的赋值函数为 GEOMEAN(X)。

平均增长速度为 0.1，即在 M7 单元格中输入公式"=L7-1"，或在 M8 单元格中输入公式"=L8-1"。

【例 6-16】用 Excel 计算平均发展速度。结果如图 6-4 所示。

	A	B	C	D	E
1	2014—2018年中国固定资产投资额				
2	已知栏		计算栏		
3	年份	固定资产投资额/亿元	目标单元格	6.6748	
4	2013	444618	目标值	6.6740	
5	2014	512021	年均发展速度	1.0979	
6	2015	562000			
7	2016	606466	单变量求解 ? ×		
8	2017	641238	目标单元格(E): $D$3		
9	2018	645675	目标值(V): 6.6740		
10	总计	3412018	可变单元格(C): $D$5		
11	资料来源：中国国家统计局。		确定 取消		
12					

图 6-4 用方程式法求平均发展速度

求：2014—2018 年中国固定资产投资额的平均发展速度。

解：对图 6-4 计算结果的上机操作说明如下。

第 1 步，准备。

在已知栏，输入数据，如 A1:B11 单元格区域，在 B10 单元格中输入=SUM(B4:B9)。

方法：方程式法。由于长期的固定资产投资额侧重于考察全期水平，故用方程式求平均速度。

第 2 步，启用迭代计算。

打开"文件"按钮，单击"选项"，在弹出的"Excel 选项"对话框中，单击"公式"选项，再勾选"启用迭代计算"复选框，最后，单击"确定"按钮，关闭对话框。

在计算栏，用 D5 单元格存放平均发展速度的计算结果。在 D3 单元格中，输入=D5^1+D5^2+D5^3+D5^4+D5^5，按 Enter 键，得到计算结果为 0.0000；在 D4 单元格，输入=SUM(B5:B9)/B4，按 Enter 键，得到计算结果为 6.6740。

第 3 步，利用"单变量求解"对话框计算平均发展速度。

先单击"数据"标签，在"数据工具"这一组，单击"模拟分析"中的"单变量求解"选项；在弹出的"单变量求解"对话框中，在"目标单元格"组合框中输入 D3，在"目标值"组合框中输入 6.674，在"可变单元格"组合框中输入 D5。单击"确定"按钮，关闭"单变量求解"对话框；在弹出的"单变量求解状态"对话框，再单击"确定"按钮，关闭"单变量求解状态"对话框。这时，D3 单元格的"0.0000"被替换为 6.6748，D5 单元格显示为 1.0979。

即 2014—2018 年这 5 年，中国固定资产投资额的平均发展速度为 109.79%，年均增长 9.79%。

【例 6-17】用 Excel 计算平均发展水平。

(1) 有资料如图 6-5 所示。

	C8	▼	f_x	=AVERAGE(C5:C7)	
	A	B		C	D
	中国网民平均人数的计算表（已知：间隔相等的总量数）				
1					
2	已知栏			计算栏	
3	年份.月份	网民人数/亿人		两项平均/亿人	
4	2015.12	6.88		—	
5	2016.12	7.31		7.10	
6	2017.12	7.72		7.52	
7	2018.12	8.29		8.01	
8	平均			7.54	
9	资料来源：中国互联网络信息中心。				
10					

图 6-5 序时平均数的计算 1

求：2016—2018 年中国网民的平均人数。

解：计算结果如图 6-5 计算栏所示。

计算栏中各项的操作：在 C5 单元格输入=(B4+B5)/2，按 Enter 键；再拖动 C5 单元格的填充柄到 C7 单元格；最后在 C8 单元格输入=AVERAGE(C5:C7)，单击"确定"按钮，得到所要求的 7.54 亿人。

(2) 有资料如图 6-6 所示。

	I8	▼		f_x	=I7/H7	
	E	F	G	H	I	J
1	中国网民平均人数的计算表（已知：间隔不等的总量数）					
2	已知栏		计算栏			
3	年份.月份	网民人数/亿人	两项平均/亿人	间隔长度/年	两项平均×间隔长度/亿人	
4	2015.12	6.88	—	—	—	
5	2017.12	7.72	7.30	2	14.60	
6	2018.12	8.29	8.01	1	8.01	
7	总计	—	—	3	22.61	
8	平均				7.54	
9	资料来源：中国互联网络信息中心。					
10						

图 6-6 序时平均数的计算 2

求：2016—2018 年中国网民的平均人数。

解：计算结果如图 6-6 计算栏所示。

计算栏中各项的操作：在 G5 单元格输入=AVERAGE(F4:F5)，单击"确定"按钮；再拖动 G5 单元格的填充柄到 G6。在 I5 单元格输入=G4*H5，按 Enter 键；再拖动 I5 单元格的填充柄到 I6；在 I7 单元格输入=SUM(I5:I6)，按 Enter 键。最后在 I8 单元格输入= I7/H7，单击"确定"按钮，得到所要求的 7.54 亿人。

(3) 有资料如图 6-7 所示。

P9	▼	fx	=(O8/P8)*100		

K	L	M	N	O	P	Q
1	中国手机网民人数平均构成比的计算表 （已知：间隔相等的总量数和相对数）					
2		已知栏		计算栏		
3	年份.月份	网民人数 /亿人	手机网民的 构成比/%	手机网民 人数/亿人	手机网民人数的 两项平均/亿人	网民人数的 两项平均/亿人
4	2015.12	6.88	90.10	6.20	—	—
5	2016.12	7.31	95.10	6.95	6.58	7.10
6	2017.12	7.72	97.50	7.53	7.24	7.52
7	2018.12	8.29	98.60	8.17	7.85	8.01
8	平均				7.22	7.54
9	平均构成比/%					96
10	资料来源：中国互联网络信息中心。					
11						

图 6-7　序时平均数的计算 3

求：2016—2018 年中国手机网民人数占中国全部网民人数的平均构成比。

解：计算结果如图 6-7 计算栏所示。

计算栏中各项的操作：在 N4 单元格输入=L4*(M4/100)，按 Enter 键；再拖动 N4 单元格的填充柄到 N7。

在 O5 单元格输入=AVERAGE(N4:N5)，单击"确定"按钮；再拖动 O5 单元格的填充柄到 O7；在 O8 单元格输入=AVERAGE(O5:O7) ，单击"确定"按钮。

在 P5 单元格输入=AVERAGE(L4:L5)，单击"确定"按钮；再拖动 P5 单元格的填充柄到 P7；在 P8 单元格输入=AVERAGE(P5:P7) ，单击"确定"按钮。

最后，在 P9 单元格输入=(O8/P8)*100，按 Enter 键，得到所求的 96%。

【例 6-18】用 Excel 计算翻番。

有资料如图 6-8 所示。

D5	▼	fx	=LOG(B5/B4)/LOG(2)		

	A	B	C	D	E
1	2011年和2018年中国的快递业务量				
2		已知栏		计算栏	
3	年份	快递业务量/亿件	增长	翻番	
4	2011	36.7	—	—	
5	2018	507.1	13	4	
6	资料来源：中国国家统计局。				
7					

图 6-8　翻番的计算

求：2018 年与 2011 年相比，快递业务量增长了多少？翻了几番？

解：计算结果如图 6-8 计算栏所示。

计算栏中各项的操作：在 C5 单元格输入=(B5/B4)-1，按 Enter 键，得到 13。

在 D5 单元格输入=LOG(B5/B4)/LOG(2)，按 Enter 键，得到 4。

即 2018 年与 2011 年相比，中国的快递业务量增长 13 倍，翻了四番。

统 计 实 录

听刁老师讲时间课

刁老师，刁锦寰，芝加哥大学的统计学教授，其照片见图 6-9。

图 6-9　统计学家刁锦寰先生

"这两个例子也蛮有趣的。上面这个，有名得不得了，是个什么例子呢？"这是我的课堂笔记，记录的就是这位教授的原话。

从上面的只言片语，聪明如你，可以猜到，这是华人学者讲授的视频课程。正因为是视频课，所以，可以一字不漏地记录到本本里，可以逐字逐句地慢慢玩味，可以翻来覆去地悉心体会。正因为是华人学者讲授的，所以你我他都没有语言障碍，听起来很亲切。

"大家午安，我姓刁，就是刁老师，很容易认，因为这里很少有人有白头发，你看那个头发白的，头发最白的就是我。欢迎大家来上这个时间序列的课。"说话者，正是讲课者，刁锦寰先生，这是他走进教室的开场白。只见他，鬓发如雪，精神矍铄。整堂课讲下来，始终笑意盎然。

刁老师的第一讲，是"时间序列分析"。听刁老师的课，是一种享受。他娓娓道来，幽默风趣，在他图文并茂的演示和讲解中，我们已知的又得到了深化，未知的也得到了了解。听完第一讲，一字一句记下来，一张图一张图截下来，共计 6000 多字，20 张折线图。

刁老师有感而发，"人啊是生活在时间当中"，年、季、月、时、分、秒，每时每刻都有新资料。将某个指标的数值资料按时间的先后顺序排列下来，这就是时间序列。进行时间序列分析，首先就是画图，画一个折线图，用横轴表示时间，用纵轴表示数值。

画图有什么好处呢？好处在于能够看到数据点的分布，如果有数据点离群索居，吱溜跑到一边去了，我们很快就能发现，而且马上可以展开查询活动，揪住这非同寻常的值，看它究竟是在正常状态下产生的，还是在误打误撞中跑来的。"所以，第一件事情，你做任何一个时间序列分析的话，第一件事要做什么，先画个图，不要一上来就套公式。进去的资料是垃圾，出来的也是垃圾。所以，第一件事情，尽可能画图。并不是说画图能解决所有的问题，但是画图能给人最初步的信息。"

用时间序列可以进行分析，其中很重要的一项就是预测。刁老师教导我们说，预测不是算命，如果他会算命，他就不到这里来了。那么，"人家老问我，你搞预测的，能不能预测股票啊。我只能讲，祝你好运！"刁老师的回答很有意思。

刁老师对股票什么的不感兴趣，但对某些实际问题却一往情深，而且这种热情从青春年华一直燃烧到了现在。课堂上，有好些案例都是刁老师亲力亲为得来的，这里略举两例。

第一个例子。"这是一份很老的资料，分析这个资料的时候，我还年轻得很呢。"

这是《电力公司市场需求预测》的案例。刁老师用这个例子来说明，折线图中折线的走向有简单和复杂之分，时间序列的预测有短期、中期和长期之分。

第二个例子。"我那个时候，年纪很轻的时候，我开始做环保资料分析的时候，就是做洛杉矶空气污染的资料。"

刁老师以这个为例，说明折线图中折线的起起伏伏，是受石油危机、政府决策等因素影响的最直观的显示。"这洛杉矶呢，两个很有名，一个是，最有名的是好莱坞，第二个就是空气污染。"当年，刁老师做这项调查，"我为了分析这个资料，自己夏天到洛杉矶去，开了个车子，把窗子打开，过了20分钟，开始流泪了，我从来没有坐汽车坐到流泪的，这是唯一的一次。"这就是刁老师，率性可爱，令人肃然起敬。

"人啊是生活在时间当中。"是啊，每个人都生活在时间当中。记得有朋友聚在一起，不知怎么着就闹腾看手相，男左女右，这是情感线，这是事业线，这是生命线，俗称"三线"。

煞有介事地，"哈哈，你这小子很有艳福嘛，嗯，还挺有才的哈，寿命，看看……"如果把这"三线"画在我们熟悉的折线图中，也就是横轴上的时间用年份来表示，纵轴上用数值表示，那么在这张图中，就会显示出3条折线，即情感线、事业线、生命线。

人各有志，每个人的折线图都不会相同。刁老师的人生折线图，活脱脱就是：智慧圆满，笑意盎然。

本 章 小 结

时间的流水在不停流淌
用静态三数把世界观赏
用动态三数放眼望世界
看这世界变化的新动向

知识点： 动态数列，动态三数，动态总量数，动态相对数，动态平均数，增长1%的绝对值，时期数列，时点数列，指数，综合指数法，同度量因素，居民消费价格指数，几何平均法，平均速度，序时平均数。

基本内容： 以一张时间飞龙的漫画为引入点，首先介绍了动态分析中动态三数的含义，然后用实例解读总量数和相对数，最后用实例解读平均数中的增加量、增长速度和发展水平。

基本框架：

$$动态的三数 \begin{cases} 总量数 \\ 相对数 \\ 平均数 \end{cases}$$

$$\downarrow$$

$$动态的三数 \begin{cases} 动态总量数 \begin{cases} 逐期增加量=报告期水平-上一期水平 \\ 累计增加量=报告期水平-固定期水平 \end{cases} \\[2ex] 动态相对数 \begin{cases} 一般动态相对数(速度) \begin{cases} 发展速度=报告期水平÷基期水平 \\ 增长速度=发展速度-1或100\% \end{cases} \\[2ex] 特殊动态相对数(指数) \begin{cases} 总量数的指数 \begin{cases} 数量指数 \\ 质量指数 \end{cases} \\[1ex] 平均数的指数 \begin{cases} 固定指数 \\ 结构指数 \end{cases} \end{cases} \end{cases} \\[4ex] 动态平均数 \begin{cases} 平均增加量=逐期增加量之和÷逐期增加量的个数 \\ 平均增长速度=平均发展速度-1或100\% \\ 平均发展水平(序时平均数) \end{cases} \end{cases}$$

$$\downarrow$$

$$序时平均数 \begin{cases} 由总量数列求\bar{y} \begin{cases} 时期数列：\bar{y}=\dfrac{\sum y}{n} \\[2ex] 时点数列 \begin{cases} 连续 \begin{cases} 相等：\bar{y}=\dfrac{\sum y}{n} \\[1ex] 不等：\bar{y}=\dfrac{\sum yf}{\sum f} \end{cases} \\[3ex] 间断 \begin{cases} 相等：\bar{y}=\dfrac{\frac{y_0}{2}+y_1+\cdots+\frac{y_n}{2}}{n} \\[2ex] 不等：\bar{y}=\dfrac{\left(\frac{y_0+y_1}{2}\right)\times f_1+\left(\frac{y_1+y_2}{2}\right)\times f_2+\cdots+\left(\frac{y_{n-1}+y_n}{2}\right)\times f_n}{f_1+f_2+\cdots+f_n} \end{cases} \end{cases} \end{cases} \\[4ex] 由相对数的动态数列求\bar{c}=\dfrac{\bar{a}}{\bar{b}} \\[2ex] 由平均数的动态数列求\bar{y}=\dfrac{\sum \bar{y}}{m} \end{cases}$$

对本章内容基本框架的说明如下。

动态分析法是指用动态数列(时间数列)来计算动态数据，用于概括地描述总体数量特征的方法。

本章介绍了 3 类动态数据，以分别描述总体的 3 大数量特征：一是用动态总量数(增减量)描述总体规模的变化；二是用一般相对数(速度)和特殊相对数(指数)来描述总体对比程度的变化；三是用动态平均数(平均增减量、平均增长速度和平均发展水平)来描述总体一般水平的变化。动态数列与静态数列的比较如表 6-17 所示。

表 6-17　动态数列与静态数列的比较

比　　较		动态数列(时间数列)	静态数列(分配数列)
共同点		用于反映现象的数量特征	
不同点	功能	从动态上反映现象的变化	从静态上反映现象的结构等特征
	构成	时间项目、相应的数据	分组、次数
	种类	总量数动态数列、相对数动态数列、平均数动态数列	品质数列、变量数列
	计算	动态三数：总量数、相对数和平均数	静态三数：总量数、相对数和平均数

本章是对总体的动态描述，下一章是对总体的动态预测。

下一章是我们统计旅游第三个风光带的第 4 个景点，主打景观是因素分析。

真 题 上 市

一、单项选择题

1. 不属于时间数列的有( )。

　　A. 3 只小老虎的年龄　　　　　　　　B. 一只股票价格近 3 天的变动

　　C. 一个国家历年的旅游者人数　　　　D. 一款手机连续 3 个月的销售量

2. 累计增加量是指( )。

　　A. 两个基期水平之差　　　　　　　　B. 两个报告期水平之差

　　C. 报告期水平与前一时期水平之差　　D. 报告期水平与某一固定时期水平之差

3. 如果时间数列各项为正数，且各逐期增加量相等，则( )。

　　A. 环比增长速度逐期上升　　　　　　B. 环比增长速度逐期下降

　　C. 各期环比增长速度有升有降　　　　D. 各期环比增长速度保持不变

4. 中国国家统计局发布的《2017 年中国国民经济和社会发展统计公报》显示：2014—2017 年，中国普通本专科招生人数(万人)分别为 721、738、749 和 761。其招生人数的环比增长速度为 2.36%、1.49% 和 1.6%，则招生人数的总增长速度为( )。

　　A. $2.36\% \times 1.49\% \times 1.6\% - 100\%$

　　B. $\sqrt[3]{2.36\% \times 1.49\% \times 1.6\%} - 100\%$

　　C. $102.36\% \times 101.49\% \times 101.6\% - 100\%$

　　D. $\sqrt[3]{102.36\% \times 101.49\% \times 101.6\%} - 100\%$

5. 据中国大学网报道，中国国家公务员考试中，最终确认参加考试的人数，2005 年为 31 万人，2015 年为 141 万人，2017 年为 148 万人。以 2005 年为基础年，从 2005 到 2015 年，参加考试的人数年均增长(　　)倍。

A. $\dfrac{31+141}{2}$　　　B. $\sqrt[10]{\dfrac{141}{31}}-1$　　　C. $\sqrt[10]{\dfrac{31}{141}}-1$　　　D. $\sqrt[11]{\dfrac{141}{31}}-1$

6. 反映总体中个别项目数量变动的相对数称为(　　)。

　　A. 总指数　　　　　B. 个体指数　　　　　C. 综合指数　　　　　D. 加权指数

7. 下列指数中，属于数量指数的是(　　)。

　　A. 价格指数　　　　　B. 职工人数指数　　　　　C. 工资指数　　　　　D. 单位成本指数

8. 用 p 表示商品的价格，用 q 表示商品的销售量，$\dfrac{\sum p_0 q_1}{\sum p_0 q_0}=105\%$ 表示(　　)。

　　A. 在基期价格的条件下，综合反映多种商品销售量提高了 5%

　　B. 在基期价格的条件下，综合反映多种商品销售量下降了 5%

　　C. 在报告期价格的条件下，综合反映多种商品销售量提高了 5%

　　D. 在报告期价格的条件下，综合反映多种商品销售量下降了 5%

9. 中国国家统计局发布的《2017 年中国国民经济和社会发展统计公报》显示：2017 年，中国居民消费价格指数(CPI)增长 2%。CPI 增长 2% 是(　　)。

　　A. 环比发展速度，说明居民消费品的价格上涨了 2%

　　B. 定基增长速度，说明居民消费品的销售额上涨了 2%

　　C. 定基发展速度，说明居民消费大件的价格平均上涨了 2%

　　D. 环比增长速度，说明居民消费品及生活服务项目的价格上涨了 2%

10. 商品流转次数是指商品销售额与商品库存额之比。在时间数列中，商品销售额和商品库存额分别为(　　)。

　　A. 时期数与时期数　　　　　　　　B. 时期数与时点数

　　C. 时点数与时点数　　　　　　　　D. 时点数与时期数

二、多项选择题

1. 定基增长速度等于(　　)。

　　A. 环比增长速度的连乘积　　　　　　B. 累计增加量除以基期水平

　　C. 定基发展速度减 1 或 100%　　　　D. 环比发展速度的连乘积减 1 或 100%

2. 反映时间数列变动程度的方法包括(　　)。

　　A. 增加量　　　　B. 发展速度　　　　C. 增长速度　　　　D. 平均发展速度

3. 已知时间数列的最末水平、总发展速度和平均发展速度，则可计算出该数列的(　　)。

　　A. 最初水平　　　B. 平均增加量　　　C. 平均增长速度　　D. 环比增长速度

4. 几何平均数的计算公式有(　　)。

　　A. $\sqrt[n]{\pi x}$　　　　　　　　　　B. $\sqrt[\sum f]{\pi x^f}$

C. $\sqrt[n]{x_1 x_2 \cdots x_{n-1} x_n}$ D. $\dfrac{x_1 x_2 \cdots x_{n-1} x_n}{n}$

5. 中国国家统计局发布的《2018 年中国国民经济和社会发展统计公报》显示：2015—2018 年，中国粮食产量(万吨)分别为 62144、61625、61791 和 65789。其粮食产量的逐期增加量(万吨)为-519、166 和 3998，则(　　)万吨。

A. 粮食产量总增加=-519+166+3998

B. 年均粮食产量增加=-519+166+3998

C. 粮食产量累计增加量=-519+166+3998

D. 年均粮食产量增加量=$\dfrac{-519+166+3998}{3}$

6. 中国的上证股价指数(　　)。

A. 是质量指数

B. 可以较为准确地反映上海股价的变动

C. 采用上海股市的全部股票为计算对象

D. 选择上海股市中具有代表性的股票为计算对象

7. 按所反映的内容不同，指数可以分为(　　)。

A. 数量指数 B. 质量指数

B. 个体指数 D. 综合指数

8. 编制综合指数时，下列说法正确的是(　　)。

A. 拉氏物价指数采用基期销售量作为权数

B. 拉氏物价指数采用报告期销售量作为权数

C. 拉氏物量指数采用报告期销售量作为权数

D. 派氏物价指数采用报告期销售量作为权数

9. 3 种商品的价格指数为 109%，其分子与分母之差为 500 元，则结果表明(　　)。

A. 3 种商品的价格平均上涨 9%

B. 由于价格上涨，使销售额增长 9%

C. 由于价格上涨，使商店在一定销售量条件下，多收入 500 元

D. 由于价格上涨，使居民在维持一定生活水准的情况下，多支出 500 元

10. 居民消费价格指数能够反映(　　)。

A. 通货膨胀的状况

B. 货币购买力的变动

C. 对职工实际工资的影响

D. 城乡居民购买的生活消费品和服务项目价格的变动

三、判断题

(　　)1. 累计增加量等于相应的各个逐期增加量之积。

(　　)2. 指数体系中，总指数等于它的各因素指数之和。

（　　）3. 相邻时期的两个定基发展速度之比等于相应的环比发展速度。

（　　）4. 在编制价格指数时，要以商品的销售量或使用数量作为权数。

（　　）5. 在时间数列中，每项数据可以相加并且有意义的是时期数列。

（　　）6. 利用几何平均法计算平均发展速度时，侧重于考察现象的期末发展水平。

（　　）7. 某年某月与上年同月相比，这是同比。某年某月与本年上个月相比，这是环比。

（　　）8. 从理论上讲，拉氏指数与派氏指数并无优劣之分。

（　　）9. 采用几何平均法计算平均发展速度，不仅侧重于考察现象的期末发展水平，也关注和反映中间各项水平的变化。

（　　）10. 定基发展速度等于相应各个环比发展速度的连乘积，所以定基增长速度也等于相应各个环比增长速度的连乘积。

四、综合题

1. 解读

比较"静态数列""动态数列"，举例说明两者的运用。

2. 解析

官方公布的居民消费价格指数(CPI)为什么与个人在现实中感受到的物价上涨有落差，CPI被官方低估了吗？

3. 搜一搜

在公务员考试网站，重点关注《行政职业能力测验》中有关"资料分析"题的内容。

目标1：自行综合一篇有关公务员历年招考的数据分析文章，并进行点评式留言。

目标2：做3套近3年的资料分析题，写出收获的知识点，找出这个题型的出题规律。

消息1：据公考资讯网报道，从报名人数来看，国考"热"始于2003年。2002年国考报名人数为6万人，2003年猛增到12万人，2009年首次突破100万人。从2009年到2018年，国考报名人数连续10年都在百万人以上。

消息2：据国家公务员考试网报道，《行政职业能力测验》中的"资料分析"题是各位考生的"兵家必争之地"。因为这部分题目具有好掌握、技巧强、提分快和变化少的特点，目的在于考察考生对于给定的统计图表、数据及文字材料的综合理解与分析加工能力。

五、计算题

1. 验算结果

① 2017年，中国物价上涨2%，那么当年的10元钱相当于去年的9.8元。

② 物价下降后，同样多的人民币可以购买原有商品的110%，则居民消费价格指数为90.91%。

③ 2017年，中国物价上涨2%，则用同样多的人民币比上年少购买1.96%的商品。

④ 小文去年末的月工资为4000元，今年1月开始月工资上涨为4200元，当前的消费

价格指数为 102%，则小文的实际工资每月增长了 2.94%。

2. 动态分析(见表 6-18)

表 6-18　2012—2018 年中国快递业务量一览

年　份	快递业务量/亿件
2012	56.9
2013	91.9
2014	139.6
2015	206.7
2016	312.8
2017	400.6
2018	507.1

资料来源：中国国家邮政局。

要求：以 2012 年为对比基础，计算 2013—2018 年中国快递业务量的变化，并对分析结果进行说明。

① 画折线图。

② 计算动态总量数：增减量。

③ 计算动态相对数：发展速度和增长速度。

④ 计算动态平均数：平均发展水平、平均增减量、平均发展速度和平均增长速度。

⑤ 对折线图和"动态三数"的计算结果进行文字分析。

3. 一道考题

题源：2018 年中国国家公务员考试《行政职业能力测验》试卷。

题型：资料分析题。

要求：所给出的图、表、文字或综合性资料均有若干个问题要你回答，你应根据资料提供的信息进行分析、比较、计算和判断处理。

题目：根据以下资料(见表 6-19 和图 6-10)，回答①～⑤题。

表 6-19　2015—2016 年中国生活服务电商市场交易规模统计表

分　类	2015 年	2016 年
在线餐饮外卖市场的交易额(亿元)	530.6	1761.5
移动出行市场的交易额(亿元)	999.0	2038.0
在线旅游市场的交易额(亿元)	4487.2	6138.0

资料来源：中商产业研究院。

① 2016 年在线旅游市场交易规模约比上年增长了(　　)。

　　A. 132%　　　B. 63%　　　C. 104%　　　D. 37%

② 2015 年第四季度在线餐饮外卖市场交易规模占全年交易规模的比重约为(　　)。

　　A. 21%　　　B. 28%　　　C. 37%　　　D. 49%

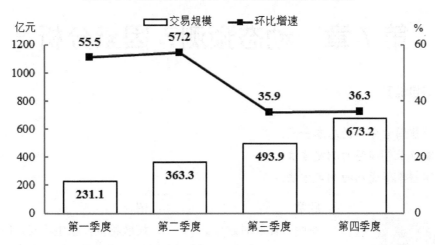

图 6-10 柱线图

③ 如按 2016 年移动出行市场同比增长趋势估算，2018 年该市场规模将为(　　)。

A. 接近 5000 亿元　　　　　　　　　　B. 6000 多亿元

C. 8000 多亿元　　　　　　　　　　　　D. 超过 10000 亿元

④ 以下(　　)图形最能准确描述 2016 年生活服务电商市场中，三个不同细分市场交易规模同比增量的构成比关系。

⑤ 能够从上述资料中推出的是(　　)。

A. 2015—2016 年在线旅游市场总规模超过 1 万亿元

B. 2016 年每个季度的在线餐饮外卖市场环比增量都高于 100 亿元

C. 2016 年移动出行市场月均交易规模比 2015 年高 100 多亿元

D. 2016 年下半年在线餐饮外卖市场规模比上半年高一倍以上

第7章 动态预测：因素分析

【学习目标】

● 理解因素分析的基本含义。
● 掌握长期趋势的测定方法。
● 掌握季节变动的测定方法。

	欣赏	留言
	左图：比利时邮票。 说明：为警示人们要爱护自然环境，1986 年，比利时发行了这枚邮票。	相敬相依，生生不息。时间的大树上结满了数据的果子，这些果子是很多因素影响的结果。本章讲述怎样确定和测定这些影响因素。

学生和老师的一段对话。

学生：看啊，上面这张邮票，鱼儿游着游着，怎么突然就变成鱼骨头了呢？

老师：邮票在说：当水环境恶劣到一定程度的时候，鱼类将趋于死亡。

学生：天啦，好可怕！鱼儿离不开水，水质坏了，生活在水中的鱼儿就会变成鱼骷髅。

老师：水质坏了，鱼就活不成了，这就是破坏环境的恶果，这是可以预见的趋势。

学生：邮票中的折线代表生命线，真想让充满生机的生命线源远流长。

老师：鱼儿离不开水，人也离不开水，如果不重视环境保护的话，鱼骷髅的今天，就是人类自取灭亡的明天。

学生：太可怕了。对了，老师，时间上结的果，除了可以预测和报警，还有什么作为？

老师：这个嘛，大有作为。这一章，讲的是动态预测中的因素分析。

学生：影响数据果子的因素太多了，大大小小的，恐怕找不全吧！

老师：还记得分类法吗？分类的方法就能派上用场。把影响数据结果的因素进行分类，数据在时间上的变化，受长期趋势、季节变动、循环变动和随机变动这 4 大因素的影响。

学生：噢，是这样，我想问，政策影响的因素、国内外的影响因素，怎么都不算数呀？

老师：当然都算数，只是这种分类，是从时间上来划分的，其他影响因素都包含在其中，如政策因素会影响数据成果的变化趋势和季节变动。

学生：我想，上面这张邮票，画的就是受长期趋势因素的影响了，是这样吗？

老师：是的，股票价格的变动也是这样。这一章，我们还要学季节变动，季节变动带来的淡季和旺季都可以画出来。

学生：是吗？这可有意思了。老师您先休息一会儿，喝口热茶，学生我翻书去了。

7.1　因素分析的步骤

市场风云变幻莫测，预测的方法层出不穷。由于进行预测的资料来自过去，而现在与过去有关，这种相关性，为预测法的应用提供了一个平台。

因素分析法是指把影响动态数列的主要因素进行分解，以量度不同因素对数列影响的大小和规律的方法。因素分析法的功能主要有 3 点：一是可以测定现象的变动，从而掌握现象变化的规律；二是可以根据现象过去的发展趋势，预测其未来的情况；三是可以把影响因素从时间数列中分离出来，以便更好地研究其他因素。

运用因素分析法的基本步骤如下。

第 1 步，确定影响动态数列的因素。

影响动态数列的因素主要有 4 种，即长期趋势(T)、季节变动(S)、循环变动(C)和随机变动(I)。

长期趋势(Long-term Trend)是指在较长时期内(3 年以上)，现象呈现持续发展的态势。其发展的态势有：持续向上趋势、持续水平延伸和持续向下趋势。比如，天然石油越开采越少，石油储量呈现由繁荣到逐渐衰减的趋势。长期趋势是影响动态数列变化的最基本的因素，起着普遍的、决定的和持久的作用，是动态数列变动的基本形式。

季节变动(Season Variation)是指在较短时间内(一年以下)，现象呈现周而复始的变动。季节变动的原因有两类，即自然变动和人为变动。一年四季属于自然变动，而一年中的节日属于人为变动。比如，夏季冰棒的销量高是由于自然变动的影响，"双十一"购物节的消费高是由于人为的影响。季节的人为变动是季节变动派生出来的，已不局限于自然气候的四季更替所造成的变动。季节变动具有重复性、周期性和稳定性，即每年重复进行，每年按照一定的周期进行，每个周期的变化强度大体相同。

循环变动(Cyclic Variation)是指在较长周期内(一年以上)，现象呈现涨落起伏的周期性变动。比如，娱乐行业的变化。

随机变动(Irregular Variation)是指在一段时间内，现象受偶然因素影响所造成的变动。偶然因素包括火灾、战争、动乱、疫病、恐怖袭击。例如，2001 年 9 月 11 日的美国 9 • 11 恐怖袭击事件发生后，美国损失高达 136 亿美元，美国经济一度下滑，国际股市发生强烈震荡。

动态数列中的各个数值，可以看成是以上 4 种因素变动的一部分或全部影响所致。

第 2 步，确定进行因素分析的模式。

用动态数列(Y)进行预测的一个重要前提，就是明确动态数列各影响因素之间的关系。这种关系一般表现为加法模式和乘法模式。

加法模式是指假定 4 种变动因素(长期趋势、季节变动、循环变动和随机变动)是相互独立的，则动态数列的各期发展水平是各个影响因素相加的总和。

$$加法模式：Y=T+S+C+I$$

运用加法模式的前提条件，就是 4 种因素的变动对 Y 所产生的影响是相互独立的。

乘法模式是指假定 4 种变动因素(长期趋势、季节变动、循环变动和随机变动)是相互联系的，则动态数列的各期发展水平是各个影响因素相乘之积。

$$乘法模式：Y=T\times S\times C\times I$$

运用乘法模式的前提条件，就是 4 种因素的变动对 Y 所产生的影响是相互联系的。

是选用加法模式还是乘法模式进行分析，需要根据现象的性质、研究目的以及所掌握的资料来确定。由于乘法模式在两边取对数后，也成为加法模式的形式，因此也可以理解为这两种假定原则上没有区别，都是假设动态数列各因素是可以相加的。

总之，动态数列分析预测的任务就是采用科学方法，一般采用乘法模式，将受各因素影响的变动分别测定出来，做好预测，为决策提供依据。

本章介绍长期趋势和季节变动的预测方法。

7.2　长期趋势的预测

测定长期趋势常用的方法有 3 种，即移动平均法、指数平滑法和回归分析法。

移动平均法是指将时间数列的数值逐项移动，依次计算包含一定期数的序时均值，以形成一个新的时间数列的方法。这个新数列，把原数列中的某些随机变动加以修匀，削弱或消除了短期偶然因素的影响，从而显示出现象变动的基本趋势。移动平均法是测定长期趋势的最基本的方法。

比如，在股票市场上，人们常用移动平均线即均线来进行技术分析。其计算公式为 N 日移动平均线=N 日收盘价之和÷N。

时间(N)设置为 5 日、10 日、20 日、30 日、60 日、120 日。

在移动平均法中，移动的项数有奇数项和偶数项之分。

如果移动的项数为奇数项，那么移动均值的计算结果放在中间一项的位置上。比如，第 1 次进行 3 项移动平均时，计算结果放在与第 2 项对齐的位置上。用奇数项修匀的数列与原数列相比，首尾各少(N-1)÷2 项。比如，移动平均的项数为 5 项，则移动平均得到的新序列与原序列相比，首尾各少 2 项，共减少 4 个数据。

如果移动的项数为偶数项，那么第一次要计算移动均值，第二次要计算移正均值。比如，第 1 次 4 项移动平均时，结果放在第 2 项和第 3 项之间，因此，还要做移正平均，也就是计算移正均值，把计算结果放在与第 3 项对齐的位置上。用偶数项修匀的数列与原数列相比，首尾各少 N÷2 项。比如，移动平均的项数为 4 项，则移动平均得到的新序列与原序列相比，首尾各少 2 项，共减少 4 个数据。

用移动平均法分析时间数列的长期趋势，关键在于选择移动的项数。因为不同的移动项数，对预测结果有直接影响。移动的项数越多，对原数列的修匀作用就越大，对削弱随机因素影响的能力就越强，但损失的信息也越多，得到的移动均值也越少。因此，移动的项数要适中，一般要根据自然周期的长度确定移动的项数，以消除周期波动，反映现象的变动趋势。比如，在历年的季度资料中，由于一年为四季，就要以 4 为移动的项数，而在历年的月度资料中，由于一年有 12 个月，于是以 12 为移动的项数。

【例 7-1】用移动平均法测定长期趋势。

要求：用移动平均法，计算移动平均数，绘制移动平均线，预测 2014 年第一季度的销售量，并进行分析。

解：计算结果如表 7-1 所示。

表 7-1　2011—2013 年中国乘用车销售量长期趋势的测定(移动平均法)

计量单位：万辆

已知栏			计算栏	
			销售量的预测值	
年　份	季　度	销售量的实际值	4 项移动均值	2 项移正均值
2011	一	385	—	—
	二	329	363	—
	三	343	361	362
	四	393	374	368
2012	一	377	380	377
	二	384	387	384
	三	366	404	396
	四	422	414	409
2013	一	443	427	421
	二	424	449	438
	三	418	—	—
	四	509	—	—

资料来源：中国汽车工业协会。

在表 7-1 中，根据已知栏的资料进行计算，计算步骤如下。

第 1 步，确定移动项数。

由于有 3 年的资料，每年有 4 季的数据，时间周期为 4，因此选择以 4 为移动的项数。

第 2 步，计算移动均值。

4 项移动属于偶数项移动。第 1 次 4 项移动的均值为(385+329+343+393)÷4=363，第 2 次 4 项移动的均值为(329+343+393+377)÷4=361。其余的计算，依此类推。

最后计算 2 项移正均值。第 1 次移正的均值为(363+361)÷2=362，第 2 次移正的均值为(361+374)÷2=368。其余的计算，依此类推。

第 3 步，绘制移动平均线，如图 7-1 所示。

简析：由图 7-1 可见，2011—2013 年这 3 年，销售量的实际值的走向为一条波浪线，线条起起伏伏，看不出明显的走向。通过对销售量的实际值进行移动平均，消除偶然因素的影响，销售量的预测值的走向呈现为一条直线，中国乘用车的销售量明显呈上升趋势。

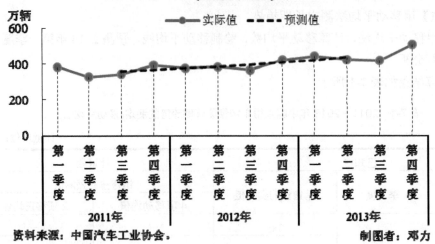

图 7-1 移动平均线

第 4 步，进行预测。

由于 2 项移正均值的最后 1 项为 438 万辆，即第 4 年第一季度预测的销售量为 438 万辆。

对移动平均法的评价如下。

优点：计算方法简单。只要用简单算术平均法，对移动项数的数值进行简单平均，边移动，边修匀，就可以反映现象长期变动的趋势。

缺点：一是没有充分利用时间数列的全部数值。因为每次移动，只是计算近期的几个数值的均值。二是不适合预测。因为在进行预测时，近期的数值对现在的预测结果影响大，而远期的数值对现在的预测结果影响小，而这种方法，对参与计算的每个数值同等看待，显然不符合实际情况。

改进：指数平滑法可对移动平均法进行改进。

指数平滑法是指对时间数列由近及远的数值采取由大到小的平滑系数进行加权计算，以得到预测值的方法。一次指数平滑法适用于较为平稳的时间数列。其计算公式为

$$F_{t+1} = \alpha Y_t + (1-\alpha)F_t$$

式中，F_{t+1}——第 t+1 期的指数平滑值；

α——平滑系数；

Y_t——第 t 期的观测值；

F_t——第 t 期的指数平滑值。

指数平滑法的计算公式表明，第 t+1 期的预测值是第 t 期的实际值与第 t 期的预测值的加权平均。只要知道第 t 期的实际值与预测值，就可以计算第 t+1 期的预测值。

在开始计算时，由于还没有第 1 期的预测值，通常设第 1 期的预测值(F_1)等于第 1 期的实际值(Y_1)，即 $F_1 = Y_1$。

用指数平滑法分析时间数列的长期趋势，关键在于确定一个合适的平滑系数(α)。因

为不同的平滑系数，对预测结果有直接影响。

平滑系数的取值范围为 $0<\alpha<1$。平滑系数的取值越接近于 0，则最远期的数值，其作用最小。平滑系数的取值越接近于 1，则最近期的数值，其作用最大。

当时间数列变化剧烈时，应选择较大的平滑系数，以适应其变化。而当时间数列变化比较平稳时，平滑系数一般选择 0.5。

【例 7-2】用指数平滑法测定长期趋势。

要求：用指数平滑法，计算指数平滑数，绘制指数平滑线，预测 2014 年第一季度的销售量，并进行分析。

解：计算结果如表 7-2 所示。

表 7-2　2011—2013 年中国乘用车销售量长期趋势的测定(指数平滑法)

计量单位：万辆

已知栏			计算栏
年　份	季　度	销售量的实际值 Y	销售量的预测值 F
2011	一	385	—
	二	329	385
	三	343	357
	四	393	350
2012	一	377	372
	二	384	375
	三	366	380
	四	422	373
2013	一	443	398
	二	424	421
	三	418	423
	四	509	421

资料来源：中国汽车工业协会。

在表 7-2 中，计算步骤如下。

第 1 步，确定平滑系数。

方法一：目测法。由于动态数列变化比较平稳，因此选择平滑系数(α)为 0.5。

方法二：比较法。当平滑系数分别为 0.4、0.5 和 0.6 时，分别计算其预测值与实际值的误差的平方和。当平滑系数为 0.5 时，其误差的平方和为最小，因此选择平滑系数为 0.5。

第 2 步，计算指数平滑值。

2011 年第一季度销售量的预测值为：$F_1=Y_1=385$。

由：$F_{t+1}=\alpha Y_t+(1-\alpha)F_t$

有：2011 年第二季度销售量的预测值为：$F_2=\alpha Y_1+(1-\alpha)F_1=0.5\times385+(1-0.5)\times385=385$

2011 年第三季度销售量的预测值为：$F_3=\alpha Y_2+(1-\alpha)F_2=0.5\times329+(1-0.5)\times385=357$

2011 年第四季度销售量的预测值为：$F_4 = \alpha Y_3 + (1-\alpha)F_3$ =0.5×343+(1-0.5) ×357=350

2012 年和 2013 年各季的预测，可依此类推。

第 3 步，绘制指数平滑线，如图 7-2 所示。

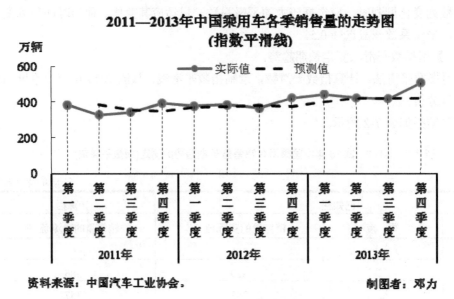

图 7-2　指数平滑线

简析：由图 7-2 可见，销售量实际值的走向为一条波浪线，线条起起伏伏，看不出明显的走向。通过对销售量的实际值进行指数平滑的加权计算，消除偶然因素的影响，销售量的预测值的走向呈现为一条平滑且向上的曲线，表示 2011—2013 年这 3 年，中国乘用车的销售量呈明显的上升态势。

第 4 步，进行预测。

由于指数平滑法的预测值的最后 1 项，即 2013 年第四季度的销售量的实际值为 509，预测值为 421，则 2014 年第一季度的销售量的预测值为 0.5×509+(1-0.5) ×421=465(万辆)。

对指数平滑法的评价如下。

优点：计算方法简单。只要用加权算术平均法，依序对上一期的实际值和预测值进行加权平均，就可以反映现象长期变动的趋势。

缺点：当原数列存在季节变动的因素时，用指数平滑法预测的效果并不佳。这时，平滑系数的取值虽然适当，误差的平方之和也为最小，但误差水平仍然很大，预测值与实际值相比，明显存在滞后的现象。

改进：季节变动法可对指数平滑法进行改进。

7.3　季节变动的预测

测定季节变动的方法为季节比率法。

季节比率法是指用季节比率反映季节变动的方法。季节比率是指各年同期的均值与各

年全期的总均值之比。其计算公式为

$$季节比率=\frac{各年同期的均值}{各年全期的总均值}$$

在季节比率的计算公式中，各年同期的均值是指各年同月或同季的数值的均值，各年全期的总均值是指各年全部的数值的均值。

从单个的季节比率来看，如果季节比率大于100%，则为旺季；如果季节比率小于100%，则为淡季；如果季节比率等于100%，则为平季。从季节比率之和来看，按12个月的资料计算的季节比率，每个月的季节比率为100%，则季节比率之和为1200%；按4个季度的资料计算的季节比率，每个季度的季节比率为100%，则季节比率之和为400%。

测定季节变动，要分以下两种情况计算季节比率。

第一种情况，当时间数列没有明显的长期趋势时，可以直接计算季节比率，绘制季节比率图，以反映季节变动。其计算步骤如下。

第1步，计算季节比率(S)。

第2步，绘制季节比率图。

第3步，预测季节变动。各期的预测值=全年计划数×(季节比率÷季节比率之和)。

第二种情况，当时间数列存在明显的长期趋势时，要先消除长期趋势的影响，再计算季节比率，绘制季节比率图，以反映季节变动。其计算步骤如下。

第1步，剔除随机因素和长期趋势因素的影响。

计算趋势值(T)，以剔除随机因素 (I) 变动的影响。

计算实际值(Y)与趋势值(T)之比，以剔除长期趋势因素 (T) 变动的影响。

第2步，计算季节比率(S)。

第3步，绘制季节比率图。

第4步，预测季节变动。各期的预测值=全年计划数×(季节比率÷季节比率之和)。

受季节变动影响的现象，一般也存在长期趋势。为准确地反映现象随季节变动的特征，应当消除长期趋势的影响。消除长期趋势影响的方法，主要有移动平均法和回归分析法。

【例7-3】在未剔除长期趋势影响的条件下，用季节变动法测定季节变动。

要求：用季节变动法(不考虑长期趋势的影响)，计算季节比率，绘制季节比率图，说明淡季和旺季并进行分析。2014年计划销售2000万辆，试预测2014年各季的销售量。

解：计算结果如表7-3所示。

在表7-3中，根据已知资料进行计算，计算步骤如下。

第1步，计算季节比率(S)。

季节比率=各年同季的均值÷各年全季的总均值。

在季节比率的公式中，分子的计算。这3年第一季度的平均销售量=(385+377+443)÷3=401.67(万辆)。其余三个季度的平均销售量的计算，可依此类推。

在季节比率的公式中，分母的计算。这3年各季度的总平均销售量=(385+329+343+393+377+384+366+422+443+424+418+509)÷12=399.42(万辆)。

这3年第一季度的销售量的季节比率(调整前)=(401.67÷399.42)×100%=100.56%。其余

3个季度的计算，可依此类推。

表7-3　2011—2013年中国乘用车销售量季节变动的测定

(季节变动法：未剔除长期趋势的影响)

	销售量		第一季度	第二季度	第三季度	第四季度	合计
已知栏	实际值/万辆	2011年	385	329	343	393	1450
		2012年	377	384	366	422	1549
		2013年	443	424	418	509	1794
计算栏	均值/万辆	均值	401.67	379.00	375.67	441.33	399.42
		总均值			399.42		
	季节比率/%	调整前	100.56	94.89	94.05	110.49	399.99
		调整后	101	95	94	110	400
	预测值/万辆	2014年	505	475	470	550	2000

资料来源：中国汽车工业协会。

由于调整前的季节比率之和=100.67%+94.99%+94.15%+110.61%=399.99%≠400%，因此要对季节比率进行调整。

这3年第一季度的销售量的季节比率(调整后)=100.56%×(400%÷399.99%)=101%。其余三个季度的计算，可依此类推。

调整后的季节比率之和=101%+95%+94%+110%=400%。

第2步，绘制季节比率图，如图7-3所示。

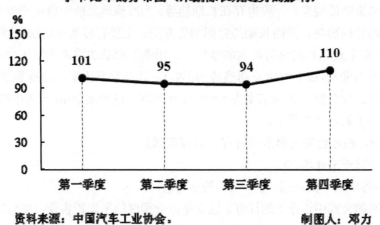

图7-3　季节比率图

简析：由图7-3可见，2011—2013年这3年来，中国乘用车的销售量在一季度、二季度、三季度和四季度的季节比率分别为101%、95%、94%和110%。显然，乘用车销售量的旺季在一季度和四季度，季节比率分别为 101%和 110%，而淡季在二季度和三季度，季节比率分别为 95%和 94%。

第 3 步，进行预测。

预测 2014 年汽车的销售量。各期的预测值=全年计划数×(季节比率÷季节比率之和)。

2014 年第一季度的销售量=2000×(100.56%÷400%)=505(万辆)。其余 3 个季度的计算，可依此类推。

答：2014 年中国乘用车全年计划销售达到 2000 万辆，如果不剔除长期趋势的影响，那么按季节变动的规律，2014 年 4 个季度销售量的预测数分别为 505 万辆、475 万辆、470 万辆和 550 万辆。

评价：由图 7-3 的移动平均线可以看出，销售量的时间数列存在明显的长期趋势，并且为上升趋势。在这种情况下，如果不消除长期趋势对季节变动的影响，将会导致年末的季节比率高于年初的季节比率。为了准确地反映汽车销售量受季节变动的影响，应剔除长期趋势的影响。

【例 7-4】在已剔除长期趋势影响的条件下，用季节变动法测定季节变动。

要求：用季节变动法(考虑长期趋势的影响)，计算季节比率，绘制季节比率图，说明淡季和旺季并进行分析。2014 年全年计划销售 2000 万辆，试预测 2014 年各季的销售量。

解：计算结果如表 7-4 所示。

表 7-4　2011—2013 年中国乘用车销售量季节变动的测定

(季节变动法：已剔除长期趋势的影响)

已知栏			计算栏		
年份	季度	销售的实际值/万辆 Y	用移动平均法测定长期趋势 销售量的预测值/万辆		剔除长期趋势 季节分量/% $S_T=(Y\div T)\times100\%$
			4 项移动均值	2 项移正均值 T	
2011	一	385	—	—	—
	二	329	363	—	—
	三	343	361	362	95
	四	393	374	368	107
2012	一	377	380	377	100
	二	384	387	384	100
	三	366	404	396	92
	四	422	414	409	103
2013	一	443	427	421	105
	二	424	449	438	97
	三	418	—	—	—
	四	509	—	—	—

利用表 7-4 计算栏中的季节分量，进一步编制表 7-5。

表 7-5   2014 年中国乘用车销售量的预测表

销售量		第一季度	第二季度	第三季度	第四季度	合计
季节分量/% S_T	2011 年	—	—	95	107	202
	2012 年	100	100	93	103	396
	2013 年	105	97	—	—	202
季节分量的均值 /%	各季的均值	102.50	98.50	94.00	105.00	—
	总均值	100.00				
季节比率/% S		102.50	98.50	94.00	105.00	400.00
2014 年的预测值/万辆		512.50	492.50	470.00	525.00	2000

根据已知资料进行计算，计算步骤如下。

第 1 步，在表 7-4 中，剔除随机因素和长期趋势因素的影响。

计算移正均值即趋势值(T)，以剔除随机因素 (I) 变动的影响。

计算实际值(Y)与趋势值(T)之比，即季节分量(S_T)，以剔除长期趋势因素 (T) 变动的影响。

计算栏中的计算说明如下。

第 1 个移动均值=(385+329+343+393) ÷4=363。其余计算，可依此类推。

第 1 个移正均值=(363+361)÷2=362。其余计算，可依此类推。

第 1 个季节分量=(343÷361.50)= 95%。其余计算，可依此类推。

第 2 步，在表 7-5 中，计算季节比率(S)。

季节比率=各季的均值÷总均值

这 3 年第一季度销售量的季节分量的均值=(100+105) ÷2=102.5。其余 3 个季度的计算，可依此类推。

这 3 年各季度销售量的季节分量的总均值=(102.5+ 98.5+94+105) ÷4=100%。

这 3 年第一季度的季节比率=这 3 年第一季度销售量的均值÷这 3 年销售量的总均值=102.50÷100=102.50%。其余 3 个季度的计算，可依此类推。

由于季节比率之和=102.50%+98.50%+94%+105%=400%，因此不必对季节比率进行调整。

第 3 步，绘制季节比率图，如图 7-4 所示。

简析：由图 7-4 可见，2011—2013 年这 3 年来，中国乘用车的销售量在一季度、二季度、三季度和四季度的季节比率分别为 102.5%、98.5%、94%和 105%。显然，乘用车销售量的旺季在一季度和四季度，季节比率分别为 102.5%和 105%，而淡季在二季度和三季度，季节比率分别为 98.5%和 94%。

由此可见，这 3 年来，人们买车的热情集中在年初和岁尾，尤其在第四季度最为强劲，是销售最火爆的季节。之所以有这样的结果，也许是中国人"买新车，过新年"的传统理念在影响消费行为。相比而言，年中买车的消费劲头要小一些，尤其是第三季度，是销售最惨淡的季节。如何保持或提升旺季的买车势头，如何拉动年中的购车消费，就是这张统计图带来的启示。

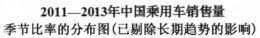

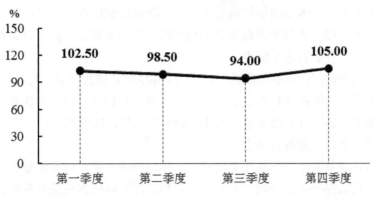

资料来源：中国汽车工业协会。　　　　　　制图人：邓力

图 7-4　季节比率图

第 4 步，进行预测。

预测 2014 年汽车的销售量。各期的预测值=全年计划数×(季节比率÷季节比率之和)。

2014 年第一季度预测的销售量=2000×(102.50%÷400%)=512.5(万辆)。其余 3 个季度的计算，可依此类推。

答：2014 年中国乘用车全年计划销售达到 2000 万辆，如果剔除长期趋势的影响，那么按季节变动的规律，2014 年 4 个季度销售量的预测数分别为 512.5 万辆、492.5 万辆、470万辆和 525 万辆。

7.4　运用因素分析法的注意点

万事万物都是时间结的果，数据也一样。在对时间数列进行因素分析时，要留意以下几点。

第一，找出影响数据大小的主要因素，同时综合考虑其他因素的影响，以对现象进行中肯的分析。

影响数据的因素，方方面面、大大小小有很多，归纳起来，主要有长期趋势变动、季节变动、循环变动、随机变动这 4 个因素的影响。

用因素分析法对动态数列上的数据进行分析时，要留意有哪些因素在真正影响数据，哪些因素是影响数据变动的主力军。

影响数据变动的因素，除了长期趋势变动、季节变动、循环变动和随机变动这 4 个之外，还有很多影响因素。因此，分析数据的影响因素时，应该全面考虑，既要考虑能够量化的因素的影响，也要考虑不能量化的因素的影响，如政策变动、社会环境等，只有这样，才能对现象进行客观的评判。

第二，测定长期趋势并进行预测时，要留意各种方法的特点。

测定长期趋势的方法主要有 3 种，即移动平均法、指数平滑法和回归分析法。

下面从测定效果、运算速度、预测功能 3 个方面来比较一下这 3 种方法。

从测定效果来看，三者都能很好地呈现同一组数据的变动趋势。用这 3 种方法画出的预测线，即移动平均线、指数平滑线和回归模型线对时间数列都起到了修匀作用，都能显示同一组数据呈现上升趋势这个特点。

从运算速度来看，在计算机出现以前，移动平均法的计算最简单，其次是指数平滑法，最难的是回归分析法，但在计算机出现以后，这 3 种方法的算法都变得简单。在"数据—数据分析"工具中，这 3 种方法都位列其中，计算的结果，即点即现。

从预测功能来看，三者各有特点。

移动平均数是简单算术平均法计算的结果。移动平均法是对所有的数据，不论数据在远期还是近期，权数都一样，影响力都一样。显然，用这样的方法进行预测，预测的效果要打折扣。

指数平滑数是加权算术平均法计算的结果。指数平滑法是对所有的数据，按远期和近期的不同，给予不同的权数，最近的数据给予的权数最大，最远的数据给予的权数最小，各数据的影响力不一样。显然，用这样的方法进行预测，预测的效果比移动平均法的要好。但这种方法在预测时，容易受到季节变动的影响。

回归预测数是建立回归模型后计算的结果。回归分析法是常见的预测分析方法。

第三，测定季节变动并进行预测时，要留意各种方法的特点。

测定季节变动的方法是计算季节比率。对季节变动的资料，根据是否剔除长期趋势的影响，有不同的计算方法。

测定季节变动时，如果不剔除长期趋势的影响，可直接用季节比率进行预测。受季节变动影响的资料，一般都会受长期趋势因素的影响，因此要先剔除长期趋势的影响，再进行预测会更恰当。

测定季节变动时，如果要剔除长期趋势的影响，有两种方法可以选用。

第一种方法是先用移动平均法对实际值进行移动平均，测定长期趋势，然后再用季节分量剔除长期趋势，最后用季节比率进行预测。这种预测方法，计算比较简单，但移动平均法的结果会让原有数列的项数减少，在一定程度上影响预测效果。

第二种方法是先用回归分析法对实际值进行回归预测，测定长期趋势，然后再用季节分量剔除长期趋势，最后用季节比率进行预测。这种预测方法，计算虽然有点复杂，但有了诸如 Excel 软件的相助，也就化难为易了。

7.5　Excel 在因素分析中的应用

本部分内容，共有 4 个干货。

一是用移动平均法，测定长期趋势，画移动平均线，并作预测。

二是用指数平滑法，测定长期趋势，画指数平滑线，并作预测。

三是用季节变动法(不考虑长期趋势的影响)，测定季节变动，画季节变动图，并作预测。

四是用季节变动法(考虑长期趋势的影响)，测定季节变动，画季节变动图，并作预测。

【例 7-5】用 Excel 进行因素分析。2011—2013 年中国乘用车销售量如表 7-6 所示。

表 7-6 2011—2013 年中国乘用车销售量一览

计量单位：万辆

年 份	第一季度	第二季度	第三季度	第四季度
2011	385	329	343	393
2012	377	384	366	422
2013	443	424	418	509

资料来源：中国汽车工业协会。

要求：

(1) 用移动平均法，计算移动平均数，绘制移动平均线，预测 2014 年第一季度的销售量。

(2) 用指数平滑法，计算指数平滑数，绘制指数平滑线，预测 2014 年第一季度的销售量。

(3) 用季节变动法(不考虑长期趋势的影响)，计算季节比率，绘制季节比率图，预测 2014 年各季的销售量(设 2014 年全年计划销售 2000 万辆)。

(4) 用季节变动法(考虑长期趋势的影响)，计算季节比率，绘制季节比率图，绘制季节变动走势图，预测 2014 年各季的销售量(设 2014 年全年计划销售 2000 万辆)。

解：

(1) 用移动平均法，计算移动平均数，绘制移动平均线，预测 2014 年第一季度的销售量。计算结果如图 7-5 所示。

对图 7-5 的计算结果说明如下。

第 1 步，确定移动项数。

由于是季度资料，所以移动的项数确定为 4 项。

第 2 步，计算移动均值。

先计算 4 项移动均值。在 D6 单元格输入=AVERAGE(C5:C8)，按 Enter 键，得到 363，再拖动 D6 单元格的填充柄到 D14。

再计算 2 项移正均值。在 E7 单元格输入=AVERAGE(D6: D7)，按 Enter 键，得到 362，再拖动 E7 单元格的填充柄到 E14。

第 3 步，绘制移动平均线。

先选择 C5:C16，按住 Ctrl 键，再选择 E5:E16，制作折线图。

第 4 步，进行预测。

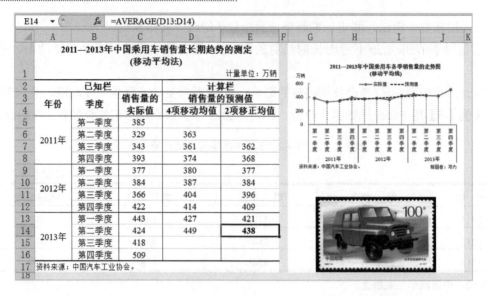

图 7-5　移动平均法

由于 2 项移正均值的最后 1 项为 438 万辆,即 2014 年第一季度销售额的预测值为 438 万辆。

计算移动平均数,也可以用"数据—数据分析"神器中的"移动平均"工具进行计算。

(2) 用指数平滑法,计算指数平滑数,绘制指数平滑线,预测 2014 年第一季度的销售量。计算结果如图 7-6 所示。

图 7-6　指数平滑法

对图 7-6 的计算结果说明如下。

第 1 步,确定平滑系数。

选择平滑系数为 0.4、0.5 和 0.6,分别进行计算和比较,以确定最合适的平滑系数。

第 2 步,计算指数平滑值。

以平滑系数 0.5 为例,对其预测值、误差、误差的平方和的计算说明如下。

先计算预测值。在 E7 单元格输入=0.5*C6+0.5*E6，按 Enter 键，得到 357，再拖动 E7 单元格的填充柄到 E16。

再计算误差。在 H6 单元格输入= C6-E6，按 Enter 键，得到-56，再拖动 H6 单元格的填充柄到 H16。

最后计算误差的平方和。在 K6 单元格输入=H6*H6，按 Enter 键，得到 3136，再拖动 K6 单元格的填充柄到 K16，最后单击"自动求和"按钮，求出误差平方的总和为 17687。

用同样的方法，可以求出平滑系数为 0.4 和 0.6 时，其预测值、误差和误差的平方和。

经过比较，可以看出，当平滑系数为 0.5 时，误差的平方之和为最小。因此平滑系数确定为 0.5。

第 3 步，绘制指数平滑线。

先选择 C5:C16，按住 Ctrl 键，再选择 E5:E16，制作折线图。

第 4 步，进行预测。

由于指数平滑法的最后 1 项，即 2013 年第四季度的销售量的实际值为 509，预测值为 421，则 2014 年第一季度的销售量的预测值为 0.5×509+(1-0.5)×421=465(万辆)。

计算指数平滑值，也可以用"数据—数据分析"神器中的"指数平滑"工具进行计算。

(3) 用季节变动法(不考虑长期趋势的影响)，计算季节比率，绘制季节比率图，预测 2014 年各季的销售量(设 2014 年全年计划销售 2000 万辆)。计算结果如图 7-7 所示。

图 7-7　季节变动法(未剔除长期趋势的影响)

对图 7-7 的计算结果说明如下。

第 1 步，计算均值。

先计算各年同季的均值。在 D6 单元格输入=AVERAGE(D3:D5)，按 Enter 键，得到 401.67，再拖动 D6 单元格的填充柄到 G6。

再计算总均值。在 D7 单元格输入=AVERAGE(D3:G5)，按 Enter 键，得到 399.42。

第 2 步，计算季节比率。

先计算调整前的季节比率。在 D8 单元格输入=(D6/399.42)*100，按 Enter 键，得到 100.56，再拖动 D8 单元格的填充柄到 G8。

再计算调整后的季节比率。在 D9 单元格输入=D8*(400/399.99)，按 Enter 键，得到 101，再拖动 D9 单元格的填充柄到 G9。

第 3 步,绘制季节比率图。

选择 D9:G9,制作折线图。

第 4 步,进行预测。

预测 2014 年各季的销售量。在 D10 单元格输入=2000*(D9/400),按 Enter 键,得到 505,再拖动 D10 单元格的填充柄到 G10。

(4) 用季节变动法(考虑长期趋势的影响),计算季节比率,绘制季节比率图,绘制季节变动走势图,预测 2014 年各季的销售量(设 2014 年全年计划销售 2000 万辆)。计算结果如图 7-8 所示。

K9			f_x =2000*(K8/400)													

2011—2013年中国乘用车销售量季节变动的测定(季节变动法:已删除长期趋势的影响)

			计算栏					2014年中国乘用车销售量的预测表					
	已知栏		计算栏					**销售量**	第一季度	第二季度	第三季度	第四季度	合计
年份	季度	销售量的实际值/万辆 *Y*	用移动平均法测定长期趋势		剔除长期趋势	已知栏		2011年			95	107	202
			销售量的预测值/万辆 4项移动均值	2项移正均值 *T*	季节分量/% $S_T=(Y/T)*100$		季节分量/% S_T	2012年	100	100	93	103	396
								2013年	105	97			202
	第一季度	385					季节分量的均值/%	各季的均值	102.50	98.50	94.00	105.00	100.00
2011年	第二季度	329	363					总均值			100.00		
	第三季度	343	361	362	95	计算栏	季节比率/% *S*		102.50	98.50	94.00	105.00	400.00
	第四季度	393	374	368	107		2014年的预测值/万辆		512.50	492.50	470.00	525.00	2000
	第一季度	377	380	377	100								
2012年	第二季度	384	387	384	100								
	第三季度	366	404	396	92								
	第四季度	422	414	409	103								
	第一季度	443	427	421	105								
2013年	第二季度	424	449	438	97								
	第三季度	418											
	第四季度	509											
资料来源:中国汽车工业协会。													

图 7-8 季节变动法(已剔除长期趋势的影响)

对图 7-8 的计算结果说明如下。

第 1 步,计算季节分量。

先计算 4 项移动均值。在 D7 单元格输入=AVERAGE(C6:C9),按 Enter 键,得到 363,再拖动 D7 单元格的填充柄到 D15。

再计算 2 项移正均值。在 E8 单元格输入=AVERAGE(D7:D8),按 Enter 键,得到 362,再拖动 E8 单元格的填充柄到 E15。

最后计算季节分量。在 F8 单元格输入=(C8/E8)*100,按 Enter 键,得到 95,再拖动 F8 单元格的填充柄到 F15。

第 2 步,计算季节分量的均值。

先计算各年同季的均值。在 K6 单元格输入=AVERAGE(K3:K5),按 Enter 键,得到 102.50,再拖动 K6 单元格的填充柄到 N6。

再计算总均值。在 K7 单元格输入=AVERAGE(K3:N5),按 Enter 键,得到 100.00。

第 3 步,计算季节比率。

计算季节比率。在 K8 单元格输入=(K6/$K$7)*100,按 Enter 键,得到 102.50,再拖动 K8 单元格的填充柄到 N8。季节比率之和为 400%。

第 4 步,绘制季节比率图和季节变动走势图。

季节比率图的画法。选择 K8:N8,制作折线图。

季节变动走势图的画法。先选择 C6:C17 单元格区域，按住 Ctrl 键，再选择 E6:E17 单元格区域，制作折线图。

第 5 步，进行预测。

预测第 2014 年各季的销售量。在 K9 单元格输入=2000*(K8/400)，按 Enter 键，得到512.5，再拖动 K9 单元格的填充柄到 N9。

统　计　实　录

中国乘用车销售量的季节变动分析

作者：刘卫东　改编：邓力　来源：2014 年第 9 期《中国统计》杂志

引言：乘用车的基本定义与研究意义

乘用车包括轿车、微型车以及驾驶员座位不超过 9 座的轻型客车(见图 7-9)。乘用车通常在其设计和技术特性上主要用于载运乘客、乘客随身行李及临时物品等。

图 7-9　中国邮票：汽车

近年来，随着中国经济的快速发展，人们生活水平的不断提高，乘用车的数量也迅速增长。但由于季节变动的影响，中国车市的销量也随着季节的变化而呈现出或高峰或低谷的规律性周期变动。对乘用车季节性消费规律的成因进行分析研究，不仅有助于加深对消费者购车动机、消费习惯的了解，也对乘用车的生产和销售以及合理地控制汽车增量、保护城市的洁净空气等都具有一定的启迪和参考意义。

数据：历年乘用车销售的变化

中国汽车工业协会受政府部门委托，承担中国汽车工业各类统计数据的采集、整理和分析业务，并由中国汽车工业协会行业信处部负责汽车行业信息统计工作。本文中的统计数据，主要来源于中国汽车工业协会的统计数据。

数据是从 2005 年开始的，这主要是因为 2005 年以后，中国对汽车的产销量统计是按照原来分类标准进行的，2005 年以后，中国对汽车的分类分为乘用车和商用车两大类，乘用车涵盖了轿车、微型客车以及不超过 9 座的轻型客车。

本文收集的是 2005 年至 2013 年的数据，如表 7-7 所示。

表 7-7　2005—2013 年中国乘用车各月销售量情况表

计量单位：万辆

月份	2005 年	2006 年	2007 年	2008 年	2009 年	2010 年	2011 年	2012 年	2013 年
1	24.31	41.89	55.25	66.19	61.06	131.60	152.90	116.06	172.55
2	21.35	34.45	41.77	48.89	60.73	94.29	96.72	121.31	111.19
3	35.58	48.60	56.70	70.05	77.24	126.50	134.76	140.00	158.55
4	33.70	46.84	54.58	60.49	83.10	111.09	114.23	127.60	144.14
5	31.74	39.36	48.85	56.46	82.91	104.32	104.29	128.19	139.69
6	37.55	39.64	51.19	58.84	87.29	104.28	110.92	128.42	140.35
7	31.56	33.26	45.72	48.82	83.26	94.62	101.18	112.02	123.76
8	29.24	37.80	48.13	45.13	85.83	101.90	109.52	121.89	135.33
9	35.40	45.57	56.10	55.28	101.51	121.14	131.95	131.56	159.35
10	31.99	41.00	49.69	53.85	94.65	120.32	122.08	129.89	160.57
11	39.36	49.97	58.28	52.28	103.64	133.98	134.37	146.13	169.63
12	45.58	56.48	63.53	58.46	110.33	130.86	136.89	146.29	177.56
总计	397.36	514.86	629.79	674.74	1031.55	1374.90	1449.81	1549.36	1792.67

资料来源：中国汽车工业协会。

数据分析 1：用季节变动法来看乘用车销售量的季节变化

由于乘用车销售量各年有明显的季节变化，因此，本文采取了长期趋势剔除法来计算季节指数，长期趋势的消除是利用 Excel 的移动平均功能，采取 12 项移动平均，再采用两项移动平均进行移正，最后经过计算，得到 1～12 各月调整后的季节指数分别为：113%、87%、115%、105%、97%、98%、86%、88%、102%、94%、105%和 110%，如图 7-10 所示。

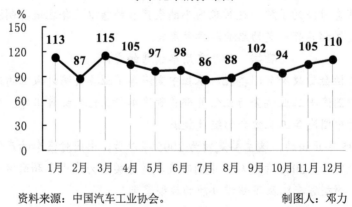

图 7-10　季节比率图

在图 7-10 中，由季节比率可见，销售量最好的是 3 月份，季节比率为 115%；销售量最差的是 7 月份，季节比率仅为 86%；1 月和 12 月，季节比率超过了各月销售量的平均水平，而 4 月、9 月和 11 月，也超过了各月销售量的平均水平，但超过的幅度较小。2 月、5 月、6 月、7 月、8 月和 10 月的销售都没有超过各月销售量的平均水平。

总体来看，汽车销售在冬季为旺季，夏季为淡季。销量最好的是在 1 月份，季节比率为 113%，超过平均水平的 13%，而最差的是 2 月份，只有平均水平的 87%，最好水平的月份销售量季节比率与最差的相比，高出 26 个百分点。

数据分析 2：用最小二乘法来预测乘用车销售量未来走势

首先，预测 2014 年乘用车的总销售量。

由表 7-7 总计的数据，可以画出散点图，如图 7-11 所示。

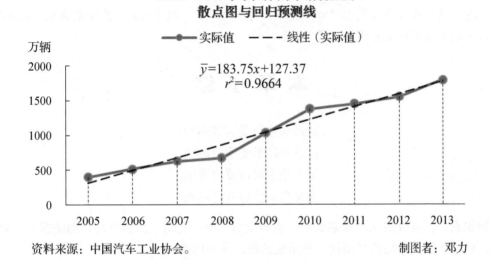

图 7-11　散点图与回归预测线

由图 7-11 可以看出，2005—2013 年乘用车的销售量数据大体呈线性趋势。因此，通过配合线性回归方程，可以对 2014 年乘用车销售量进行预测。

根据最小二乘法配合线性方程的原理，得到的趋势方程为

$$\bar{y} = 127.37 + 183.75t$$

此方程是以 2005 年为原点建立的趋势方程。

根据该方程预测，2014 年的乘用车销售量为 1964.87 万辆，与 2013 年的 1792.67 万辆相比，增加 172.2 万辆，增长 10%。

其次，预测 2014 年各月乘用车销售量。各月销售量预测方法是将各月的季节比率，乘以 2014 年乘用车预测的销售量 1964.87 万辆，得到的结果如表 7-8 所示。

由表 7-7 和表 7-8 可见，中国乘用车的销售数量每年不断增加，2013 年 12 月份为 177.56 万辆，2014 年 12 月预计达到 180.11 万辆，预计净增 2.55 万辆，增长 1%，而且在各月也有不同程度的增长，尤其是在春节前后销量最大，这对提高人们的生活水平有着一定的作

用，但应该注意的是，随着乘用车数量的增加，给城市造成了极大的污染。

表 7-8　2014 年 1—12 月中国乘用车销售量预测一览

月份	1 月	2 月	3 月	4 月	5 月	6 月
季节比率/%	113	87	115	105	97	98
销售量预测数/万辆	185.03	142.45	188.30	171.93	158.83	160.46
月份	7 月	8 月	9 月	10 月	11 月	12 月
季节比率/%	86	88	102	94	105	110
销售量预测数/万辆	140.82	144.09	167.01	153.91	171.93	180.11

资料来源：由表 7-7 的数据计算得到。

因此，怎样在提供人们生活便利的同时，保障和改善人们良好的生存环境，是一个急需决策者高度重视并妥善进行"亡羊补牢"的系统工程。期待人们的生活更快捷、更便利，也期待人们生存的环境更清新、更洁净。

本 章 小 结

数据的结果受因素影响
淡季和旺季受季节影响
淡季旺季可以算出画出
因素分析法自有好风光

知识点：因素分析法，长期趋势，季节变动，循环变动，随机变动，加法模式，乘法模式，移动平均法，指数平滑法，季节变动法，季节比率。

基本内容：以一张鱼的邮票为引入点，首先介绍了动态预测中因素分析的含义，然后用实例解读长期趋势和季节变动的预测方法，最后归纳出进行因素分析时要注意的问题。

基本框架：

$$影响数据结果的因素\begin{cases} 长期趋势 \\ 季节变动 \\ 循环变动 \\ 随机变动 \end{cases}$$

对本章内容基本框架的说明如下。

因素分析预测法是利用动态数列的资料进行预测的方法。

影响数据结果的因素主要有 4 个，即长期趋势、季节变动、循环变动、随机变动，分别用符号 T、S、C 和 I 来表示。

因素分析方法的基本原理：因素分析预测法是指把影响动态数列的 4 种因素进行分解，以量度不同因素对数列影响的大小和规律的方法。动态数列预测的一个重要前提，就是明确动态数列各组成因素之间的关系。这种关系有以下两种模式。

加法模式是指动态数列的观察值是上述 4 种因素值之和，即 $Y=T+S+C+I$。

乘法模式是指动态数列的观察值是上述 4 种因素值之积，即 $Y=T×S×C×I$。

测定因素变动的基本方法：影响动态数列的因素主要有 4 个，即长期趋势、季节变动、循环变动和随机变动。

测定长期趋势的方法有 3 个，即移动平均法、指数平滑法和回归分析法。

测定季节变动的方法有 2 个，即未考虑长期趋势影响的季节变动测定法、已考虑长期趋势影响的季节变动测定法。已考虑长期趋势影响的季节变动测定法，又分为按移动平均法和按回归分析法消除长期趋势影响的季节变动测定法。

本章是对时间数列的动态预测，下一章是综合预测。下一章是我们统计旅游第三个风光带的第 5 个景点，主打景观是回归分析。

真 题 上 市

一、单项选择题

1. 时间数列在长时期内呈现出来的某种持续向上或持续下降的变动称为( )。

   A. 趋势变动   B. 季节变动   C. 循环变动   D. 随机变动

2. 时间数列呈现出来的围绕长期趋势的一种波浪形或振荡式的变动称为( )。

   A. 趋势变动   B. 季节变动   C. 循环变动   D. 随机变动

3. 在时间数列的加法模型中，( )。

   A. 假设趋势变动、季节变动和循环变动这 3 种因素相互独立

   B. 假设趋势变动、季节变动和循环变动这 3 种因素相互影响

   C. 假设趋势变动、季节变动、循环变动和随机变动这 4 种因素相互独立

   D. 假设趋势变动、季节变动、循环变动和随机变动这 4 种因素相互影响

4. 通过对时间数列进行逐期递移，求得均值作为预测值的方法称为( )。

   A. 季节分析法   B. 抽样分析法   C. 回归分析法   D. 移动平均法

5. 移动平均法在选择移动平均的项数时，应该( )。

   A. 采用奇数项来移动   B. 采用偶数项来移动

   C. 按照便捷的原则来确定   D. 按照时间数列的自然周期来确定

6. 移动平均法的目的是消除( )对数列的影响。

   A. 计算误差   B. 总量数的变动

   C. 偶然因素引起的随机变动   D. 非偶然因素引起的随机变动

7. 在时间数列分析中，计算季节比率常用的方法是( )。

   A. 同期平均法   B. 抽样分析法   C. 回归分析法   D. 移动平均法

8. 在季节变动分析时，如果没有季节变动，那么各期的季节比率( )。

   A. 小于 100%   B. 等于 100%   C. 大于 100%   D. 无法确定

9. 元宵的销售在元宵节前后达到旺季，旺季的季节比率将( )。

A. 小于 100%　　　B. 等于 100%　　　C. 大于 100%　　　D. 大于 400%

10. 如果季节比率分别为 65%、120%、130%和 85%,则受季节变动影响最大的是(　　　)。

　　A. 第一季度　　　　B. 第二季度　　　　C. 第三季度　　　　D. 第四季度

二、多项选择题

1. 时间数列的总变动可以分解为(　　　)。

　　A. 趋势变动　　　　B. 季节变动　　　　C. 循环变动　　　　D. 随机变动

2. 测定长期趋势的方法主要有(　　　)。

　　A. 季节比率法　　　B. 回归方程法　　　C. 指数平滑法　　　D. 移动平均法

3. 关于移动平均法,下列说法正确的是(　　　)。

　　A. 关键在于移动项数的选择

　　B. 不能用来测定时间数列的长期趋势

　　C. 如果时间数列存在自然周期,应该根据自然周期确定移动项数

　　D. 如果时间数列存在自然周期,可以不根据自然周期确定移动项数

4. 在一个包含季节变动的时间数列中,季节变动具备的特点是(　　　)。

　　A. 每年都重复进行　　　　　　　　B. 按一定的周期进行

　　C. 变动没有周期可循　　　　　　　D. 每个周期的变化强度大体相同

5. 用移动平均法对时间数列修匀后,得到一个(　　　)新的时间数列。

　　A. 由序时平均数组成的　　　　　　B. 由静态平均数组成的

　　C. 项数一定少于原数列的　　　　　D. 项数一定多于原数列的

6. 季节变动主要是由(　　　)而引起的。

　　A. 自然灾害　　　　　　　　　　　B. 政治事件

　　C. 制度、法律和习俗　　　　　　　D. 自然界的季节变化

7. 根据各年的月份数据计算的季节比率,(　　　)。

　　A. 其总和为 1200%　　　　　　　　B. 其总和为 100%

　　C. 其平均数为 100%　　　　　　　 D. 其平均数为 400%

8. 关于季节变动的测定,下列说法正确的是(　　　)。

　　A. 需要计算季节比率

　　B. 常用的方法是按月份或按季度平均法

　　C. 目的在于掌握事物变动的季节周期性

　　D. 按月计算的季节比率之和应等于 400%

9. 季节比率(　　　)。

　　A. 等于 100%表示无季节变化

　　B. 小于 100%表示各月(季)水平比全期水平低,现象处于淡季

　　C. 大于 100%表示各月(季)水平比全期水平高,现象处于旺季

　　D. 大于 100%表示各月(季)水平比全期平均水平高,现象处于旺季

10. 冰棒的销售与季节有关,现根据各年的月销售额数据测定季节变动,如果某月销

售额明显受季节变动的影响，那么该月份的季节比率(　　)。

    A. 肯定大于 100%

    B. 肯定小于 100%

    C. 可能大于 100%，也可能小于 100%

    D. 大于 100%为旺季，小于 100%为淡季

三、判断题

(　　)1. 季节比率等于同季平均数与总的季度平均数之比。

(　　)2. 季节比率是一种考虑长期趋势的季节变动分析方法。

(　　)3. 时间数列受偶然因素影响而引起的波动称为随机变动。

(　　)4. 根据各年的季度资料计算的季节比率之和应等于 400%。

(　　)5. 时间数列在一年内重复出现的周期性波动称为季节变动。

(　　)6. 影响时间数列不规则变动的因素有政治动荡和战争爆发等。

(　　)7. 对于月度数据的时间数列，宜采用 4 项移动平均以消除季节变动的影响。

(　　)8. 如果时间数列存在自然周期，在对其移动平均时，应根据周期确定移动项数。

(　　)9. 在时间数列中，长期趋势的变动是由各种固定的因素作用于某一方向而形成的。

(　　)10. 在时间数列的乘法模型中，要测定某种成分的变动，只要从原时间数列中减去其他影响成分的变动。

四、综合题

1. 解读

什么是因素分析法？举例说明因素分析的运用。

2. 解析

循环变动和季节变动的主要区别。

3. 搜一搜

在国家哲学社会科学文献中心网站，查找感兴趣的因素分析文章。

五、计算题

1. 验算结果

用本章"统计实录"表 7-7 的数据，计算以下两道题，并对计算结果进行分析。

① 用移动平均法，画出销售量的实际值和修匀值的趋势图。

② 用季节变动法，算出季节比率，画出季节比率的分布图。

2. 销量变化

根据表 7-9 中的资料计算，得到中国乘用车销售量的季节比率依次为 103%、98%、94%、105%。

表 7-9　2011—2013 年中国乘用车销售量

计量单位：万辆

年　份	一季度	二季度	三季度	四季度
2011	385	329	343	393
2012	377	384	366	422
2013	443	424	418	509

资料来源：中国汽车工业协会。

要求：

① 中国乘用车销售量的淡季和旺季是怎样分布的？哪个季节的变动最大？二季度的销售量比全期平均水平低多少？

② 2013 年，中国乘用车销售量各季度平均增加量为多少？四季度比三季度增长多少？四季度乘用车销售量的年距发展速度为多少？

3. 一道考题

题源：2016 年中国统计专业技术初级资格考试《统计学和统计法基础知识》试卷。

题型：综合应用题。

题目：2011—2015 年中国年社会消费品零售总额及人口数如表 7-10 所示。

表 7-10　2011—2015 年中国社会消费品零售总额及人口数一览

年　份	社会消费品零售总额/亿元	年末总人口/万人
2011	187205	134735
2012	214432	135404
2013	242842	136072
2014	271896	136782
2015	300930	137462

资料来源：中国国家统计局。

请根据上述资料回答下列问题。

① 人口数序列是(　　)。

　A. 观测数据　　　B. 实验数据　　　C. 定性数据　　　D. 定量数据

② 反映 2011—2015 年社会消费品零售总额变动情况合适的图形是(　　)。

　A. 条形图　　　B. 环形图　　　C. 折线图　　　D. 散点图

③ 2015 年人均社会消费品零售总额为(　　)。

A. $\dfrac{300930}{137462}$

B. $\dfrac{300930}{\dfrac{136782+137462}{2}}$

C. $\dfrac{\dfrac{271896+300930}{2}}{137462}$

D. $\dfrac{187205+214432+242842+271896+300930}{134735+135404+136072+136782+137462}$

④ 以 2011 年为基期，社会消费品零售总额的(　　)。

A. 平均增加量$=\dfrac{300930-187205}{4}$　　B. 平均增加量$=\dfrac{300930-187205}{5}$

C. 平均增长速度$=\sqrt[4]{\dfrac{300930}{187205}}-1$　　D. 平均增长速度$=\sqrt[5]{\dfrac{300930}{187205}}-1$

⑤ 人口数序列(　　)。

A. 具有长期趋势　　　　　　　　B. 没有长期趋势

C. 具有季节变动　　　　　　　　D. 没有季节变动

第8章　综合分析：回归分析

【学习目标】

- 理解相关与回归的基本关系。
- 掌握回归分析的原理和步骤。
- 理解回归分析的实例和解读。

	欣赏	留言
	左图：高尔顿(英国，1822—1911)，回归分析法的创始人，也是诗人、探险家、统计学家和生物学家。	宇宙万象，息息相通。回归分析法是对有联系的、能够量化的现象，通过建立模型，从数量上洞悉其变化。

学生和老师的一段对话。

学生：老师，回归分析的内容，我们高中就学过了，数学老师还跟我们讲了高尔顿呢。

老师：我知道，你们学过，我手头还有你们高中的数学书呢，你看一看，是不是这样？

学生：老师，您怎么有我的书呢？哈哈，原来是老师您自己买的书啊，比我的新多了。

老师：我牙口没有你那么好，没有你啃得那么厉害。对了，你既然那么会啃，回归分析一定烂熟于心了，请你讲一讲，关于回归分析，关于高尔顿。

学生：好啊，老师。先讲高尔顿吧，他是英国绅士，银行家的儿子，达尔文的表弟，一个聪明过人的人。关于回归分析，他第一个找到了"子女的身高向平均身高回归"这个规律。高尔顿还是大自然之子，他真的是在玩中学，学中玩啊。

老师：我们也是边学边玩啊，不过比他差远了。你记得高尔顿还拿了哪些第一？

学生：老师，听说要学回归分析，按照您指定的阅读资料，我提前做了一点儿功课。高尔顿这个人太神了，4岁能写诗，5岁能背诵苏格兰叙事诗《马米翁》，6岁精熟《荷马史诗》，7岁能欣赏莎士比亚名著。他拿的"第一"太多了，如第一个研究个体差异的人，第一个研究遗传与变异的人，第一个在伦敦大学设立优生学档案馆……

老师：是的，高尔顿很优秀，你也真心不错。

学生：嘿嘿，我好好努力吧，毕竟我还活着。老师，回归分析，我们学了，还学什么？

老师：中学学了"两个变量的线性相关"，大学要学"多个变量的线性相关和非线性相关"。亮点就是从两个变量到多个变量，从线性到非线性，从套公式到用计算机计算。

学生：对了，老师，中学的内容，大学还会衔接一下吗？毕竟时间久了，怕记不清了。

老师：有衔接，有的公式还会给出详细证明。毕竟，学习嘛，既要知其然，也要知其所以然。

学生：边学边玩，追求进步。老师，您辛苦了，休息一会儿，我读回归分析去了。

【实例闪放】回归分析。

目标：用随机抽选的 6 名运动员的数据，如图 8-1 中的相关表所示，建立身高与扣球高度的回归模型，用身高预测扣球高度。

图 8-1　相关表与相关图

效果：建立一元回归模型，点预测的结果表明，林莉身高的实际值与预测值的误差为 0，预测神准！区间预测的结果表明，一位身高 190 厘米、扣球高度 315 厘米的女孩，在扣球方面，是国家女排的种子选手。

简析：由常识可知，扣球高度受身高的影响，扣球高度与身高有关。

由相关表所画的相关图可见，6 个散点由左下往右上排开，表示两者同升同降；6 个散点彼此之间靠得很近，表示两者关系紧密。6 个散点呈"一字形"分布，表示两者的回归模型为直线形式。

由相关表计算的样本相关系数(r)为 0.9858 可知，两者确实关系紧密，紧密程度为高度正相关。由于 t 统计量对应的小概率为 0.0003，小于临界值对应的小概率 0.05，说明身高与扣球高度之间存在相关，因此相关系数通过检验。

由散点图所画的趋势线可见，趋势线为直线，该直线的回归模型为：扣球高度的预测值=68.4135+1.3164×身高的值。由于 F 统计量对应的小概率为 0.0003，小于临界值对应的小概率 0.05，说明身高与扣球高度之间存在显著的线性相关，因此回归模型通过检验。

由相关表计算的样本判定系数(R^2)为 0.9719 可知，在扣球高度的变动中，有 97.19%的离差可以由回归模型中身高的变动来解释，由此说明回归模型的拟合效果很好。

当相关系数、回归模型顺利通过了检验，再加上样本的判定系数很高，这时，就可以用回归模型进行预测了。回归模型为扣球高度的预测值=68.4135+1.3164×身高的值。

点预测。当身高为 171 厘米时，扣球高度的预测值=68.4135+1.3164×171=294，与身高 171 厘米的运动员林莉的实际扣球高度一样，预测神准！

区间预测。当身高为 190 厘米时，以 95%的把握程度估计，扣球高度的预测值为 312～326 厘米。女孩身高 190 厘米，扣球高度为 315 厘米，落在这个预测区间的范围内。

从相关的数据，到建立回归模型并进行预测，这是一条智慧之路。

8.1　回归分析的步骤

1. 回归分析的定义

父母的身高对子女的身高，究竟有什么影响？第一个用数据来解答的是英国人高尔顿 (Francis Galton，1822—1911)，他是回归分析的创始人，《生物统计学》杂志的创办者，此人痴迷于遗传学和统计学的研究。高尔顿发现了一个有趣现象：父母很高的孩子，虽然比一般同龄人长得高，但倾向于比其父母矮；而父母很矮的孩子，虽然比一般同龄人要矮一点，但倾向于比其父母高，即父母不论高矮，其后代都有"回归"到平均身高的趋势，这个现象就是回归现象。回归就是回到平常，身高的"往回走"，体现了自然的约束力。

随着全球变暖的形势越来越严峻，动物和植物的灭绝速度将会越来越快吗？2003 年，澳大利亚科学家通过回归分析给出了答案。

在英国《皇家学会学报 B 刊》上，澳大利亚科学家威廉姆斯和他的同事发表了一项研究成果：气温上升 1℃将导致一个物种灭绝；而当气温上升 3.5℃时，30 个物种将从此不复存在。这是他们在昆士兰山区 200 个气象站附近搜集的 65 种不同物种行踪的信息，通过计算机建立回归模型进行预测得出的结果。

从高尔顿的非计算机时代到现在的计算机时代，回归分析的内容已由无数知识爱好者们加以拓展，如从两个变量的回归分析到多个变量的回归分析，从直线回归分析到曲线回归分析等。同时，回归分析的方法也从生物学领域专享到大众共享了，可以说，不论各行各业还是个人，只要愿意，回归分析都能派上用场。

回归分析法是指根据变量之间相互依存关系，对变量之间的数量变化进行测定，建立数学模型，对因变量进行预测的统计分析方法。

显然，要进行回归分析，必须同时满足以下要求：第 1 点，现象之间要有联系，要相关，如子女身高与父母身高有联系，物种寿命与气温高低有联系；第 2 点，数据之间要有默契，要高度相关；第 3 点，回归模型要选择得当；第 4 点，用回归模型作预测要用区间预测法。由于回归分析的数据都是样本数据，样本数据对总体数据的代表性怎么衡量？所以在第 2 点中，数据之间的相关系数还要通过检验；在第 3 点中，回归模型和回归系数还要通过检验。

与回归分析的 4 点要求相对应的是回归分析的 4 步，即是否相关、相关程度、建立模型和进行预测。这 4 步就是回归分析基本步骤的"16 字令"。

从狭义来看，相关分析包括第 1 步和第 2 步的是否相关和相关程度，回归分析包括第 3 步和第 4 步的建立模型和进行预测。

从广义来看，回归分析包括上面 4 步，既包括用相关分析的方法，分析变量之间的相关关系、相关形式和相关程度，又包括用回归模型的方法，分析自变量与因变量之间的数量变化的依存关系。

回归分析的基本原理和基本方法，到底是什么，为什么，怎么做？本章将通过实例和盘托出。

2. 回归分析的步骤

回归分析是指根据变量之间相互依存关系，对变量之间的数量变化进行测定，建立数学模型，对因变量进行预测的统计分析方法。

回归分析的基本步骤为：是否相关、相关程度、建立模型、进行预测。

第 1 步，是否相关。

是否相关——依据定性分析来确定。

相关分析法的研究对象是相关关系。

相关关系是指变量之间确实存在，但其关系值不固定的一种相互依存的关系。

在回归分析中，变量和变量值的选择，是首先要面对的两个事项。

怎样选择变量？

按照相关变量之间的关系，将变量分为因变量和自变量。

根据研究目的，确定一个因变量。因变量是指受自变量影响的因素，因变量只有一个。

根据定性分析，选择若干自变量。自变量是指对因变量起影响作用的因素，自变量至少有一个。

比如，要研究摸高的情况，那么影响摸高的有身高、体重和年龄等。在这里，摸高为因变量，身高、体重和年龄为自变量。

怎样选择变量值？

对于时间型数据，可以选择一段时间的数据为研究的变量值。

对于其他的数据，可以用第 5 章的抽样方法，选择样本数据。

相关的判别。判断变量之间有没有相互依存关系，不靠定量分析，要靠定性分析，要靠综合才识来判断，尤其是在新问题出现时，更需要独具慧眼，以求识别和反映。

例如，利率与汇率是不是相关变量？回答这个问题，也要因时而异。中国在 1979 年改革开放以前，利率与汇率的联系很少，人们关注得也很少。随着中国改革开放的深入，利率与汇率的联系多了，人们对这两者的关注也多了，不仅有了相关分析，也有了一系列的研究成果。

在判别相关关系时，要留意相关关系与函数关系的联系与区别。实际上，函数关系是相关关系的一个特例，具体而言，两者的比较如下。

相关关系与函数关系相比，相同点表现为两者均指变量之间的相互依存关系。

相关关系与函数关系相比，不同点表现为相关关系是一种不确定的依存关系，关系值不是一一对应的确定关系，相关关系不能用数学公式准确地表示，而函数关系是一种确定的依存关系，关系值是一一对应的确定关系，函数关系通常可以用数学公式确切地表示。

比如，圆的面积和圆的半径是函数关系。其函数关系式为圆的面积=3.14×圆的半径的平方。它表示给定圆的半径一个值，圆的面积就有一个确定的值与它对应。

比如，身高与体重是相关关系。当身高为 170 厘米时，体重的取值是不确定的，有 60 公斤、65 公斤等。

但是，相关关系与函数关系之间存在着转化的关系，其关系式如下。

$$\text{相关关系} \quad \xleftarrow[\text{表现}]{\text{表达}} \quad \text{函数关系}$$

以上关系式表明：第一，函数关系也表现为相关关系。因为受测量仪器等影响，使得函数关系的值由确定变为不确定。比如，当圆的半径一定时，由于测量仪器等原因，圆面积的取值可以有很多，这时圆面积与圆半径就是相关关系。第二，相关关系要用函数关系式来表达。因为要从量上反映变量之间的关系，就必须根据模型来进行预测分析，这个模型也就是相应的函数关系表达式。比如，身高和体重是相关关系，如果是直线相关，就可以用函数关系式即回归直线的形式来表达。

相关的基本分类。相关变量可以按个数、方向、程度和形式进行分类。

从相关变量的个数看，分为单相关和复相关。单相关是指研究两个变量的相关关系，是最基本的相关，如摸高与身高、利率与汇率、房价与股价、收入与支出、汽车行驶的公里数与耗油量之间的关系等。复相关是指研究 3 个或 3 个以上变量的相关关系，如摸高与身高、年龄的关系，股价与利率、汇率之间的关系等。

相关的"方程式"是指相关变量按方向、程度和形式进行的分类，可以简单地记忆为"方程式"。

从相关的方向看，分为正相关、负相关。正相关是指相关变量的值呈相同方向变化的关系，也就是同升或同降变化的关系。比如，一般而言，收入越高，支出越多，或者收入越低，支出越少，这属于正相关。负相关是指相关变量的值呈相反方向变化的关系，也就是此升彼降或此降彼升的关系。比如，一般来讲，二手车的车龄越长，售价会越低，或者二手车的车龄越短，售价会越高，这属于负相关。

从相关的程度看，分为低度相关、中度相关和高度相关。例如，一般来看，隐瞒收入与财富高低呈高度正相关，即收入越高的，漏报也越多。

从相关的形式看，分为线性相关、非线性相关。线性相关即直线相关，是指在散点图中，相关点分布在狭长的带状区域内，即相关点的分布从整体上看大致在一条直线附近。非线性相关即曲线相关，是指在散点图中，相关点显现相应的曲线形状，如对数曲线、多项式曲线、指数曲线等。在变量之间存在相关，且相关程度很高的条件下，有什么样的数据类型，就选择什么样的预测模型，即选择相应的函数表达式。

相关的方向、程度和形式，究竟要怎么看？常用的相关方法有两种，一是画散点图，从图形上粗略地观看；二是计算相关系数，从数字上准确地判断。由于相关系数无法判断相关的形式，而只能根据相关系数的大小和符号分别判断相关的程度和方向，所以在进行相关分析时，必须先画散点图，再计算相关系数。接下来，来看相关分析的两种方法：散点图和相关系数。

第 2 步，相关程度。

测定相关程度的方法，有相关图表法和相关系数法。

依据经验和才识，确定了变量之间相关，接下来就要搜集相应的数据，这些数据是为相关分析的终极目的，即建立模型进行预测服务的。如果这些数据，本身相关程度不太高，那么，据此预测就会大打折扣，所进行的预测就会失去价值。因此，要建立模型进行预测，只有相关程度高的数据才能入围。

比如，凭常识就知道，摸高与身高有关系，身高对摸高有影响，但关联的程度到底怎么样呢？可以说，不同的摸高与身高的数据，得出的结果不会完全一样。如果由摸高与身高的数据算出来的相关程度很低，那就没必要建立模型进行预测，因为在这样的基础上算出来的预测值可信度也会很低。如果由摸高与身高的数据算出来的相关程度高，那就有必要建立模型进行预测。

相关程度是高还是低，相关方向是正还是负，可以通过绘制散点图来看一个大概，也可以通过计算相关系数来准确衡量。当然，散点图还有一个好处，就是还能看出相关的形式是直线还是曲线。

具有相关关系的现象，其数据的相关程度是高还是低，这需要用相关分析的方法来测定。相关分析的方法有两种：相关图表法、相关系数法。这两种方法，共同点在于目的一样，都是为了解相关的方向、程度和形式；不同点在于对相关程度等的说明，相关图表法是直观而粗略地说明，而相关系数法是量化而准确地说明。

第 3 步，建立模型。

当相关变量的相关程度较高，相关系数、回归系数和回归方程通过了检验，这时，就可以建立回归模型。

回归模型又称"回归方程"，是用数学方程式来表达的模型，用来进行回归预测。

回归模型的分类。回归模型可以从不同的角度进行分类。

其一，回归模型按照数据的计算范围，分为样本的回归模型和总体的回归模型。

由样本数据计算的回归模型为样本回归模型，由总体数据计算的回归模型为总体回归模型。总体回归模型中的符号用大写字母表示，样本回归模型中的符号用小写字母表示。

其二，回归模型按照自变量的个数，分为一元回归模型和多元回归模型。"元"是指自变量的个数。只有一个自变量的回归模型为一元回归模型，有两个或两个以上自变量的回归模型统称为多元回归模型。简单地说，自变量有几个，就叫几元回归模型。

例如，研究身高对扣球高度的影响，就是一元回归模型。研究身高、年龄和体重对扣球高度的影响，就是三元回归模型。

其三，回归模型按照散点图的形式，分为线性回归模型和非线性回归模型。

回归模型有线性和非线性两种，即直线和曲线两种。根据自变量的个数，又有一元和多元之分。

回归模型是直线还是曲线，可以由计算法或图示法来判断。

所谓计算法，是指根据计算结果来判断。一般是根据时间数列的特征，来判断趋势类型，有以下 3 种情形。

第一，如果时间数列的逐期增加量大致相等，通常可配合直线，即 $\hat{y} = a + bx$。

第二，如果时间数列的环比发展速度大致相同，通常可配合指数曲线，即 $\hat{y} = ax^b$。

第三，如果时间数列的二次差(二级增加量)大致相同，通常可配合二次曲线，即

$\hat{y} = a + bx + cx^2$。

符号的读法如下。

$\hat{y}$ 上的 "^"，读为 "hat"，也读 "尖"。符号的头上顶着 "^"，表示预测数。

$\bar{y}$ 上的 "‾"，读为 "bar"，也读 "杠"。符号的头上顶着 "‾"，表示平均数。

所谓图示法，是指根据散点图，即相关点分布的图形来判断。

有什么样的散点图形式，就配合什么样的回归模型。也就是说，对于相关的两个变量，可以依据散点图中相关点的模样来选择回归模型。

在一元回归模型中，Excel 2010 列出了 5 种回归趋势线的示意图。这 5 种趋势线的类型为线性、指数、对数、多项式、幂，如图 8-2 所示。

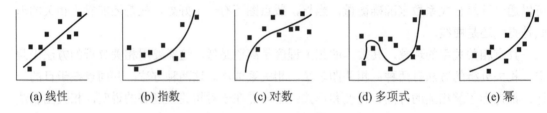

(a) 线性　　　　　(b) 指数　　　　　(c) 对数　　　　　(d) 多项式　　　　　(e) 幂

图 8-2　一元回归的模型

图 8-2 表明，在各散点的相关程度较高的条件下，根据散点分布的相关形式，就可以选择相应的趋势线即回归模型进行预测。

在图 8-2(a)中，散点分布的形式呈直线，则回归模型应选择线性方程式，即线性的回归模型为 $\hat{y} = a + bx$。直线趋势线适合于增长或降低幅度比较稳定的数据组，数据点的组成在散点图上表现为一条直线。

如果散点从左下角到右上角分布在一条直线周围，这表明变量之间呈正线性相关。

如果散点从左上角到右下角分布在一条直线周围，这表明变量之间呈负线性相关。

如果散点从左下角到右上角完全落在一条直线上，这表明变量之间呈完全正线性相关。

如果散点从左上角到右下角完全落在一条直线上，这表明变量之间呈完全负线性相关。

在图 8-2(b)～图 8-2(e)中，散点分布的形式呈曲线，则回归模型应选择对应的曲线方程。

图 8-2(b)的散点呈指数曲线，则回归模型应选择指数曲线方程式，即指数曲线的回归模型为 $\hat{y} = ae^{bx}$。指数趋势线适合于增长或降低的速度持续增加，并且增加幅度越来越大的数据组。

图 8-2(c)中，散点呈对数曲线，则回归模型应选择对数曲线方程式，即对数曲线的回归模型为 $\hat{y} = a + b\ln x$。对数趋势线适合于数据的增长或降低幅度一开始比较快，后来慢慢地趋于平缓的数据组。

图 8-2(d)中，散点呈二项式曲线，则回归模型应选择二项式曲线方程式，即二项式曲线的回归模型为 $\hat{y} = a + b_1 x + b_2 x^2$。多项式趋势线适合于数据增长或降低的波动较多的数据组，数据在图表上表现为包含一个或多个波峰和波谷的曲线。

图 8-2(e)中，散点呈乘幂曲线，则回归模型应选择乘幂曲线方程式，即乘幂曲线的回

归模型为 $\hat{y} = ax^b$。乘幂趋势线适合于增长或降低的速度持续增加，且增加幅度比较恒定的数据组。

在所有的回归模型中，一元线性回归模型是最基础的一种。

第 4 步，进行预测。

依据回归模型来预测因变量。预测的方法有点预测和区间预测。

8.2 一元线性回归分析

一元回归分析是指一个因变量和一个自变量的回归分析。

一元线性回归分析是指一个因变量与一个自变量的线性回归分析。

进行一元回归分析时，先要考虑选取什么样的回归模型，方法是画散点图，比较 r^2 也就是判定系数的大小，选择判定系数最大的类型作为回归模型，以求用因变量的样本值来对实际值进行估计时拟合程度会比较好。

本节将以表 8-1 为例，解读一元线性回归分析的基本步骤和基本原理。

【例 8-1】 一元线性回归分析。

表 8-1 2016 年巴西奥运会 6 名中国女排运动员扣球高度与身高的相关表

序 号	姓 名	身高/厘米	扣球高度/厘米
1	林 莉	171	294
2	刘晓彤	188	312
3	龚翔宇	186	315
4	徐云丽	195	325
5	张常宁	195	325
6	朱 婷	195	327

资料来源：中国排球协会。

1. 第 1 步，是否相关

根据常识可知，身高与扣球高度这两个变量有关系，身高对扣球高度有影响，身高为自变量，扣球高度为因变量。两个变量的相关为单相关，一个自变量的回归分析为一元回归分析。

2. 第 2 步，相关程度

衡量两个变量相关程度的方法有两种，即简单相关图表法和简单相关系数法。

简单相关图表法是直观地判断相关的方向、程度和形式，简单相关系数法从定量的角度来判断相关的方向和程度。

1) 简单相关图表法

简单相关图表法是指利用两个变量的相关表和相关图，对相关变量的相关方向、程度和形式作粗略和直观的判断的方法。

简单相关表是指反映两个变量之间相关关系的统计表,它是进行相关分析的原始数据。

简单相关表由序号列、样本名称序列和若干变量列组成。序号列用于识别每一行的内容;样本名称序列是提供样本数据的对象,用于识别变量的对象;变量列由变量和变量值组成,为了反映变量之间的关系,变量列至少要有两个或两个以上。

例如,表 8-1 就是一个相关表。由表 8-1 可见,相关表由 4 列数据组成,第 1 列为序号列,用于识别每一行的内容;第 2 列为样本名称序列,是提供样本数据的对象,用于识别变量的对象;第 3 列和第 4 列是变量列,由变量和变量值组成。共有 6 位运动员身高和扣球高度的 6 对数据。从这张相关表中,可以粗略地看出,个子越高,扣球高度也越高,身高与扣球高度为正相关。

简单相关图又称"散点图",是指根据相关表的两个变量的资料绘制的图形。

在散点图中,横轴显示自变量的值,纵轴显示因变量的值。两个变量的每一对实际值,在散点图中都显示为一个点,即一个相关点。很多个相关点分布在图中,就成为散点图。散点图容易制作和理解,不仅没有丢失相关表中的信息,而且简化了数据。

散点图的画法很简单:先要根据研究目标确定自变量和因变量,然后再画出散点图,用横坐标代表自变量,用纵坐标代表因变量,每一对自变量和因变量的值,在散点图中都显示为一个点,这就是相关点;分布着若干相关点的图,就是散点图。例如,身高和摸高的每一对值,在散点图中都显示为一个点,即一个相关点,有几对值,就有几个相关点。

在散点图中,如果两个变量的相关关系表现为相关点分布在从左下角到右上角的区域,这属于正相关;如果两个变量的相关关系表现为相关点分布在从左上角到右下角的区域,这属于负相关。

由简单相关表 8-1 的数据画的简单散点图,如图 8-3 所示。

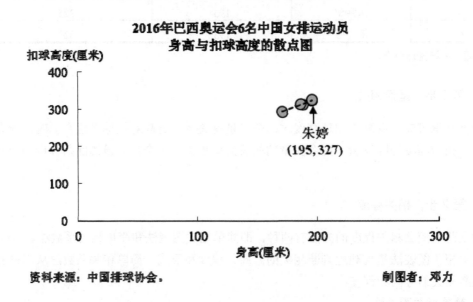

图 8-3 身高与扣球高度的散点图

将相关表 8-1 转化为散点图 8-3 很简单，就是先根据研究目标为身高对扣球高度的影响，确定身高为自变量，扣球高度为因变量，然后再画散点图，用横坐标代表身高，用纵坐标代表扣球高度。以序号 6 "朱婷"为例，她的身高为 195 厘米，扣球高度为 327 厘米，将(195,327)这一对实际值画在坐标图上，就呈现为一个相关点，这个相关点如图 8-3 中的箭头所示。用同样的方法，可以在图上画出其他 5 名运动员身高和扣球高度成对的值。有 6 名运动员，就有 6 对身高和扣球高度的值，把这 6 对值画在散点图上，就是 6 个相关点。

　　由图 8-3 可见，6 名运动员身高与扣球高度相关的方向、程度和形式。首先，相关的方向为正相关，这可以从相关点的分布来看，即长得越高，摸高也越高，6 个相关点是从左下角往右上角分布的，两变量的数据是同升或同降的正相关关系；其次，相关的程度比较高，因为 6 个相关点集中分布在一条直线周围。同时，相关的形式为直线，即预测模型为直线，因为这 6 个数据点基本分布在一条直线上，表现为直线趋势。

　　评价：对于两个变量之间的关系，相关表和散点图都能给人以直观的印象，但缺少量化的准确。从相关表中，能粗略地看到两个变量相关的方向；从散点图中，能大致地看到两个变量相关点的分布，看到相关的方向、程度和形式。但要更准确地呈现出相关的方向、程度和形式，就要用量化的指标。在直线相关的条件下，能够量化相关的方向和程度的指标，就是相关系数。

2) 简单相关系数法

　　简单相关系数法是指在一元线性相关的条件下，对两个相关变量的相关方向和相关程度进行量化的方法。

　　相关系数的计算公式如下。

$$r = \frac{s_{xy}^2}{s_x s_y} = \frac{\dfrac{\sum(x-\overline{x})\sum(y-\overline{y})}{n}}{\sqrt{\dfrac{\sum(x-\overline{x})^2}{n}} \times \sqrt{\dfrac{\sum(y-\overline{y})^2}{n}}} = \frac{n\sum xy - \sum x \sum y}{\sqrt{n\sum x^2 - (\sum x)^2} \times \sqrt{n\sum y^2 - (\sum y)^2}}$$

式中：r——相关系数；

　　s_{xy}^2——自变量与因变量的协方差，$s_{xy}^2 = \dfrac{\sum(x-\overline{x})\sum(y-\overline{y})}{n}$；

　　s_x——自变量的标准差，$s_x = \sqrt{\dfrac{\sum(x-\overline{x})^2}{n}}$；

　　s_y——因变量的标准差，$s_y = \sqrt{\dfrac{\sum(y-\overline{y})^2}{n}}$；

　　x——自变量的实际值；

　　$\overline{x}$——自变量的平均数；

　　y——因变量的实际值；

　　$\overline{y}$——因变量的平均数；

　　n——总次数。

　　相关系数有以下 5 个特点。

第一，排他性。计算相关系数的前提是一元线性相关，也就是直线相关的两个变量。相关系数不能计算线性相关的多变量的相关程度，也不能计算曲线相关的变量的相关程度。

第二，对称性。自变量和因变量，如果两者的地位互换，不影响相关系数的计算结果。

第三，无关性。相关系数的大小与计量单位无关。

第四，方向性。相关系数的取值介于-1 和+1 之间，即-1≤r≤1。相关系数的符号表示两个变量的相关方向，符号为正($r>0$)是正相关，符号为负($r<0$)是负相关。

相关系数的绝对值越接近 1，表示两个变量的相关程度越高。

相关系数的绝对值等于 1，表示两个变量的关系为函数关系，说明所有相关点都落在拟合的趋势线上。

相关系数等于-1，表示两个变量完全负相关；相关系数等于 1，表示两个变量完全正相关。

相关系数等于 0，只表示两个变量之间不存在线性相关，并不表示两个变量之间没有任何关系，两个变量之间也许存在非线性相关关系。

根据经验，可以将相关系数按相关程度进行分类。

当$|r|\geqslant0.8$ 时，为高度相关；当$0.5\leqslant|r|<0.8$ 时，为中度相关；

当$0.3\leqslant|r|<0.5$ 时，为低度相关；当$|r|<0.3$ 时，为弱度相关。

请留意：对相关系数的这种经验分类，要以相关系数的显著性检验为基础。

第五，检验性。

相关系数的 t 检验法是指对样本相关系数的检验，用 t 检验的方法。

相关系数按照数据的计算范围，分为样本相关系数(r)和总体相关系数(R)。由样本数据计算的相关系数为样本相关系数，由总体数据计算的相关系数为总体相关系数。

由于样本的随机性等原因，利用样本数据计算的样本相关系数，是否能保证总体相关系数不为 0？是否对总体相关系数具有代表性？是否能说明总体的自变量与因变量之间也存在线性关系？

要回答这 3 个问题，需要对样本相关系数进行 t 检验。

t 检验这种方法，既适用于小样本($n<30$)，也适用于大样本($n\geqslant30$)。

用 t 检验的方法，对相关系数进行假设检验的步骤如下。

首先，提出假设(hypothesis)，即提出原假设和对立假设。

原假设：H_0：$R=0$，假设总体的相关系数为 0，两变量之间不存在线性相关。

对立假设：H_1：$R\neq0$，假设总体的相关系数不为 0，两变量之间存在线性相关。

其次，求出数据，即求出统计量(t)及其概率(P)。

检验统计量(t)的计算为

$$t = r\sqrt{\frac{n-2}{1-r^2}}$$

概率(P)的计算：利用 TDIST 函数计算，该函数表示返回 t 概率分布的值，语法形式为 TDIST(x,degrees_freedom,tails)。

其中，"x"表示需要计算分布的数值，如果 x 为负数，则要对负数取绝对值以后再进行计算；"degrees_freedom"表示自由度的整数；"tails"用于指明返回的分布函数是单尾分布还是双尾分布，如果 tails=1，则函数返回单尾分布，而若 tails=2，则函数返回双尾分布。

单尾分布适用于单侧检验。单尾检验用于检验对象的大小，如检验一组参加体育锻炼的男生心率是否低于一般男生的心率，通常，参加体育锻炼的男生心率高于一般男生的心率。

双尾分布适用于双侧检验。双尾检验用于检验对象是否相等，如检验总体的相关系数是否等于 0。

最后，进行判断，即比较检验统计量的概率(P)与显著性水平(α)的大小，然后再进行判断。

若 $P < \alpha = 0.05$，则拒绝总体的相关系数为 0 的原假设，接受对立假设，即两变量之间存在线性相关关系，相关系数通过检验。

相关系数的检验结果表明：总体的相关系数不为 0，总体的自变量与因变量之间存在线性关系，样本的相关系数对总体的相关系数有代表性，样本的相关系数能够用来估计总体的相关系数。

若 $P > \alpha = 0.05$，则不能拒绝总体的相关系数为 0 的原假设，即两变量之间不存在显著的线性相关关系，相关系数没有通过检验。

相关系数的检验结果表明：总体的相关系数为 0，总体的自变量与因变量之间不存在线性关系，样本的相关系数对总体的相关系数不具有代表性，样本的相关系数不能用来估计总体的相关系数。

【例 8-2】相关系数的计算与检验。相关计算表如表 8-2 所示。

表 8-2 2016 年巴西奥运会 6 名中国女排运动员扣球高度与身高的相关系数的计算表

已知栏				计算栏				
序号	姓 名	身高/厘米 x	扣球高度/厘米 y	$x - \bar{x}$	$y - \bar{y}$	$(x - \bar{x})(y - \bar{y})$	$(x - \bar{x})^2$	$(y - \bar{y})^2$
(甲)	(乙)	(1)	(2)	(3)	(4)	(5)	(6)	(7)
1	林 莉	171	294	−17.33	−22.33	386.98	300.33	498.63
2	龚翔宇	186	315	−2.33	−1.33	3.10	5.43	1.77
3	刘晓彤	188	312	−0.33	−4.33	1.43	0.11	18.75
4	徐云丽	195	325	6.67	8.67	57.83	44.49	75.17
5	张常宁	195	325	6.67	8.67	57.83	44.49	75.17
6	朱 婷	195	327	6.67	10.67	71.17	44.49	113.85
总计		1130	1898	—	—	578.34	439.34	783.34
均值		188.33	316.33	—	—	—	—	—

资料来源：中国排球协会。

要求：

(1) 计算相关系数，并对计算结果进行分析。

(2) 检验相关系数，并对检验结果进行分析。

解答：

(1)在表 8-2 中：$\bar{x} = \dfrac{\sum x}{n} = \dfrac{1130}{6} = 188.33$，$\bar{y} = \dfrac{\sum y}{n} = \dfrac{1898}{6} = 316.33$

$$r = \frac{s_{xy}^2}{s_x s_y} = \frac{\dfrac{\sum(x-\bar{x})\sum(y-\bar{y})}{n}}{\sqrt{\dfrac{\sum(x-\bar{x})^2}{n}} \times \sqrt{\dfrac{\sum(y-\bar{y})^2}{n}}} = \frac{\dfrac{578.34}{6}}{\sqrt{\dfrac{439.34}{6}} \times \sqrt{\dfrac{783.34}{6}}} = 0.9858$$

简析： 相关系数等于 0.9858，大于 0.8，这说明身高与扣球高度之间呈高度正相关。从相关的方向看，相关系数为正，身高与扣球高度呈正相关，当身高越高时，扣球高度也越高，相关系数接近于 1，说明身高与扣球高度的相关程度很高。

(2) 用 t 检验法来检验相关系数的步骤如下。

首先，提出原假设和对立假设。

原假设：H_0：$R=0$，假设总体的相关系数为 0；

对立假设：H_1：$R \neq 0$，假设总体的相关系数不为 0。

其次，求出统计量(t)及其概率(P)。

t 的计算：$t = r \times \sqrt{\dfrac{n-2}{1-r^2}} = 0.9858 \times \sqrt{\dfrac{6-2}{1-0.9858^2}} = 11.7411$

P 的计算：在电子表格的一个空白单元格中输入"=TDIST(11.7411,6-2,2)"，再按 Enter 键，就得到 $P=0.0003$。

最后，进行判断。

简析： 对相关系数进行假设检验，检验结果表明，由于相关系数检验统计量的概率 $P=0.0003<$ 显著性水平 $\alpha=0.05$，因此，拒绝总体相关系数为 0 的原假设，相关系数通过了检验。所有中国国家女排运动员的身高与扣球高度的总体相关系数不为 0，所有中国国家女排运动员的身高与扣球高度之间存在着显著的线性相关关系，6 名中国国家女排运动员的样本相关系数对所有中国国家女排运动员的总体相关系数有代表性，样本相关系数能够用来估计总体相关系数。

相关系数的分子——协方差。

相关系数的计算公式中，分子为协方差(s_{xy}^2)，作用在于说明相关的方向和程度。

下面用表 8-3 和图 8-4 来看一看协方差的意思。

表 8-3　4 对数据的相关表

序　号	x	y
1	3	6
2	1	6
3	1	2
4	3	2
简单均值	2	4

在表 8-3 中，有 4 组成对的自变量和因变量的数据，用 x_i 代表自变量的数据，用 y_i 代表因变量的数据，i 的取值是 1 到 4，成对的数据用 (x_i, y_i) 表示。显然，序号为 1 的第 1 对数据 (3,6)，就用 (x_1, y_1) 表示；序号为 2 的第 2 对数据 (1,6)，就用 (x_2, y_2) 表示；序号为 3 的第 3 对数据 (1,2)，就用 (x_3, y_3) 表示；序号为 4 的第 4 对数据 (3,2)，就用 (x_4, y_4) 表示。

请留意，习惯上，x_i 简写为 x，y_i 简写为 y，(x_i, y_i) 简写为 (x, y)。

x 的均值记为 $\bar{x}$，本题的计算结果为 2。y 的均值记为 $\bar{y}$，本题的计算结果为 4。

由相关表 8-3，可以画出散点图 8-4。

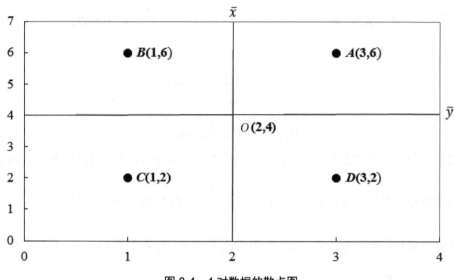

图 8-4　4 对数据的散点图

在图 8-4 中，画出了 4 个相关点 (x_i, y_i)，分别用 A、B、C、D 表示；画出了 1 个中心点即平均数 $(\bar{x}, \bar{y})$，用 O 表示。

过 O 点作横轴和纵轴的平行线，将散点图划分为四个象限。相关点 $A(x_1, y_1)$、$B(x_2, y_2)$、$C(x_3, y_3)$、$D(x_4, y_4)$ 分别在第一、二、三、四象限。本例中，相关点的具体数据为 $A(3,6)$、$B(1,6)$、$C(1,2)$、$D(3,2)$，中心点的数据为 $O(2,4)$。

接下来，在四个象限中，算一算 $(x_i - \bar{x})$、$(y_i - \bar{y})$、$(x_i - \bar{x})(y_i - \bar{y})$。计算结果为正，记为 "+"；计算结果为负，记为 "−"。

在第一象限中，$x_1 - \bar{x} = 3-2 = 1 = +$，$y_1 - \bar{y} = 6-4 = 2 = +$，则 $(x_1 - \bar{x})(y_1 - \bar{y}) = 1 \times 2 = 2 = +$。

在第二象限中，$x_2 - \bar{x} = 1-2 = -1 = -$，$y_2 - \bar{y} = 6-4 = 2 = +$，则 $(x_2 - \bar{x})(y_2 - \bar{y}) = (-1) \times 2 = -2 = -$。

在第三象限中，$x_3 - \bar{x} = 1-2 = -1 = -$，$y_3 - \bar{y} = 2-4 = -2 = -$，则 $(x_3 - \bar{x})(y_3 - \bar{y}) = (-1) \times (-2) = 2 = +$。

在第四象限中，$x_4 - \bar{x} = 3-2 = 1 = +$，$y_4 - \bar{y} = 2-4 = -2 = -$，则 $(x_4 - \bar{x})(y_4 - \bar{y}) = 1 \times (-2) = -2 = -$。

将图 8-4 的数据用相应符号表示，就有了由具体到一般的表达，如图 8-5 所示。

由图 8-5 可见，在平面坐标系上，以两个变量的平均数为原点，划分为四个象限。

协方差说明相关的方向，即能说明 x 与 y 相关的方向是正相关还是负相关。

当相关点分布在第一象限时，$(x - \bar{x})$ 为正数，$(y - \bar{y})$ 也为正数，所以积差 $(x - \bar{x})(y - \bar{y})$ 为正数。

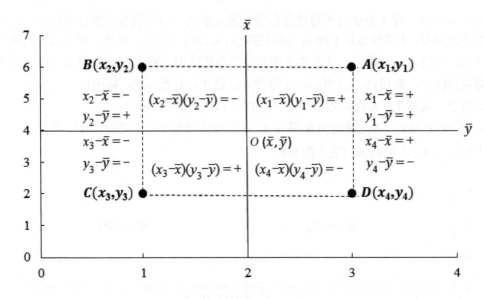

图 8-5 协方差的示意图

当相关点分布在第二象限时，则 $(x-\bar{x})$ 为负数，$(y-\bar{y})$ 为正数，所以积差 $(x-\bar{x})(y-\bar{y})$ 为负数。

当相关点分布在第三象限时，$(x-\bar{x})$ 为负数，$(y-\bar{y})$ 也为负数，所以积差 $(x-\bar{x})(y-\bar{y})$ 为正数。

当相关点分布在第四象限时，则 $(x-\bar{x})$ 为正数，$(y-\bar{y})$ 为负数，所以积差 $(x-\bar{x})(y-\bar{y})$ 为负数。

以上分析表明，当相关点分布在第一、三象限时，协方差为正数，是正相关。当相关点分布在第二、四象限时，协方差为负数，是负相关。相关系数的正负号，完全取决于协方差的正负号。

协方差说明相关的程度，即能说明 x 与 y 相关的程度是高还是低。

当相关点在四个象限内呈散乱分布，表示 x 与 y 相关程度很低，这时的 $\sum(x-\bar{x})(y-\bar{y})$，因正负项相互抵消，所得绝对值很小，即协方差的绝对值很小，从而相关系数的绝对值很小，表示相关程度很低。

当相关点分布在 $y=\bar{y}$ 线上，表示 y 与 x 的变化无关；或相关点分布在 $x=\bar{x}$ 线上，表示 x 与 y 变化无关，这时 $\sum(x-\bar{x})(y-\bar{y})$ 都等于 0，即协方差为 0，从而相关系数等于 0，表示 x 与 y 不相关。

当相关点分布在十分靠近于一条直线上，表示 x 与 y 相关关系密切，这时 $\sum(x-\bar{x})(y-\bar{y})$ 有少数正负项抵消或不存在正负项抵消，则绝对值比较大，表示 x 与 y 的相关关系密切。

当相关点全部落在直线上，表示 x 与 y 完全相关。

相关系数的分母——标准差。

相关系数的计算公式中，分母为标准差 s_x 和 s_y，其主要作用在于能将相关系数标准化，可比较不同组的数据。

s_x 和 s_y 能将有名数转化成无名数。协方差是有名数，由于不同现象的变异情况不同，相关程度不能直接以协方差的大小来比较。但如果对协方差分别除以各自的标准差，将有名数化为无名数，以求得相关系数，就可以说明其相关程度。

s_x 和 s_y 能将相关系数 r 标准化。x、y 协方差的数值可以无限增多或减少，将变量离差标准化的结果，使相关系数的绝对值不超过 1，即 $|r| \leqslant 1$。

相关系数 $|r| \leqslant 1$ 的证明。

求证：$|r| \leqslant 1$。

证明：

因为：
$$2r = \frac{2\sum\left(\dfrac{x-\overline{x}}{s_x}\right)\left(\dfrac{Y-\overline{Y}}{s_y}\right)}{n} = \frac{1}{n}\sum\left(\frac{x-\overline{x}}{s_x}+\frac{y-\overline{y}}{s_y}\right)^2 - \frac{1}{n}\sum\left(\frac{x-\overline{x}}{s_x}\right)^2 - \frac{1}{n}\sum\left(\frac{y-\overline{y}}{s_y}\right)^2$$

且：$\dfrac{1}{n}\sum\left(\dfrac{x-\overline{x}}{s_x}+\dfrac{y-\overline{y}}{s_y}\right)^2 \geqslant 0$

$\dfrac{1}{n}\sum\left(\dfrac{x-\overline{x}}{s_x}\right)^2 = \dfrac{s_x^2}{s_x^2} = 1$，$\dfrac{1}{n}\sum\left(\dfrac{y-\overline{y}}{s_x}\right)^2 = \dfrac{s_y^2}{s_y^2} = 1$

所以：$2r+2 \geqslant 0$，$r \geqslant -1$；

又因为：
$$-2r = \frac{-2\sum\left(\dfrac{x-\overline{x}}{s_x}\right)\left(\dfrac{y-\overline{y}}{s_y}\right)}{n}$$
$$= \frac{1}{n}\sum\left(\frac{x-\overline{x}}{s_x}-\frac{y-\overline{y}}{s_y}\right)^2 - \frac{1}{n}\sum\left(\frac{x-\overline{x}}{s_x}\right)^2 - \frac{1}{n}\sum\left(\frac{y-\overline{y}}{s_y}\right)^2$$

所以：$-2r+2 \geqslant 1$，$r \leqslant +1$；

即：$1 \geqslant r \geqslant -1$，或 $|r| \leqslant 1$。

证毕。

3. 第 3 步，建立模型

一元线性回归模型是指用直线回归方程反映自变量和因变量这两个变量之间的线性依存关系。一元线性回归模型为：

$$\hat{y} = a + bx，\ b \neq 0$$

式中：x——自变量的实际值；

　　$\hat{y}$——因变量的预测值；

　　a——回归常数；

　　b——回归系数。

回归常数(a)为直线的截距。

回归系数(b)为直线的斜率，表示自变量(x)每增加一个单位，因变量(y)平均增加或减少的数量。回归系数的符号，显示两变量相关的方向，即 b 为正号，为正相关；b 为负号，为负相关。回归系数与相关系数的符号相同。

1) 回归模型中参数的确定

一元线性回归模型由它的两个参数即 a 和 b 来确定。

一元线性回归预测是指对含有一个自变量的线性形式，通过建立回归模型来预测。要想用给定的自变量的值来预测因变量的值，就要先确定 a 和 b 的值。那么，a 和 b 的值如何确定？最小平方法可以派上用场。

在散点图上，穿过相关点，可以作无数条回归直线。那么，哪一条回归直线才是最理想的？最理想的回归直线就是能让所有相关点到这条回归直线的距离的平方和为最小。通常用最小平方法，找到这样一条最理想的回归直线。

2) 最小平方法

最小平方法是指在配合直线于各实际值中，使因变量的实际值与因变量的预测值之间，离差的平方和为最小的数学方法。用公式表示为

$$\sum (y - \hat{y})^2 = Q$$

对于一元线性模型 $\hat{y} = a + bx$，只有确定了参数 a 和 b，才能通过给定的自变量 x 值，来计算因变量的预测值 $\hat{y}$。Q 表示最小值。

确定一元线性回归模型中的参数 a 和 b，有两种方法，即求导法和记忆法。

方法一：求导法。

由 $\hat{y} = a + bx$，有 $\sum (y - \hat{y})^2 = \sum [y - (a + bx)]^2$

由所学微积分可知，要使 $\sum (y - \hat{y})^2 = \sum [y - (a + bx)]^2 = Q$，即要满足

$$\begin{cases} \dfrac{\partial Q}{\partial a} = 0 \\ \dfrac{\partial Q}{\partial b} = 0 \end{cases}, \quad 即: \begin{cases} 2\sum [y - (a + bx)](-1) = 0 \\ 2\sum [y - (a + bx)](-x) = 0 \end{cases}$$

整理得：$\begin{cases} \sum y = na + b\sum x \\ \sum xy = a\sum x + b\sum x^2 \end{cases}$

解之得：$\begin{cases} b = \dfrac{\sum (x - \bar{x})(y - \bar{y})}{\sum (x - \bar{x})^2} = \dfrac{n\sum xy - \sum x \sum y}{n\sum x^2 - (\sum x)^2} \\ a = \dfrac{\sum y}{n} - \dfrac{b\sum x}{n} = \bar{y} - b\bar{x} \end{cases}$

方法二：记忆法。

在直线方程式 $y = a + bx$ 中，先将 a 和 b 的系数分别乘以式中的各项，再求和；然后解两个求和的方程式，求出 a 和 b。其步骤如下。

第 1 步，将 a 的系数 1，分别乘以 $y = a + bx$ 中的各项，再求和。即

$$\begin{cases} y_1 = a + bx_1 \\ y_2 = a + bx_2 \\ \quad\vdots \\ y_n = a + bx_n \end{cases}$$
$$+)\ \sum y = na + b\sum x$$

第 2 步，将 b 的系数 x_i，分别乘以 $y = a + bx$ 中的各项，再求和。即

$$\begin{cases} y_1 x_1 = ax_1 + bx_1 x_1 \\ y_2 x_2 = ax_2 + bx_2 x_2 \\ \qquad\qquad \vdots \\ y_n x_n = ax_n + bx_n x_n \end{cases}$$
$$+)\ \sum xy = a\sum x + b\sum x^2$$

第 3 步，将第 1 步和第 2 步中的求和项组成方程组，解二元一次方程，可得 a、b。

例如，由表 8-1 的资料，可得到表 8-4 的数据。

表 8-4 参数的计算表

序号	姓名	身高/厘米 x	扣球高度/厘米 y	xy	x^2
(甲)	(乙)	(1)	(2)	(3)=(1)×(2)	(4)=(1)×(1)
1	林　莉	171	294	50274	29241
2	龚翔宇	186	315	58656	35344
3	刘晓彤	188	312	58590	34596
4	徐云丽	195	325	63375	38025
5	张常宁	195	325	63375	38025
6	朱　婷	195	327	63765	38025
	总计	1130	1898	358035	213256

资料来源：中国排球协会。

由表 8-4 的数据，可计算 a 和 b 两个参数。

由：$\begin{cases} \sum y = na + b\sum x \\ \sum xy = a\sum x + b\sum x^2 \end{cases}$

有：$\begin{cases} 1898 = 6a + 1130b \\ 358035 = 1130a + 213256b \end{cases}$

解二元一次方程得：a=68.4113，b=1.3164

则：$\hat{y} = 68.4113 + 1.3164x$

其中，回归系数 b 为 1.3164，这表明身高每增加 1 厘米，扣球高度则平均增加 1.3164 厘米。

回归模型确定以后，还不能马上进行预测，还要对回归模型进行检验。这是因为用样本数据建立样本线性回归模型时，已假设总体回归模型和总体回归系数不为 0，认为总体回归模型存在线性关系，这个假设是否存在，还需要进行检验，即需要对回归模型和回归系数进行检验。

一元线性总体回归模型：$Y = A + BX + \varepsilon$

一元线性样本回归模型：$\hat{y} = a + bx$

请留意：总体数据的名称用大写字母表示，样本数据的名称用小写字母表示。比如，总体数据的自变量用 X 表示，样本数据的自变量用 x 表示；总体数据的因变量用 Y 表示，样本数据的因变量用 y 表示。

在一元线性总体回归模型(Y)中，A 为总体的回归常数，B 为总体的回归系数，ε 为误差项的随机变量。ε 是不能由这个回归模型所解释的部分，表示没有包含在回归模型中的随机因素对 Y 的影响。

之所以要检验总体值 Y 和 B 是否显著为 0，是因为如果总体的 Y 或 B 为 0，那么一元线性回归模型就不复存在了。由于一元线性回归模型研究的是一个自变量和一个因变量之间的关系，要求因变量(Y)不为 0，要求自变量的系数(B)也不为 0。

在检验回归模型和回归系数时，为什么不必检验回归常数？在一元线性回归模型中，用样本回归模型 ($\hat{y}$) 的值对总体回归模型(Y)进行检验，用样本回归系数(b)对总体回归系数(B)进行检验。而没必要用样本的回归常数(a)对总体的回归常数(A)进行检验，这是因为回归模型中的常数是否为 0，并不影响一元线性回归模型的成立，而如果回归系数和回归模型有一个为 0 的话，一元线性回归模型就不存在了。

在检验一元线性回归模型和一元线性回归系数时，为什么只要检验其中一个就可以了？这是因为一元线性回归模型中只有一个自变量，回归模型的检验与回归系数的检验是等价的。也就是说，对于回归模型和回归系数，如果两者中有一个为 0，那么一元线性回归模型将不复存在。因此，回归模型通过了统计检验，则回归系数也就通过了统计检验。

3) 回归模型的检验

检验回归模型的方法，有定性的检验和定量的检验，即经济意义的检验和 F 检验。检验回归模型的基本步骤如下。

第 1 步，一元线性回归模型的检验：经济意义的检验。

经济意义的检验是指利用经验和常识，对所估计的回归模型的回归系数进行分析和判断，看其是否能得到合理的解释。

比如，在身高和扣球高度的回归模型中，如果回归系数为负，这表明身高每增加 1 厘米，扣球高度平均减少 b 厘米。显然，这不符合常理，也不符合实际，如果没有合理的原因解释，这样的预测模型就要取缔。

第 2 步，一元线性回归模型的检验：F 检验。

回归模型按照数据的计算范围，分为样本回归模型 ($\hat{y}$) 和总体回归模型 ($\hat{Y}$)。

由样本数据计算的样本回归模型，是否能保证总体回归模型不为 0？是否对总体回归模型具有代表性？是否能说明总体的自变量与因变量之间也存在显著的线性关系？要回答这 3 个问题，需要对总体回归模型进行 F 检验。

用 F 检验的方法，对回归模型进行假设检验的步骤如下。

首先，提出假设，即提出原假设和对立假设。

原假设：H_0：$Y=0$，假设总体的回归模型为 0。

对立假设：H_1：$Y \neq 0$，假设总体的回归模型不为 0。

其次，求出数据，即求出统计量(F)及其概率(P)。

检验统计量(F)的计算为

$$F = \frac{\text{MSR}}{\text{MSE}} = \frac{\dfrac{\text{SSR}}{k}}{\dfrac{\text{SSE}}{n-2}} = \frac{\dfrac{\sum(\hat{y}-\bar{y})^2}{k}}{\dfrac{\sum(y-\hat{y})^2}{n-2}}$$

式中：MSR——回归离差的方差；

MSE——残差的方差。

SSR 为回归离差的平方和，其自由度为 k，k 为自变量的个数。SSR 的自由度为 $k=1$，这是因为在一元线性回归模型中，回归平方和只受 1 个自变量的影响，因此其自由度为 1。

SSE 为残差的平方和，其自由度为 $n-2$，n 为因变量的实际值的个数。SSE 的自由度为 $n-2$，这是因为按最小平方法求解两个参数 a 和 b，受到两个标准方程组的约束，失去了两个自由度。

SST 为总离差的平方和，其自由度为 $n-1$。

总离差的平方和的自由度=回归离差的平方和的自由度+残差的平方和的自由度= $k+(n-2)=1+(n-2)=n-1$，用于确定两个数据系列是否存在变化程度上的不同。

概率(P)的计算：利用 FDIST 函数计算。该函数表示返回 F 概率分布的值，语法形式为：FDIST(x,degrees_freedom1, degrees_freedom2)。其中，"x"表示需要计算分布的数值，"degrees_freedom1"表示分子的自由度(k)，"degrees_freedom2"表示分母的自由度($n-2$)。

最后，进行判断，即比较概率(P)与显著性水平($\alpha=0.05$)的大小，然后再判断。

当 $P<\alpha$ 时，则拒绝总体的回归模型为 0 的原假设，回归模型通过检验。回归模型的假设检验的计算结果表明：总体的回归模型不为 0，总体的自变量与因变量之间存在显著的线性关系，样本的回归模型对总体的回归模型有代表性，样本的回归模型能够用来估计总体的回归模型。

当 $P>\alpha$ 时，则不拒绝总体的回归模型为 0 的原假设，回归模型没有通过检验。回归模型的假设检验的计算结果表明：总体的回归模型为 0，总体的自变量与因变量之间不存在显著的线性关系，样本的回归模型对总体的回归模型不具有代表性，样本的回归模型不能够用来估计总体的回归模型。

例如，由图 8-6 计算的样本数据，用 F 检验法来检验回归模型的步骤如下。

第 1 步，一元线性回归模型的检验：经济意义的检验。

在身高和扣球高度的回归模型中，$\hat{y}=68.4113+1.3164x$，回归系数为 1.3164，为正相关，这表明身高每增加 1 厘米，扣球高度平均增加 1.3164 厘米。显然，身高和扣球高度为正相关，这符合常理。

第 2 步，一元线性回归模型的检验：F 检验。

首先，提出原假设和对立假设。

原假设：H_0：Y=0，假设总体的回归模型为 0，两个变量之间的线性关系不显著。

对立假设：H_1：$Y\neq0$，假设总体的回归模型不为 0，两个变量之间的线性关系显著。

其次，求出统计量(F)及其概率(P)。

F 的计算：由图 8-8"总离差的计算表"可知：$\sum(\hat{y}-\bar{y})^2 = 761.3248$，$\sum(y-\hat{y})^2 = 22.0218$。

则：$F = \dfrac{\dfrac{\sum(\hat{y}-\bar{y})^2}{k}}{\dfrac{\sum(y-\hat{y})^2}{n-2}} = \dfrac{\dfrac{761.3248}{1}}{\dfrac{22.0218}{6-2}} = 138.2857$

P 的计算：在 Excel 的一个空白单元格中输入 "=FDIST(138.2857,1,4)"，再按 Enter 键，就得到 P=0.0003。

最后，进行判断。

回归模型的假设检验的结果表明：由于 $P = 0.0003 < \alpha = 0.05$，因此，拒绝总体回归模型为 0 的原假设，回归模型通过了检验。所有中国女排运动员的身高与扣球高度的总体回归模型不为 0，所有中国女排运动员的身高与扣球高度之间存在显著的线性关系，6 名中国女排运动员的样本回归模型对所有中国国家女排运动员的总体回归模型有代表性，样本回归模型能够用来估计总体回归模型。

比如，身高与扣球高度的回归模型为：$\hat{y} = 68.4113 + 1.3164x$，通过了回归模型的假设检验，于是可以给扣球高度(自变量)一个值以预测身高(因变量)的值。

4) 回归模型的评价：拟合度的分析

拟合度是指回归直线对观测值的拟合程度。

评价回归模型拟合程度的方法是计算判定系数。

回归模型在一定程度上描述了因变量与自变量之间的统计规律。

根据一元线性回归模型 $\hat{y} = a + bx$，如果确定了参数 a 和 b，就可以给定自变量的值，对因变量的值进行预测。有预测就有误差，那么，有多少误差可以由回归模型来解释？要回答这个问题，就要靠判定系数来说明。判定系数是衡量回归模型预测能力最常用的指标。

判定系数是指回归离差平方和占总离差平方和的构成比，说明自变量所能解释的方差在总方差中所占的构成比，用来衡量回归模型对观测数据拟合的程度。判定系数越大，构成比越高，表示回归模型的预测能力越强，趋势线对观测数据的拟合程度越好。

以一元线性回归模型为例，在坐标系上，如果所有的相关点 (x_i, y_i) 都落在趋势线上，那么这条直线就是对数据的完全拟合，用自变量的值预测因变量的值就没有误差，这时，自变量和因变量属于完全相关。因此，各相关点越是紧密围绕直线，说明直线对相关点数据的拟合程度越好，判定系数越大；反之，则越差，判定系数越小。

为进一步说明判定系数的含义，接下来对因变量的总离差进行分解。

总离差是指残差与回归离差之和，即总离差=残差+回归离差。

$$总离差的平方和=残差的平方和+回归离差的平方和$$

接下来，先看总离差的分解详情，再看总离差的平方和的分解详情。

先看总离差的分解。

因变量的实际值(y)、因变量的平均数($\bar{y}$)、因变量的预测值($\hat{y}$)，这三者之间的关系式如下。

$$y - \overline{y} = (y - \hat{y}) + (\hat{y} - \overline{y})$$

总离差$=y-\overline{y}$，即因变量的实际值与因变量的平均数之差。

残差$=y-\hat{y}$，即因变量的实际值与因变量的预测值之差。

回归离差$=\hat{y}-\overline{y}$，即因变量的预测值与因变量的平均数之差。

因变量的总离差用文字表达，相应的就有：

因变量的总离差=由自变量引起的因变量的离差+由其他因素引起的因变量的离差

简记为：总离差=残差+回归离差

因变量的总离差与残差、回归离差之间的关系，如图 8-6 所示。

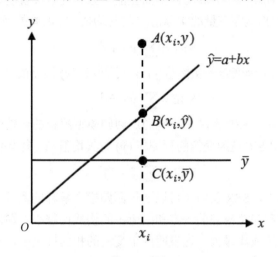

图 8-6　因变量总离差的分解

图 8-6 说明：设 A 点是散点图中的任意一个相关点；$\hat{y}=a+bx$ 是根据所有相关点拟合的一条回归直线；B 点是 A 点向横轴作垂线时与回归直线相交的一点；$\overline{y}$ 是一条因变量的平均线，即 $\overline{y}$ 是由因变量的实际值计算出来的平均数，画在坐标系中，是一条与横轴平行的直线；C 点是 A 点向横轴作垂线时与因变量的平均线相交的一点。

A、B、C 这 3 个坐标点，可以分别表示为：$A(x_i,y_i)$、$B(x_i,\hat{y})$、$C(x_i,\overline{y})$。

由于：$AC=AB+BC$，即：$y_i - \overline{y} = (y_i - \hat{y}_i) + (\hat{y}_i - \overline{y})$

简记为：$y - \overline{y} = (y - \hat{y}) + (\hat{y} - \overline{y})$

即：总离差=残差+回归离差

式中：$(y-\overline{y})$——总离差。它是每个因变量的实际值(y)与因变量的平均数$(\overline{y})$之间的离差；

$(y-\hat{y})$——残差。它是每个因变量的实际值(y)与因变量的预测值$(\hat{y})$之间的误差，是由自变量(x)以外的许多不能控制或不能掌握的内外因素而引起的偶然性差异。它是配合回归直线后残留的误差量，是回归模型没有给出解释的误差；

$(\hat{y}-\overline{y})$——回归离差。它是每个因变量的预测值$(\hat{y})$与平均数$(\overline{y})$之间的离差。它表明这一部分的离差和自变量(x)有关，是可以由 x 得到解释和说明的。它是扣除了回归直线配合于观察值时产生的离差量，是回归模型给出了解释的离差。

由：总离差＝残差＋回归离差，记为：$y - \overline{y} = (y - \hat{y}) + (\hat{y} - \overline{y})$

有：总离差的平方和=残差的平方和+回归离差的平方和

公式为：$\sum (y - \overline{y})^2 = \sum (y - \hat{y})^2 + \sum (\hat{y} - \overline{y})^2$

即：SST=SSE+SSR

其中，SST 英文全称为 sum of squares for total；

SSE 英文全称为 sum of squares for error；

SSR 英文全称为 sum of squares for regression。

总离差的平方和、残差的平方和与回归离差的平方和的含义说明如下。

总离差的平方和(SST)是因变量的实际值(y)与其均值($\overline{y}$)离差的平方和，即

$$SST = \sum (y - \overline{y})^2$$

残差的平方和(SSE)是因变量的实际值(y)与其预测值($\hat{y}$)误差的平方和，即

$$SSE = \sum (y - \hat{y})^2$$

在总离差的平方和中，SSE 反映了不能通过回归模型解释的误差的平方和。

回归离差的平方和(SSR)是因变量的预测值($\hat{y}$)与其均值($\overline{y}$)离差的平方和，即

$$SSR = \sum (\hat{y} - \overline{y})^2$$

在总离差的平方和中，SSR 反映了可以通过回归模型解释的离差的平方和。

显然，残差的平方和在总离差的平方和中所占的构成比越小，即回归离差的平方和在总离差平方和中所占的构成比越大，这表明两个变量的相关性越强，总离差平方和中能够被回归模型解释的部分就越大。

接下来，证明总离差的平方和、残差的平方和与回归离差的平方和这三者的关系。

求证：总离差的平方和=残差的平方和+回归离差的平方和。

证明：SST=SSE+SSR

即证：$\sum (y - \overline{y})^2 = \sum (y - \hat{y})^2 + \sum (\hat{y} - \overline{y})^2$

证明：

由：$y - \overline{y} = (y - \hat{y}) + (\hat{y} - \overline{y})$

有：$\sum (y - \overline{y})^2 = \sum [(y - \hat{y}) + (\hat{y} - \overline{y})]^2 = \sum (y - \hat{y})^2 + \sum (\hat{y} - \overline{y})^2 + 2\sum (y - \hat{y})(\hat{y} - \overline{y})$

验证：$2\sum (y - \hat{y})(\hat{y} - \overline{y}) = 0$

证明：$2\sum (y - \hat{y})(\hat{y} - \overline{y}) = 2\sum (y - a - bx)(a + bx - a - b\overline{x})$

$= 2\sum [y - (\overline{y} - b\overline{x}) - bx](bx - b\overline{x})$

$= 2b\sum [(y - \overline{y}) - b(x - \overline{x})](x - \overline{x})$

$= 2b\sum [(y - \overline{y})(x - \overline{x}) - b(x - \overline{x})^2]$

$= 2b\sum \left[(y - \overline{y})(x - \overline{x}) - \dfrac{\sum (x - \overline{x})(y - \overline{y})}{\sum (x - \overline{x})^2}(x - \overline{x})^2\right]$

$= 0$

故：$\sum(y-\overline{y})^2 = \sum(y-\hat{y})^2 + \sum(\hat{y}-\overline{y})^2$。

证毕。

下面，用实例来验证一下 $\sum(y-\overline{y})^2 = \sum(y-\hat{y})^2 + \sum(\hat{y}-\overline{y})^2$。

例如，由表 8-1 的资料，可得到表 8-5 的数据。

表 8-5 总离差的计算表

		已知栏		计算栏			
序号	姓名	身高/厘米 x	扣球高度/厘米 y	$\hat{y}$	$(y-\hat{y})^2$	$(\hat{y}-\overline{y})^2$	$(y-\overline{y})^2$
(甲)	(乙)	(1)	(2)	(3)	(4)	(5)	(6)
1	林 莉	171	294	293.5157	0.2345	520.4923	498.6289
2	龚翔宇	186	315	315.8945	15.1671	0.1897	18.7489
3	刘晓彤	188	312	313.2617	3.0217	9.4145	1.7689
4	徐云丽	195	325	325.1093	0.0119	77.0761	75.1689
5	张常宁	195	325	325.1093	0.0119	77.0761	75.1689
6	朱 婷	195	327	325.1093	3.5747	77.0761	113.8489
	总计	1130	1898	1897.9998	22.0218	761.3248	783.3334
	均值	188.33	316.33	—	—	—	—

资料来源：中国排球协会。

在表 8-5 中，x 为自变量的实际值，y 为因变量的实际值，$\overline{y}$ 为因变量 y 的平均数，$\hat{y}$ 为因变量 y 的预测值。

$$\overline{y} = \frac{\sum y}{y} = \frac{1898}{6} = 316.33(\text{厘米})$$

$$\hat{y} = 68.4113 + 1.3164x$$

由：$\sum(y-\overline{y})^2 = \sum(y-\hat{y})^2 + \sum(\hat{y}-\overline{y})^2$

有：783.3334≈22.0218+761.3248=783.3466，等式两边有 783.3334-783.3466=0.0132 的差异，这是因为小数点后面省略了数字的缘故。

再看判定系数的计算。

在总离差平方和进行分解的基础上，可以计算判定系数。判定系数是判断回归模型拟合程度优劣最常用的数量尺度。所谓拟合程度，是指相关点聚集在回归模型周围的紧密程度。

判定系数是指回归离差的平方和占总离差的平方和的构成比，表示因变量的预测值与其对应的实际值之间的拟合程度，用于说明因变量的总离差中能被自变量的离差所解释的程度。判定系数记为 R^2。

公式： $$R^2 = \frac{\text{回归离差的平方和}}{\text{总离差的平方和}} = \frac{\text{SSR}}{\text{SST}} = \frac{\sum(\hat{y}-\overline{y})^2}{\sum(y-\overline{y})^2}$$

或者：
$$R^2 = 1 - \frac{\text{SSE}}{\text{SST}} = 1 - \frac{\sum(y-\hat{y})^2}{\sum(y-\overline{y})^2}$$

若 y 的变化与 x 无关，x 完全无助于解释 y 的离差，此时 $\hat{y} = \overline{y}$，则 $R^2 = 0$；

若所有散点都落在趋势线上，拟合是完全的，此时 $y = \hat{y}$，$\text{SSE} = 0$，则 $R^2 = 1$。

因此，判定系数(R^2)的取值范围为 $1 \geqslant r^2 \geqslant 0$。

R^2 越接近于 1，说明回归平方和占总平方和的构成比越大，回归直线与各观测点越接近，用 x 的变化来解释 y 值误差的部分就越多，说明回归直线的拟合程度就越好，趋势线对于实际值的拟合程度越高，这时的趋势线越可靠，通过这条趋势线得到的预测数据也越准确。反之，R^2 越接近于 0，说明回归直线的拟合程度就越差。

众所周知，因变量的每个实际值之间存在着差异，这是由于自变量的变化和其他因素的变化造成的。

举例来讲，身高和摸高这一对变量，身高影响摸高，身高是自变量，摸高是因变量。人与人之间的摸高存在差异，原因有两个：一是由于身高(自变量)不同所引起的差异；二是由于身高(自变量)相同但因生活条件等不同所引起的差异。

判定系数这个指标，就是要衡量在因变量(摸高)的差异中，能被自变量(身高)解释的构成比究竟有多大，也就是说，能被线性回归模型所解释的构成比究竟有多大。如果这个构成比低，表明数据点比较松散地分布在回归直线的周围；如果这个构成比高，表明数据点比较密集地分布在回归直线的周围。

一般来讲，因变量总的离差，可分解为自变量变动造成的离差，以及由于其他因素变动造成的离差。

即：因变量总离差的平方和=自变量变动引起的因变量离差的平方和+其他变量变动引起的因变量离差的平方和。

或称：总离差的平方和=回归离差的平方和+残差的平方和。

用公式表示为：$\sum(y-\overline{y})^2 = \sum(y-\hat{y})^2 + \sum(\hat{y}-\overline{y})^2$

等式两边同时除以总误差平方和 $\sum(y-\overline{y})^2$，有：
$$1 = \frac{\sum(y-\hat{y})^2}{\sum(y-\overline{y})^2} + \frac{\sum(\hat{y}-\overline{y})^2}{\sum(y-\overline{y})^2}$$

在等式右边，第一项说明残差的平方和占总离差的平方和的百分比，第二项说明回归离差的平方和占总离差的平方和的百分比，显然，如果残差平方和占总离差平方和的构成比越小，那么，回归离差平方和占总离差平方和的构成比就越大，总离差的平方和中，由回归模型来解释的部分也就越大，这一构成比称为判定系数，用符号 R^2 来表示，即
$$R^2 = \frac{\sum(\hat{y}-\overline{y})^2}{\sum(y-\overline{y})^2} = 1 - \frac{\sum(y-\hat{y})^2}{\sum(y-\overline{y})^2}$$

判定系数(R^2)表明，残差的平方和越小，R^2 越大；$R^2 = 1$ 时，模型与样本观测值完全拟合；R^2 越接近于 1，模型的拟合优度越高；判定系数的取值范围为 $0 \leqslant R^2 \leqslant 1$。

例如，根据图 8-8，就得到身高与扣球高度的判定系数如下。

$$R^2 = 1 - \frac{\sum(y-\hat{y})^2}{\sum(y-\overline{y})^2} = \frac{\sum(\hat{y}-\overline{y})^2}{\sum(y-\overline{y})^2} = \frac{761.3248}{783.3334} = 0.9719 = 97.19\%$$

判定系数(R^2)为 0.9719，表示身高(自变量)与扣球高度(因变量)存在比较强的线性关系。在扣球高度的变动中，有 97.19%的误差可以由身高来解释，而只有 2.81%(=100%-97.19%)的误差是由除身高以外的其他因素所引起的。这说明回归模型对相关点的拟合程度非常高，回归模型的拟合效果非常好。

5) 回归模型的评价：离散程度的分析

评价回归模型离散程度的方法是计算估计值的标准误差。

标准误差(standard error of estimate)是指残差的平方和的平方根，用来说明观测点在回归直线周围分散的程度，反映因变量的实际值与因变量的预测值之间的预测误差的大小。其计算公式为

$$s_e = \sqrt{\frac{\text{SSE}}{n-2}} = \sqrt{\frac{\sum(y-\hat{y})^2}{n-2}}$$

式中，s_e 表示估计值的标准误差，其值越小，说明回归方程进行预测就越准确；其值为 0，表示相关点全部落在回归直线上，说明用自变量的值来预测因变量的值没有误差。显然，标准误差是从另一个角度来说明回归模型的拟合程度。

4. 第 4 步，进行预测

进行预测就是依据回归模型来预测因变量。

根据相关数据，建立了回归模型，解出了若干参数，这时，就可以给定自变量一个值，求出回归模型的预测值。

比如，根据相关数据，建立一元线性回归模型 $\hat{y} = a + bx$，用自变量 x 和因变量 y 的实际值解出参数 a 和参数 b，这时，就可以给定自变量(x)一个值，求出回归模型的预测值($\hat{y}$)。

回归模型预测值的计算方法有两种：点预测法、区间预测法。

1) 点预测法

点预测法是指利用已确定参数的线性模型，直接用因变量的预测值作为因变量的实际值的预测方法。

公式为：$Y = \hat{y}$，即：因变量的总预测值=因变量的点预测值。

例如，由图 8-6 的计算结果可知：$\hat{y} = 68.4113 + 1.3164x$。将身高 $x_0 = 190$ 代入式中，扣球高度的预测值为：$Y = \hat{y} = 68.4113 + 1.3164 \times 190 = 319$(厘米)。

点预测的计算结果表明，当运动员身高为 190 厘米时，扣球高度的预测值为 319 厘米。

对点预测法的评价：用样本的预测值来预测总体的值，两者之间必然存在一定的离差，其平均离差的大小，直接影响到回归模型预测的有效性和代表性。所以，在进行预测时，还要对其平均离差进行计算和控制，要考虑以多大的把握程度，来保证因变量的实际值落在怎样的区间范围内。因此，还需要了解区间估计的方法。

2) 区间预测法

区间预测法是指在点估计预测法的基础上，进一步考虑并控制预测误差影响的方法。

其计算公式为：因变量的总预测值=因变量的点预测值±允许误差。用符号表示为 $Y = \hat{y} \pm \Delta$，即 $Y = \hat{y} \pm t_\alpha s_e$。

式中： $\hat{y}$ ——因变量的点预测值；

t_α ——临界值，在 Excel 中利用函数 $\mathrm{TINV}(\alpha, n-2)$ 来求得；

s_e ——标准误差，$s_e = \sqrt{\dfrac{\mathrm{SSE}}{n-2}} = \sqrt{\dfrac{\sum(y-\hat{y})^2}{n-2}}$。

例如，在身高与扣球高度这个例子中，当身高 $x_0 = 190$（厘米），把握程度为 95% 时，扣球高度的预测值为 312～326 厘米。其计算如下。

$$Y = \hat{y} \pm \Delta = \hat{y} \pm t_\alpha s_e = 319 \pm 2.7764 \times 2.3464 = 312\text{～}326(\text{厘米})$$

8.3 多元线性回归分析

多元回归分析是指一个因变量和多个自变量的回归分析。

进行多元回归分析时，先要考虑选取什么样的自变量，方法是列出自变量的相关系数矩阵表，自变量之间存在高度相关的，就要剔除相应的自变量，以求在利用自变量来分析因变量的变动时，自变量不会提供重复和多余的信息。

多元线性回归分析是指一个因变量与两个或两个以上自变量的线性回归分析。

多元线性回归分析与一元线性回归分析相比，前者以后者为基础，后者是前者的特例，前者的计算更繁杂，不过幸亏有计算机帮忙，轻松点击之间就能化繁为简。两者的回归分析，基本原理相通，基本步骤一样，以下 4 步是必经之路：是否相关、相关程度、建立模型和进行预测。

【**例 8-3**】多元线性回归分析。相关表如表 8-6 所示。

表 8-6 2016 年巴西奥运会 6 名中国女排运动员扣球高度与影响因素的相关表

序号	姓名	扣球高度/厘米	身高/厘米	年龄/岁	体重/公斤
1	林　莉	294	171	24	65
2	刘晓彤	312	188	26	70
3	龚翔宇	315	186	19	67
4	徐云丽	325	195	29	75
5	张常宁	325	195	20	72
6	朱　婷	327	195	21	78

资料来源：中国排球协会。

第 1 步，是否相关。

从变量本身来看，要依据常识和专业知识，选择影响因变量的多个自变量。实际上，影响一个因变量变化的自变量往往有多个。

比如，摸高的变化，除了受身高的影响外，还受年龄和体重等因素的影响。

第 2 步，相关程度。

从变量的取值来看，要依据散点图和相关系数，选择影响因变量的合适的自变量。

先画出散点图，也就是画出因变量与每一个自变量的散点图，看相关点分布的方向、程度和形式；再求相关系数，也就是求出因变量与每一个自变量的相关系数，求出自变量之间的相关系数，看相关系数的结果所呈现的变量之间的关系程度。

在选择自变量时，一要剔除因变量与自变量之间相关系数低于 0.7 的自变量，二要剔除自变量与自变量之间相关系数高的一个自变量，即剔除两个自变量的相关程度高于 0.7，并且与因变量相关程度低的那一个自变量。

在建立的回归模型中，不包括被剔除的自变量。剔除因变量与自变量之间相关系数低的自变量，这是因为用相关程度低的变量建立的预测模型，预测的效果也不佳。

剔除自变量之间相关系数高的自变量，这是因为当自变量之间存在高度相关时，就会对因变量的影响提供重复和多余的信息，就会导致回归系数的统计检验不能通过。

在多元线性回归分析中，有两个或两个以上的自变量彼此高度相关，这叫多重共线性。对多重共线性的处理办法就是剔除不合适的自变量。

比如，在表 8-4 中，因变量为扣球高度，自变量为身高、年龄和体重。这四者之间的相关系数，可以用相关系的公式计算出来，结果如表 8-7 所示。

表 8-7　相关系数的矩阵表

比　　较	扣球高度/厘米	身高/厘米	年龄/岁	体重/公斤
扣球高度/厘米	1.0000			
身高/厘米	0.9858	1.0000		
年龄/岁	−0.1046	−0.0129	1.0000	
体重/公斤	0.8576	0.8476	0.1467	1.0000

在表 8-7 中，选择自变量的基本步骤如下。

先删除与因变量相关系数低的自变量。从第 2 列来看，要删除"年龄"这个自变量，要保留"身高""体重"两个自变量。因为"年龄"与"扣球高度"的相关系数只有−0.1046，相关程度为微相关，而"身高"和"体重"与扣球高度的相关系数分别为 0.9858 和 0.8576，相关程度均为高度相关。

再删除自变量之间相关系数高的自变量。从第 2 列和第 3 列来看，要删除"体重"这个自变量。先从第 3 列来看，"身高"和"体重"这两个自变量的相关系数为 0.8476，为高度相关，所以要删除其中一个与因变量相关程度低的自变量。再从第 2 列来看，"体重"与"扣球高度"的相关系数为 0.8576，低于"身高"与"扣球高度"的相关系数 0.9858，因此，要删除"体重"这个自变量。

最后得出结论。在扣球高度的 3 个影响因素中，经过前面两轮淘汰，最后只留下"身高"这个自变量，也就是由原来预料中的三元回归分析变成了一元回归分析。

对于一元线性回归模型，只需要用判定系数来评价其拟合程度。对于多元线性回归模型，则需要用调整后的多重判定系数来评价其拟合程度。

调整后的判定系数是指多元线性回归平方和占总平方和的构成比，用来反映多元线性回归模型的拟合程度，记为"R_a^2"，下标"a"是"调整"的英文单词"adjustment"的首字母。

在一元回归分析中，不要计算调整后的判定系数。在多元回归分析中，要计算调整后的判定系数，因为随着自变量的增多，相关系数会相应增大，调整后的相关系数能解决这个问题，能如实反映相关程度的变化。

与一元线性回归模型一样，对多元线性回归模型，也有因变量总离差平方和的分解，即：$SST = SSR + SSE$。即：总离差平方和=回归平方和+误差平方和。

判定系数是指回归平方和占总平方和的构成比，表明在因变量的变差中，有多少可以被回归模型来解释，用 R^2 表示。其计算公式为

$$R^2 = \frac{SSR}{SST} = 1 - \frac{SSE}{SST}$$

在多元线性回归分析中，随着自变量个数的增加，相关系数会相应增大，并越来越接近 1。

为了避免增加自变量而高估 R^2，于是用样本的个数(n)和自变量的个数(k)来调整 R^2。调整后的判定系数(R_a^2)是指在多元回归分析中，用自变量的个数和样本容量进行调整的多重判定系数。其计算公式为

$$R_a^2 = 1 - (1 - r^2)\frac{n-1}{n-k-1}$$

R_a^2 计算公式的推导过程如下。

$$R_a^2 = 1 - \frac{\dfrac{SSE}{n-k-1}}{\dfrac{SST}{n-1}} = 1 - \frac{SSE}{SST} \times \frac{n-1}{n-k-1} = 1 - (1 - r^2)\frac{n-1}{n-k-1}$$

R_a^2 与 R^2 的原理相通，取值范围为 0～1，取值越接近 1，说明回归模型的变动中，由自变量解释的离差部分越多，回归模型的拟合程度越好。两者所不同的是，R_a^2 考虑了 n 和 k 的影响，则 R_a^2 比 R^2 小。

调整后的判定系数的含义：在用样本的个数和自变量的个数进行调整后，在因变量的总离差中，能被多元线性回归模型所解释的部分占百分之几。若自变量所能解释的方差在总方差中所占的构成比越大，则该回归方程的拟合程度越好。

多元线性回归分析中的估计标准误差(s_e)是指因变量的实际值与因变量的预测值之间的平均预测误差，即用自变量的值来预测因变量的值时所产生的平均预测误差。其计算公式为

$$s_e = \sqrt{\frac{SSE}{n-k-1}} = \sqrt{\frac{\sum(y - \hat{y})^2}{n-k-1}}$$

式中，k 表示自变量的个数。

第3步，建立模型。

如前所述，一元线性回归模型为：$\hat{y} = a + bx$

多元线性回归模型：$\hat{y} = a + b_1 x_1 + b_2 x_2 + \cdots + b_k x_k$，即 $\hat{y} = a + b_i x_i$

式中：$\hat{y}$——因变量的预测值；

　　　a——直线的起点值、纵轴截距；

　　　b_i——直线的斜率、偏回归系数，i 的取值为 $1 - k$。

偏回归系数(b_i)的经济含义为：当其他自变量不变的条件下，某个自变量(x)每增加一个单位，因变量(y)平均增加或减少的数量。偏回归系数的符号，显示两变量相关的方向。b 为正号，为正相关；b 为负号，为负相关。

多元线性回归模型中，参数 a 和 b_i 的确定与一元线性回归的原理相同，依然是根据最小平方方法求得，也就是要让因变量的实际值与预测值的离差的平方和为最小。用 Q 表示最小值，即

$$\sum(y - \hat{y})^2 = \sum[y - (a + b_1 x_1 + \cdots + b_k x_k)]^2 = Q$$

分别对参数 a 和 b_i 求偏导数，由此可得到求解 a 和 b_i 的方程组

$$\begin{cases} \dfrac{\partial Q}{\partial a} = 0 \\ \dfrac{\partial Q}{\partial b_i} = 0 (i = 1, 2, \cdots, k) \end{cases}$$

a 和 b_i 的解，不妨借助 Excel，一览所输出的回归结果。

第 4 步，进行预测。

在多元线性回归模型中，要完成趋势图的制作、调整后的判定系数的计算、参数 a 和 b_i 的确定、偏相关系数的检验、偏回归系数的检验和回归模型的检验与预测等一系列动作，计算工作为高难度，但有了计算机，一切只在轻松点击之间。

多元线性回归分析的实例，请见本章 8.5 节用 Excel 求解多元线性回归模型，并进行文字分析。

例如，根据 1991 年中国各省家庭年人均食品支出(y)和年人均收入(x_1)及粮食单价(x_2)的数据，建立的二元线性回归方程为：$\hat{y} = -87 + 0.35 x_1 + 206.54 x_2$。

式中，回归系数 $b_1 = 0.35$，表示在粮食单价不变的条件下，人均收入每增加 1 元，则人均食品支出平均增加 0.35 元。

回归系数 $b_2 = 206.54$，表示在人均收入不变的条件下，粮食单价每提高 1 元，则人均食品支出平均增加 206.54 元。

8.4　运用回归分析法的注意点

进行回归分析的条件很简单，只有一个因变量，可以有一个或多个自变量。建立回归模型的目的，就是要根据一个或多个自变量的值，来预测因变量的值。当然，在建立回归模型的过程中，还会欣然遇见相关变量之间有趣的信息，如相关系数、判定系数和回归系数等。

运用回归分析时，要按回归分析的步骤有序推进，每一步都要格外留神，谨防落入误

区。下面就从回归分析必经之路的4步，来看一看每一步都需要注意哪些问题。

第1步，在是否相关中，要提防伪相关。伪相关是虚假的相关，就是对于没有关系的变量，根据它们的变量值计算出高度相关，如教堂数与监狱服刑人数的同步增长。

这里引用吴柏林先生所举的一个例子。吴柏林先生为中国台湾政治大学统计学教授，在美国印第安纳大学获得统计学博士。他在所著的《现代统计学》中，讲了这样一个例子：美国印第安纳州的地区教会想要筹款兴建新教堂，提出"教堂能洁净人们的心灵，减少犯罪，降低监狱服刑人数"的口号。

为了增进民众参与的热情和信心，教会的神父搜集了近15年的教堂数与在监狱服刑的人数进行统计分析，结果却令教会人士大吃一惊。统计结果显示：最近15年教堂数与监狱服刑人数同步增长，两者呈现显著的正相关。那么是否可以由此得出，教堂建得越多，就可能带来更多的罪犯呢？经过统计学家和教会神父深入讨论，并搜集近15年的当地人口变动和犯罪率等资料做进一步分析，发现监狱服刑人数的增加和教堂数的增加都与当地人口的增加有关，教堂数的增加并非监狱服刑人数增加的原因。至此，教会人士总算松了一口气。显然，教堂数与监狱服刑人数同步增长的关系是一个伪相关。

第2步，在相关程度中，不要挑错了自变量，不要选错了回归模型。在散点图中，要剔除离群的相关点，要根据相关点的分布选好预测模型。

在选择自变量时，有两种方法可供选择。

方法一：用相关系数矩阵表的结果来挑选，删除与因变量的相关系数低，而与其他自变量的相关系数高的自变量；保留与因变量的相关系数高，而与其他自变量的相关系数低的自变量。

方法二：用概率(p)与显著性水平(α)的结果来挑选，删除$p > \alpha$的自变量，保留$p < \alpha$的自变量，也就是分别求出因变量与每个自变量的p值，再与给定的α相比，以确定每个自变量的去留。在删除了相应的自变量后，应重新建立回归模型。在最终选定的回归模型中，不应包括对因变量没有显著贡献的自变量，因为这种自变量的存在，会让回归系数无法通过统计检验。

在选择回归模型时，如果根据散点图中相关点的分布难以判断所选的回归模型，那么就可以调用Excel中"添加趋势线"的功能，选择相关系数最大的回归模型。

第3步，在建立模型时，不要误读了回归系数的意思，不要遗忘了回归系数和回归模型的检验。

在回归模型中，有两个参数，即常数和回归系数。常数是否为0，并不会影响回归模型的成立，而回归系数如果为0，回归模型将不复存在，因为回归模型必含至少一个自变量。样本回归系数不为0，并不能代表总体的回归系数也不为0，因此必须根据样本数据来检验总体的回归系数是否显著为0。如果总体的回归系数没有通过检验，也就是总体的回归系数经过检验后，其结果显著为0，这时就要考虑重新选择因变量和自变量的值，对数据做整合之后，再对参数进行估计和检验。

第4步，在进行预测时，不要把回归方程混同于数学方程。

数学方程是根据题意建立方程并解出数据，回归方程是根据数据建立方程并作出预测。

回归方程与数学方程的不同，就在于变量的取值和参数都有实际含义，因此，用回归方程即回归模型进行预测时，要留意两点。

第 1 点，不能随意推导，不能用因变量的值(y)来预测自变量的值(x)，只能用 x 来预测 y。

因为在回归模型中，自变量是给定的，因变量是随机的，所以在用回归模型进行估计推算时，只能用自变量推算因变量。

第 2 点，在回归模型中，x 不能随意取值，不能用 x 的任意值来预测 y，所设定的自变量的取值要正常，如果随意取值就会闹笑话。

比如，根据 5 名中国男篮运动员身高和摸高的实际数据建立了回归模型：$\hat{y} = 205.5461 + 0.766x$，这个回归模型是依据身高(自变量 x)对摸高(因变量 y)的影响来建立的，预测时，要留意两点。第 1 点，不能随意推导，不能用摸高的值来预测身高，只能用身高的值来预测摸高；第 2 点，身高不能随意取值，如果有人胆敢用 3 米的身高来预测摸高，要么就是没用脑，要么就是在恶搞。

8.5 Excel 在回归分析中的应用

本部分内容，共有 3 个干货。

一是一元线性回归模型的快捷建立与文字分析。

二是多元线性回归模型的快捷建立与文字分析。

三是非线性回归模型的快捷建立与文字分析。

【例 8-4】用 Excel 求解一元线性回归模型，并进行文字说明。相关计算如图 8-7 所示。

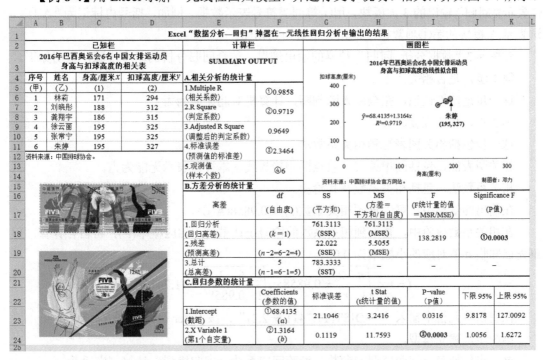

图 8-7　一元线性回归分析的快捷计算

对图 8-7 的操作说明如下。

准备：输入数据资料。如 A2:D12。

操作 1：画出散点图。如图 8-7 右上图所示。

散点图的画法：先选择 C6:D11，再单击"插入"选项卡下的"散点图"第一款。经过调整和美化，散点图就画好了。

操作 2：画出趋势线。如图 8-7 右上图所示。

第 1 步，在散点图，右击任意一个相关点，在弹出的快捷菜单中，选择"添加趋势线"命令。

第 2 步，在"添加趋势线"对话框，选择"类型"选项卡下的"线性"图片，选择"选项"选项卡下的"显示公式""显示 R 平方值"，单击"确定"按钮。

请留意：在这里，计算机呈现的符号有误。"R 平方值"应为"r 的平方值"，给出的回归模型中的"y"应为"$\hat{y}$"。

第 3 步，经过美化后，趋势图就画好了。

操作 3：输出"数据分析–回归"的结果。

第 1 步，选择"数据"选项卡下的"数据分析"选项。

第 2 步，进入"数据分析"对话框，选择"回归"选项，单击"确定"按钮。

第 3 步，进入"回归"对话框，在"y 值输入区域"组合框内输入因变量的数据区域 D6:D11，在"x 值输入区域"组合框内输入自变量的数据区域 C6:C11，在"输出区域"组合框内输入 E3，然后单击"确定"按钮。

请留意：图 8-7 中，括号中的内容为笔者标注。在接下来对图 8-7 的解读中，用 A、B、C 表示"回归"输出的 3 大板块，用①等同类符号表示数据。例如，括号内标记为"A①"，这表示 A 板块的第①项数据，即相关系数为 0.9858。

对图 8-7 "数据分析–回归"神器的输出结果，结合回归分析的基本步骤，说明如下。

第 1 步，是否相关。

这一步是定性认识，完全由人脑判断，计算机对此无能为力。

第 2 步，相关程度。

这一步包括相关图表法和相关系数法。

相关图表法，包括画相关表、散点图和趋势线，本神器表示无能为力。

相关系数法，包括相关系数及其检验。

在输出的结果中，可以查到相关系数(r)为 0.9858(A①)。

在相关系数检验中，查不到相关系数的检验统计量(t)和相应概率(P)，可自行计算。但事先已知临界值对应的小概率为 0.05。

$$t = r \times \sqrt{\frac{n-2}{1-r^2}} = 0.9858 \times \sqrt{\frac{6-2}{1-0.9858^2}} = 11.7411$$

在空白单元格中输入"=TDIST(11.7411,6-2,2)"，按 Enter 键，得到 $P = 0.0003$。

第 3 步，建立模型。

这一步包括确定回归模型的参数、检验回归系数、回归模型、计算判定系数。

在输出的结果中，可以查到回归模型的两个参数，即回归常数(a)为 68.4135(C①)，回归系数(b)为 1.3164(C②)。

在输出的结果中，可以查到回归系数检验统计量(t)的相应概率(P)0.0003(C③)，也可以查到回归模型检验统计量(F)的相应概率(P)0.0003(B①)。

有意思的是，回归方程F检验统计量对应的概率(P)是 0.0003，回归系数 t 检验统计量对应的概率(P)也是 0.0003，这是偶然的巧合吗？当然不是。这个结果验证了在一元线性回归方程中，由于只有一个自变量，所以 t 检验和 F 检验的结果一样。回归系数和回归模型，两者中只要有一个通过了检验，那么回归系数和回归模型也就通过了检验。

在输出的结果中，可以查到判定系数(R^2)为 0.9718(A②)。

请留意：F 统计量的显著性水平 Significance F，可简记为“Sig. F”。

第 4 步，进行预测。

这一步包括点预测和区间预测。

预测模型：$\hat{y} = a + bx = 68.4135 + 1.3164x$

点预测。当身高(x_0)为 190 厘米，则扣球高度 $(Y = \hat{y})$ 为 319 厘米。

方法一，用回归模型计算。在一个空白单元格输入“=68.4135+1.3164*190”，按 Enter 键，得到 319。

方法二，用统计函数计算。在一个空白单元格输入“=FORECAST(190,D6:D11,C6:C11)”，按 Enter 键，得到 319。

区间预测。当身高(x_0)为 190 厘米，则扣球高度为 312～326 厘米，得出这一结论的把握程度为 95%。

即：$Y = \hat{y} \pm t_\alpha s_e = 319 \pm 2.7764 \times 2.3464 = 312\sim326$

式中，统计量(t)的临界值 (t_α) 的算法：在一个空白单元格输入“=TINV(0.05,6-2)”，按 Enter 键，可得 $t_\alpha = 2.7764$。在输出的结果中，可查到估计标准误差(s_e)为 2.3464(A③)。

【例 8-5】用 Excel 求解相关系数矩阵表。相关计算如图 8-8 所示。

	A	B	C	D	E	F	G	H	I	J	K
1	Excel“数据分析－相关系数”神器在三元线性回归分析中输出的结果										
2	已知栏						计算栏				
3	相关表						相关系数的矩阵表				
4	序号	姓名	扣球高度/厘米	身高/厘米	年龄/岁	体重/公斤		扣球高度/厘米	身高/厘米	年龄/岁	体重/公斤
5	1	林莉	294	171	24	65	扣球高度/厘米	1.0000			
6	2	刘晓彤	312	188	26	70	身高/厘米	0.9858	1.0000		
7	3	龚翔宇	315	186	19	67	年龄/岁	-0. 1046	-0. 0129	1.0000	
8	4	徐云丽	325	195	29	75	体重/公斤	0.8576	0.8476	0.1467	1.0000
9	5	张常宁	325	195	20	72					
10	6	朱婷	327	195	21	78					
11	资料来源：中国排球协会。										
12	要求：对以上资料进行回归分析。以95%的把握程度，预测扣球高度的区间范围。										
13											

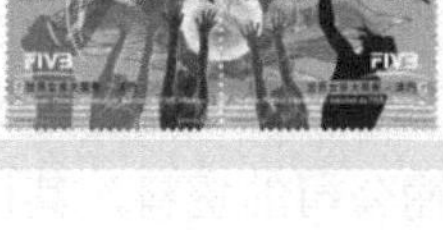

图 8-8　相关矩阵表的快捷算法

对图 8-8 的操作说明如下。

操作 1：输入数据资料，判断数据的类型，明确数据分析的目标。

录入的数据资料，请见已知栏。

请留意：应先录入 1 个因变量(扣球高度)的数据，如 C6:C11；再录入其他 4 个自变量(身高、拦网高度、年龄和体重)的数据，如 D6:G11。

数据的类型为数值型的样本数据。数据分析的目标：根据已知的样本资料，运用回归分析的方法，只要通过了回归分析的条件，就可以对扣球高度进行区间预测。

对 5 个变量进行回归分析，因为有 4 个自变量，从表面上看，这是四元回归分析。实际上，这是一元回归分析，从相关系数矩阵表可以得出这个结论。

操作 2：画出相关系数矩阵表，决定自变量的去留。

画出的相关系数矩阵表，结果如图 8-8 计算栏所示。画相关系数矩阵表的步骤如下。

第 1 步，选择"数据"选项卡下的"数据分析"选项。

第 2 步，进入"数据分析"对话框，选择"相关系数"选项，单击"确定"按钮。

第 3 步，进入"相关系数"对话框，在"输入区域"组合框内输入因变量和自变量的数据区域 C6:G11，在"输出区域"组合框内输入 H4，然后单击"确定"按钮。

在多元线性回归分析前，要做好自变量的选择。

选择自变量时，要做到以下两点。

一要删除自变量与因变量相关程度低的自变量。在相关系数矩阵表中，年龄与扣球高度的相关程度低，只有–0.1046，所以要删除"年龄"这个自变量。而拦网高度与扣球高度的相关程度也很低，只有 0.6018，所以"拦网高度"这个自变量也要删除。

二要删除自变量之间相关程度高，而与因变量相关程度低的自变量。在相关系数矩阵表中，身高与体重的相关程度高达 0.8476，于是，必须删除其中一个自变量，又由于体重与扣球高度的相关程度为 0.8576，要低于身高与扣球高度的相关程度 0.9858，于是，体重这个自变量就成了最终被删除的对象。

于是，在 4 个自变量中，只保留 1 个自变量，即身高；要删除 3 个自变量，即年龄、体重和拦网高度。

因此，原数据中的四元回归分析，变成了一元回归分析，也就是以扣球高度为因变量，以身高为自变量的一元回归分析。

【例 8-6】用 Excel 求解多元线性回归模型，并作文字分析。

背景资料：Butler 运输公司，位于美国加利福尼亚地区，这家公司的业务遍及它所在地区的货物运送。为了制定最佳的工作计划表，公司的管理人员希望估计他们的司机每天行驶的总时间。

Butler 运输公司的管理人员认为，影响他们司机每天行驶时间的因素，除了行驶里程外，可能还有运送货物的次数。于是，公司的管理人员以运输车辆每天的行驶时间为因变量，运输车辆每天的行驶里程和运送货物次数为自变量，建立回归模型，进行回归分析。

Butler 运输公司的资料，其已知栏和计算栏的结果，如图 8-9 所示。

对图 8-9 的操作说明如下。

操作 1：输入数据资料，判断数据的类型，明确数据分析的目标。

录入的数据资料，请见已知栏。

请留意：在第(1)栏录入 1 个因变量(行驶时间)的数据，如 B6:B15；再录入其他两个自变量(行驶里程和运送货物的次数)的数据，如 C6:D15。

Excel"数据分析－相关系数"、"数据分析－回归"神器在二元线性回归分析中的输出结果

已知栏 / 计算栏2

行驶时间与影响因素的相关表

运输任务	行驶时间/小时y	行驶里程/英里x_1	运送货物的次数/次x_2
(甲)	(1)	(2)	(3)
1	9.3	100	4
2	4.8	50	3
3	8.9	100	4
4	6.5	100	2
5	4.2	50	2
6	6.2	80	2
7	7.4	75	3
8	6.0	65	4
9	7.6	90	3
10	6.1	90	2

题源：戴维R·安德森著《商务与经济统计》，第358页。

SUMMARY OUTPUT

A.相关分析的统计量

1.Multiple R (相关系数)	0.9507
2.R Square (判定系数)	0.9038
3.Adjusted R Square (调整后的判定系数)	①0.8763
4.标准误差 (预测值的标准差)	②0.5730
5.观测值 (样本个数)	10

B.方差分析的统计量

高差	df (自由度)	SS (平方和)	MS (方差=平方和/自由)	F (F统计量的值=MSR/MSE)	Significance F (P值)
1.回归高(回归高)	2	21.6006	10.8003	32.8784	①0.0003
2.残差(预测高差)	7	2.2994	0.3285		
3.总计(总高差)	9	23.9000			

C.参数的统计量

	Coefficients (参数的)	标准误差	t Stat (t统计量的)	P-value (P值)	下限95%	上限95%
1.Intercept (截距)	①-0.8687	0.9515	-0.9129	0.3916	-3.1188	1.3814
2.X Variable 1 (第1个自变量)	②0.0611	0.0099	6.1824	④0.0005	0.0378	0.0845
X Variable 2 (第2个自变量)	③0.9234	0.2211	4.1763	⑤0.0042	0.4006	1.4463

计算栏1: 行驶时间与影响因素的相关系数矩阵表

	行驶时间/小时	行驶里程/英里	运送货物的次数/次
行驶时间/小时	1.0000		
行驶里程/英里	0.8149	1.0000	
运送货物的次数/次	0.6152	0.1620	1.0000

图 8-9　二元线性回归分析的快捷算法

数据的类型为数值型的样本数据。数据分析的目标：根据已知的样本资料，运用回归分析的方法，只要通过了回归分析的条件，就可以对行驶时间进行区间预测。

对 3 个变量进行回归分析，因为有两个自变量，从表面上看，这是二元回归分析。实际上，也是二元回归分析，从相关系数矩阵表可以得出这个结果。

操作 2：输出"数据分析–相关系数"的结果。

制作相关系数的矩阵表，选择自变量。

相关系数的矩阵表，结果如计算栏 1 所示。制作相关系数矩阵表的步骤如下。

第 1 步，选择"数据"选项卡下的"数据分析"选项。

第 2 步，进入"数据分析"对话框，选择"相关系数"选项，单击"确定"按钮。

第 3 步，进入"相关系数"对话框，在"输入区域"组合框内输入因变量和自变量的数据区域 B6:D15，在"输出区域"组合框内输入 A18，然后单击"确定"按钮。

在建立多元线性回归模型前，要做好自变量的选择。本题中，两个自变量都要保留。

操作 3：输出"数据分析–回归"的结果。

输出的结果如计算栏 2 所示。

第 1 步，选择"数据"选项卡下的"数据分析"选项。

第 2 步，进入"数据分析"对话框，选择"回归"选项，单击"确定"按钮。

第 3 步，进入"回归"对话框，在"y 值输入区域"组合框内输入因变量的数据区域 B6:B15，在"x 值输入区域"组合框内输入自变量的数据区域 C6:D15，在"输出区域"组合框内输入 E3，然后单击"确定"按钮。

请留意：图 8-9 中，括号中的内容为笔者标注。在接下来对图 8-9 的解读中，用 A、B、C 表示"回归"输出的三大板块，用①等同类符号表示数据。例如，括号内标记为"A①"，这表示 A 板块的第①项数据，即 0.8763。

对图 8-9 的文字简析如下。

第 1 步，判断变量之间是否相关。

从常识来看，因变量(行驶时间)与两个自变量(行驶里程和运送货物的次数)之间有联系。

第 2 步，选择自变量。

从"数据分析–相关系数"输出的相关系数矩阵表可以看到，由于两个自变量与因变量的相关系数都比较高，行驶里程、运送货物的次数与行驶时间的相关系数分别为 0.8149 和 0.615，而且两个自变量之间的相关系数也很低，只有 0.162，因此，两个自变量都可以保留。

第 3 步，计算变量之间的相关程度。

相关系数(r)高达 0.9507，说明自变量与因变量之间为高度相关。

调整后的判定系数(R_a^2)为 0.8763，表示在影响行驶时间的总离差中，由这条拟合的回归直线解释的离差占 87.63%。这说明回归模型对相关点的拟合程度很高，回归模型的拟合程度很好。

注：相关系数(r)为 0.9411，源于 A①。调整后的判定系数(r_a^2)为 0.8763，源于 A②。

第 4 步，建立变量之间的回归模型。

二元线性回归模型为：$\hat{y} = a + b_1 x_1 + b_2 x_2 = -0.8687 + 0.0611 x_1 + 0.9234 x_2$

对回归模型中回归系数的解读：当运送货物的次数保持不变时，对应于运送货物行驶的里程每增加 1 英里，运送货物车辆的行驶时间将平均增加 0.0611 小时；当运送货物行驶的里程保持不变时，对应于运送货物的次数每增加 1 次，运送货物车辆的行驶时间将平均增加 0.9234 小时。

检验回归模型。当概率(把握程度)为 95%时，由于样本回归模型的 P 值为 0.0003，小于显著性水平 0.05，因此样本回归模型通过检验，拒绝了总体回归模型为零的假设，说明用样本相关系数可以估计总体的相关系数。

检验回归系数。当概率(把握程度)为 95%时，由于两个自变量的样本回归系数的 P 值分别为 0.0005 和 0.0042，都小于显著性水平 0.05，因此两个样本回归系数都通过检验，拒绝了总体回归系数为零的假设，说明用样本回归系数可以估计总体的回归系数。

注：a 为-0.8687，源于 C①。b_1 为 0.0611，源于 C②。b_2 为 0.9234，源于 C③。样本回归模型的 P 值源于 B①。两个样本回归系数的 P 值分别源于 C④和 C⑤。

第 5 步，用建好的回归模型进行预测。

用回归模型进行区间预测，并对回归模型的预测值进行解读。

用二元线性回归模型对行驶时间进行区间预测，计算结果表明，当每天的行驶里程达到 90 英里、运送货物的次数达到 5 次时，经过建立模型并进行预测，那么每天行驶的总时长为 8～11 小时，作出这一结论的把握程度为 95%。

对每天行驶时间的区间预测如下。

$$Y = \hat{y} \pm t_a s_e = 9.2 \pm 2.3646 \times 0.573 = 8 \sim 11$$

式中：$\hat{y} = a + b_1 x_1 + b_2 x_2 = -0.8687 + 0.0611 x_1 + 0.9234 x_2$

行驶时间的点预测值($\hat{y}$)的算法：在一个空白单元格中，输入"= -0.8687+0.0611*90+如0.9234*5"，按 Enter 键，得到 $\hat{y} = 9.2$。

标准误差(s_e)为 0.573，表示用行驶里程和运送货物的次数来预测行驶时间时，平均预测误差为 0.573 小时，说明两者对行驶时间的影响程度高，回归模型的拟合程度好。

t 统计量的临界值(t_α)的算法：在一个空白单元格中，输入"=TINV(0.05,10-2-1)"，按 Enter 键，可得 $t_\alpha = 2.3646$。

注：标准误差 s_e 为 0.573，源于 A②。

【例 8-7】用 Excel 来求解一元非线性回归模型，并作文字分析。相关计算如图 8-10 所示。

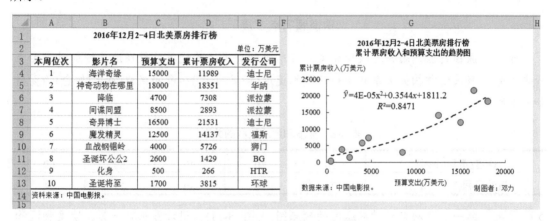

图 8-10 非线性回归分析的快捷算法

要求：计算以上十部电影的预算支出与累计票房收入之间的相关系数。评述两个变量之间的联系，较多的影片制作预算支出是否导致较多的票房销售额？

解：对图 8-10 的文字分析如下。

第 1 步，是否相关。根据常识，累计票房收入和拍电影的预算支出，这两个变量存在相关关系。确定自变量和因变量，由于累计票房收入受预算支出的影响，所以累计票房收入为因变量，预算支出为自变量。

第 2 步，相关程度。录入资料，如 A6:E14。

先画散点图，从图中可以看出两个变量之间为正相关，相关程度比较高。

再画趋势线。右键单击任意一个散点，在快捷菜单中，选择"添加趋势线"选项，然后在"显示格式线趋势"对话框，分别选择趋势线的选项，勾选"显示公式""显示 R 平方值"复选框，单击"确定"按钮，得到一组 R 的平方值。

结果显示，在判定系数中，多项式回归模型的为 0.8471，线性回归模型的为 0.8309，乘幂模型的为 0.8179，对数模型的为 0.6658，指数模型的为 0.6487。

通过比较，在多项式条件下，R^2 为最大，而相关系数也最高，为 0.9204，所以选择多项式方程建立回归模型。

相关系数为 0.9204，说明累计票房收入和拍电影的预算支出为正相关，相关程度非常高，同时也说明，较多的影片制作预算支出会导致较多的票房销售额。

第3步,建立模型。

建立的多项式回归模型为: $\hat{y} = 4E - 0.5x^2 + 0.3544x + 1811.2$

第4步,进行预测。

用点估计法,当预算支出为9000万美元时,本周末累计的票房收入可达到8240万美元,即在空白单元格中,输入"=0.00004*(9000^2)+0.3544*9000+1811.2",按 Enter 键,得到结果。

统 计 实 录

这道题有点"怪"

题目:强相关性然而并无线性相关。汽车每加仑汽油跑的英里数在速度增加时先会上升再下降。假设这种相关关系相当规律,则速度(英里/小时)和汽油里程(英里/加仑)的资料如表8-8所示。

表8-8 速度和汽油里程的关系

速度(英里/小时)	20	30	40	50	60
汽油里程(英里/加仑)	24	28	30	28	24

要求:画一个汽油里程对应速度的散点图(见图 8-11)。用计算机算一算,速度和汽油里程的相关系数其实是 0。解释一下为什么虽然速度和汽油里程之间有很强的相关性,但相关系数却是 0。

题源:《统计学的世界》[美国]穆尔著 p.324。

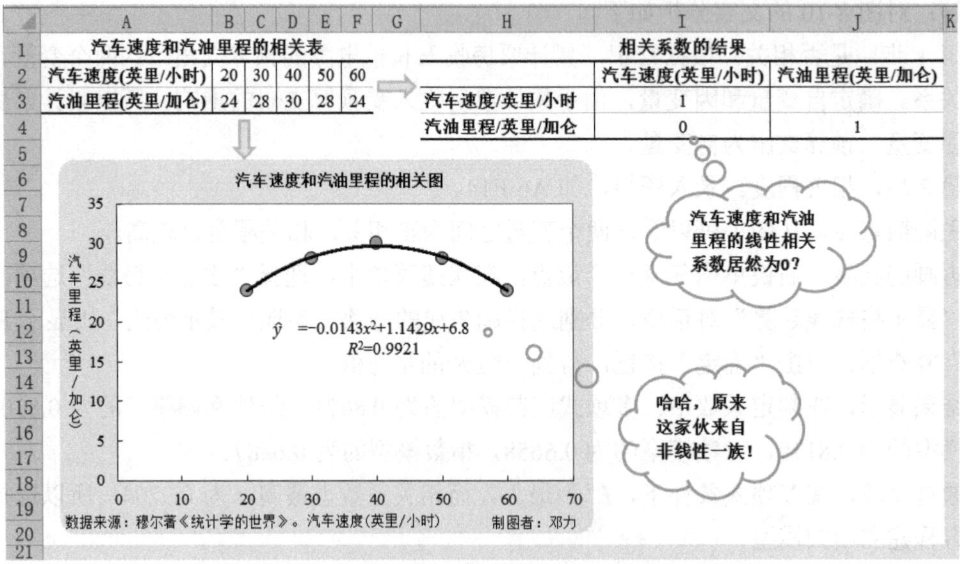

图 8-11 汽车速度和汽油里程的散点图和相关系数

题解：因为相关关系不是线性的。

汽车速度和汽油里程，这两个变量当然有关系，而且相关程度应该还很高，这是起码的常识。但面对开篇这道题，难道常识失灵了？因为衡量这两个变量相关程度的指标，也就是相关系数，结果居然为 0，岂不怪哉？

相关系数在 0.3 以下，就叫弱相关，表示变量之间互动的程度很差。相关系数为 0，竟至于此，何至于此？

问题出在哪里？穆尔先生急不可待一语道破："因为相关关系不是线性的。"原来如此！

回归分析的步骤：是否相关，相关程度，建立模型，进行预测。

变量之间"是否相关"，开头这一步，完全凭生活常识和专业知识来认证，有想法和说法就够了，没必要在网上练"弹指神功"。就本题来讲，两个变量——汽车速度和汽油里程，铁定相关，常识而已。看来，万事开头难，这第 1 步走得很顺溜。

接下来，"相关程度"。这一步，有一正一误两种走法：一种是画图；另一种是算数，算相关系数。

怎么走才算走对了路？本题就给了一个反面示范，把两个变量成对的数，不管三七二十一就一算，结果算出了一个大鸭蛋，相关系数为 0，这不，傻眼了。如果不是穆尔先生在书上给了这么一个答案，傻眼的人还不知道要愣多久才能回过神来呢。

一组一组的数据，算出来的相关系数有高有低，像这样把一组数据的相关系数算出来为 0 的，虽说很特别，但至少也提了个醒：前往相关分析地带的朋友，对于两个变量，在进行相关分析的时候，一定一定，千万千万，不要急着算数，第 2 步要先直奔画图，也就是先画散点图，然后再算相关系数，这才是正道。

只有先画图，才能知道散点的容貌。散点的容貌只有曲线和直线两类，划分好了类别，再来算相关程度才是正道；否则，穆尔先生出的这道题，就是一个反面示例。

穆尔先生出的这道相关分析题，乍一看，确实有点"怪"，强相关的现象，相关系数居然为 0。其实，这等怪物，都是人手打造的。估计相关分析的知识点没抓牢靠的，一见这怪，就吓得躲开了。

其实，不用怕不用慌，常言道，知识就是力量，知识可以给人壮胆。以后，面对这类题，手到擒来就是，但记得念动"16 字诀"：是否相关→相关程度→建立模型→进行预测。在第 2 步"相关程度"中，应念念不忘：先画散点图，再算相关程度的指标。

本 章 小 结

大千世界息息相关
同生同长共度时光
相关程度能算出来
建模预测功德无量

知识点：回归分析法，相关表，相关图(散点图)，相关系数，回归模型，回归系数，最小平方法，判定系数，总离差，点预测法，区间预测法，一元回归分析，多元回归分析。

基本内容：以人物(高尔顿)简介为引入点，首先介绍了综合预测中回归分析的基本步骤，然后用实例解读线性和非线性回归分析的方法，最后归纳回归分析时要注意的问题。

基本框架：

$$回归分析的基本步骤\begin{cases} 第1步，是否相关。用定性分析法来确定是否相关。\\ 第2步，相关程度。用相关图表法来确定相关程度。\\ 第3步，建立模型。看相关点的分布确定回归模型。\\ 第4步，进行预测。用自变量的值预测因变量的值。 \end{cases}$$

对本章内容基本框架的说明如下。

回归分析法是指根据现象间的联系，利用其数据资料建立回归模型来进行预测的方法。

回归分析有 4 步，即是否相关、相关程度、建立模型、进行预测。

第 1 步，是否相关。依据生活常识和专业知识来确认所研究的变量之间是否有关系。审核时，要检查变量之间"是否相关"是不是依据定性分析来作的判定，要检查相关变量中自变量和因变量是否已确定。

第 2 步，相关程度。包括散点图表的绘制和相关系数的计算。散点图中的散点越集中，相关系数的绝对值越接近 1，表明变量之间相关程度越高。

第 3 步，建立模型。回归模型有线性(直线)和非线性(曲线)两大类。

线性和非线性。两者的区别，从图形看，如果是线性，那么自变量与因变量沿着直线区域变动，而如果是非线性，则沿着曲线变动。从模型看，如果是线性，就是直线回归模型，而如果是非线性，就是曲线回归模型。如果从散点图中无法判断是线性还是非线性，这时，可以选择相关系数最大的图形。

一元和多元。"元"表示自变量的个数，一个自变量表示一元，多个自变量表示多元。

自变量和因变量。因变量受自变量的影响，一个因变量受一个或多个自变量影响。

第 4 步，进行预测。预测的方法有两种，即点预测法和区间预测法。

在一元线性样本回归模型中，用 t 检验法对相关系数和回归系数进行检验，用 F 检验法对回归模型进行检验。

回归分析的快捷计算：在 Excel 中，打开"数据"选项卡，在"分析"这一组，选择"数据分析"选项，在弹出的"数据分析"对话框中，选择"回归"选项，输入相应信息，单击"确定"按钮，就可以得到回归输出的结果。

相关程度的计算表、方差分析表、回归参数表，分别如表 8-9～表 8-11 所示。

表 8-9　相关程度的计算表

计算方法	计算公式
相关系数	$r = \dfrac{s_{xy}^2}{s_x s_y}$
判定系数	$r^2 = \dfrac{\sum (\hat{y} - \overline{y})^2}{\sum (y - \overline{y})^2}$

续表

计算方法	计算公式
调整后的判定系数	$r_{调}^2 = 1 - (1 - r^2)\dfrac{n-1}{n-k-1}$
预测值的标准差	$s_e = \sqrt{\dfrac{\sum(y-\hat{y})^2}{n-2}}$

表 8-10　方差分析表

离差的来源	自由度 (df)	平方和 (SS)	方差＝平方和÷自由度 (MS)	F 值
回归离差	k	$\text{SSR} = \sum(\hat{y}-\overline{y})^2$	$\text{MSR} = \dfrac{\text{SSR}}{k}$	$\dfrac{\text{MSR}}{\text{MSE}}$
剩余离差	$n-(k+1)$	$\text{SSE} = \sum(y-\hat{y})^2$	$\text{MSE} = \dfrac{\text{SSE}}{n-(k+1)}$	
总计	$n-1$	$\text{SST} = \sum(y-\overline{y})^2$	—	—

表 8-11　回归参数表

参　数	计算公式	区间估计的计算公式
截距	$a = \overline{y} - b\overline{x}$	$a \pm t_\alpha s_e$
斜率(回归系数)	$b = \dfrac{\sum(x-\overline{x})(y-\overline{y})}{\sum(x-\overline{x})^2} = \dfrac{n\sum xy - \sum x \sum y}{n\sum x^2 - (\sum x)^2}$	$b \pm \dfrac{t_\alpha s_e}{\sqrt{\sum(x-\overline{x})^2}}$
预测值	$\hat{y} = a + bx$	$Y = \hat{y} \pm \Delta = \hat{y} \pm t_\alpha s_e$

　　本章是对相关的变量建立回归模型进行回归分析，下一章是数据文章的写法和传播。下一章是我们统计旅游的最后一个风光带，第四个风光带，主打景观是用数据说话。

真 题 上 市

一、单项选择题

1. 相关关系是指变量之间的(　　)。
　　A. 函数关系　　　　　　　　　　B. 确定性的数量关系
　　C. 不确定性的数量关系　　　　　D. 不确定性的数量依存关系

2. 相关关系按变量之间相互关系的表现形式分为(　　)。
　　A. 正相关和负相关　　　　　　　B. 单相关和复相关
　　C. 线性相关和非线性相关　　　　D. 完全相关、不完全相关和不相关

3. 在以下 4 个相关系数中，反映变量之间关系最密切的数值是(　　)。
　　A. 0.6　　　　　　　B. 0.91　　　　　　　C. -0.8　　　　　　　D. -0.95

4. 如果两个相关变量的观察值都落在回归直线上，那么其相关系数(r)是(　　)。

A. $r=0$ B. $r=1$ C. $0<r<1$ D. $-1<r<1$

5. 在一元线性回归分析中，如果相关系数为 r，那么回归方程拟合度最好的是(　　)。

A. 0.75   B. 0.90   C. -0.80   D. -0.97

6. 利用最小平方法配合回归模型的数学依据是：令观察值和预测值之间(　　)。

A. 离差之和为 0

B. 离差的平方和为 0

C. 所有离差皆为最小

D. 离差的平方和为最小

7. 在用回归模型进行预测时，(　　)。

A. 不必考虑因变量和自变量的问题

B. 只能用因变量的值推算自变量的值

C. 只能用自变量的值推算因变量的值

D. 自变量的值和因变量的值可以相互推算

8. 用 2005—2013 年中国乘用车销售量(计量单位：万辆)的数据建立的回归模型为 $\hat{y}=127.37+184t$。从这个回归模型中，可以得出(　　)。

A. 时间每增加 1 年，乘用车销售量增加 184 万辆

B. 时间每增加 1 年，乘用车销售量减少 184 万辆

C. 时间每增加 1 年，乘用车销售量平均增加 184 万辆

D. 时间每增加 1 年，乘用车销售量平均减少 184 万辆

9. 在回归分析中，回归模型为 $\hat{y}=15+1.6x$，当 x 为 10，y 的实际值为 28 时，则残差是(　　)。

A. 3   B. -3   C. 16   D. -15

10. 已知两个相关变量的相关点分布如图 8-12 所示。

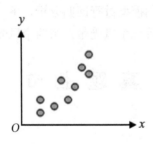

图 8-12　散点图

则这两个变量的相关系数是(　　)。

A. 0.32   B. 0.91   C. 1.04   D. -0.96

二、多项选择题

1. 具有相关关系的有(　　)。

A. 收入与支出   B. 身高与体重

C. 广告费与销售量   D. 学习成绩与长相

2. 相关关系与函数关系各有不同的特点，主要体现在(　　)。

　　A. 函数关系中各变量均为确定性的

　　B. 函数关系可以用数学表达式来表达

　　C. 相关关系是一种不严格的相互依存关系

　　D. 相关关系的现象之间仍然可以通过大量观察法来寻求其变化规律

3. 相关关系按其变动方向的不同，可分为(　　)。

　　A. 正相关　　　　　B. 负相关　　　　C. 完全相关　　　D. 不完全相关

4. 相关系数表明两个变量之间的(　　)。

　　A. 线性关系　　　　B. 变异程度　　　C. 相关方向　　　D. 相关的密切程度

5. 对于相关分析，下列说法不正确的有(　　)。

　　A. 成年男性的身高和体重呈正相关

　　B. 成年男性的身高和情商之间的相关程度很高

　　C. 二手车的车龄与车价之间的相关系数为 1.05

　　D. 二手车的车龄与车价之间的相关系数为 -1.05

6. 测定现象之间有没有线性关系的方法有(　　)。

　　A. 编制相关表　　　　　　　　　　B. 绘制散点图

　　C. 计算相关系数　　　　　　　　　D. 对现象进行定性分析

7. 关于相关系数，下列说法正确的有(　　)。

　　A. 相关系数等于 1，表示两个变量的变化方向和变化幅度完全相同

　　B. 相关系数等于 -1，表示两个变量的变化方向和变化幅度完全相反

　　C. 相关系数等于 0，只表示两个变量之间不存在线性相关关系，并不说明变量之间毫无关系

　　D. 相关系数具有对称性，即自变量与因变量之间计算的相关系数等于因变量与自变量之间计算的相关系数

8. 关于回归系数(b)，下列说法正确的有(　　)。

　　A. b 是回归直线的斜率

　　B. b 与相关系数具有 $b = \dfrac{rs_y}{s_x}$ 的关系

　　C. b 满足 $\sum y = na + b\sum x$ 和 $\sum xy = a\sum x + b\sum x^2$

　　D. b 越接近于 0，表明自变量对因变量的影响越小

9. 相关系数与回归系数的关系为(　　)。

　　A. 回归系数小于 0，则相关系数小于 0

　　B. 回归系数小于 0，则相关系数大于 0

　　C. 回归系数大于 0，则相关系数大于 0

　　D. 回归系数大于 0，则相关系数小于 0

10. 在回归分析中，关于估计标准误差，下列说法正确的有(　　)。

　　A. 如果估计值的标准差小，那么回归方程代表性大，因此回归方程的实用价值也大

　　B. 如果估计值的标准差小，那么回归方程代表性小，因此回归方程的实用价值也小

C. 如果估计值的标准差大，那么回归方程代表性大，因此回归方程的实用价值也大

D. 如果估计值的标准差大，那么回归方程代表性小，因此回归方程的实用价值也小

三、判断题

(　　)1. 相关关系即为函数关系。

(　　)2. 相关的两个变量，只能算出一个相关系数。

(　　)3. 利用一个回归模型，两个变量可以互相推算。

(　　)4. 居民收入和居民消费额之间通常存在正相关的关系。

(　　)5. 在任何相关条件下，都可以用相关系数说明变量之间相关的密切程度。

(　　)6. 计算回归方程 $\hat{y} = a + bx$ 中的回归参数 a 和 b 时，常用的方法是最小平方法。

(　　)7. 回归分析中的估计标准误差反映了回归估计值与实际观测值之间的差异程度。

(　　)8. 相关系数和回归系数的符号相同，其符号均可以用来判断两个变量是正相关还是负相关。

(　　)9. 在进行相关和回归分析时，必须以定性分析为前提，判定现象之间有无关系及其作用范围。

(　　)10. 回归分析是根据变量之间相互依存关系，对变量之间的数量变化进行测定，建立数学模型，对因变量进行预测的统计分析方法。

四、综合题

1. 解读

简单直线回归分析法的主要特点有哪些？基本步骤有哪几个？

2. 解析

试述相关分析与回归分析的区别与联系。

3. 搜一搜

在国家哲学社会科学文献中心网站，查找感兴趣的数据分析文章。

五、计算题

1. 验算结果

用第7章"统计实录"表7-7的数据，计算以下两道题，并对计算结果进行分析。

① 用各年乘用车的销售总量，画出散点图，建立回归模型，计算相关系数，并预测2014年的销售量。

② 用季节比率和回归模型预测的结果，预测2014年中国乘用车各月的销售量。

2. 一道考题

题源：2013年中国统计专业技术中级资格考试《统计基础理论及相关知识》试卷。

题型：综合应用题。

要求：以下5道小题，每道小题有一项或一项以上的正确答案。每小题2分。

题目：不同地区农村居民的收入水平不同，其居住面积和居住房屋的价值也不同。现

搜集到中国 31 个省市和地区 2012 年的有关农村居民收入和住房的信息，对其进行回归分析，分析农村居民住房的价值(因变量 y)与人均纯收入(x_1)和住房面积(x_2)之间的关系。分析结果如表 8-12～表 8-14 所示。

表 8-12　相关程度的计算表

模　型	R	R^2	调整后的 R^2	标准误差
1	0.921	0.848	0.837	192.3

表 8-13　方差分析表

模　型	平方和	自由度	方　差	F	概　率
回归	5783722.0	2	2891861.0		0.00
残差	1035010.9	28	36964.7		
总计	6818732.9	30	2928825.7		

表 8-14　回归参数表

模　型	非标准化的回归参数	标准化的回归参数	t	概　率
常数项	−151.700	127.500	−1.19	0.241
人均纯收入(x_1)	0.160	0.014	11.09	0.000
住房面积(x_2)	−8.604	4.303	−1.99	0.050

请根据上述资料回答下列问题。

① 根据回归分析的方差分析表，可以计算出 F 值为(　　)。

　A. 5.59　　　　　B. 0.85　　　　　C. 78.23　　　　　D. 12.72

② 根据回归分析的相关程度的计算表，说明因变量(y)与自变量(x)之间的相关系数为(　　)。

　A. 0.921　　　　B. 0.848　　　　C. 0.837　　　　D. 0.888

③ 根据回归分析的回归系数表，最后得到的回归方程应为(　　)。

　A. $\hat{y}=-151.7+0.160x_1$　　　　　　　B. $\hat{y}=-151.7-8.604x_2$

　C. $\hat{y}=127.5+0.014x_1+4.303x_2$　　　D. $\hat{y}=-151.7+0.160x_1-8.604x_2$

④ 下面有关回归系数的说法正确的是(　　)。

　A. 在 x_2 不变的条件下，x_1 每变化一个单位，因变量($\hat{y}$)会发生 0.16 个单位的变化

　B. 在 x_2 不变的条件下，x_1 每变化一个单位，因变量($\hat{y}$)会平均发生 0.16 个单位的变化

　C. y 每变化一个单位，因变量($\hat{y}$)会发生 0.16 个单位的变化

　D. x_1 每变化一个单位，因变量($\hat{y}$)会平均发生 0.16 个单位的变化

3. 一道考题

题源：2016 年中国统计专业技术中级资格考试《统计基础理论及相关知识》试卷。

题型：综合应用题。

要求：以下5道小题，每道小题有一项或一项以上的正确答案。每小题2分。

题目：根据某地区1996—2015年的亩产量(公斤，y)、降雨量(毫米，x_1)以及气温(度，x_2)的统计数据进行回归分析，得到如下结果。

$$\hat{y} = -834.05 + 2.6869x_1 + 59.0323x_2$$

$r = 0.9193$，$R^2 = 0.8451$，调整$R^2 = 0.8269$

请根据上述资料回答下列问题。

① 亩产量数据是(   )。

  A. 观测数据   B. 实验数据   C. 定性数据   D. 定量数据

② 最适用于反映亩产量与降雨量关系的图形为(   )。

  A. 折线图   B. 散点图   C. 直方图   D. 环形图

③ 从二元回归方程可知(   )。

  A. $b_1 = 2.6869$表示，在气温不变的条件下，降雨量每增加1毫米，亩产量增加2.6869公斤

  B. $b_1 = 2.6869$表示，在气温不变的条件下，降雨量每增加1毫米，亩产量平均增加2.6869公斤

  C. $b_2 = 59.0323$表示，在降雨量不变的条件下，气温每增加1度，亩产量增加59.0323公斤

  D. $b_2 = 59.0323$表示，在降雨量不变的条件下，气温每增加1度，亩产量平均增加59.0323公斤

④ 多元回归方程的判定系数(   )。

  A. 等于0.8451

  B. 等于0.8269

  C. 统计含义是：亩产量的全部离差中，有84.51%可以由降雨量与气温的二元回归方程解释

  D. 统计含义是：亩产量的全部离差中，有82.69%可以由降雨量与气温的二元回归方程解释

⑤ 对于回归方程来说，(   )。

  A. t检验是检验解释变量x_i对因变量y的影响是否显著

  B. t检验是从回归效果检验回归方程的显著性

  C. F检验是检验解释变量x_i对因变量y的影响是否显著

  D. F检验是从回归效果检验回归方程的显著性

第9章　数据文章怎么写

【学习目标】

● 了解数据文章的写作要领。

● 了解数据文章的写作误区。

● 了解数据成果提交的途径。

	欣赏	留言
	左图：英国邮票。 说明：1989 年英国发行的搭积木的邮票。	能写会算，这叫有才。前面各章，从搜集和整合数据，到静态和动态分析数据，已逐一道来，本章特别关注的是数据文章的写法。

学生和老师的一段对话。

学生：上面这张图，好好玩啊，搭积木。搭积木跟写数据文章，有什么高度相关的呀？

老师：两者是高度相关，虽然不能用相关系数的数值来刻画。你想啊，我想你能想到。

学生：我想啊，我有点恍然大悟了。积木是一块一块的，大小和形状不完全一样，按自己的思路，把积木搭起来，可以搭出城堡之类。统计学原理中的各章，每一章的各种理论和方法，就是一块一块的积木，按自己的思路，把学过的用起来，就可以写出数据文章。

老师：太好了，我们的学生就是聪明。

学生：嘿嘿，过奖了！老师，小学生就开始写文章了，大学生写的数据文章更高级吧？

老师：用低级和高级来说写文章，感觉有点不顺耳，我看用基础和进阶来形容会更好。

学生：是的，用词妥当，更好一些。数据文章，用数据说话的文章，也要用词妥当吧？

老师：没错，数据文章也是文章，写文章的基本要求都要有。我们爱琢磨的前人对文章写得好的和不好的，都有相应的说法，下面列几个来看一看。选好标题，这叫"题好文一半"；正文要紧扣主题，这叫"环环相扣"。请你接着说吧，结构、语言、排版。

学生：好的。全文的结构要井然有序，不然，就会颠三倒四；全文的语言要让人甘之如饴，不然，就是枯燥乏味；全文的排版要一气呵成，不然，就会显得杂乱无章。

老师：说得好，对写文章的套路了如指掌、如数家珍。

学生：嘿嘿，谢谢！老师，这数据文章更好玩，因为一般都有形象大使统计图登场。不过，要写好数据文章，除了多动脑和多动手，还有没有其他的捷径可以走？

老师：有。捷径就是先打下统计学原理的扎实基础，再多阅读别的先行者写的数据文章。

学生：好的，老师，您休息一会儿，我的阅读瘾上来了。

9.1 数据文章的写作要领

数据是有根有据的数字，数据文章是有理有据的文章。

数据文章又称为"统计分析报告"，是指根据统计学的原理，以数据为主要语言，遵循提出问题、分析问题和解决问题的思路，用于认识世界的一种统计应用文体。统计分析报告是统计分析结果的最终形式，是对研究过程进行表述的文章。

统计分析报告从广义上看，包括统计调查报告。统计调查报告离不开调查问卷等一手数据的支撑，而统计分析报告除了统计调查报告这一类外，还包括利用二手数据来成文的形式。一般来说，凡是结合实际情况，运用统计数据进行分析的文章，都可以归入数据文章，归入统计分析报告。

统计分析报告与一般文体相比，主要的特点有两个：一是数量性，也就是用数据说话；二是研究性，也就是要有分析。那种只有数字堆砌，或者只有文字堆砌的文章，都不是统计分析报告，因为它们都缺乏统计分析的灵魂。由于统计分析报告是一种应用型的文体，所以在写作统计分析报告时，既要留意一般文体的基本要求，又要留神数据运用的基本规范。

优秀统计分析报告的基本标准是：选题好、结构好、文面好。这"三好"就是写作数据文章的基本要领，下面分别作简单说明。

1. 选题好

选题就是选择分析对象和研究角度，选题好就是主题要突出。俗话说，题好文一半。意思是说标题好看，全文就成了一半，即琢磨标题很重要。好的标题，体现了作者的智慧，能统摄全文，能吸引读者。好的标题也有标准，即内容要鲜活实在，形式要简洁动人。有内容不是哗众取宠，有形式也不是华而不实。

标题的内容好，表现在创新性、时效性、针对性要强。统计分析报告的选题，要淘出新意和价值，要写出热点、难点和纠结于心的焦点，首先自己得感兴趣，选题只有这样，才能做到与众不同又言之有物。选题可以从"定""不定"两方面来搜寻。固定的选题，是指固定的统计分析报告，如工作上周期性的统计分析报告，季度和年度这些方面的，有相对固定的格式；不固定的选题，是指通过翻阅专业和非专业的期刊，然后灵感一现，找到写作的点。

标题的形式好，表现在用语简练、富有生气。标题的形式，只要文题相符，造词遣句方面，怎么来劲怎么来。

标题的形式，按文章内容来设计，主要有 3 种：以分析目的为标题；以主要论点为标题；以主要结论为标题。例如，《中国互联网络发展状态统计报告》就是以分析目的为标题；《新闻调查：关注孤独症》就是以主要论点为标题；《心境愉悦是长寿的根本原因》就是以主要结论为标题。

标题的形式，按句式来设计，主要有两种：直陈式标题(调查对象+内容+文种名称)和提问式标题。例如，《"百度知道"两周年统计分析报告》就是直陈式标题；《长寿的根本原因是什么》就是以提问方式为标题。

标题的形式，还有双标题，也就是正、副标题的形式，如《几家欢乐几家愁——江西景德镇外销瓷市场调查》就是结论式和直陈式标题相组合。

2. 结构好

结构就是全文的构架，结构好就是结构要清楚。结构包括开头、中间、结尾 3 个部分。结构好的标准是：开好头、中间要充实、收好尾。用音乐打个比方，开头如定调，中间如主唱，结尾要余音绕梁。

第一，开头要好。要开门见山，文锋或露或藏。文锋毕露，就是直抒胸臆，径直点题；文锋若隐，就是带着疑问入题。当然，不管是直白的还是含蓄的开头，目的都是铺陈下文和打动读者。当然，此读者也包括自己，如果一开头就连自己也提不起神来，那么，可想而知，这报告不管是跑向市场，还是交给谁谁，恐怕都很难吸引眼球。所以，值得写的，就去写好，这样于人于己都有益。开头的方式可以不拘一格，千姿百态，基本标准是概括准确、文字流畅、简洁明了、生动新颖。

例如，《组合家具已进入衰退期》一文中，导语部分写道："曾经风靡一时的组合家具，今年的销售状况如何？市场调查表明：组合家具的销售日趋疲软，已进入衰退期。"这段导语虽简短，却一语中的，以自问自答的写作设计，一开篇便点明全文的主旨——组合家具已进入衰退期，与标题相呼应。这种导语写作模式要求写作者对所调查的纷繁的市场资料作出科学、准确的评判，并以简洁的笔墨，不加铺陈地明确全文的立脚点，引起读者的阅读兴趣，带动主体写作的逐层展开。

第二，中间要充实。要言之有理有据，要言之有节。要言之有理，言之有据，就要留意文字与数字的默契搭配。用数据佐证理由，用说理强化所述。文字和数字各有其特点和注意点，用文字来说明、形容和解释数据，要实在也要生动。文字忌拖沓、不通顺、错别字；数字忌误用、错用、滥用和堆砌。文章要有节，就是要层次清晰，要把表述的意思，一层一层说清楚，段落之间要相互照应，各部分内容要用相应序号来表示。

中间是主体，要写实写生动，可用的方法很多。

下面列出两招。

招法一：把数据"激"活，即通过转换、简化、比喻等方法，提高和深化数据在分析过程中的说理效果与分析含量，给读者直观、生动的"数据印象"。

例如，13 亿(人口)，是一个很大的数字。如果你用乘法来算，一个很小的问题，乘以13 亿，都会变成一个大问题。如果用除法的话，一个很大的总量，除以 13 亿，都会变成一个小的数目。(转换)

例如，英国汤姆森基金会编著的《新闻写作基础知识》一书写道："他(或她)最容易理解他个人经验范围内的事。当他读到他的国家收支赤字是 1 亿美元或国内生产总值是 50亿美元时，他并不太清楚这是怎么回事。但当他听到国家的债务摊到每个男人、妇女和小孩头上是 2 美元时，就明白是怎么回事了。"(简化)

招法二，把语言"写"活，即适当运用排比、比喻、拟人和设问等修辞手段，使文句更为生动、精彩。

例如，《人的价值》一文源自《读者》在线阅读：人体中含有几十种不同的化学元素。但如果把人体中所有的元素提取出来制成日用品的话，所值不过十来块钱而已。人体的脂肪可用来制造7块肥皂，石灰足够粉刷一个小房间，碳的含量可造20磅焦炭，磷的含量可制成2200根火柴。另外，还有约1匙的硫黄和1英两的金属，人体的铁质可铸一枚一英寸长的铁钉。人的价值在于智慧，而不在于躯壳。(比方)

第三，结尾要好。好的结尾，相对于分析效果，可以深化主题、强调观点；相对于阅读效果，可以印象深刻、自然流畅甚至"余音绕梁"。结尾要留有余味，总括、归纳和强调必须到位，要该止即止，首尾呼应，以点睛之笔收尾。

3. 文面好

文面就是全文的形象，文面好就是细节要优化。一篇统计分析报告，最招眼的就是报告中的统计图表。图表在文面中，就好比形象大使。如果图表规范亮丽，就会让人产生好感，给人留下好印象。同时，也会让人产生好的联想：此图表制作得又好又有技巧，估计此文也写得不赖。如果图表做得马虎，就会让人猜疑——可能此文也不咋地。有时候，哪怕标题再生动，文字再努力，也许就因为一图一表的疏忽，就让人阅读的兴趣大打折扣，甚至因此转移了注意力。

正所谓细节决定成败。一般而言，读者往往是抽查着读，如果一看一个好，就会畅快地一览无余。相反，如果一看一个错别字，一看一个标点又错了，人家可能就会兴趣索然，全文的意思再有独到之处，也难有好人缘了。这就是说，每一个字，每一句话，每一个数字，每一个标点，点点滴滴，每一个细节都很重要，时时处处，每一个细节都要顾到。要顾到全文的细节，其实也简单，只要多检查几遍，多推敲几下，是否通畅，是否有遗漏，是否不规范，就可以了然于眼，豁然于胸。当然，要做到一个错漏都不放过，还需要一定的修炼才可达到。

统计分析报告中，要活学活用所掌握的统计方法，正确严谨并通俗易懂地表达所学过的基本知识。著有《统计分析"心录"集》的于桂谦先生，在《怎样撰写调查分析报告》的演讲中说："如果不知增长和发展速度为何意(平均速度不会算)，翻番的概念不清楚，'指数'与指数分析法不知所云……很难有加工深度。"

现在，不管是大学生写毕业论文，还是专业技术人员报五花八门的课题，在申报书里头，都列有"研究方法"一栏。在统计学原理中，就介绍了相应的研究方法，在搜集数据时，有搜集二手数据的文献查询法等，有搜集一手数据的问卷调查法等；在整理数据时，有反映现象内部结构、关系和特征的统计分组法，有显示数据情况的统计图表法；在分析数据时，有反映现象现状的静态三数分析法，即反映总量水平的总量数、反映对比关系的相对数、反映平均水平的平均数；有反映现象变动的动态三数分析法，即动态总量数、动态相对数和动态平均数；有反映现象未来趋势的预测分析法，即抽样估计法、因素分析法、相关分析法。这些方法在运用时，各有其运用的条件和注意点，可悉心思量，融会贯通。

9.2 数据文章的写作误区

【例 9-1】 数据文章的标题。

材料 1：2007 年 4 月 29 日，《北京日报》发表了题为《统计局：股市存在五大"亚健康"问题》的文章。

以下是国家统计局网站的声明。

声明

2007 年 4 月 29 日，《北京日报》发表的题为《统计局：股市存在五大"亚健康"问题》的文章严重失实。国家统计局新闻中心特此声明如下。

一、该文标题和文中所称"统计局""国家统计局发表述评文章"，没有任何根据，是严重违背事实的。

二、对国家统计局以正式官方名义发布的信息，报刊、网络、广播、电视等各类媒体在刊发消息时，方可冠以国家统计局名义。否则，国家统计局保留对滥用国家统计局名义刊发各类信息的机构追究法律责任的权利。

中国国家统计局新闻中心

二〇〇七年四月三十日

点评 1：数据文章的特点是数据，数据是有根据的数。对于作者而言，不管是拟标题，还是写成文，首要的是实在和真诚，既不能拿道听途说当事实，也不能闭门造车自以为是，更不能捏造事实以招人耳目。求实是数据文章的灵魂，也是为人为文的根本。对于读者而言，在信之前，先要问自己为什么信，值不值得信，要舍得思考，要舍得验证。生活中，每天都有受骗上当的事情在发生，盲目轻信是致命的弱点。如果多一点主见，少一点盲从；多一点知识，少一点无知，小日子会过得更滋润。数据文章要有可信、可读、可感这三性。

材料 2：第一次亲密接触；一个裸男和一群禽兽；天天亲吻 N 次。看到以上数字标题，你会想到什么呢？

原来，这 3 个标题，分别对应着图 9-1 所示的照片。

图 9-1 3 张照片

点评 2：以上标题和照片摘自人民网精彩贴图，标题是："BBS 标题党大全，看看你有没有被骗过！"标题党在中外都有，所谓标题党，就是在互联网上利用严重夸张的标题来吸引网友眼球，以达到各种目的。

【例9-2】数据文章的开头。

材料1：从四大行业完成情况看，××业、××业、××业、××业1—8月份分别完成……

点评1："无头"。这是指梦话，没头没脑。没有交代是哪一年、在哪里。

材料2：土地是农业的基础，是国家的第一重要自然资源，其重要性根本在于，它是具有特定范围的固定物。土地作为农业的基本农业生产资料之一，同其他生产资料相比，最明显的特点是：土地面积是有限的，也是不可替代的。我国是世界上人均占有耕地最少的国家之一。因此，13亿多人口的东方大国能够解决了人民的温饱问题，便成为举世盛赞的一件了不起的大事。但是多年来，特别是近几年，由于经济建设的迅速发展，耕地连年减少，而且幅度越来越大，已是人所共知的事实。我们县近几年的耕地变化也是如此。

点评2："大头"。这是指啰唆，叙述过长、文字量过多；用词"偏大"，概括过宽。

材料2可改为：土地是农业的基础，是极为宝贵的自然资源。中国作为世界上人口最多，而人均占有耕地又最少的国家之一，保护耕地已是刻不容缓的事情。国家如此，北京市昌平区也不能例外。

材料3：时代的航船，乘风破浪，我们满怀胜利的豪情，送走了硕果累累的××年。在刚刚过去的一年里，我区各条战线都取得了良好的成绩。××战线也同其他战线一样，捷报频传，特别是××事业迅速发展，令人欣喜。

点评3："空头"。这是指套话，套用空泛、笼统的格式化和公式化的措辞，即"正确的废话"。

材料4：××年是实行"××调查制度"的第二年，与往年口径相比有了一次变化，就劳动情况而言，指标范围也有了一定的扩大，在原有劳动情况及指标范围、职工人数与工资总额基础上加大了范围，并将聘用留用的离退休人员及港澳台方人员列入了从业人员范围，并且职工人数与其他从业人员的指标相并列，都包括在从业人员范围。就××年年报与××年年报相比有以下特点。

点评4："晕头"。这是指胡话，文章的开头游离于分析主题。

【例9-3】数据文章的结尾。

材料1：《××年婚姻状况分析》一文中，结尾是：结婚人数在不同月份的分布变化。

点评1："无尾"。这是指没有收尾之笔。

材料2：《××年农民家庭收支测算分析》一文中，结尾是：支出部分，××年农民家庭预计总支出××元，人均××元，比去年的人均××元，增长××%。以上情况与农民的实际生活水平大体是相同的。

点评2："鼠尾"。这是指收笔匆忙。

【例9-4】数据语言的表达。

材料1：从十大产业看，农业、林业、牧业、渔业、工业、建筑业、运输业、餐饮业、服务业和其他产业收入分别占总收入的36.1%，0.7%，21%，0.4%，21.5%，6.7%，6.2%，

3.7%，1.9%，1.7%，比上年分别增 9.5%，10.1%，14.6%，32.1%，33%，减 3.6%，增 18.7%，减 1.2%，1.6%，增 15.1%。

点评 1：数字罗列过多，指标名称与指标数字相距太远，让人产生阅读疲劳。

建议：让指标名称与指标数字挨近一点，或列表让人看得清楚一点。

材料 2：从反映居民生活质量的重要指标恩格尔系数来看……

点评 2：抽象概念的表达使人费解，应化专业术语为通俗易懂。

材料 2 改为：从反映居民生活质量的重要指标恩格尔系数(食品支出占生活消费支出构成比)来看……

材料 3：在"百度知道"上，有这样的一问一答，请给评评理。

匿名问：打 1 折，价格减少 1 倍？

胖小妖答：打 1 折就是用原来的价格乘以 0.1 啊，应该是减少 9 倍吧。

点评 3：其一，倍数不能跟"减少""缩小"之类的词连用，所以，"减少 1 倍""减少 9 倍"的说法都不科学。为什么倍数不能跟"减少"连用呢？举个例子来看就清楚了。比如，100 元一条的裙子，说 100 元减少 1 倍，就是 100 元减去 100 元，结果为零，真的吗？商家不要钱，免费，白送，有这等好事？100 元减少 2 倍，就是 100 元减去两个 100 元，结果是负 100 元，负 100 元，岂不怪哉？而价格减少了百分之几、减少了几成，这样的表述是正常的，更常见的是降价百分之几、降价几成。

其二，打 1 折，价格减少了多少？还是以 100 元一条的裙子为例，100 元的打 1 折，打折后的价格是 10 元。胖小妖回答的，"打 1 折就是用原来的价格乘以 0.1 啊"，这话说得肯定，自然就对了，而接下来一句"应该是减少 9 倍吧"，这话说得有点没自信，自然就成问题了，将问题句加以修改，要这么讲才好：价格减少了 90%，降价了九成哦。

那么，"善意增加一倍，悲哀减少一倍"，这话怎么看？个人以为，这话是讲得通的，让悲哀减少为 0，减少到负值，越少越好。在这里，"悲哀"是文字，是一种程度描写，"减少"可以与倍数连用。而价格的多少是数字，不能有文学色彩，讲究实打实。

9.3　数据成果提交的途径

历尽千辛万苦，遍尝种种乐趣，得到数据成果后，还要以合适的形式呈现出来。提交数据成果的途径很多，如互联网、演示文稿、电子文档、电子杂志等。

在电子文档和演示文稿中，怎么将目录中的标题链接到正文中的标题上？怎么将 Excel 中的图表链接到其中？怎么制作电子杂志？本节内容只是简单介绍，感兴趣的朋友，可以自行选择，深入钻研，以求用生动、丰富的形式，完美地展示自己的数据成果。

1. 电子文档

一是文档结构图的制作。

先选择"视图"菜单下的"大纲"命令，再选择"视图"菜单下的"文档结构图"选项，这样一来，在文档左侧就会出现相应的标题结构。

二是链接目录的制作。

文档结构图作好以后，先选择"插入"菜单下的"引用"命令，再选择"索引和目录"子命令，这样一来，在文档正文的上方就会出现相应的标题结构。在目录中，选择任意一个标题，按住 Ctrl 键，单击就能到达正文中相应的标题。

三是图表的链接。

选择"复制"→"编辑"→"选择性粘贴"选项，再选择"粘贴链接"选项，并单击"确定"按钮。这样一来，就将 Excel 中的图表与复制到文档中的图表链接上了，当 Excel 中的图表有变化时，文档中的图表也会同步变化。

2. 演示文稿

一是链接目录的制作。在新建的演示文稿幻灯片中，列出相应目录，选中一个标题，右击后，选择"超级链接"命令，在弹出的"插入超级链接"对话框里，单击"书签"按钮，"在文档中选择位置"对话框里，选择所要链接的对象，单击"确定"按钮，返回"插入超级链接"对话框，单击"确定"按钮。当幻灯片放映时，单击所选标题，就会回到所链接的对象上。

二是返回目录页的制作。如果目录页在幻灯片中的第 1 页，选择"幻灯片放映"→"动作按钮"命令，并单击第 2 排第 3 个动作按钮，即返回第 1 页的按钮，当出现十字叉后，在幻灯片上的适当位置画出这个按钮，弹出"动作设置"对话框，单击"确定"按钮。这个返回按钮，可以复制到任意一张幻灯片中。

如果目录页在幻灯片中的第 2 页或其他页面上，选择"幻灯片放映"→"动作按钮"命令，并单击第 1 排第 1 个动作按钮，即自定义按钮，当出现十字叉后，在幻灯片上的适当位置画出这个按钮，弹出"动作设置"对话框，选择"超级链接到"选项，在下拉列表框中，选择"幻灯片"选项，弹出"超级链接到幻灯片"对话框，在幻灯片标题中，选择目录页所处的页次，单击"确定"按钮，回到"动作设置"对话框，单击"确定"按钮。链接好后，给自定义按钮添上文字，做法是：右击"自定义"按钮，选择"添加文本"命令，输入"返回目录"就可以了。"返回目录"按钮是一个智能按钮，不管复制到哪张幻灯片中，都能找到所指定的目录页。

三是图表的链接。选择"复制"→"选择性粘贴"选项，再选择"粘贴链接"选项，单击"确定"按钮。这样一来，就将 Excel 中的图表与复制到幻灯片中的图表链接上了，当 Excel 中的图表有变化时，幻灯片中的图表也会同步变化。

3. 电子杂志

要制作电子杂志，就得有制作电子杂志的软件。这里以 iebook 软件为例来说明。

第 1 步，安装下载 iebook 软件。具体做法是：在搜索引擎中，输入关键词"iebook 软件免费下载"，然后按照提示完成全程。最后，在桌面上会显示 iebook 的图标。

第 2 步，进入 iebook 界面。具体做法是：双击桌面上 iebook 的图标就可以了。在 iebook 的界面上，选择"创建新项目"下的选项，以激活 iebook 操作。根据界面上的导航栏和最右侧的"页面元素"等,可以进行相关操作。

具体操作和相关内容,可访问 iebook 官方网站:www.iebook.cn。

9.4 一篇数据文章的点评

实证分析法是指运用一系列的实证分析工具,如个量分析与总量分析、静态分析与动态分析、定性分析与定量分析和回归模型等,以对现象进行数据分析的方法。

在指导学生毕业论文时,有学生提供了一篇参考论文,文章作者是一位研究生,所学专业是区域经济学,论文的标题是《房地产税收与房地产价格关系的实证分析》。以下是这篇论文的摘录,接着是对这篇论文中统计方法的点评。

首先,原文(摘录)。

1. 房地产流转税的作用

房地产流转税是房地产价值的实现环节,国家可利用税收手段参与价值的分配,通过征税,一方面可以影响房地产市场的供给和需求,另一方面也可以抑制某些房地产投机行为。如果在此环节上采取税收优惠政策,可以促进房地产市场的发展。比如,国家规定 1999 年 8 月 1 日—2002 年 12 月 31 日,对房地产开发商销售积压空置商品房免征营业税,对购房者购买积压空置商品房免征契税。以海南省为例,税收优惠政策出台后截至 2002 年 5 月,积压空置商品房面积由 456 万平方米降到了 208 万平方米,约 54.4%的积压空置商品房得到了消化。

从我国税制结构来看,房地产流转税占整个房地产税收比例太大,虽然其流转税征收简便,收入及时,但这是计划经济的产物,我国应对流转税进行一些改革。

2. 房地产流转税增长率与房地产价格增长率的关系

目前我国房地产流转环节征收的税种有契税、营业税、印花税、耕地占用税和城市维护建设税。就征收的量而言,流转环节税收的税负偏重,从成本的角度对我国房地产价格有一定的影响,可简要地从城市维护建设税、印花税和营业税进行分析,具体数据如表 9-1 所示。

表 9-1:我国房地产部分流转税与房屋销售平均价格情况表

年份	城市维护建设税		印花税		营业税		房屋销售平均价格	
	收入 /亿元	增长率 /%	收入 /亿元	增长率 /%	收入 /亿元	增长率 /%	价格 元/m²	增长率 /%
1995	212.1	—	46.8	—	869.4	—	1591	—
1996	245.1	15.6	146.7	213.5	1065.4	22.5	1806	13.5
1997	272.3	11.1	266.3	81.5	1353.4	27.0	1997	10.6
1998	295.0	8.3	238.5	−10.4	1608.0	18.8	2063	3.3
1999	315.3	6.9	282.3	18.4	1696.5	5.5	2053	−0.5

续表

年份	城市维护建设税		印花税		营业税		房屋销售平均价格	
	收入/亿元	增长率/%	收入/亿元	增长率/%	收入/亿元	增长率/%	价格元/m²	增长率/%
2000	352.1	11.7	521.9	84.9	1885.7	11.2	2112	2.9
2001	384.4	9.2	337.0	−35.4	2084.7	10.6	2170	2.7
2002	470.9	22.5	179.4	−46.8	2467.6	18.4	2250	3.7
2003	550.0	16.8	215.0	19.8	2868.9	16.3	2359	4.8
2004	674.0	22.5	290.2	35.0	3583.5	24.9	2714	15.0

数据来源：房屋销售平均价格数据来源于《2005 年统计年鉴》1995—2004 年，各项税收数据来源于国家税务总局网《税收收入统计》1995—2004 年

将表 9-1 中通过计算得出的房屋销售平均价格、城市维护建设税、印花税和营业税四者的环比增长率通过坐标图来表示可得到图 9-2。

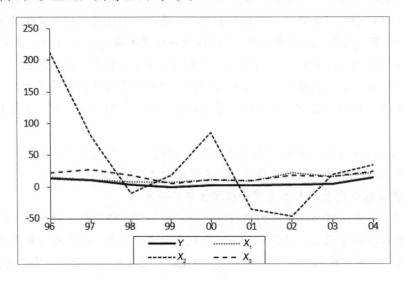

图 9-2　折线图

(注：Y 表示房屋销售平均价格的增长率，X_1 表示城市维护建设税的增长率，X_2 表示印花税的增长率，X_3 表示营业税的增长率。)

通过图 9-2 可以看出：变化趋势最大的是印花税，而房屋销售平均价格、城市维护建设税和营业税的变化趋势比较缓和。三种税收的增长率对房地产价格的增长率有一定的影响。

3. 房地产流转税收入与房地产价格之间的关系

假设：①不考虑课税的转嫁；②从成本的角度进行分析。用 Y 表示房屋销售平均价格，用 X_1 表示城市维护建设税收入，用 X_2 表示印花税收入，用 X_3 表示营业税收入，将表 9-1 中的数据通过计量经济学软件 Eviews 3.1 进行计算，可得出四者之间的关系

$$Y = 1462.223 - 1.753022X_1 + 0.161655X_2 + 0.651628X_3$$

X_1、X_2、X_3 的系数所对应的 t 值为 -1.001504、0.648148 和 2.074287，R^2 为 0.969516，调整后的 R^2 为 0.954274，F 检验值为 63.60820。

从样本回归模型中可看出：

① 判定系数 $R^2 = 0.954274$，表明拟合优度较好。

② X_1、X_2、X_3 的系数分别为 -1.753022，0.161655、0.651628，表明印花税和营业税与房地产价格成正比，且城市维护建设税对房地产销售的平均价格的影响最大。

③ X_1、X_2、X_3 的系数所对应的 t 值为 -1.001504，0.648148，2.074287，表明城市维护建设税，营业税这两种税收从成本的角度而言对房屋销售平均价格的影响是显著的，印花税对房屋销售平均价格的影响并不显著。

④ $F=63.60820$，表明回归模型是显著的。

通过上述分析，从成本的角度而言，说明我国在房地产流转环节的三项税收对价格有比较显著的影响，而我国的流转环节的税收除了城市维护建设税、印花税外，还有契税、营业税、耕地占用税，流转环节的重税对房地产价格的影响将更加显著，过重的税赋带动房地产市场价格的上扬。

但是从供求的角度而言，提高了房地产价格就抑制了市场需求，市场需求水平低，对税赋转嫁的承担能力较弱，缩减了房地产利润空间，反过来又阻碍了市场供给，又影响房地产价格。

另外，房地产流转税虽然富有效率但缺乏公平性，而且属于间接税。税赋具有转嫁性，真正的税赋承担者，就房地产领域看，往往是房地产的购买者或承租者，契税更是直接向土地、房屋权属发生转移的承受人征收。同时，又由于房地产流转税中的各项税收征收对象不同，且大部分税收均属于价内税，从流转税对房地产价格的影响的不同角度进行综合分析，流转环节的税收对房地产价格的影响并不大。

其次，点评。

从上面这篇《房地产税收与房地产价格关系的实证分析》论文的摘录中可以看出，实证分析中，既有统计表格的分析，也有动态指标增长率的分析，还有相关与回归分析。

面对以上参考论文，不妨一边欣赏和学习，一边从统计知识点这个角度来推敲一番。这里，理出了 3 个统计知识点：统计表、增长率和回归分析。接下来，一点一点边读边看。

第 1 个统计知识点：统计表。

将表 9-1 修改后，得到新表如表 9-2 所示。

修改后的统计表即表 9-2 与修改前的统计表即表 9-1 相比较，可以看出，修改的地方有 5 个。

① 标题。新标题为："表 9-2 1995—2004 年中国房地产部分流转税与房屋销售平均价格一览"，旧标题为："表 9-1：我国房地产部分流转税与房屋销售平均价格情况表"。

统计表的标题，要简明扼要，让人一目了然。标题要简明，原标题列明了是"表 9-1："，后面又紧跟着来一个"某某情况表"，两个"表"字出现在同一行，显得多余。表号的后面不用冒号。标题要准确，一般要包括"三要素"：时间、空间和指标，原标题缺少了时间，空间上将"我国"改为"中国"比较好，因为网络传播是全球共享。

表 9-2　1995—2004 年中国房地产部分流转税与房屋销售平均价格一览

| 序号 | 年份 | 城市维护建设税的收入 | | 印花税的收入 | | 营业税的收入 | | 房屋销售的价格 | |
		总量数/亿元	增长率/%	总量数/亿元	增长率/%	总量数/亿元	增长率/%	均值元/m²	增长率/%
1	1995	212.1	—	46.8	—	869.4	—	1591	—
2	1996	245.1	15.6	146.7	213.5	1065.4	22.5	1806	13.5
3	1997	272.3	11.1	266.3	81.5	1353.4	27.0	1997	10.6
4	1998	295.0	8.3	238.5	−10.4	1608.0	18.8	2063	3.3
5	1999	315.3	6.9	282.3	18.4	1696.5	5.5	2053	−0.5
6	2000	352.1	11.7	521.9	84.9	1885.7	11.2	2112	2.9
7	2001	384.4	9.2	337.0	−35.4	2084.7	10.6	2170	2.7
8	2002	470.9	22.5	179.4	−46.8	2467.6	18.4	2250	3.7
9	2003	550.0	16.8	215.0	19.8	2868.9	16.3	2359	4.8
10	2004	674.0	22.5	290.2	35.0	3583.5	24.9	2714	15.0

资料来源：房屋销售平均价格数据来源于《2005 年统计年鉴》1995—2004 年，各项税收数据来源于国家税务总局《税收收入统计》1995—2004 年。

② 框架。统计表的框架为：上下封闭并且为粗格线，左右开放，中间为细格线。原表是全封闭的表格，上格线和下格线都没有加粗。

③ 指标。表中有 4 项指标：3 项税收的收入，1 项房屋销售的平均价格。3 项税收的收入来源于一个地方，房屋销售的平均价格来源于另一个地方。在进行表格设计时，要把这来自两个不同地方的指标平行摆放，就要特别注意它们之间的对等关系。

原表中，将"城市维护建设税""印花税""营业税"与"房屋销售平均价格"平行排列，将"收入"与"增长率"平行排列，将"价格"与"增长率"平行排列，显然都不对等。

修改时，要注意统计指标的两层对等关系：第一层是统计指标名称的对等，如"税收的收入"与"房屋的销售价格"的对等；第二层是统计指标表现形式的对等，即总量数、相对数、平均数之间的对等。本例中，总量数为税收收入总额，相对数为税收收入增长率，均值为房屋销售的平均价格。

④ 数据。出于美观起见，如果同列数值的长短相等，应将数值居中；如果同列数值的长短相近，可将个位数对齐；如果同列数值的长短相差太大，可将数值右对齐。新表的设计采用了个位数对齐的方法。

第 2 个统计知识点：折线图。

根据时间数据计算环比增长率，并由环比增长率来画折线图，这是进行实证分析时常见的方法。

根据表 9-2 的数据，环比增长率的计算结果如图 9-3 所示。

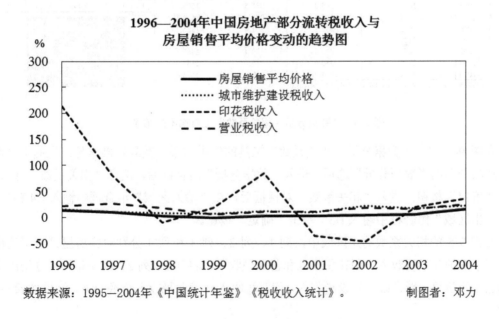

G5	▼	f_x	=(C5/C4)*100-100								K
	A	B	C	D	E	F	G	H	I	J	

1995—2004年中国房地产信息及环比增长率一览

序号	年份	已知栏				计算栏			
		房屋销售平均价格 元/平方米	城市维护建设税收入/亿元	印花税收入/亿元	营业税收入/亿元	房屋销售平均价格的增长率/%	城市维护建设税收入的增长率/%	印花税收入的增长率/%	营业税收入的增长率/%
1	1995	1591	212.1	46.8	869.4	—	—	—	—
2	1996	1806	245.1	146.7	1065.4	13.51	15.56	213.46	22.54
3	1997	1997	272.3	266.3	1353.4	10.58	11.10	81.53	27.03
4	1998	2063	295.0	238.5	1608.0	3.30	8.34	-10.44	18.81
5	1999	2053	315.3	282.3	1696.5	-0.48	6.88	18.36	5.50
6	2000	2112	352.1	521.9	1885.7	2.87	11.67	84.87	11.15
7	2001	2170	384.4	337.0	2084.7	2.75	9.17	-35.43	10.55
8	2002	2250	470.9	179.4	2467.6	3.69	22.50	-46.77	18.37
9	2003	2359	550.0	215.0	2868.9	4.84	16.80	19.84	16.26
10	2004	2714	674.0	290.2	3583.5	15.05	22.55	34.98	24.91

资料来源：1995—2004年《中国统计年鉴》《税收收入统计》。

图 9-3 环比增长率的计算

环比增长率的计算步骤如下。

第 1 步，准备。先审核数据，检查一个数据的数字之间有没有空格等，然后在计算栏存放计算结果的地方，设置保留两位小数的方法：右击所选中的存放计算结果的区域，选择"设置单元格格式"下的"数值"命令，设置两位小数，再单击"确定"按钮。

第 2 步，计算。在 I5 单元格输入"=(C5/C4)*100–100"，再拖动 I5 的填充柄到 L5；选中 I5:L5，再拖动 L5 的单元格到 L13，所有数据就闪现在眼前，这真是激动人心的一刻。

将图 9-2 修改后，得到新图如图 9-4 所示。

1996—2004年中国房地产部分流转税收入与房屋销售平均价格变动的趋势图

%

—— 房屋销售平均价格
······ 城市维护建设税收入
----- 印花税收入
-- -- 营业税收入

数据来源：1995—2004年《中国统计年鉴》《税收收入统计》。　　制图者：邓力

图 9-4 折线图

修改后的统计图即图 9-4 与修改前的统计图即图 9-2 相比较，可以看出，修改的地方有 6 个：①添加了标题；②格局变了，图例的内容用文字和符号表示，并且放在图中的空白处；③添加了资料来源，以提升统计图的可信度；④添加了作图者的姓名，以提升制图

者的责任感;⑤在横轴上,规范了年份的表达;⑥在纵轴上,添加了计量单位"%"。

由环比增长率制作折线图,要注意以下几点。

第一,在统计表中,将"房屋销售平均价格"排在其他变量的前面,在图中显示为系列1。

第二,在选择数据区域时,初始年(1995年)不选。

第三,在数据来源区,写好数据来源和制图者名称。

第3个统计知识点:回归分析。

在表9-2中,表中的资料属于三元回归的内容。在进行多元回归分析时,不要一开始就进行回归输出,要先检测自变量之间是否存在多重共线性。

三元回归分析的步骤如下。

第1步,用相关系数的矩阵表,检测自变量之间是否存在多重共线性。

"相关系数的矩阵表"的输出结果如图9-5所示。

	P21		f_x								
	A	B	C	D	E	F	G	H	I	J	K L
1					1995—2004年中国房地产的相关表及相关系数矩阵表一览						
2				相关表				相关系数的矩阵表			
3	序号	年份	房屋销售 平均价格 元/平方米 y	城市维护建设税 收入/亿元 x_1	印花税 收入/亿元 x_2	营业税 收入/亿元 x_3		列1	列2	列3	列4
4	1	1995	1591	212.1	46.8	869.4	列1	1			
5	2	1996	1806	245.1	146.7	1065.4	列2	0.9499	1		
6	3	1997	1997	272.3	266.3	1353.4	列3	0.4218	0.2256	1	
7	4	1998	2063	295.0	238.5	1608.0	列4	0.9731	0.9932	0.3042	1
8	5	1999	2053	315.3	282.3	1696.5					
9	6	2000	2112	352.1	521.9	1885.7					
10	7	2001	2170	384.4	337.0	2084.7					
11	8	2002	2250	470.9	179.4	2467.6					
12	9	2003	2359	550.0	215.0	2868.9					
13	10	2004	2714	674.0	290.2	3583.5					
14	资料来源:1995—2004年《中国统计年鉴》《税收收入统计》。										
15											

图9-5 "数据分析—相关系数"工具输出的结果

在图9-5中,"数据分析—相关系数"工具的输出结果,其具体操作是:先单击"数据"选项卡下的"数据分析"选项;进入"数据分析"对话框后,选择"相关系数"选项,单击"确定"按钮;进入"相关系数"对话框后,在"输入区域"组合框中输入C4:F13,在"输出区域"组合框中输入H3,单击"确定"按钮。

在图9-5的相关系数的矩阵表中,列1、列2、列3和列4分别对应房屋销售平均价格、城市维护建设税收入、印花税收入和营业税收入。将列1、列2、列3和列4分别用房屋销售平均价格、城市维护建设税收入、印花税收入和营业税收入替换一下,结果如表9-3所示。

从表9-3可以看出:

第一,删除变量"印花税收入"。由于印花税收入与房屋销售平均价格的相关系数只有0.4218,而自变量与因变量之间的相关程度要在中度相关和高度相关的条件下才有入选回归模型变量的必要。

表 9-3 相关系数的矩阵表

项 目	房屋销售平均价格 y	城市维护建设税收入 x_1	印花税收入 x_2	营业税收入 x_3
房屋销售平均价格 y	1.0000			
城市维护建设税收入 x_1	0.9499	1.0000		
印花税收入 x_2	0.4218	0.2256	1.0000	
营业税收入 x_3	0.9731	0.9932	0.3042	1.0000

第二，删除变量"城市维护建设税收入"。由于城市维护建设税收入与营业税收入的相关系数高达 0.9932，而自变量之间的相关程度要在低度相关的条件下才有入选回归模型变量的必要。又由于营业税收入与房屋销售平均价格(因变量)的相关程度为 0.9731，高于城市维护建设税收入与房屋销售平均价格(因变量)的相关程度为 0.9499，因此，两个变量中，"营业税收入"入选回归模型的变量。

结果，对房屋销售平均价格影响的自变量，就由 3 个变成了 1 个，对房屋销售平均价格进行的三元回归分析就变成一元回归分析了。

城市维护建设税收入与营业税收入之间的相关系数高达 0.9932，紧随其后的，印花税收入与营业税收入之间的相关系数为 0.3042，显然，营业税收入这个自变量可以舍掉。这样，第 2 步，用"回归"输出法，检验并获取相关的信息。

"回归"输出的结果如图 9-6 所示。

	A	B	C	D	E	F	G	H	I	J	K	L
1				1995—2004年中国房地产信息及"数据分析—回归"的输出结果一览								
2		营业税收入与房屋销售平均价格				"数据分析—回归"的输出结果						
3	序号	年份	房屋销售平均价格 元/平方米 y	营业税收入 /亿元 x	SUMMARY OUTPUT							
4	1	1995	1591	869.4	相关分析的统计量							
5	2	1996	1806	1065.4	Multiple R	0.9731						
6	3	1997	1997	1353.4	R Square	0.9470						
7	4	1998	2063	1608.0	Adjusted R Square	0.9404						
8	5	1999	2053	1696.5	标准误差	74.1439						
9	6	2000	2112	1885.7	观测值	10						
10	7	2001	2170	2084.7	方差分析的统计量							
11	8	2002	2250	2467.6		df	SS	MS	F	Significance F		
12	9	2003	2359	2868.9	回归分析	1	786024	786024	143	0.000002		
13	10	2004	2714	3583.5	残差	8	43978	5497				
14	资料来源：1995—2004《中国统计年鉴》《税收收入统计》。				总计	9	830003	—	—	—		
15					回归参数的统计量							
16						Coefficients	标准误差	t Stat	P-value	下限 95%	上限 95%	
17					Intercept	1422.78	62.19	22.88	0.00	1279.38	1566.18	
18					X Variable 1	0.35	0.03	11.96	0.00	0.29	0.42	
19												

图 9-6 "数据分析—回归"工具输出的结果

在图 9-6 中，"数据分析—回归"工具的输出结果，其具体操作是：先单击"数据"选项卡下的"数据分析"选项；进入"数据分析"对话框后，选择"回归"选项，单击"确定"按钮；进入"回归"对话框后，在"Y 值输入区域"组合框中输入 C4:C13，在"X 值输出区域"组合框中输入 D4:D13，在"输出区域"组合框中输入 F3；单击"确定"按钮。

从"回归"输出的结果可以看出以下几点。

① 拟合优度的检验。Multiple R 为 0.9731，表明营业税收入(自变量)与房屋销售平均价格(因变量)的相关程度为高度正相关。R Square 为 0.947，表明在房屋销售平均价格的变动中，有 97.31%可以由营业税收入这个因素的变动来解释，只有 2.69%的因素属于随机误差。也就是说，样本观察值有 97.31%可以通过回归直线来解释，拟合较好。

② 线性关系的检验。由于 Significance F 为 0.00000220252，小于显著性水平 0.05，因此，回归模型通过检验。F 检验表明，营业税收入与房屋销售平均价格的线性关系显著。

③ 回归系数的检验。由于回归系数的 P-value 为 0.00，小于显著性水平 0.05，因此，回归系数通过检验。

④ 样本回归模型的建立。营业税收入与房屋销售平均价格之间的关系，写成回归模型为 $\hat{y}=1422.78+0.35x$。营业税每增加 1 亿元，房屋销售的平均价格每平方米将提高 0.35 元。

结语：一篇论文，都有论点、论证和论据。一个论点，可以从多方面寻找论据进行论证。论证的方法有很多，常见的就是运用实证分析中的统计分析方法。统计的方法和结果，可以为论文增色，可以为论文增强说服力。

一篇论文，如果要追求图文并茂，统计图是一个可选项。统计图很抢眼，一定要做得精美，从标题的设计，到图形的摆放，到颜色的挑选，到整体的美感和规范等，都要用心周到。

一篇论文，如果要追求有理有据，数据的分析是一个可选项。对静态的数据，可以进行描述统计，可以在分组以后计算结构相对数，画出饼图等；对动态的数据，也就是有一系列时间上的数据，可以计算增长率、平均速度，还可以画出折线图等。对于有关联的数据，可以进行回归分析，在做回归分析时，两个变量之间的回归必须先画散点图，3 个或 3 个以上变量之间的回归必须先列出相关系数矩阵表。

本小节开头部分，摘录了一位研究生写的毕业论文，此文围绕所写的论点，在实证分析中，灵活运用了多种统计方法，如统计整理中的统计图表法、动态分析中的增长率计算法、相关与回归分析法。能结合时间数据的计算结果，从多角度进行分析，学有所用，这样的努力，值得赞赏。作者如果在统计方法的运用中，还能更多地注意统计知识点的特色，用得更到位，那就更好了。

9.5 Excel 在综合分析中的应用

本书选用 Excel 2010 进行图表绘制和数据计算，从第 1 章漫游到现在，各样的统计风光尽收眼底，各样的神算妙法存留心中。

曾记否，计算数据时，有一种方法叫"填充柄拖动法"。当随手拖动时，那般轻松，那般畅快，如同变魔术一样，一串一串数据滚滚而来。

曾记否，计算数据时，还有一种方法叫"赋值函数法"。特好玩儿，好多统计函数的名称，居然就是普普通通的英文单词。"SUM"这个单词就是"求和"的统计函数，"AVERAGE"这个单词就是求"均值"的统计函数，"SQRT"这个单词就是"开平方根"的统计函数。

如果说在计算数据时，"填充柄拖动法""赋值函数法"已经够厉害了，但这两种方法，一次只能计算出某变量的同类的变量值，而"数据分析工具"法，却能一次计算出某变量的不同类的变量值。

在本章的第 9.4 节，摘录了一篇学生论文。这篇论文综合运用了统计知识点，写得非常好，如果还能注意统计的规范表达，那就更完美了。文章中的图表绘制和数据计算，全部都可以用 Excel 来帮忙，至于数据的算法和画法，前面各章都有详尽的说明，这里就不再重复。也就是说，同一组数据，要用若干函数计算出若干结果的过程，有的只要用"数据分析"神器，就可以一次性全部完成。

统 计 实 录

统计表达中的误用

用汉语言文字表达心潮，可以任由想象的大海澎湃。用阿拉伯数字表达世界，可以任由实在的翅膀飞翔。

大文豪李白望庐山瀑布，眼中只见得飞流直下三千尺，这是诗情的浪漫与夸张。而统计语言，也就是以阿拉伯数字为主打的语言，在 1、2、1 报数时，只能据实道来。显然，在生活中，诗情需要，实情也需要。没有诗情，生活真枯燥；没有实情，生活会乱套。但如果硬要说这 1、2、1 就不生动，那也是闭着眼睛卖布——瞎扯。

有这么一个道理，有了数的概念，打比方才有底气。李白望庐山之瀑布，是被其宏伟气势所激动，所以有感而发，名句喷涌而出。如果李白见到了一根狗尾巴草，他那三千尺的豪迈，可以断定，产生不了。常有这样的形容，富得流油，瘦得像豆芽，这贫富和胖瘦是可以量化的，在这基础上，才可以更进一步描写，而这样的描写，又促进了数意的传达。可见，阿拉伯数字与汉语言文字，这两者的默契是由来已久，形容为珠联璧合也是可以的吧。

金珠和白璧，谁都喜欢成色好的。语言的表达，不论文字还是数字，人们的喜好也一样。金无足赤，白璧微瑕，这是自然之事，奈何不得。而语言的表达，却总可以尽人力而为，剔除其枝蔓芜杂，断除其差错漏洞，端掉些个马虎眼。在用统计语言表达时，不妨将表达中的有失水准的都归于失误。

重温《中国历年国防经费支出分析》一文，发现了"敌情"，其实只是在运用统计时稍有不当而已。现把它们从原文里耙扫出来，集中在一起，这样便于阅读和推敲。

存在误用的几个片段

以下几小段，分别用①、②、③、④、⑤、⑥、⑦、⑧标示，里头有哪些错漏或值得推敲的，不妨先瞧一瞧。

① 核心提示：1840—1950 年的 110 年间，中国遭遇了鸦片战争、甲午战争、八国联军侵华战争、抗日战争等 8 次战争，平均不到 13 年中国就要承受一次大规模战争。

② 中华人民共和国成立初期(1949—1956)。军费开支占财政支出的比例平均为 35%。

③ 社会主义经济建设时期(1957—1966)。随着 1964 年原子弹的爆炸，标志着中国军队进入了核时代。这段时期，国防军费的绝对值呈现逐年增加的趋势，从 1957 年的 55 亿元人民币，增加到 1966 年的 101 亿元人民币，平均年增长 9.3%。

④ "文革"期间(1967—1977)。军费绝对值增长并不大，年平均增长率仅为 7.95%。

⑤ 改革开放初期(1978—1985)。军费占国民生产总值的比例，由 1978 年的 4.6%，降低到 1984 年的 2.13%，下降幅度一倍左右。军费开支绝对值只有在 1979 年有过急剧增加，达到 223 亿元，同比增加了 55 亿元，因为在这一年发生了对越自卫反击战。

⑥ 改革开放爬坡时期(1986—1998)。1986 年到 1998 年的 14 年间，是中国军队的忍耐期，中国军队被迫做出了巨大牺牲，那时候中国的年度军费仅够勉强维持。从数字变化上可以得出结论，这一时期军费下降速度继续加快，出现极度萎缩现象，年均递减速度为 4%。

⑦ 偿还欠债时期(1999 年至今)。从 2000～2005 年的 6 年间，国防费支出从 1207.54 亿元增加到 2475 亿元，翻了一番。

⑧ 国防经费能不能促进经济增长？假如中国的国防预算占 GDP 比例提高到世界平均水平，即 3.2%～4%左右，那么 2008 年中国的军费就应该能有 9700 亿～12000 亿人民币之间，约合 1650 亿美元，而 2009 年预计就能够突破一万三千亿元人民币，约合 1900 亿美元，是 09 年实际军费的 2.7 倍，这将极大改善人民解放军的武器装备和战备训练，使中国有可能成为位列美国之后成为世界第二军事强国。

解读误用的一个说法

以下是对①～⑧的简要分析和说明，仅限于核实计算结果与端正基本表达方面，只言片语仅供参考。

① 此段中的不妥。

计算有误。应将"平均不到 13 年"改为"平均不到 14 年"。算式如下。

110 年÷8 次=13.75(年/次)

② 此段中的不妥。

表述不妥。应将"比例"改为"构成比"。比例相对数是同一总体中的两部分数值的比，而结构相对数是同一总体中的某一部分数值占全部数值的比。构成比是表现总体结构最常见的相对数。

③ 此段中的不妥。

表述不妥。应将"绝对值"改为"总量数"。绝对值的代数定义为：正数的绝对值是它本身，负数的绝对值是它的相反数，零的绝对值是零。总量数是反映现象总规模、总水平或工作总量的统计数据。

计算有误。应将"平均年增长 9.3%"改为"平均年增长 6.99%"。同时，修改后的计算结果与修改前的相比，增加了一位小数，这样做是为了与原文的表达风格相匹配，因为通观原文，小数点后面一般都保留了 4 位小数。公式为

$$\bar{x} - 100\% = \sqrt[n]{\frac{a_n}{a_0}} - 100\%$$

式中：$\bar{x}$——平均发展速度；

$\overline{x}-100\%$ ——平均增长速度;

a_n ——报告期数据;

a_0 ——基期数据;

n ——时间长度。

在资料中,1966 年为报告期,1966 年的军费 101 亿元为报告期数据;1957 年为基期,1957 年的军费 55 亿元为基期数据,则

$$\overline{x}-100\%=\sqrt[9]{\frac{101}{55}}-100\%=6.99\%$$

④ 此段中的不妥。

时间有误。将"1967—1977"改为"1966—1976"。"文革"时期应该是从 1966 年到 1976 年。

表述不妥。应将"军费绝对值增长并不大"改为"军费总量数增加并不大"。将"绝对值"改为"总量数",请参考③的说明。

计算有误。应将"年平均增长率仅为 7.95%"改为"年平均增长速度仅为 2.87%"。

在资料中,1976 年的军费为 134 亿元;1966 年的军费为 101 亿元;从 1966 年到 1976 年,相距 10 年,则

$$\overline{x}-100\%=\sqrt[10]{\frac{134}{101}}-100\%=2.87\%$$

⑤ 此段中的不妥。

表述不妥。有 3 个地方要修改。一是将"比例"改为"构成比",说明请见②;二是将"绝对值"改为"总量数",说明请见③;三是将"下降幅度一倍左右"改为"下降了 2.47 个百分点",算式为: 2.13%−4.6%=−2.47(个百分点),因为表示数目的增加可以用倍数,而表示数目的减少就不能用倍数。

⑥ 此段中的不妥。

时间有误。应将"1986 年到 1998 年的 14 年间"改为"1986—1998 年的 13 年间"

计算有误。"从数字变化上可以得出结论,这一时期军费下降速度继续加快,出现极度萎缩现象,年均递减速度为 4%。"原文中的这个说法不实。因为从 1986 年到 1998 年的军费是逐年增加的,以亿元人民币为计量单位,这 13 年的军费依次为: 201、210、218、251、290、330、378、426、551、637、720、813、935,如果以 1986 年为基期,则这 12 年的年均增长速度为 14%,即

$$\overline{x}-100\%=\sqrt[12]{\frac{935}{201}}-100\%=14\%$$

⑦ 此段中的不妥。

表述不妥。应将"2000~2005"改为"2000—2005"。

请注意翻番的计算。从 2000 年到 2005 年的 6 年间,国防费支出从 1207.54 亿元增加到 2475 亿元,翻了一番。验算如下。

求番数 m 的算式为：$\dfrac{2475}{1207.54} = 2.0496 = 2^m$，在电子表格中的空白单元格输入：=LOG(2.0496)/LOG(2)，按 Enter 键，即得 m 为 1.04 番。

⑧ 此段中的不妥。

表述不妥。至少有 4 个地方要修改。一是将"一万三千亿元"改为"13000 亿元"，以求全文体例一致；二是将"09 年"改为"2009 年"，以求符合年份的标准用法；三是将"3.2%～4%左右"中的"左右"删除，以避免语义重复；四是将"9700 亿～12000 亿人民币"改为"9700～12000 亿元人民币"。至于资料中的"约合 1650 亿美元"，这种表达也值得商榷。

消除误用的两个解法

在①～⑧的解读中，都是算法和表达之类的在颠来倒去。其实，之所以有这么一说，也是有书可对，有据可查，不敢信口开河。

有书是《统计学原理》之书，从案头随取一本，翻开一看，里头一般都装有百分点、翻番、年均速度等的详解与说明。比如，百分点是百分比中相当于 1%的单位，反映不同时期以百分数形式表示的相对指标(如速度、指数、构成等)的变动幅度，是分析百分比增减变动情况的主要表现形式。

合上书本，不知怎么又想起"三数"来，既然相对指标叫相对数，平均指标叫平均数，那么，总量指标为啥不直呼为"总量数"而常称为"绝对数"，改"绝对数"为"总量数"的叫法，既符合统计指标曾用名的顺延，又便于读者好记好用，两全其美的事儿，何乐而不为？在数据文章中，瞧这绝对数，人家老把绝对数当成绝对值使唤。这不是个例，如果长期这样下去，将不利于统计概念的发展，有损于统计概念的声誉。

有据是《出版物上数字用法》一文，从网上随意一搜，打开一看，里面分门别类写了很多"须知"，还有很多示例。这里不妨拈几条来看：1990 年不应简写成"九〇年"或"90年"；如果在可以用阿拉伯数字而又很得体的地方，特别是当所表示的数目比较准确时，均应使用阿拉伯数字。

看来，写数据文章，至少要有这么三个"一"来壮胆，即一本《统计学原理》、一篇《出版物上数字用法》；还有一个"一"，那就是以不变应万变中的随机应变了。

本 章 小 结

把数据的成果传向四方
数据无国界众生同分享
只有机密数据是个例外
搭好平台传播数据文章

知识点： 数据文章，实证分析法。

基本内容： 以一张搭积木的漫画为引入点，首先介绍了数据文章的写作要领，然后选用一篇数据文章进行点评，同时列出数据文章的写作误区，最后介绍数据成果的传播途径。

基本框架：

$$\text{数据文章的写作要求}\begin{cases}\text{选题好}\\\text{结构好}\\\text{文面好}\end{cases}\rightarrow\text{数据成果的传播平台}\begin{cases}\text{纸质媒体}\\\text{网络媒体}\end{cases}$$

对本章内容基本框架的说明如下。

数据文章，是指运用数据进行分析解读的文章。数据文章的特点，是侧重于用数据来说话。要写好数据文章，除了要达到一般文章所要求的立意好、标题好、结构好、语言通顺、文气十足，还要灵活运用所学的统计方法，从数据语言这个角度，有条不紊地论述文章的观点，表达写作者的见解。

数据文章的选题，来路很多。比如，可以从数据中来，先在已发布的宏观和微观数据中，找到不寻常的数据，找出数据之间的关系，再从数据结果中去再现背景和寻找原因。比如，通过问卷等鲜活的调查方式，发现令人耳目一新的问题，触发灵感，找到独特的写作视角。

写作数据文章时，可以灵活运用统计方法。比如，在静态分析法中，用总量指标、相对指标、平均指标分别反映现象的总体规模、相对程度和一般水平，用抽样推断来估计总体的总量、结构和一般水平。比如，在动态分析法中，用指数来分析现象的因素变动，用回归方法建立模型以预测现象的变化，用平均增减量、平均增长速度等指标反映现象的变化。除了用相应统计指标来反映现象在某段时间和一段时间的变化之外，还可以用丰富的统计图表对数据来进行直观的显示。摆出数据，可以给论点以必不可少的论证；理性地分析数据背后的成因，中肯地提出解决问题的办法，凡此种种，足以展示写作者的特色和才华。

文无定法。数据文章要写得好，也没有一成不变的定式，但基本的规律还是有的。数据的来源要准，要用一定的方法算准，要符合数据的规范，不要陷入误用滥用错用数据的泥潭，这就需要在平时多努力。统计学原理介绍的是统计的基础知识，是用好、用活数据的基本篇，打好基础，练好基本功，自然有助于提升写作的底气。一篇数据文章，虽然侧重于数据语言，自然也离不开非数据语言，两者要彼此融合，浑然一体。在语言的表达方面，除了要追求准确和规范，还要力求生动，讲求可读性。

一篇数据文章的写作，不是解一道有现成资料的统计学练习题，也不是堆砌公式列出算式和答案的例行公事，更不是密密麻麻数字的连番轰炸。写文章需要灵感，需要真情实感，这感觉怎么来，还是老方法最灵验：多学习、多思考、多练笔，因为这是经过无数人证实的最有效的方法。平常日子里，留意多观察，看有写得不错的数据文章就潜心琢磨一下，久而久之，慢慢地不知不觉就会摸出一点门道来；有意多动脑，遇到感兴趣的话题就尽量搜罗相关数据来解读一番，习以为常了，渐渐地自然而然就会滋生出数据甘泉任由品尝；有意多搜集、整合与分析资料，找到自己的兴趣点，不断地积累，不断地玩味，乐在其中，长此以往，何愁没有东西可写，何愁灵感不随时迸溅，何愁生活不丰富起来！潜心于学，潜心修炼，取长补短，文如其人，突现个性特色，体现思想价值。

散文随笔写得好的，名家名篇数不胜数。数据文章写得好的，下一个成就经典的，也许就是你。

真 题 上 市

一、单项选择题

1. 统计分析报告是以( )为主要语言的分析报告。

    A. 数字   B. 数学方法   C. 统计数据   D. 数学模型

2. 统计分析报告属于( )的文体。

    A. 散文   B. 记叙文   C. 说明文   D. 议论文

3. ( )是对文章基本思想的浓缩，在文章中占有重要的地位。

    A. 标题   B. 导语   C. 论点   D. 结束语

4. 统计分析报告的标题，如"中国汽车工业的现状、问题和对策"，这是以( ) 为标题。

    A. 分析目的   B. 主要论点   C. 主要结论   D. 提问的方式

5. 下列标题中，属于以主要结论的方式为标题的是( )。

    A. 中国和美国军力状况的比较

    B. 某地工业经济效益不断提升

    C. 制度创新才是某地国有企业解困之路

    D. 某地发展高新技术的产业之路在何方？

6. 按照"现状-原因""现状-原因-结果""历史-现状-未来""简单-复杂"等整体结构的统计分析报告的结构是( )。

    A. 递进结构   B. 并列结构   C. 序时结构   D. 时空结构

7. 有一篇标题为《强化征收管理，确保税收收入稳步增长》的统计分析报告。这份报告，先阐述了税收收入的完成情况及其特点，然后分析了影响税收收入的主要因素及税收征管中面临的突出问题，最后提出了强化征收管理，确保税收收入稳步增长的政策建议。该报告的结构属于( )。

    A. 递进结构   B. 并列结构   C. 序时结构   D. 时空结构

8. 有一篇统计分析报告是这样开头的："2017 年 5 月 10 日放开猪肉等副食品价格，迈出了价格体系改革的第一步。至今出台整一年，人们很想知道这一年城市居民生活水平，特别是食品消费水平是提高了，还是降低了？"这种开头形式可称为( )。

    A. 开门见山   B. 造成悬念   C. 交代动机   D. 总括全文

9. 对现象之间客观存在的依存关系，以及现象在较长一段时间内发展变化的模式所进行的分析称为( )。

    A. 状态分析   B. 规律分析   C. 数学分析   D. 前景分析

10. 统计认识现象的过程，一般包括四个阶段，前两个阶段是占有数据，说明"是什么""怎么样"的问题，是统计分析的前提；第三个阶段是运用数据，回答"为什么""怎么办"的问题，是在前几个阶段的基础上，提供研究成果，通过分析以深入认识现象；最后一个阶段是呈现数据，回答"怎么做"的问题，以有效的形式提供数据研究的成果。从一个完整的认识过程来看，统计认识现象的四个阶段分别是(　　)。

  A. 搜集、整理、分析和传播数据　　 B. 整理、搜集、分析和传播数据

  C. 分析、搜集、整理和传播数据　　 D. 传播、搜集、整理和分析数据

二、多项选择题

1. 统计分析报告的特点有(　　)。

  A. 以定性分析为主　　 B. 以统计数据为语言

  C. 是对研究过程的高度概括　　 D. 具有简明的表达方式和结构

2. 撰写统计分析报告的基本知识包括(　　)。

  A. 标题的拟定　　 B. 导语的撰写

  C. 结束语的撰写　　 D. 报告的整体层次结构

3. 常见的标题拟定方式有以(　　)为标题。

  A. 分析目的　　 B. 主要论点　　 C. 主要结论　　 D. 提问的方式

4. 在统计分析报告中，结束语的常见种类有(　　)。

  A. 总括全文　　 B. 提出建议　　 C. 首尾呼应　　 D. 篇末点题

5. 在统计分析报告中，无论用什么形式的结束语，要注意的几点有(　　)。

  A. 当止则止　　 B. 合情合理　　 C. 首尾照应　　 D. 准确简洁

6. 提交数据成果的途径很多，如(　　)等。

  A. 互联网　　 B. 演示文稿　　 C. 电子文档　　 D. 电子杂志

7. 统计分析报告常见的结构有(　　)。

  A. 递进结构　　 B. 并列结构　　 C. 序时结构　　 D. 网状结构

8. 统计分析报告的正文是它的主体，撰写报告正文时，要做到(　　)。

  A. 围绕主题，层次分明、条理清晰地展开

  B. 依据现象发展的客观规律，循序渐进地分析讨论

  C. 考虑读者的认识程度，从先易后难、先简后繁的原则出发，循循善诱

  D. 对内容的先后次序、展开的步骤和论述的详略，从全局出发进行合理的组织

9. 统计分析报告的语言要求做到(　　)。

  A. 准确　　 B. 简练　　 C. 通俗　　 D. 生动

10. 统计分析报告的评价标准有(　　)。

  A. 针对性　　 B. 科学性　　 C. 逻辑性　　 D. 时效性和创新性

三、判断题

(　　)1. 统计分析的功能只有通过统计数据才能得以体现。

(　　)2. 递进结构是指文章各部分之间一层一层深入地衔接。

(　　)3. 就统计分析而言，好的标题应该做到确切、简洁和形式固定。

(　　)4. 统计分析方法是以现象的数量关系为研究对象的科学研究方法的总称。

(　　)5. 如果将一些原始资料搬到统计分析报告中，常被形象地比喻为"数值搬家"。

(　　)6. 统计分析有状态分析、规律分析和前景分析，其中规律分析是最基本的分析。

(　　)7. 序时结构是指按照事物发展的经过和时间的先后进行表述，要注意精心取材，突出重点。

(　　)8. 统计分析中的定性分析是指对客观现象进行逻辑推理式的分析研究，以寻求现象的本质与规律。

(　　)9. 为了达到统计分析的目的，在选题并分析了所选题目之后，需要拟定分析提纲。

(　　)10. 从统计分析应用的领域来看，不仅统计工作者可以搞统计分析，其他各行各业的人员都可以运用统计方法进行统计分析。分析提纲是进行统计分析前的一种构想。

四、完胜题

1. 想一想

阅读本章第4节"一篇数据文章的点评"，关注数据的用法。

2. 逛一逛

在国家哲学社会科学文献中心网站，下载一篇关键词为"统计分析"或"数据分析"的文章，对文章中的计算结果进行验算，对全文进行点评。

3. 写一写

写一篇数据文章，向杂志社投稿。只有想不到，没有做不到！

乐在其中，玩转统计学！

附录 A 中华人民共和国统计法

(1983 年 12 月 8 日第六届全国人民代表大会常务委员会第三次会议通过 根据 1996 年 5 月 15 日第八届全国人民代表大会常务委员会第十九次会议《关于修改〈中华人民共和国统计法〉的决定》修正 2009 年 6 月 27 日第十一届全国人民代表大会常务委员会第九次会议修订自 2010 年 1 月 1 日起施行)

第一章 总 则

第一条 为了科学、有效地组织统计工作，保障统计资料的真实性、准确性、完整性和及时性，发挥统计在了解国情国力、服务经济社会发展中的重要作用，促进社会主义现代化建设事业发展，制定本法。

第二条 本法适用于各级人民政府、县级以上人民政府统计机构和有关部门组织实施的统计活动。

统计的基本任务是对经济社会发展情况进行统计调查、统计分析，提供统计资料和统计咨询意见，实行统计监督。

第三条 国家建立集中统一的统计系统，实行统一领导、分级负责的统计管理体制。

第四条 国务院和地方各级人民政府、各有关部门应当加强对统计工作的组织领导，为统计工作提供必要的保障。

第五条 国家加强统计科学研究，健全科学的统计指标体系，不断改进统计调查方法，提高统计的科学性。

国家有计划地加强统计信息化建设，推进统计信息搜集、处理、传输、共享、存储技术和统计数据库体系的现代化。

第六条 统计机构和统计人员依照本法规定独立行使统计调查、统计报告、统计监督的职权，不受侵犯。

地方各级人民政府、政府统计机构和有关部门以及各单位的负责人，不得自行修改统计机构和统计人员依法搜集、整理的统计资料，不得以任何方式要求统计机构、统计人员及其他机构、人员伪造、篡改统计资料，不得对依法履行职责或者拒绝、抵制统计违法行为的统计人员打击报复。

第七条 国家机关、企业事业单位和其他组织以及个体工商户和个人等统计调查对象，必须依照本法和国家有关规定，真实、准确、完整、及时地提供统计调查所需的资料，不得提供不真实或者不完整的统计资料，不得迟报、拒报统计资料。

第八条 统计工作应当接受社会公众的监督。任何单位和个人有权检举统计中弄虚作假等违法行为。对检举有功的单位和个人应当给予表彰和奖励。

第九条 统计机构和统计人员对在统计工作中知悉的国家秘密、商业秘密和个人信息，应当予以保密。

第十条 任何单位和个人不得利用虚假统计资料骗取荣誉称号、物质利益或者职务晋升。

第二章 统计调查管理

第十一条 统计调查项目包括国家统计调查项目、部门统计调查项目和地方统计调查项目。

国家统计调查项目是指全国性基本情况的统计调查项目。部门统计调查项目是指国务院有关部门的专业性统计调查项目。地方统计调查项目是指县级以上地方人民政府及其部门的地方性统计调查项目。

国家统计调查项目、部门统计调查项目、地方统计调查项目应当明确分工,互相衔接,不得重复。

第十二条 国家统计调查项目由国家统计局制定,或者由国家统计局和国务院有关部门共同制定,报国务院备案;重大的国家统计调查项目报国务院审批。

部门统计调查项目由国务院有关部门制定。统计调查对象属于本部门管辖系统的,报国家统计局备案;统计调查对象超出本部门管辖系统的,报国家统计局审批。

地方统计调查项目由县级以上地方人民政府统计机构和有关部门分别制定或者共同制定。其中,由省级人民政府统计机构单独制定或者和有关部门共同制定的,报国家统计局审批;由省级以下人民政府统计机构单独制定或者和有关部门共同制定的,报省级人民政府统计机构审批;由县级以上地方人民政府有关部门制定的,报本级人民政府统计机构审批。

第十三条 统计调查项目的审批机关应当对调查项目的必要性、可行性、科学性进行审查,对符合法定条件的,作出予以批准的书面决定,并公布;对不符合法定条件的,作出不予批准的书面决定,并说明理由。

第十四条 制定统计调查项目,应当同时制定该项目的统计调查制度,并依照本法第十二条的规定一并报经审批或者备案。

统计调查制度应当对调查目的、调查内容、调查方法、调查对象、调查组织方式、调查表式、统计资料的报送和公布等作出规定。

统计调查应当按照统计调查制度组织实施。变更统计调查制度的内容,应当报经原审批机关批准或者原备案机关备案。

第十五条 统计调查表应当标明表号、制定机关、批准或者备案文号、有效期限等标志。

对未标明前款规定的标志或者超过有效期限的统计调查表,统计调查对象有权拒绝填报;县级以上人民政府统计机构应当依法责令停止有关统计调查活动。

第十六条 搜集、整理统计资料,应当以周期性普查为基础,以经常性抽样调查为主体,综合运用全面调查、重点调查等方法,并充分利用行政记录等资料。

重大国情国力普查由国务院统一领导,国务院和地方人民政府组织统计机构和有关部门共同实施。

第十七条 国家制定统一的统计标准,保障统计调查采用的指标含义、计算方法、分类目录、调查表式和统计编码等的标准化。

国家统计标准由国家统计局制定,或者由国家统计局和国务院标准化主管部门共同制定。

国务院有关部门可以制定补充性的部门统计标准,报国家统计局审批。部门统计标准不得与国家统计标准相抵触。

第十八条 县级以上人民政府统计机构根据统计任务的需要，可以在统计调查对象中推广使用计算机网络报送统计资料。

第十九条 县级以上人民政府应当将统计工作所需经费列入财政预算。

重大国情国力普查所需经费，由国务院和地方人民政府共同负担，列入相应年度的财政预算，按时拨付，确保到位。

<h2 style="text-align:center">第三章 统计资料的管理和公布</h2>

第二十条 县级以上人民政府统计机构和有关部门以及乡、镇人民政府，应当按照国家有关规定建立统计资料的保存、管理制度，建立健全统计信息共享机制。

第二十一条 国家机关、企业事业单位和其他组织等统计调查对象，应当按照国家有关规定设置原始记录、统计台账，建立健全统计资料的审核、签署、交接、归档等管理制度。

统计资料的审核、签署人员应当对其审核、签署的统计资料的真实性、准确性和完整性负责。

第二十二条 县级以上人民政府有关部门应当及时向本级人民政府统计机构提供统计所需的行政记录资料和国民经济核算所需的财务资料、财政资料及其他资料，并按照统计调查制度的规定及时向本级人民政府统计机构报送其组织实施统计调查取得的有关资料。

县级以上人民政府统计机构应当及时向本级人民政府有关部门提供有关统计资料。

第二十三条 县级以上人民政府统计机构按照国家有关规定，定期公布统计资料。

国家统计数据以国家统计局公布的数据为准。

第二十四条 县级以上人民政府有关部门统计调查取得的统计资料，由本部门按照国家有关规定公布。

第二十五条 统计调查中获得的能够识别或者推断单个统计调查对象身份的资料，任何单位和个人不得对外提供、泄露，不得用于统计以外的目的。

第二十六条 县级以上人民政府统计机构和有关部门统计调查取得的统计资料，除依法应当保密的外，应当及时公开，供社会公众查询。

<h2 style="text-align:center">第四章 统计机构和统计人员</h2>

第二十七条 国务院设立国家统计局，依法组织领导和协调全国的统计工作。

国家统计局根据工作需要设立的派出调查机构，承担国家统计局布置的统计调查等任务。

县级以上地方人民政府设立独立的统计机构，乡、镇人民政府设置统计工作岗位，配备专职或者兼职统计人员，依法管理、开展统计工作，实施统计调查。

第二十八条 县级以上人民政府有关部门根据统计任务的需要设立统计机构，或者在有关机构中设置统计人员，并指定统计负责人，依法组织、管理本部门职责范围内的统计工作，实施统计调查，在统计业务上受本级人民政府统计机构的指导。

第二十九条 统计机构、统计人员应当依法履行职责，如实搜集、报送统计资料，不得伪造、篡改统计资料，不得以任何方式要求任何单位和个人提供不真实的统计资料，不得有其他违反本法规定的行为。

统计人员应当坚持实事求是,恪守职业道德,对其负责搜集、审核、录入的统计资料与统计调查对象报送的统计资料的一致性负责。

第三十条 统计人员进行统计调查时,有权就与统计有关的问题询问有关人员,要求其如实提供有关情况、资料并改正不真实、不准确的资料。

统计人员进行统计调查时,应当出示县级以上人民政府统计机构或者有关部门颁发的工作证件;未出示的,统计调查对象有权拒绝调查。

第三十一条 国家实行统计专业技术职务资格考试、评聘制度,提高统计人员的专业素质,保障统计队伍的稳定性。

统计人员应当具备与其从事的统计工作相适应的专业知识和业务能力。

县级以上人民政府统计机构和有关部门应当加强对统计人员的专业培训和职业道德教育。

第五章 监督检查

第三十二条 县级以上人民政府及其监察机关对下级人民政府、本级人民政府统计机构和有关部门执行本法的情况,实施监督。

第三十三条 国家统计局组织管理全国统计工作的监督检查,查处重大统计违法行为。

县级以上地方人民政府统计机构依法查处本行政区域内发生的统计违法行为。但是,国家统计局派出的调查机构组织实施的统计调查活动中发生的统计违法行为,由组织实施该项统计调查的调查机构负责查处。

法律、行政法规对有关部门查处统计违法行为另有规定的,从其规定。

第三十四条 县级以上人民政府有关部门应当积极协助本级人民政府统计机构查处统计违法行为,及时向本级人民政府统计机构移送有关统计违法案件材料。

第三十五条 县级以上人民政府统计机构在调查统计违法行为或者核查统计数据时,有权采取下列措施:

(一)发出统计检查查询书,向检查对象查询有关事项;

(二)要求检查对象提供有关原始记录和凭证、统计台账、统计调查表、会计资料及其他相关证明和资料;

(三)就与检查有关的事项询问有关人员;

(四)进入检查对象的业务场所和统计数据处理信息系统进行检查、核对;

(五)经本机构负责人批准,登记保存检查对象的有关原始记录和凭证、统计台账、统计调查表、会计资料及其他相关证明和资料;

(六)对与检查事项有关的情况和资料进行记录、录音、录像、照相和复制。

县级以上人民政府统计机构进行监督检查时,监督检查人员不得少于二人,并应当出示执法证件;未出示的,有关单位和个人有权拒绝检查。

第三十六条 县级以上人民政府统计机构履行监督检查职责时,有关单位和个人应当如实反映情况,提供相关证明和资料,不得拒绝、阻碍检查,不得转移、隐匿、篡改、毁弃原始记录和凭证、统计台账、统计调查表、会计资料及其他相关证明和资料。

第六章 法律责任

第三十七条 地方人民政府、政府统计机构或者有关部门、单位的负责人有下列行为之一的，由任免机关或者监察机关依法给予处分，并由县级以上人民政府统计机构予以通报：

(一)自行修改统计资料、编造虚假统计数据的；

(二)要求统计机构、统计人员或者其他机构、人员伪造、篡改统计资料的；

(三)对依法履行职责或者拒绝、抵制统计违法行为的统计人员打击报复的；

(四)对本地方、本部门、本单位发生的严重统计违法行为失察的。

第三十八条 县级以上人民政府统计机构或者有关部门在组织实施统计调查活动中有下列行为之一的，由本级人民政府、上级人民政府统计机构或者本级人民政府统计机构责令改正，予以通报；对直接负责的主管人员和其他直接责任人员，由任免机关或者监察机关依法给予处分：

(一)未经批准擅自组织实施统计调查的；

(二)未经批准擅自变更统计调查制度的内容的；

(三)伪造、篡改统计资料的；

(四)要求统计调查对象或者其他机构、人员提供不真实的统计资料的；

(五)未按照统计调查制度的规定报送有关资料的。

统计人员有前款第三项至第五项所列行为之一的，责令改正，依法给予处分。

第三十九条 县级以上人民政府统计机构或者有关部门有下列行为之一的，对直接负责的主管人员和其他直接责任人员由任免机关或者监察机关依法给予处分：

(一)违法公布统计资料的；

(二)泄露统计调查对象的商业秘密、个人信息或者提供、泄露在统计调查中获得的能够识别或者推断单个统计调查对象身份的资料的；

(三)违反国家有关规定，造成统计资料毁损、灭失的。

统计人员有前款所列行为之一的，依法给予处分。

第四十条 统计机构、统计人员泄露国家秘密的，依法追究法律责任。

第四十一条 作为统计调查对象的国家机关、企业事业单位或者其他组织有下列行为之一的，由县级以上人民政府统计机构责令改正，给予警告，可以予以通报；其直接负责的主管人员和其他直接责任人员属于国家工作人员的，由任免机关或者监察机关依法给予处分：

(一)拒绝提供统计资料或者经催报后仍未按时提供统计资料的；

(二)提供不真实或者不完整的统计资料的；

(三)拒绝答复或者不如实答复统计检查查询书的；

(四)拒绝、阻碍统计调查、统计检查的；

(五)转移、隐匿、篡改、毁弃或者拒绝提供原始记录和凭证、统计台账、统计调查表及其他相关证明和资料的。

企业事业单位或者其他组织有前款所列行为之一的，可以并处五万元以下的罚款；情节严重的，并处五万元以上二十万元以下的罚款。

个体工商户有本条第一款所列行为之一的，由县级以上人民政府统计机构责令改正，给予警告，可以并处一万元以下的罚款。

第四十二条　作为统计调查对象的国家机关、企业事业单位或者其他组织迟报统计资料，或者未按照国家有关规定设置原始记录、统计台账的，由县级以上人民政府统计机构责令改正，给予警告。

企业事业单位或者其他组织有前款所列行为之一的，可以并处一万元以下的罚款。

个体工商户迟报统计资料的，由县级以上人民政府统计机构责令改正，给予警告，可以并处一千元以下的罚款。

第四十三条　县级以上人民政府统计机构查处统计违法行为时，认为对有关国家工作人员依法应当给予处分的，应当提出给予处分的建议；该国家工作人员的任免机关或者监察机关应当依法及时作出决定，并将结果书面通知县级以上人民政府统计机构。

第四十四条　作为统计调查对象的个人在重大国情国力普查活动中拒绝、阻碍统计调查，或者提供不真实或者不完整的普查资料的，由县级以上人民政府统计机构责令改正，予以批评教育。

第四十五条　违反本法规定，利用虚假统计资料骗取荣誉称号、物质利益或者职务晋升的，除对其编造虚假统计资料或者要求他人编造虚假统计资料的行为依法追究法律责任外，由作出有关决定的单位或者其上级单位、监察机关取消其荣誉称号，追缴获得的物质利益，撤销晋升的职务。

第四十六条　当事人对县级以上人民政府统计机构作出的行政处罚决定不服的，可以依法申请行政复议或者提起行政诉讼。其中，对国家统计局在省、自治区、直辖市派出的调查机构作出的行政处罚决定不服的，向国家统计局申请行政复议；对国家统计局派出的其他调查机构作出的行政处罚决定不服的，向国家统计局在该派出机构所在的省、自治区、直辖市派出的调查机构申请行政复议。

第四十七条　违反本法规定，构成犯罪的，依法追究刑事责任。

第七章　附　则

第四十八条　本法所称县级以上人民政府统计机构，是指国家统计局及其派出的调查机构、县级以上地方人民政府统计机构。

第四十九条　民间统计调查活动的管理办法，由国务院制定。

中华人民共和国境外的组织、个人需要在中华人民共和国境内进行统计调查活动的，应当按照国务院的规定报请审批。

利用统计调查危害国家安全、损害社会公共利益或者进行欺诈活动的，依法追究法律责任。

第五十条　本法自 2010 年 1 月 1 日起施行。

附录 B 中华人民共和国统计法实施条例

中华人民共和国国务院令

第 681 号

《中华人民共和国统计法实施条例》已经 2017 年 4 月 12 日国务院第 168 次常务会议通过，现予公布，自 2017 年 8 月 1 日起施行。

总理 李克强

2017 年 5 月 28 日

第一章 总 则

第一条 根据《中华人民共和国统计法》(以下简称统计法)，制定本条例。

第二条 统计资料能够通过行政记录取得的，不得组织实施调查。通过抽样调查、重点调查能够满足统计需要的，不得组织实施全面调查。

第三条 县级以上人民政府统计机构和有关部门应当加强统计规律研究，健全新兴产业等统计，完善经济、社会、科技、资源和环境统计，推进互联网、大数据、云计算等现代信息技术在统计工作中的应用，满足经济社会发展需要。

第四条 地方人民政府、县级以上人民政府统计机构和有关部门应当根据国家有关规定，明确本单位防范和惩治统计造假、弄虚作假的责任主体，严格执行统计法和本条例的规定。

地方人民政府、县级以上人民政府统计机构和有关部门及其负责人应当保障统计活动依法进行，不得侵犯统计机构、统计人员独立行使统计调查、统计报告、统计监督职权，不得非法干预统计调查对象提供统计资料，不得统计造假、弄虚作假。

统计调查对象应当依照统计法和国家有关规定，真实、准确、完整、及时地提供统计资料，拒绝、抵制弄虚作假等违法行为。

第五条 县级以上人民政府统计机构和有关部门不得组织实施营利性统计调查。

国家有计划地推进县级以上人民政府统计机构和有关部门通过向社会购买服务组织实施统计调查和资料开发。

第二章 统计调查项目

第六条 部门统计调查项目、地方统计调查项目的主要内容不得与国家统计调查项目的内容重复、矛盾。

第七条 统计调查项目的制定机关(以下简称制定机关)应当就项目的必要性、可行性、科学性进行论证，征求有关地方、部门、统计调查对象和专家的意见，并由制定机关按照会议制度集体讨论决定。

重要统计调查项目应当进行试点。

第八条 制定机关申请审批统计调查项目，应当以公文形式向审批机关提交统计调查项目审批申请表、项目的统计调查制度和工作经费来源说明。

申请材料不齐全或者不符合法定形式的，审批机关应当一次性告知需要补正的全部内容，制定机关应当按照审批机关的要求予以补正。

申请材料齐全、符合法定形式的，审批机关应当受理。

第九条 统计调查项目符合下列条件的，审批机关应当作出予以批准的书面决定：

(一)具有法定依据或者确为公共管理和服务所必需；

(二)与已批准或者备案的统计调查项目的主要内容不重复、不矛盾；

(三)主要统计指标无法通过行政记录或者已有统计调查资料加工整理取得；

(四)统计调查制度符合统计法律法规规定，科学、合理、可行；

(五)采用的统计标准符合国家有关规定；

(六)制定机关具备项目执行能力。

不符合前款规定条件的，审批机关应当向制定机关提出修改意见；修改后仍不符合前款规定条件的，审批机关应当作出不予批准的书面决定并说明理由。

第十条 统计调查项目涉及其他部门职责的，审批机关应当在作出审批决定前，征求相关部门的意见。

第十一条 审批机关应当自受理统计调查项目审批申请之日起 20 日内作出决定。20日内不能作出决定的，经审批机关负责人批准可以延长 10 日，并应当将延长审批期限的理由告知制定机关。

制定机关修改统计调查项目的时间，不计算在审批期限内。

第十二条 制定机关申请备案统计调查项目，应当以公文形式向备案机关提交统计调查项目备案申请表和项目的统计调查制度。

统计调查项目的调查对象属于制定机关管辖系统，且主要内容与已批准、备案的统计调查项目不重复、不矛盾的，备案机关应当依法给予备案文号。

第十三条 统计调查项目经批准或者备案的，审批机关或者备案机关应当及时公布统计调查项目及其统计调查制度的主要内容。涉及国家秘密的统计调查项目除外。

第十四条 统计调查项目有下列情形之一的，审批机关或者备案机关应当简化审批或者备案程序，缩短期限：

(一)发生突发事件需要迅速实施统计调查；

(二)统计调查制度内容未作变动，统计调查项目有效期届满需要延长期限。

第十五条 统计法第十七条第二款规定的国家统计标准是强制执行标准。各级人民政府、县级以上人民政府统计机构和有关部门组织实施的统计调查活动，应当执行国家统计标准。

制定国家统计标准，应当征求国务院有关部门的意见。

第三章 统计调查的组织实施

第十六条 统计机构、统计人员组织实施统计调查，应当就统计调查对象的法定填报义务、主要指标含义和有关填报要求等，向统计调查对象作出说明。

第十七条 国家机关、企业事业单位或者其他组织等统计调查对象提供统计资料，应当由填报人员和单位负责人签字，并加盖公章。个人作为统计调查对象提供统计资料，应当由本人签字。统计调查制度规定不需要签字、加盖公章的除外。

统计调查对象使用网络提供统计资料的，按照国家有关规定执行。

第十八条　县级以上人民政府统计机构、有关部门推广使用网络报送统计资料，应当采取有效的网络安全保障措施。

第十九条　县级以上人民政府统计机构、有关部门和乡、镇统计人员，应当对统计调查对象提供的统计资料进行审核。统计资料不完整或者存在明显错误的，应当由统计调查对象依法予以补充或者改正。

第二十条　国家统计局应当建立健全统计数据质量监控和评估制度，加强对各省、自治区、直辖市重要统计数据的监控和评估。

第四章　统计资料的管理和公布

第二十一条　县级以上人民政府统计机构、有关部门和乡、镇人民政府应当妥善保管统计调查中取得的统计资料。

国家建立统计资料灾难备份系统。

第二十二条　统计调查中取得的统计调查对象的原始资料，应当至少保存 2 年。

汇总性统计资料应当至少保存 10 年，重要的汇总性统计资料应当永久保存。法律法规另有规定的，从其规定。

第二十三条　统计调查对象按照国家有关规定设置的原始记录和统计台账，应当至少保存 2 年。

第二十四条　国家统计局统计调查取得的全国性统计数据和分省、自治区、直辖市统计数据，由国家统计局公布或者由国家统计局授权其派出的调查机构或者省级人民政府统计机构公布。

第二十五条　国务院有关部门统计调查取得的统计数据，由国务院有关部门按照国家有关规定和已批准或者备案的统计调查制度公布。

县级以上地方人民政府有关部门公布其统计调查取得的统计数据，比照前款规定执行。

第二十六条　已公布的统计数据按照国家有关规定需要进行修订的，县级以上人民政府统计机构和有关部门应当及时公布修订后的数据，并就修订依据和情况作出说明。

第二十七条　县级以上人民政府统计机构和有关部门应当及时公布主要统计指标含义、调查范围、调查方法、计算方法、抽样调查样本量等信息，对统计数据进行解释说明。

第二十八条　公布统计资料应当按照国家有关规定进行。公布前，任何单位和个人不得违反国家有关规定对外提供，不得利用尚未公布的统计资料谋取不正当利益。

第二十九条　统计法第二十五条规定的能够识别或者推断单个统计调查对象身份的资料包括：

(一)直接标明单个统计调查对象身份的资料；

(二)虽未直接标明单个统计调查对象身份，但是通过已标明的地址、编码等相关信息可以识别或者推断单个统计调查对象身份的资料；

(三)可以推断单个统计调查对象身份的汇总资料。

第三十条 统计调查中获得的能够识别或者推断单个统计调查对象身份的资料应当依法严格管理，除作为统计执法依据外，不得直接作为对统计调查对象实施行政许可、行政处罚等具体行政行为的依据，不得用于完成统计任务以外的目的。

第三十一条 国家建立健全统计信息共享机制，实现县级以上人民政府统计机构和有关部门统计调查取得的资料共享。制定机关共同制定的统计调查项目，可以共同使用获取的统计资料。

统计调查制度应当对统计信息共享的内容、方式、时限、渠道和责任等作出规定。

第五章 统计机构和统计人员

第三十二条 县级以上地方人民政府统计机构受本级人民政府和上级人民政府统计机构的双重领导，在统计业务上以上级人民政府统计机构的领导为主。

乡、镇人民政府应当设置统计工作岗位，配备专职或者兼职统计人员，履行统计职责，在统计业务上受上级人民政府统计机构领导。乡、镇统计人员的调动，应当征得县级人民政府统计机构的同意。

县级以上人民政府有关部门在统计业务上受本级人民政府统计机构指导。

第三十三条 县级以上人民政府统计机构和有关部门应当完成国家统计调查任务，执行国家统计调查项目的统计调查制度，组织实施本地方、本部门的统计调查活动。

第三十四条 国家机关、企业事业单位和其他组织应当加强统计基础工作，为履行法定的统计资料报送义务提供组织、人员和工作条件保障。

第三十五条 对在统计工作中做出突出贡献、取得显著成绩的单位和个人，按照国家有关规定给予表彰和奖励。

第六章 监督检查

第三十六条 县级以上人民政府统计机构从事统计执法工作的人员，应当具备必要的法律知识和统计业务知识，参加统计执法培训，并取得由国家统计局统一印制的统计执法证。

第三十七条 任何单位和个人不得拒绝、阻碍对统计工作的监督检查和对统计违法行为的查处工作，不得包庇、纵容统计违法行为。

第三十八条 任何单位和个人有权向县级以上人民政府统计机构举报统计违法行为。

县级以上人民政府统计机构应当公布举报统计违法行为的方式和途径，依法受理、核实、处理举报，并为举报人保密。

第三十九条 县级以上人民政府统计机构负责查处统计违法行为；法律、行政法规对有关部门查处统计违法行为另有规定的，从其规定。

第七章 法律责任

第四十条 下列情形属于统计法第三十七条第四项规定的对严重统计违法行为失察，对地方人民政府、政府统计机构或者有关部门、单位的负责人，由任免机关或者监察机关依法给予处分，并由县级以上人民政府统计机构予以通报：

(一)本地方、本部门、本单位大面积发生或者连续发生统计造假、弄虚作假；

(二)本地方、本部门、本单位统计数据严重失实，应当发现而未发现；

(三)发现本地方、本部门、本单位统计数据严重失实不予纠正。

第四十一条　县级以上人民政府统计机构或者有关部门组织实施营利性统计调查的，由本级人民政府、上级人民政府统计机构或者本级人民政府统计机构责令改正，予以通报；有违法所得的，没收违法所得。

第四十二条　地方各级人民政府、县级以上人民政府统计机构或者有关部门及其负责人，侵犯统计机构、统计人员独立行使统计调查、统计报告、统计监督职权，或者采用下发文件、会议布置以及其他方式授意、指使、强令统计调查对象或者其他单位、人员编造虚假统计资料的，由上级人民政府、本级人民政府、上级人民政府统计机构或者本级人民政府统计机构责令改正，予以通报。

第四十三条　县级以上人民政府统计机构或者有关部门在组织实施统计调查活动中有下列行为之一的，由本级人民政府、上级人民政府统计机构或者本级人民政府统计机构责令改正，予以通报：

(一)违法制定、审批或者备案统计调查项目；

(二)未按照规定公布经批准或者备案的统计调查项目及其统计调查制度的主要内容；

(三)未执行国家统计标准；

(四)未执行统计调查制度；

(五)自行修改单个统计调查对象的统计资料。

乡、镇统计人员有前款第三项至第五项所列行为的，责令改正，依法给予处分。

第四十四条　县级以上人民政府统计机构或者有关部门违反本条例第二十四条、第二十五条规定公布统计数据的，由本级人民政府、上级人民政府统计机构或者本级人民政府统计机构责令改正，予以通报。

第四十五条　违反国家有关规定对外提供尚未公布的统计资料或者利用尚未公布的统计资料谋取不正当利益的，由任免机关或者监察机关依法给予处分，并由县级以上人民政府统计机构予以通报。

第四十六条　统计机构及其工作人员有下列行为之一的，由本级人民政府或者上级人民政府统计机构责令改正，予以通报：

(一)拒绝、阻碍对统计工作的监督检查和对统计违法行为的查处工作；

(二)包庇、纵容统计违法行为；

(三)向有统计违法行为的单位或者个人通风报信，帮助其逃避查处；

(四)未依法受理、核实、处理对统计违法行为的举报；

(五)泄露对统计违法行为的举报情况。

第四十七条　地方各级人民政府、县级以上人民政府有关部门拒绝、阻碍统计监督检查或者转移、隐匿、篡改、毁弃原始记录和凭证、统计台账、统计调查表及其他相关证明和资料的，由上级人民政府、上级人民政府统计机构或者本级人民政府统计机构责令改正，予以通报。

第四十八条　地方各级人民政府、县级以上人民政府统计机构和有关部门有本条例第四十一条至第四十七条所列违法行为之一的，对直接负责的主管人员和其他直接责任人员，由任免机关或者监察机关依法给予处分。

第四十九条 乡、镇人民政府有统计法第三十八条第一款、第三十九条第一款所列行为之一的，依照统计法第三十八条、第三十九条的规定追究法律责任。

第五十条 下列情形属于统计法第四十一条第二款规定的情节严重行为：

(一)使用暴力或者威胁方法拒绝、阻碍统计调查、统计监督检查；

(二)拒绝、阻碍统计调查、统计监督检查，严重影响相关工作正常开展；

(三)提供不真实、不完整的统计资料，造成严重后果或者恶劣影响；

(四)有统计法第四十一条第一款所列违法行为之一，1 年内被责令改正 3 次以上。

第五十一条 统计违法行为涉嫌犯罪的，县级以上人民政府统计机构应当将案件移送司法机关处理。

第八章 附 则

第五十二条 中华人民共和国境外的组织、个人需要在中华人民共和国境内进行统计调查活动的，应当委托中华人民共和国境内具有涉外统计调查资格的机构进行。涉外统计调查资格应当依法报经批准。统计调查范围限于省、自治区、直辖市行政区域内的，由省级人民政府统计机构审批；统计调查范围跨省、自治区、直辖市行政区域的，由国家统计局审批。

涉外社会调查项目应当依法报经批准。统计调查范围限于省、自治区、直辖市行政区域内的，由省级人民政府统计机构审批；统计调查范围跨省、自治区、直辖市行政区域的，由国家统计局审批。

第五十三条 国家统计局或者省级人民政府统计机构对涉外统计违法行为进行调查，有权采取统计法第三十五条规定的措施。

第五十四条 对违法从事涉外统计调查活动的单位、个人，由国家统计局或者省级人民政府统计机构责令改正或者责令停止调查，有违法所得的，没收违法所得；违法所得 50 万元以上的，并处违法所得 1 倍以上 3 倍以下的罚款；违法所得不足 50 万元或者没有违法所得的，处 200 万元以下的罚款；情节严重的，暂停或者取消涉外统计调查资格，撤销涉外社会调查项目批准决定；构成犯罪的，依法追究刑事责任。

第五十五条 本条例自 2017 年 8 月 1 日起施行。1987 年 1 月 19 日国务院批准、1987 年 2 月 15 日国家统计局公布，2000 年 6 月 2 日国务院批准修订、2000 年 6 月 15 日国家统计局公布，2005 年 12 月 16 日国务院修订的《中华人民共和国统计法实施细则》同时废止。

附录 C 电子教学资源

这部分的所有教学资源，都在与本教材配套的统计课件中，以下列出的是标题清单。

附录 C.1 视频点播

在统计课件中，与本教材内容相关，每章各精选了 3 个视频，视频主要以嵌入的形式呈现，双击图标，即可观看视频。

章　名	视频名称	视频时长
第 1 章　什么是统计学	1.妙趣横生的统计学	00:10:26
	2.全球首家数据交易所的新闻	00:02:55
	3.CCTV：人工智能就是统计学	00:02:09
第 2 章　数据从哪里来	1.网上零售额统计	00:02:20
	2.玩转中国国家统计数据库	00:02:40
	3.马云现场回答普鲁斯特问卷	00:10:46
第 3 章　数据怎么整理	1.哆啦 A 梦：不说谎的统计图	00:07:08
	2.2016 年奥运会中国女排夺冠实录	01:45:38
	3.南丁格尔：战火中崛起的"提灯女神"	00:42:16
第 4 章　静态分析：静态数据	1.法国喜剧电影《吝啬鬼》	01:50:44
	2.可汗学院公开课：集中趋势	00:12:43
	3.中国女排队长和数据教练喜结连理	00:03:44
第 5 章　静态预测：抽样分析	1.湖南卫视：用统计学方法寻找美女	01:08:38
	2.中国国家公务员面试怎么考(统计局篇)	00:28:09
	3.CCTV："苹果"手机之父乔布斯	00:45:08
第 6 章　动态分析：动态数据	1.这是一个变化的世界	00:04:13
	2.中国国家统计局：CPI 的来历	00:07:08
	3.中国国家公务员考试真题讲解资料分析	00:55:35
第 7 章　动态预测：因素分析	1.地球公转和季节变化	00:05:54
	2.电影片段：赌马也是一门统计学	00:03:02
	3.湖南卫视：我们民宿还是分淡季和旺季	00:03:00
第 8 章　综合分析：回归分析	1.NBA 球星最萌身高差	00:05:45
	2.怎么让散点图更有表现力	00:04:25
	3.江苏卫视：哈佛男妙用统计学	00:56:20
第 9 章　数据文章怎么写	1.财经类论文写作干货	02:21:41
	2.大数据旅游出行指南专辑	00:22:56
	3.英国广播公司：乐在其中统计学	00:59:16

附录 C.2　阅读小站

在统计课件中，与本教材内容相关，每章各精选了 3 篇文章，文档均以嵌入的形式呈现，双击图标，即可浏览全文。

章　名	文章的标题
第 1 章　什么是统计学	1.央视《面对面》：人工智能就是统计学
	2.邱东：统计使人豁达　谢邦昌：统计与人生
	3.已到花朵盛开时：青年统计学者张俊妮的成长故事
	*《出版物上数字用法》
第 2 章　数据从哪里来	1.英国掀起"中文热"
	2.财经记者与数据素养
	3.广告词中的"数据迷雾"
第 3 章　数据怎么整理	1.南丁格尔玫瑰图
	2.让统计图动起来
	3.2018 年中国互联网络发展状况统计报告
第 4 章　静态分析：静态数据	1.中国女排夺冠背后的数据分析历程
	2.2018 年中国居民收入和消费支出情况
	3.统计学标准差在钟类乐器分析中的操作方法及意义
第 5 章　静态预测：抽样分析	1.大数据与乔布斯的癌症治疗
	2.误差竟也如此完美——访郑惟厚教授
	3.重新审视 2016 年美国总统大选中民调的预测偏差
	* 食品安全抽样检验管理办法
第 6 章　动态分析：动态数据	1.统计大师刁锦寰
	2.如何正确解读居民消费价格指数(CPI)
	3.中国国家公务员考试中的统计术语对比辨析
第 7 章　动态预测：因素分析	1.淡季也很美　《四季随笔》(吉辛)
	2.入境旅游数据的季节调整方法研究
	3.中国乘用车销售量的季节变动分析
第 8 章　综合分析：回归分析	1.相关系数的小故事
	2.整容了，还能"刷脸"吗？
	3.从"独播"到"独特"：芒果 TV 的大数据应用
第 9 章　数据文章怎么写	1. 解读《2018 年中国姓名报告》
	2.澳门大学生金奖：车来车往——澳门车辆趋势统计报告
	3.论文：房地产税收与房地产价格关系的实证分析

附录 C.3 8 套统计学试题(附答案)

在统计课件的第 9 章,收录了 8 套统计学试题,考点在本教材均有涉及,所有文档均为嵌入式,双击图标,即可浏览全文。

第 1 套:2017 年《统计法》和《统计法实施条例》知识竞赛题。

第 2 套:2017 年中国国家公务员考试科目《行政职业能力测试》中的"资料分析题"。

第 3 套:2018 年中国国家公务员考试科目《行政职业能力测试》中的"资料分析题"。

第 4 套:2016 年初级统计师考试科目《统计学和统计法基础知识》。

第 5 套:2016 年中级统计师考试科目《统计基础理论及相关知识》。

第 6 套:《统计学原理》考试题(A 卷)。

第 7 套:《统计学原理》考试题(B 卷)。

第 8 套:《统计学原理》考查题(青春纪录篇)。

附录 D 统计术语的曾又名一览

章 名	本书选用的名称	曾又名
第 1 章 什么是统计学	国势学派	记述学派
	总体	母体
第 2 章 数据从哪里来	一手数据	一手资料，原始数据、直接数据，第一手数据
	二手数据	二手资料，次级数据、间接数据，第二手数据
第 3 章 数据怎么整理	次数	频数
	文本型标志	品质标志，定性标志
	数值型标志	数量标志，定量标志
	文本型数据	品质数据，定性数据，文本型变量，定性变量
	数值型数据	数量数据，定量数据，数值型变量，定量变量
	文本型顺序数据	顺序数据
	文本型非顺序数据	分类数据
	品质数列	文本型数列，定性数列
	变量数列	数值型数列，定量数列
	柱形图	柱状图
	条形图	长条图
	折线图	线图，曲线图，时间序列图
	饼图	饼状图，圆饼图，圆形图，扇形图，比例图
	圆环图	圆形图，圆状图，环形图，环状图
	散点图	点图，相关图
	柱线图	两轴线—柱图
	累计次数分布图	帕累托曲线图
第 4 章 静态分析： 静态数据	静态数列	截面数列，静态序列
	静态数据	静态指标，横截面数据，静态数列数据
	总量数	总量指标，总量值，绝对数
	相对数	相对指标，相对值
	构成比	比重，比率，比例，百分比，百分数
	平均数	平均值，平均指标，集中程度指标
	标准差系数	离散系数，变异系数
	均值	均数，算术平均数
	众数	众值，众数值
	中位数	中值，中位值
	离散程度	离中程度

续表

章 名	本书选用的名称	曾又名
第 4 章 静态分析：静态数据	变异数	变异度，变异指标，离中程度指标
	全距	极差，区域，范围
	矩	动差
	中心矩	中心动差
	正态分布	钟形分布、对称分布
	左偏	负偏，负偏斜，左偏斜
	右偏	正偏，正偏斜，右偏斜
	尖峰分布	尖顶分布，陡峭分布
	平峰分布	平顶分布，平缓分布
	偏度	偏度值，偏度系数，偏态系数
	峰度	峰度值，峰度系数，峰态系数
第 5 章 静态预测：抽样分析	抽样估计	推断估计
	样本值	样本统计量
	总体值	总体参数
	重复抽样	重置抽样
	不重复抽样	不重置抽样
	偏差	系统性误差
	抽样误差	标准误，标准误差，抽样平均误差
	允许误差	抽样极限误差
	样本均值的方差	样本均值的抽样误差的平方
	概率	置信水平，把握程度，可靠程度
	概率度	置信度
	区间估计	置信区间
	原假设	零假设
	对立假设	备择假设
	简单抽样	简单随机抽样，纯随机抽样
	等距抽样	等距随机抽样，系统随机抽样，机械随机抽样
	分层抽样	分层随机抽样，分类随机抽样，类型随机抽样
	整群抽样	整群随机抽样，聚类随机抽样
	偶遇抽样	方便抽样，就近抽样，自然抽样
	配额抽样	定额抽样
第 6 章 动态分析：动态数据	动态数列	时间数列，时间序列，动态序列
	动态数据	动态指标，时间数据，时间序列数据
	动态总量数	增加量，增减量
	总量数指数	总量指标指数
	平均数指数	平均指标指数

章 名	本书选用的名称	曾又名
第6章 动态分析： 动态数据	数量指数	数量指标指数
	质量指数	质量指标指数
	居民消费价格指数	居民消费者价格指数，消费者价格指数
	道·琼斯股价指数	道氏指数
	几何平均法	水平法
	方程式法	累计法
第7章 动态预测： 因素分析	季节比率	季节指数
	不规则变动	偶然变动，随机变动
	移动的项数	平均的期数，步长
第8章 综合分析： 回归分析	散点图	相关图，散布图，散播图
	自变量	解释变量
	因变量	被解释变量，应变量
	估计的回归方程	经验的回归方程
	最小平方法	最小二乘法，OLS 法(Ordinary Least Square)
	估计值的标准差	估计标准误、估计标准误差、估计量的标准误差
	预测值	估计值，模型值
	总离差	总误差，总偏差，总变差
	回归离差	回归误差，回归偏差，回归变差
	残差	预测误差，预测偏差，预测变差 预测离差，剩余离差，剩余偏差，剩余变差
	总误差的平方和	总平方和
	预测误差的平方和	预测平方和，残差平方和
	回归误差的平方和	回归平方和
	多重判定系数	复判定系数

附录 E　各章真题上市的答案

第 1 章　什么是统计学

一、单项选择题

1.A　　　2.D　　　3.C　　　4.A　　　5.A
6.C　　　7.C　　　8.A　　　9.A　　　10.B

二、多项选择题

1.BD　　　2.ABCD　　　3.AB　　　4.BCD　　　5.ABC
6.AC　　　7.AB　　　8.ABCD　　　9.ABCD　　　10.ABD

三、判断题

1.×　　　2.√　　　3.√　　　4.√　　　5.√
6.√　　　7.√　　　8.√　　　9.×　　　10.×

改错：

1. 图书价格属于数值型数据。

9. 实验数据主要是部分数据，而观测数据可以是部分数据，也可以是全部数据。

10. 英文单词"statistics"，复数形式表示"统计数据"，单数形式表示"统计学"。

四、综合题

1. 答：以"网民人数"为例，统计语言的 8 个要素说明如下。

① 资料来源：中国互联网络信息中心。②时间：2018 年 12 月。③空间：中国。
④ 总体：全部网民。⑤指标名称：网民规模。⑥指标数值：8.29。⑦计量单位：亿人。
⑧ 计算方法：抽样法，总量指标法。

统计语言 8 个要素的数据类型如下。

从①资料来源看，"中国互联网络信息中心"提供的数据，对调查者而言为一手数据，对非调查者而言为二手数据。

从②时间看，"2018 年 12 月"的数据为静态数据。

从③空间看，"中国网络空间"的数据为观测数据。

从④总体看，"全部网民"的数据为总体数据。

从⑤指标名称看，"网民规模"的数据为总量指标。

从⑥指标数值看，"8.29"的数据为总量数。

从⑦计量单位看，"亿人"的数据为以实物单位计量的实物数据。

从⑧计算方法看，用静态方法即"抽样法"和"总量指标法"计算的静态数据。

2. 答：这篇新闻报道，之所以一发表就掀起轩然大波，从统计语言的角度看，主要是缺少了调查时间、空间和计算方法这3个基本要素。

一是调查时间没有注明，使得不少网友在中华人民共和国成立前和中华人民共和国成立后进行大猜测。实际上，报告是在发文的前年调查的。

二是调查空间没有交代，害得不少网友以为调查对象是全中国人民。实际上，报告调查的只是上海一个富裕小区。调查空间和总体范围是息息相关的。

三是计算方法没有说明，实际上，统计结果的统计口径是根据调查当年的物价水平计算的。

总之，将调查报告浓缩成新闻报道，统计语言的8个要素必须全部到位。当然，读者在留言之前，也应该用统计常识来想一想，或者找到完整版的调查报告看一看。

3．画一画。

示例：

页眉(电子文档作业的格式)
↓

作业：第1章 什么是统计学↵
作者：周　欢　序号：32↵
时间：2018年3月15日 长沙大学2016级经济与管理学院物流管理专业1班↵

↓答题
我画的画和我的留言

表情包含义：我送你fafa，你跟我回统计家，哈哈哈哈哈……

闲暇的时候，我们可以尝试着自己动动手，画个简笔画，让自己静下心来享受生活的乐趣！

分享1：在电子文档中插入手机照片的方法。以华为手机为例，先用手机中的相机功能，拍一张照片，然后在手机上打开"手机百度"中的网易邮箱。在发送给自己的电子邮件的界面，点击"主题"右边的符号；在"选择要上传的文件"中，点击"文档"；在"打开文件"的界面，点击"图库"；在"选择图片或视频"的界面，点击"相机"中的照片，然后在右上角点击"√"按钮。回到电子邮箱界面，等照片上传完毕，再点击"发送"按钮。最后，在计算机上，打开电子文档，点击"插入—图片"即可。

分享2：删除图片中灰色背景的方法。在电子表格中，单击插入的图片，再选择"图片工具—格式"选项卡，按提示操作就好了。

五、计算题

1. 提示：请参考例1-10。

2. 计算结果如下。

C4	▼	f_x	=A4/(A4+B4)*10

	A	B	C	D
1	打折的计算表			
2	已知栏		计算栏	
3	花费额/元	返券额/元	折扣数/折	
4	1000	100	9.1	
5	2000	300	8.7	
6	5000	800	8.6	
7	10000	2000	8.3	
8				

说明：折扣是指实际售价为原来售价的十分之几。在 C4 单元格中，先输入=(A4/(A4+B4))*10，按 Enter 键，得到 9.1，双击 C4 单元格的填充柄，得到所求结果。

3. 计算结果如下。

M5	▼	f_x	=AVERAGE(C5:G5)

10名学生《旅游统计学》成绩登记表

序号	姓名	平时成绩/分					期末成绩/分					平时成绩的平均分	期末成绩的总和分	总评分(平时占30%，期末占70%)
		第1次	第2次	第3次	第4次	第5次	第1题	第2题	第3题	第4题	第5题			
1		70	85	80	75	80	5	5	13	18	25	78	66	70
2		95	90	90	95	95	9	10	20	28	29	93	96	95
3		80	80	85	80	85	7	7	17	25	23	82	79	80
4		65	75	75	60	70	3	3	15	17	18	69	56	60
5		70	50	70	75	80	5	5	15	24	26	69	75	73
6		85	85	85	85	75	6	8	21	25	23	83	83	83
7		60	70	70	75	70	6	4	16	18	19	69	63	65
8		70	75	80	80	85	7	6	20	23	25	78	82	81
9		90	75	75	80	70	2	7	16	18	25	78	68	71
10		95	85	85	90	80	2	8	21	16	23	87	70	75

成绩分布表

成绩/分	人数/人	构成/%
60以下	0	0
60~70	2	20
70~80	4	40
80~90	3	30
90以上	1	10
总计	10	100

第2章 数据从哪里来

一、单项选择题

1.D	2.C	3.A	4.D	5.A
6.D	7.B	8.C	9.C	10.D

二、多项选择题

1.ABCD	2.ABC	3.ABC	4.ABCD	5.ABCD
6.AD	7.ABC	8.AD	9.ABCD	10.ACD

三、判断题

1.×	2.×	3.×	4.√	5. ×
6.×	7.×	8.√	9.√	10.×

改错：

1. 搜集的数据有一手数据，也有二手数据。

2. 错在用词笼统。"经常"这个词，不同的人有不同的理解。可改为具体次数。

3. 中国的人口数据是采用普查和抽样调查的方式获取的。

5. 中国的人口普查是每 10 年进行一次，中国的经济普查是每 5 年进行一次。

6. 重点调查是指在调查对象中选择重点单位进行的非全面调查。

7. 一是错在选项之间有包含的关系，因为外观包含了颜色；二是错在选项不全面，有遗漏，因为吸引人购买华为手机的原因除了外观，还有其他因素，如价格和售后服务等。

10. 错在提问使用了诱导方式。改为：你对华为手机的印象如何？

四、综合题

1. 答：运用的调查方式有：对村里的所有贫困户进行调查，这是全面调查；对特困户进行调查，这是典型调查。运用的调查方法有：问卷法、访谈法。

示例：调查中，最大的困难就是跟老人的沟通不好，听不懂老人说的话。解决的方法就是静下心来，慢慢跟老人交流，就像对待自己的爷爷奶奶一样。

2. 答：问卷是搜集数据最常见的方法，普鲁斯特问卷是一份和心灵对话的问卷。问卷也好，其他也好，心灵相通，情感共鸣，自然生命力长久。

附：中国企业家和慈善家马云先生(1964—　　)访谈现场作答的普鲁斯特问卷。

新闻来源：凤凰网科技讯。

新闻报道：　2010 年 12 月 6 日，马云走进对外经济贸易大学，与大学生面对面交流。

Q1.我所有的朋友、我的亲戚、我的同事，他们觉得很幸福，跟我在一起，我就会觉得很快乐。

Q2.我对任何的困难都能够不担心，对任何的快乐，我不会迷失自己。

Q3.好像没什么东西是我最恐惧的。

Q4.金庸，还有王利芬、李总。

Q5.我好像没有什么品质是我最痛恨的，任何品质都有好和坏，哪怕是不好的品质，我也用欣赏的眼光去看待。

Q6.时间。

Q7.我年轻的时候挺不满意的，现在都挺满意的。

Q8.很多事情我来不及做。

Q9.乐观地看待这世界。

Q10.乐观地看待我。

Q11.我忘了。

Q12.信任。

Q13.家庭、太太、女儿、儿子。

Q14.现在。

Q15.我没什么东西要改变，我觉得挺好。

Q16.我想有机会跟邓小平交流一下。

Q17.永不放弃。

3. 路径：在中国国家哲学社会科学文献中心网站(http://www.ncpssD. org/)，登录→高级检索→期刊、刊名"统计研究"→提交。

五、淘宝题

1. (略)

2. 答：结果如下。

2016 年中国 31 个省(市、自治区)的人口数量级别一览

人口数级别/万人	省、市、自治区名称	个数/个	构成比/%
1000 以下	西藏自治区(324)、青海省(588)、宁夏回族自治区(668)、海南省(911)	4	13
1000	天津市(1547)	1	4
2000	北京市(2171)、新疆维吾尔自治区(2360)、上海市(2415)、内蒙古自治区(2511)、甘肃省(2600)、吉林省(2753)	6	19
3000	重庆市(3017)、贵州省(3530)、山西省(3664)、陕西省(3793)、黑龙江省(3812)、福建省(3839)	6	19
4000	辽宁省(4382)、江西省(4566)、云南省(4742)、广西壮族自治区(4796)	4	13
5000	浙江省(5539)、湖北省(5852)	2	6
6000	安徽省(6144)、湖南省(6783)	2	6
7000	河北省(7425)、江苏省(7976)	2	6
8000	四川省(8204)	1	4
9000	河南省(9480)、山东省(9847)	2	6
10000	广东省(10849)	1	4
总计	137088	31	100

资料来源：中国国家统计局。

3. 答：社会青睐德、智、体、美、劳全面发展的优秀人才。

第 3 章　数据怎么整理

一、单项选择题

1.B　　　2.B　　　3.B　　　4.D　　　5.A

6.D　　　7.B　　　8.D　　　9.B　　　10.B

二、多项选择题

1.ABCD　　2.ABD　　3.ABCD　　4.BCD　　5.BCD

6.AB　　　7.ABCD　　8.ABCD　　9.CD　　　10.AD

三、判断题

1.√	2.×	3.√	4.√	5.×
6.×	7.√	8.×	9.×	10.√

改错：

2. 比较多个总体某变量的内部结构时宜采用圆环图。

5. 在对资料进行分组时，一定要遵循"不重不漏"的分组原则。

6. 某组向上累计的次数，表明该组上限以下的各组次数之和为多少。

8. 文本型数据只能反映事物在性质上的差异。

9. 划分连续变量的组限时，相邻两组的组限只能是重叠的。

四、综合题

1. 答：第1列上面的这张统计图画得不规范。首先，图形选择错误。对数值型连续数据，只能画直方图。其次，在纵轴上，起点没有从0开始，刻度线没朝内，数值没取整数。

第1列下面的这张统计图画得不规范。首先，图形选择不当。对分组名称较长的数据，宜选用条形图。其次，数据该排序而没有排序。对文本型非顺序数据，必须先排序。

2. 答：这张图的说法，请见例3-6。这张图的画法，请见例3-12。

3. 规范的统计表如下所示。

表3-12　按投诉问题性质分类情况表

计量单位：件

项　　目	2018上半年	投诉比重/%	2017上半年	投诉比重/%	比重变化
售后服务	101045	28.5	94931	33.2	↓4.7
质量	87355	24.6	74110	25.9	↓1.3
合同	72647	20.5	52253	18.3	↑2.2
虚假宣传	31483	8.9	19988	7.0	↑1.9
价格	14288	4.0	10618	3.7	↑0.3
假冒	11774	3.3	8019	2.8	↑0.5
安全	11636	3.3	8210	2.9	↑0.4
人格尊严	4218	1.2	2354	0.8	↑0.4
计量	2198	0.6	3505	1.2	↓0.6

在表3-12中，对最后一列的箭头设置的说明。在电子表格中，为相减的数值大小设置箭头的方法：先算出G列的数值，再选择G列的数据区域，右键单击这个数据区域，在弹出的快捷菜单中，选择"设置数据系列格式"命令；在弹出的"设置数据系列格式"对话框中，选择"自定义"选项，在格式框中输入以下格式代码：[蓝色]↑0.0;[红色]↓0.0;0.0。格式分为三个部分，用分号隔开，分别是对大于0、小于0和等于0的数值设置格式，如

"[蓝色]↑0.0"表示：字体的颜色为"蓝色"，显示的符号为"↑"，百分数保留一位小数位。

规范的统计图如下所示。

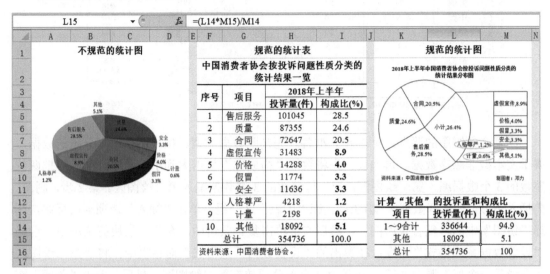

画复合条饼图的要点。

先画表。将投诉量按由大到小的顺序排列。

再画图。复合条饼图是饼图中的一种。右键单击复合条饼图，在弹出的快捷菜单中，选择"设置数据系列格式"命令；在弹出的"设置数据系列格式"对话框中，将"第二绘图区包括最后一个值"，改为"7"，这表示将前3名的数值归入第一个绘图区，其余7名的数值归入第二个绘图区；最后，单击"关闭"按钮。

五、计算题

1. 计算结果如下。

① (略)

② 答：结果如下。

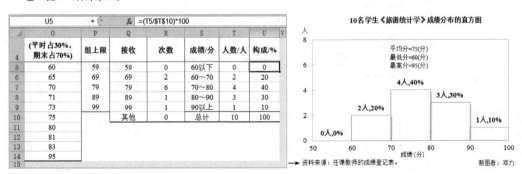

2. 解析。

① 整理文本型数据"所在地"的结果，即次数分布表和次数分布图(复合条饼图)。

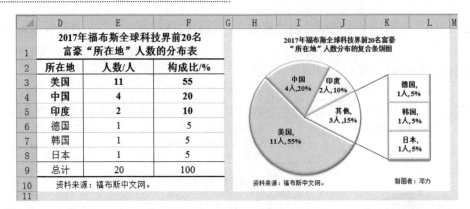

	2017年福布斯全球科技界前20名富豪"所在地"人数的分布表		
	所在地	人数/人	构成比/%
	美国	11	55
	中国	4	20
	印度	2	10
	德国	1	5
	韩国	1	5
	日本	1	5
	总计	20	100

资料来源:福布斯中文网。

画复合条饼图的要点:第1步,准备。先判断数据类型。按"所在地"分组的数据,属于文本型非顺序数据。再编表。先将数值"构成比"按由大到小的顺序排列,再把两位整数的3个数据编入第一绘图区,把一位整数的3个数据编入第二绘图区。第2步,画图。先插入图形,即选择数据区域F3:F8,在"图表"这一组,单击"插入"选项卡的标签,选择"饼图"中的"复合条饼图",然后右键单击复合条饼图,在弹出的快捷菜单中,选择"设置数据系列格式"命令;在弹出的"设置数据系列格式"对话框中,将"第二绘图区包含最后一个值"调为"3",表示有3个部分要放在第二绘图区,最后,单击"关闭"按钮。第3步,美化。

② 整理数值型数据"年龄"的结果,即次数分布表和次数分布图(柱形图),累计次数分布表和累计次数分布图(折线图)。

解:全距=75-33=42;组距=42/(1+3.322*LOG(20))=8,组距取10;组数=42/10=4.2,取5组。年龄分为5组,即30~40、40~50、50~60、60~70、70~80。

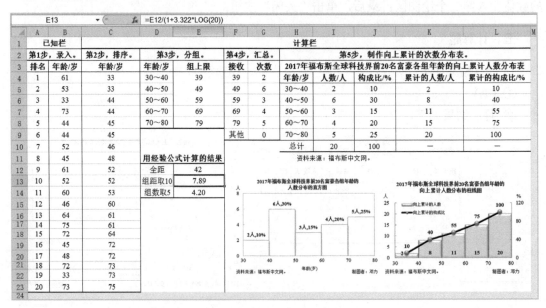

整理结果表明,2017年登上全球科技界亿万富豪榜的前20位富豪,国籍的分布严重失衡,美国人占了一半多,中国人占两成,其余只占两成。

从超级大富豪的国籍分布来看，美国人最多，共 11 人，占 55%，其次是中国人，共 4 人，占 20%，其余 5 人，分布在 4 个国家，只占 25%。

从超级大富翁的年龄分布来看，在 20 人的年龄分布中，60 岁以下的有 11 人，占 55%，即 60 岁以上的有 9 人，占 45%，说明 60 岁以下的比 60 岁以上的多，年龄呈年轻态势。

第 4 章   静态分析：静态数据

一、单项选择题

1.C	2.D	3.A	4.A	5.C
6.B	7.C	8.C	9.B	10.D

二、多项选择题

1.ABD	2.BC	3.ACD	4.ABD	5.AB
6.AC	7.BCD	8.AC	9.ACD	10.ABD

二、判断题

1.×	2.×	3.√	4.×	5.√
6.√	7.√	8.×	9.×	10.√

改错：

1. 相对数是两个有联系的数值之比。

2. 平均数包括数值平均数和位置平均数。

4. 文本型顺序数据可以计算中位数，如鞋的尺码。

8. 当一组数据存在极端值，则中位数的代表性要优于均值。

9. 用未分组数据计算的平均数比用已分组数据计算的平均数要准确。

四、综合题

1. 答：静态三数是指在同一时间条件下的总量数、相对数和平均数，分别反映研究对象的总体规模、相对程度和一般水平。在数据分析时，静态总量数是最基本的数据。例如，本班同学中，班级总人数、男女比例和平均年龄分别为静态总量数、静态相对数和静态平均数。

2. 答：在统计表中，缺省空间、主体和资料来源。

计算结果表明，第 6 年和第 1 年相比，公司平均利润水平有所上升，即占营业额的构成比从 7.94%上升到 9.14%。这显然是个好消息，但仅依据均值，无法获知是大多数商店的利润上升了，还是少数商店的利润上升了。因此，还需要借助其他指标来进一步分析。

通过分析中位数指标可以了解到，第 1 年有一半商店的利润水平至少占营业额的 7.17%，而在第 6 年一半商店其利润水平只能维持在 6.86%。从这个角度看，这家公司的业绩实际上是恶化了，因为只有一部分商店增加了利润，而大部分商店的利润并没有改善，甚至恶化。

全距也说明了这一点。这两年的最低利润水平没有发生大的变化，分别是-8.67%和-8.8%，均为负值，均-为亏损。而最高利润水平却显著提高，从第1年的14.18%上升到第6年的19.56%。

由上观之，可以得出结论，在过去的这段时间里，小部分高利润水平的商店业绩明显提高，而低利润水平的商店业绩并未改善。这就隐含了平均利润水平的上升可能来自少数高利润水平商店利润的大幅度提高，而不是大多数商店的利润水平提高的结果。

尽管如此，仍然无法从上述指标分析中判断出具体某一家商店的利润水平在这期间内的变化情况。比如，第6年的低利润水平商店的利润究竟是提高了、减少了，还是没变？第1年的高利润水平商店在第6年是否还维持高利润水平？

由偏度可知，这两年的商店利润水平次数分布呈右偏分布。数据表明，这两年低于平均利润水平的商店数都要比高于平均利润水平的多。但第6年的偏斜程度较大，即第6年的利润水平分布与第1年的相比，有更多的商店数利润水平低于平均水平。

从峰度来看，与正态分布曲线相比，第1年的利润水平的次数分布曲线更为尖峭，第6年的较为平坦。数据表明，第1年在众数利润水平5.63%附近的商店数较为集中，而第6年在众数利润水平2.3%附近的商店数比较分散。

通过以上分析，可以了解到，这216家商店业绩水平有一个整体的提升，但并不代表某一家商店的具体情况。因而作为该集团公司的管理者接下来需要知道：究竟是哪些商店提高了利润？哪些没有？这需要借助一些新的指标来进一步分析。

3. (略)。

五、计算题

1. 解：计算结果如下。

	E4			f_x	=SUMPRODUCT(B4:B9,C4:C9)/SUM(C4:C9)	
	A	B	C	D	E	F
1	已分组条件下：甲供应商灯泡的计算（赋值函数法）					
2	已知栏			计算栏		
3	灯泡寿命/小时	组中值/小时	灯泡数/个	统计方法	统计结果	统计过程
4	700以下	600	8	1.集中分布：均值	1055.00	SUMPRODUCT(B4:B9,C4:C9)/SUM(C4:C9)
5	700~900	800	15	2.离中分布：标准差	258.4765	SQRT(SUMPRODUCT((B4:B9-E4)^2,C4:C9)/(80-1))
6	900~1100	1000	20	3.分布形态		
7	1100~1300	1200	24	三阶动差	-452250.0000	SUMPRODUCT((B4:B9-E4)^3,C4:C9)/SUM(C4:C9)
8	1300~1500	1400	10	四阶动差	10292898125.0000	SUMPRODUCT((B4:B9-E4)^4,C4:C9)/SUM(C4:C9)
9	1500以上	1600	3	(1)偏度	-0.0262	E7/(E5^3)
10	总计	—	80	(2)峰度	-0.6940	E8/(E5^4)-3
11						

	E15			f_x	=SUMPRODUCT(B15:B20,C15:C20)/SUM(C15:C20)	
	A	B	C	D	E	F
12	已分组条件下：乙供应商灯泡的计算（赋值函数法）					
13	已知栏			计算栏		
14	灯泡寿命/小时	组中值/小时	灯泡数/个	统计方法	统计结果	统计过程
15	700以下	600	10	1.集中分布：均值	1062.50	SUMPRODUCT(B15:B20,C15:C20)/SUM(C15:C20)
16	700~900	800	4	2.离中分布：标准差	261.6283	SQRT(SUMPRODUCT((B15:B20-E15)^2,C15:C20)/(80-1))
17	900~1100	1000	35	3.分布形态		
18	1100~1300	1200	20	三阶动差	2782031.2500	SUMPRODUCT((B15:B20-E15)^3,C15:C20)/SUM(C15:C20)
19	1300~1500	1400	4	四阶动差	14005004882.8125	SUMPRODUCT((B15:B20-E15)^4,C15:C20)/SUM(C15:C20)
20	1500以上	1600	7	(1)偏度	0.1553	E18/(E16^3)
21	总计	—	80	(2)峰度	-0.0109	E19/(E16^4)-3
22						

① 答：乙供应商的灯泡寿命更长。因为乙供应商的灯泡平均寿命为 1062.5 小时，高于甲供应商的 1055 小时。

② 答：甲供应商的灯泡寿命更稳定。因为甲供应商的灯泡寿命标准差系数为 0.2450，低于乙供应商的 0.2462。

③ 答：甲供应商灯泡寿命分布的偏度和峰度分别是-0.0262 和-0.6940。

乙供应商灯泡寿命分布的偏度和峰度分别是 0.1553 和-0.0109。

④ 答：从偏度来看，甲供应商灯泡寿命分布的偏度为-0.0262，为左偏分布，但偏斜程度较小。乙供应商灯泡寿命分布的偏度为 0.1553，为右偏分布。从两者偏度的绝对值来比较，乙供应商灯泡寿命的偏斜程度比甲供应商的要大。

从峰度来看，甲供应商灯泡寿命分布的峰度为-0.6940，为扁平分布，即数据较分散。乙供应商灯泡寿命分布的峰度为-0.0109，也为扁平分布。两相比较，甲供应商灯泡寿命的分布要比乙供应商的分散。

⑤ 答：小王应该购买甲供应商的灯泡。甲供应商灯泡的寿命，由于偏斜程度比乙的小，并且偏度接近 0，近似于正态分布，同时，灯泡的平均寿命代表性更强，灯泡寿命更稳定，因此，选择甲供应商的灯泡比较好。

2. 解：本题属于在未分组条件下，对全部个体数据进行静态分析。

准备：判断数据的类型。这是静态数据还是动态数据？是未分组数据还是分组数据？是总体数据还是样本数据？表中的数据，属于静态数据、未分组的个体数据、总体数据。

利用表中两支球队身高的数据进行静态分析，其基本步骤如下图所示。

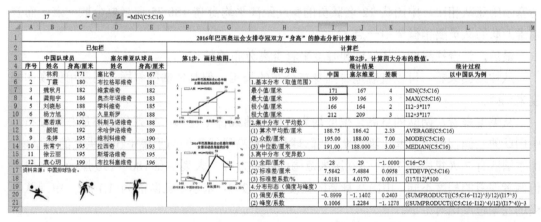

简析：2016 年巴西里约奥运会女排冠军之战，在中国队和塞尔维亚队之间较量。中国队迎战的塞尔维亚队是一支训练有素的女排劲旅，2015 年曾获女排世界杯亚军。中国队在第一局失利的情况下，调整部署，加强发球和拦网，最后反败为胜，以 3 比 1 夺冠，这是中国女排在时隔 12 年之后重登奥运冠军宝座。

比较中国队和塞尔维亚队女排的身高，可以从一个侧面来欣赏这两支劲旅的天然优势。两队各有 12 名球员。

从两队球员的个人身高来看，不论最高还是最矮，中国队都占了优势。中国队最矮的球员比对方最矮的要高出 4 厘米，即中国队最矮的为 171 厘米，对方最矮的为 167 厘米。

中国队最高的球员比对方最高的要高出 3 厘米, 即中国队最高的为 199 厘米, 对方最高的为 196 厘米。

从两队球员的整体身高来看, 中国队的身高依然占据优势。

首先, 从平均数来看身高的集中分布, 也就是从平均身高这个代表值来看球员们的身高围绕哪个数值上下波动。

衡量平均身高的平均数, 主要有均值、众数和中位数 3 种, 最能代表两队平均身高的为均值。因为两队运动员的身高分布比较均匀, 没有出现异常值, 所有值都落在相应正常值的范围内。中国队身高的实际范围为 171~199 厘米, 身高的正常范围为 166~212 厘米。塞尔维亚队身高的实际范围为 167~196 厘米, 身高的正常范围为 164~209 厘米。

从均值来看, 中国女排的平均身高比对方高 2.33 厘米。中国队的平均身高为 188.75 厘米, 说明 12 名球员的身高集中在 188.75 厘米周围。塞尔维亚队的平均身高为 186.42 厘米, 说明 12 名球员的身高集中在这个数值的周围。 显然, 迎战的两队排球女将, 双方身高都很高, 都在 186 厘米以上, 接近 190 厘米。

其次, 从变异数来看身高的离中分布。也就是从衡量平均身高代表性的数值来看球员们的身高与平均身高之间的差异。

两队的变异数相差不大, 全距只相差 1 厘米, 标准差的大小略有区别, 标准差系数也接近。由于两队的平均身高不同, 所以要用标准差系数来比较平均身高代表性的大小。

数据显示, 中国队的标准差系数为 4.0181%, 高于塞尔维亚队的 4.017%, 两者相差 0.0911 个百分点, 这说明中国队平均身高的代表性比塞尔维亚队的要差一丁点, 也就是说, 与塞尔维亚队相比, 中国队 12 名队员的身高距离平均身高 188.75 厘米要分散一点, 而塞尔维亚队的队员要稍微集中一点。

最后, 结合柱线图, 从偏度和峰度来看身高分布的长相。

从柱线图来看, 可以直观地看到身高分布的长相, 但具体情况怎样, 还要用偏度和峰度来刻画。

从偏度来看, 两队的身高, 偏度均为负值, 曲线都呈左偏, 身高分布都是左偏分布, 中国队的左偏程度小于塞尔维亚队。两队球员的身高虽然都偏向于集中在个头高的区域内, 即中国队有 7 人集中在 190~200 厘米范围内, 对方有 7 人集中在 180~190 厘米范围内, 但两者偏斜的程度不同。中国队身高的偏度为-0.8999, 塞尔维亚队的为-1.1402, 中国队身高的左偏程度比对方小。

从峰度来看, 两队的身高, 峰度均为正值, 曲线都呈尖峰, 身高分布是尖峰分布, 中国队身高的波峰没有塞尔维亚队的陡峭。两队球员的身高都集中在平均身高的周围, 但波峰的峰度有所不同。中国队身高的峰度为 0.1006, 塞尔维亚队的为 1.2284, 中国队的峰度不如对方陡峭, 表示球员身高的分布在平均身高的集中程度不如对方高。

对于一场排球赛来说, 谁赢谁输, 球员身高的优势显然很重要, 这时不仅要看身高的平均分布, 也要看身高的变异分布, 同时还要看身高的形态分布。除了看球员身高, 球员的年龄、心态、实战经验、扣球高度、拦网高度和默契程度, 还有教练的决策, 以及数据分析等, 这些都是决定比赛结果至关重要的因素。

总的来看，2016 年巴西里约奥运会女排冠军之战，中国队迎战塞尔维亚队，两队的身高不同凡响，都在 186 厘米以上，平均身高都接近 190 厘米，身高的代表性的强弱也相近，身高的分布都呈左偏和尖峰的形态，中国队的平均身高比对方高 2.33 厘米。中国女排队员的平均个头比塞尔维亚的要高，中国女排队员的整体身高占优势。

延伸阅读：影响球赛胜负的因素中，有一个至关重要的因素，这就是数据分析！2010 年，中国国家排球队重金引进了一套排球比赛数据分析的统计软件，这款由意大利人开发的专业软件共有 5 种语言版本，其中包括日语，但没有中文。中国女排的陪练袁灵犀只能把将近两百页的全英文使用说明书一页一页翻译成中文。数据分析软件的基本原理，就是在现场，通过代码形式将双方队员的攻防、扣球和拦网等数据输入软件，软件将自动进行统计和预测，为场上排兵布阵给出参考。篮球和足球等国际重大赛事都有专业的数据分析团队。

第 5 章　静态预测：抽样分析

一、单项选择题

1.A	2.D	3.A	4.B	5.C
6.A	7.C	8.A	9.C	10.D

二、多项选择题

1.AC	2.ABC	3.BCD	4.ABC	5.ACD
6.ACD	7.AD	8.CD	9.BC	10.AD

三、判断题

1.√	2.√	3.√	4.×	5.√
6.√	7.×	8.√	9.×	10.×

改错：

4. 点估计可以给出估计的实现值。

7. 抽样误差是指由于遵循随机原则而产生的误差。

9. 为了估计某大学学生的平均身高，已求得其 95% 的为(159 cm，173 cm)，则点估计值为 166cm。$159 + x = 173 - x$，$x = 7$，$166 \pm 7 = 159 \sim 173$。

10. 在简单随机重复抽样的情况下，要使抽样平均误差减少 1/4，其他条件不变，则样本单位数必须增加到原来的 16/9 倍。

设：原样本单位数 $n_{\bar{x}} = \dfrac{t^2 \sigma_{\bar{x}}^2}{\Delta_{\bar{x}}^2}$，新样本单位数 $= \dfrac{t^2 \sigma_{\bar{x}}^2}{\left(1 - \dfrac{1}{4}\right)^2 \Delta_{\bar{x}}^2} = \dfrac{16}{9} n_{\bar{x}}$

四、综合题

1. 答：抽样估计是指按照随机原则，从总体中抽取一部分单位作为样本进行观察研究，再用样本值来估计总体值。

其主要特点，即只抽选部分单位、只调查总体中的一部分单位、只用一部分单位的值来估计总体的值、抽样误差可以计算和控制。

其主要作用，第一，能节省人力、物力和财力，又能提高调查资料的时效性，还能有效推断总体的值。对不可能进行全面调查而又要了解总体情况的现象进行调查。比如，对饮料质量的调查。第二，对可以进行全面调查，但抽样法可以取得事半功倍效果的现象。比如，对人口的抽样调查。第三，对全面调查结果进行补充和订正。比如，人口普查后，还要采用人口 1%的抽样方法来抽取样本，经过登记样本资料，算出修正系数，从而对普查结果进行修正。第四，对工业生产的过程进行质量控制。

2. 答：抽样调查是一种科学的统计方法。由以上记者专访可知，这种方法被人做了手脚后，中饱了私囊，损害了国家。

从赖某的自述中可以看到，他是打了一个简单的时间差，做足了备用的封条，然后调包屡屡得手。如果当场抽查，当即开柜检验的话，或者，特别留意在快要下班时前来报关的货物，或者，特别查看抽检货物的封条与没被抽检货物的封条有没有不同，那么，巨额税款还会因此一次又一次流失吗？赖昌星自揭闯关赚钱的骗术，手法实在是稀松平常，毫无高科技含量，却从未露出过马脚。

因此，抽样调查方法要用得好，还要有针对性地想方设法进一步完善。比如，研制出新式仪器，当成箱的产品在通过海关检验时，先马上用这样的仪器扫描以全盘检查，再依靠工作人员即时开箱抽查，这样可从技术层面上来截住漏网之鱼。

3. 提示：操作步骤请参考例 5-7。

五、计算题

1. 解：

① $n_{\bar{x}} = \dfrac{t^2 \sigma_{\bar{x}}^2}{\Delta_y^2} = \dfrac{1.96^2 \times 100^2}{20^2} = 97(家)$

答：需要抽选 97 家企业进行调查。

② $n_P = \dfrac{t^2 P(1-P)}{\Delta_P^2} = \dfrac{2^2 \times 95\% \times (1-95\%)}{0.01^2} = 1900(个)$

答：需要抽选 1900 个零件进行调查。

2. 答：①C　②BD。

3. 答：①AC　②A　③C　④ABCD　⑤AC

解析：

① 分类数据即非顺序数据，定性数据即文本型数据，定量数据即数值型数据。

② 系统抽样即等距抽样。

③ 极差即全距。

⑤ $t_{0.025}(9) = 2.262$，在电子表格的空白文档中，输入=TINV(0.05,10−1)，得到 2.262。

第 6 章　动态分析：动态数据

一、单项选择题

1.A	2.D	3.B	4.C	5.B
6.B	7.B	8.A	9.D	10.B

二、多项选择题

1.BCD	2.BCD	3.ABC	4.ABC	5.ACD
6.ABC	7.AB	8.AD	9.ABCD	10.ABCD

三、判断题

1.×	2.×	3.√	4.√	5.√
6.√	7.√	8.√	9.×	10.×

改错：

1. 累计增加量等于相应的各个逐期增加量之和。

2. 指数体系中，总指数等于它的各因素指数之积。

9. 采用几何平均法计算平均发展速度，只侧重考察现象的期末发展水平，而方程式法关注和反映中间各项水平的变化。

10. 定基发展速度等于相应各个环比发展速度的连乘积，但定基增长速度不等于相应各个环比增长速度的连乘积。

四、综合题

1. 答案如表 6-17 所示。

2. 答：可先解释 CPI 的概念和计算范围，然后再从消费者和改进 CPI 的角度来解答。

CPI 是度量一组代表性消费商品及服务项目的价格水平随时间变动的相对数，是反映居民家庭所购买的消费商品和服务价格水平变动情况的宏观经济指标。

中国 CPI 的计算范围，包括八大类，即食品烟酒类、衣着类、居住类、生活用品及服务类、交通和通信类、教育文化和娱乐类、医疗保健类、其他用品和服务类。

从消费者本身来看，主要是存在个体差异。CPI 虽然包括了八大类，但有的商品并没有统计到 CPI 中。对个人而言，影响自己生活比较大的，自己最关注的，也许只是八大类中的部分商品，也许是八大类以外的商品，而各国现行的 CPI 是一个顾全大局的数据。因此，不同地区的消费者，感知和承受能力有差异，消费习惯有差异，这些差异往往导致个人对 CPI 的感受不一样。

从 CPI 的改进来看，如果能普及 CPI 的知识，如果能提供细分类、分地和分时的 CPI，如果能提供指导性的个体 CPI 服务，那么 CPI 的传播效果会更好。

3. (略)

五、计算题

1. 答：验算①～④，结果均正确。

解：

① 由：$\dfrac{报告期水平}{基期水平}-1=增长速度$，有：$\dfrac{10}{(100\%+2\%)}=9.8(元)$

② 由：销售额指数=销售量指数×价格指数，有：价格指数$=\dfrac{100\%}{110\%}=90.91\%$

③ 由：销售额指数=销售量指数×价格指数，有：销售量指数$-1=\dfrac{100\%}{102\%}-1=-1.96\%$

④ $\dfrac{\dfrac{4200}{4000}}{102\%}-100\%=2.94\%$

2. 解：

① 解：

2013—2018年中国快递业务量的折线图

亿件

资料来源：中国国家邮政局。　　　　　　　　　　制图者：邓力

②～④的计算结果分别见计算栏 1、计算栏 2 和计算栏 3。

L7			f_x =(C13/C7)^(1/6)								
	A	B	C	D	E	F	G	H	I	J	K	L	M	N

2012—2018年中国快递业务量的计算表

			计算栏1		计算栏2				计算栏3			
	已知栏		动态总量数		动态相对数				动态平均数			
			增减量/亿件		发展速度		增长速度		平均发展水平/亿件	平均增加量/亿件	平均发展速度	平均增长速度
序号	年份	快递业务量/亿件 y_i	逐期 y_i-y_{i-1}	累积 y_i-y_0	环比 $\dfrac{y_i}{y_{i-1}}$	定基 $\dfrac{y_i}{y_0}$	环比 $\dfrac{y_i}{y_{i-1}}-1$	定基 $\dfrac{y_i}{y_0}-1$	AVERAGE(C8:C13)	D14/6	方法1: (C13/C7)^(1/6) 方法2: GEOMEAN(F8:F13)	L7-1 L8-1
(甲)	(乙)	(1)	(2)	(3)	(4)	(5)	(6)	(7)	(8)	(9)	(10)	(11)
1	2012	56.9	—	—	—	100	—	—	276	75	1.4399	0.4399
2	2013	91.9	35.0	35.0	1.6	1.6	0.6	1.6			1.4456	0.4456
3	2014	139.6	47.7	82.7	1.5	2.5	0.5	2.5				
4	2015	206.7	67.1	149.8	1.5	3.6	0.5	3.6				
5	2016	312.8	106.1	255.9	1.5	5.5	0.5	5.5				
6	2017	400.6	87.8	343.7	1.3	7.0	0.3	7.0				
7	2018	507.1	106.5	450.2	1.3	8.9	0.3	8.9				
总计	—	1715.6	450.2	—	—	—	—	—				

资料来源：中国国家邮政局。

3. 答：①D ②B ③C ④C ⑤A

解析：

① 定格统计表。增长速度 $= \dfrac{\text{报告期水平}}{\text{基期水平}} - 1 = \dfrac{6138}{4487.2} - 1 \approx 37\%$

② 设 2015 年第四季度在线餐饮外卖市场交易规模为 X。

定格统计表。求：$\dfrac{X}{530.6} = ?$

定格统计图表。环比增长速度 $= \dfrac{\text{报告期水平}}{\text{上一期水平}} - 1$

$= \dfrac{\text{2016年第一季度的在线餐饮外卖市场交易额}}{\text{2015年第四季度的在线餐饮外卖市场交易额}} - 1 = \dfrac{231.1}{X} - 1 = 55.5\%$

则：$\dfrac{X}{530.6} = \dfrac{\frac{231.1}{1 + 55.5\%}}{530.6} \approx 28\%$

③ 定格统计表。由：$a_n = a_0 \bar{x}^n$，有：$a_n = 2038 \times \left(\dfrac{2038}{999}\right)^2 = 8481$

④ 由题干"同比增量的构成比关系"，可判定本题的问题为增长量大小的比较。

定位图表可知，2016 年，在线餐饮外卖市场的同比增量为 $1761.5 - 530.6 = 1230.9$ 亿元；移动出行市场同比增量为 $2038 - 999 = 1039$ 亿元；在线旅游市场同比增量为 $6138 - 4487.2 = 1650.8$ 亿元。$1650.8 < (1230.9 + 1039)$，即最大的增量小于另外两项之和。分析选项，A、B 项最大的数比另外两个相加的和还大，故排除 A、B 项；D 项最大的数约等于另两项的和，也不满足，故排除 D 项。

⑤ 定位统计表。

A 项：2016 年，在线旅游市场规模为 6138 亿元；2015 年，在线旅游市场规模为 4487.2 亿元；2015—2016 年在线旅游市场总规模为 $6138 + 4487.2 > 10000$ 亿元，正确。

B 项：定位图表，2016 年在线餐饮外卖市场交易规模第一季度为 231.1 亿元，环比增长率为 55.5%，故环比增加量 $= \dfrac{\text{现期}}{1 + \text{增长率}} \times \text{增长率} = \dfrac{231.1}{1 + 55.5\%} \times 55.5\%$

$\approx \dfrac{231.1}{1 + \frac{1}{1.8}} \times \dfrac{1}{1.8} = \dfrac{231.1}{2.8} \approx 83(亿元) < 100(亿元)$，错误。

C 项：定位表格可得，2016 年移动出行市场交易规模为 2038 亿元，2015 年移动出行市场交易规模为 999 亿元。故 2016 年移动出行市场月均交易规模比 2015 年高

$\dfrac{2038}{12} - \dfrac{999}{12} = \dfrac{2038 - 999}{12} = \dfrac{1039}{12} < 100(亿元)$，错误。

D 项：2016 年下半年在线餐饮外卖市场规模比上半年高 1 倍以上，即下半年是上半年的 2 倍多，定位图表，下半年市场规模为 $493.9 + 673.2 = 1167.1$ 亿元，上半年为

$231.1 + 363.3 = 594.4$ 亿元，$\dfrac{1167.1}{594.4} < 2$ 倍，错误。

第 7 章　动态预测：因素分析

一、单项选择题

1.A	2.C	3.C	4.D	5.D
6.C	7.A	8.B	9.C	10.A

二、多项选择题

1.ABCD	2.BCD	3.AC	4.ABD	5.AC
6.CD	7.AC	8.ABC	9.AD	10.CD

三、判断题

1.√	2.×	3.√	4.√	5.√
6.√	7.×	8.√	9. √	10.×

改错：

2. 季节比率是一种考虑季节变动的分析方法。

7. 对于月度数据的时间数列，宜采用 12 项移动平均以消除季节变动的影响。

10. 根据乘法模型，要测定某种成分的变动，只要从原时间数列中除去其他影响成分的变动。

四、综合题

1. 答：因素分析法是利用动态数列的资料进行预测的方法。影响动态数据有四大因素，即长期趋势、季节变动、循环变动和随机变动。例如，用长期趋势法来预测销量走势，用季节变动法来计算淡季和旺季。

2. 答：循环变动是指在较长周期内，现象呈现出涨落起伏的、近似于规律性的周期性变动。季节变动是指在较短时间内(1 年以下)，现象呈现出周而复始变化的变动。循环变动的周期长短很不一致，变动的规律性不太明显，通常隐藏在长期趋势中，很难识别，而季节变动的周期固定，有明显的按月或按季的变动规律。

3. (略)

五、计算题

1. ①解：

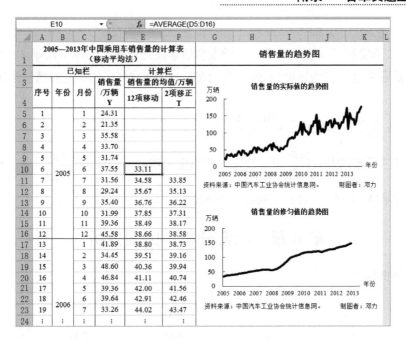

② 解:

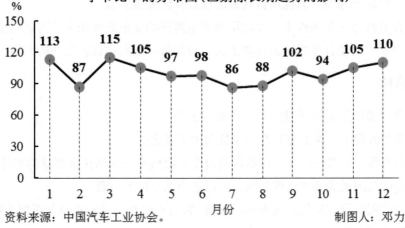

2005—2013年中国乘用车销售量
季节比率的分布图（已剔除长期趋势的影响）

资料来源：中国汽车工业协会。 制图人：邓力

第1题和第2题计算结果的分析文字，请见本章"统计实录"。

2.

① 答：二季度和三季度是淡季，一季度和四季度是旺季。与季节比率100%相比较，变动最大的是四季度，变动幅度为5%，即105%-100%=5%。二季度的销售量比全期平均水平低2%。

② 解：各季度平均增加量 $=\dfrac{509-443}{3}$

四季度比三季度增长 $=\dfrac{509}{418}-1=22\%$，四季度的年距发展速度 $=\dfrac{509}{422}$

3. 答：①AD　②AC　③B　④AC　⑤AD

第8章　综合分析：回归分析

一、单项选择题

1.D	2.C	3.D	4.B	5.D
6.D	7.C	8.C	9.B	10.B

二、多项选择题

1.ABC	2.ABCD	3.AB	4.CD	5.BCD
6.ABCD	7.ABCD	8.ABCD	9.AC	10.AD

三、判断题

1.×	2.√	3. ×	4.√	5.×
6.√	7.×	8.√	9.√	10.√

改错：

1. 相关关系包含函数关系，函数关系为相关关系的特例。

3. 利用一个回归模型，只能用自变量的值推算因变量的值。

5. 只有在直线相关的条件下，才能用相关系数说明变量之间相关的密切程度。

7. 回归分析中的估计标准误差反映了实际观测值与回归估计值之间的差异程度。

四、综合题

1. 答：简单直线回归分析法的特点主要有5个。

一是在回归方程中，两个变量有自变量和因变量之分。

二是回归方程的主要作用在于由给定的自变量数值推断或估计因变量的可能值。

三是在无明显因果关系的两变量间，可以求出两个回归方程。

四是回归方程中自变量的系数为回归系数，它的正号和负号分别表示正相关和负相关；但它的数量值并不表明相关的密切程度。

五是计算时对资料的要求是：自变量是确定的值，因变量是随机的。推算出来的因变量的估计值也只是一个可能数值。

简单直线回归分析法的基本步骤有 4 个：是否相关、相关程度、建立模型、进行预测。

2. 答：狭义上，相关分析与回归分析之间的主要区别有以下 4 点。

一是两者研究的目的不同。相关分析是分析变量之间关系密切的程度和方向，而回归分析是分析变量之间数量变动的形式。

二是研究的方法不同。前者可以用散点图定性表示，或者用相关系数定量表示，后者是用回归方程表示的。

三是结果不同。前者两个变量只能计算一个相关系数，而后者则一个是自变量，一个是因变量。

四是变量的类型不同。前者的两个变量都是随机的，而后者的自变量是确定的，因变量是随机的。

相关与回归分析的主要联系有两点：一是有共同的研究对象，有相同的变量；二是两者互补，相关是回归的基础，回归是相关的进一步拓展。

3. (略)

五、计算题

1. 验算。

① 解：用 1～9 分别代表 9 年中的每一年。2014 年中国乘用车预计销售量为 1964.87 万辆，即 $\hat{y}$ =183.75×10+127.37=1964.87。相关系数为 0.9831，即在空白单元格中输入 =(0.9664)^(1/2)。

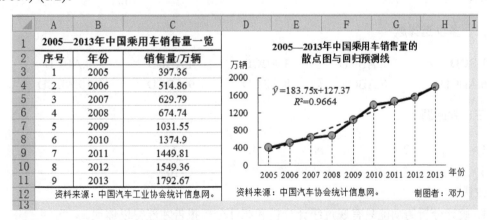

② 解：用 2014 年预测的销售量 1964.87 万辆，在剔除长期趋势影响时，分别乘以历年各月的季节比率，得到 2014 年各月销售量的预测值。季节比率的数据源于第 7 章 "真题上市" 中第五大道第 2 小题的计算结果。

	C3		f_x	=1964.87*(B3/1200)	
	A	B		C	D
1	中国乘用车销售量的季节比率与预测数一览				
2	月份	2005—2013年各月销售量的季节比率/%		2014年各月销售量的预测数/万辆	
3	1	113		185.03	
4	2	87		142.45	
5	3	115		188.30	
6	4	105		171.93	
7	5	97		158.83	
8	6	98		160.46	
9	7	86		140.82	
10	8	88		144.09	
11	9	102		167.01	
12	10	94		153.91	
13	11	105		171.93	
14	12	110		180.11	
15	总计	1200		1964.87	
16	数据来源：中国汽车工业协会统计信息网。				
17					

第1题和第2题计算结果的分析，请见本章"统计实录"。

2. 答：①C　②A　③D　④B

解：①F 值=2891861.0÷36964.7=78.23

3. 答：①AD　②B　③BD　④BD　⑤AD

第9章　数据文章怎么写

一、单项选择题

1.C　　2.C　　3.A　　4.A　　5.C

6.A　　7.A　　8.B　　9.B　　10.A

二、多项选择题

1.BCD　　2.ABCD　　3.ABCD　　4.ABCD　　5.ABCD

6.ABCD　　7.ABC　　8.ABCD　　9.ABCD　　10.ABCD

三、判断题

1.×　　2.√　　3.×　　4.√　　5.√

6.×　　7.√　　8.√　　9.√　　10.√

改错：

1. 统计分析的功能只有通过统计分析和统计分析报告才能得以体现。

3. 就统计分析而言，好的标题应该做到确切、简洁和新颖。

6. 统计分析中有状态分析、规律分析和前景分析，其中状态分析是最基本的分析。

四、完胜题(略)

谢谢各位一路相伴！

参考文献

[1] 李金昌，苏为华. 统计学[M]. 5 版. 北京：机械工业出版社，2019.

[2] 全国统计专业技术资格考试用书编写委员会. 统计相关知识[M]. 4 版. 北京：中国统计出版社，2018.

[3] 全国统计专业技术资格考试用书编写委员会. 统计业务知识[M]. 4 版. 北京：中国统计出版社，2018.

[4] 李委明. 资料分析模块宝典[M]. 12 版. 北京：教育科学出版社，2017.

[5] 张杰. Excel 数据之美[M]. 北京：电子工业出版社，2016.

[6] 张文霖. 谁说菜鸟不会数据分析(工具篇)[M]. 北京：电子工业出版社，2016.

[7] 袁卫，刘超. 统计学：思想、方法与应用[M]. 2 版. 北京：中国人民大学出版社，2016.

[8] 贾俊平，何晓群，金勇进. 统计学[M]. 6 版. 北京：中国人民大学出版社，2015.

[9] 吴喜之. 统计学：从数据到结论[M]. 4 版. 北京：中国统计出版社，2014.

[10] 格里菲思(Dawn Griffiths). 深入浅出统计学[M]. 李芳，译. 北京：电子工业出版社，2012.

[11] 方骥，周庆麟. Excel2010 应用大全[M]. 北京：人民邮电出版社，2011.

后　记

春去春又来，写完这篇后记，第 3 版就要交稿了。稿件很"轻"，一份电子文档，一份演示文稿，电子文档中装着教材全文，演示文稿中装着与教材配套的全部。

面对这么"轻"的稿件，有完稿的轻松，也有交卷的紧张，更有不知结果的忐忑。不管怎样，我想，用心了，尽力了，就好了。

一路走来，感恩所有。

感恩朋友和家人，你们的鼓励是我坚持的动力，你们的厚爱是一盏温暖我的神灯。

潘璠老师，本书序言的作者，原中国国家统计局研究所的所长。他的"三最"让我不敢懈怠。本书第 1 版出版前，潘老师写了《统计学原理是可以这样述说的》一文；本书第 2 版时，潘老师写了《〈统计学原理〉为什么很快再版？》一文，两篇文章都在《中国信息报》刊发，都写到了"三最"，即"这是我见到的最深入浅出的述说""这是我见到的最具艺术性的述说""这是我见到的最联系实际的述说"。这"三最"，始终是我写作的压力，也是动力，更是目标。我明白，没有最好，只有更好，我只希望努力做到更好一点。

得知初版发行，潘老师发来邮件，"热烈祝贺！有人还问我出版了没有呢？"初版发行中，潘老师向读者推荐此书，并发邮件问我，"您能否把书的封面拍张照片发给我？"

在新版的写作过程中，潘老师建议，"我觉得如果有时间，可以概论一下大数据对统计的影响，以及统计工作中大数据的应用。参考书目《大数据在政府统计中的探索与应用》。"值得高兴的是，我的想法与潘老师不谋而合，我马上网购了这本参考书。

潘老师德高望重，谦逊好学，热爱生活。他是统计文化的推动者，也是大数据传播的先行者。2015 年潘老师退休了，但他依旧是发稿的高手，除了写专业文章，也写各样美文。浏览他的"panfan 的博客"是我闲时的一大乐趣，他的博文"我在纸媒的文字档案之 2016""我在纸媒的文字档案之 2017""我在纸媒的文字档案之 2018"，不经意间透露了他的笔耕不辍，2016 年发稿 126 篇，2017 年发稿 130 篇，2018 年发稿 140 篇。

邮件往来的同行老师，我从没有见过面的朋友，谢谢你们的肯定和指点。我要高兴地告诉你们，与第 3 版教材配套的演示文稿，采用图标嵌入的形式直接替换了以往用下划线的形式链接视频、电子文档和电子表格，只要双击图标，内容即点即现。在此，我很抱歉旧版的超链接给各位带来的困扰！新版图标的启用，灵感源于朋友们的需求。

因教材与同行结缘，我喜出望外。为了纪念这份难得的情谊，我转发两封电子邮件。

第一封电子邮件：

"主题：谢谢邓老师

我教统计学原理，很多回了，你这本书我看目录就已经很喜欢了，一看内容更加喜欢，因为你站的角度与以往的不一样。你更多地从应用、归纳出发……"

第二封电子邮件：

"主题：统计学原理电子教案中的相关文件

尊敬的邓力老师：

您好，我是一名青年教师，新学期开始使用您编著的《统计学原理》一书，内容深入浅出，通俗易懂，特别是配套的电子教案生动活泼，同学们都很喜欢。但是在清华大学出版社下载的配套电子教案中有很多链接的相关文件打不开，不知您能否提供给我，感谢您的阅读，祝您身体健康，工作顺利！"

因为这本教材，我收到很多朋友的邮件，他们中有老师和学生，也有统计工作人员，每一封邮件我都认真回复，每一个建议我都认真听取。

本书的目录，我已改了不知多少遍，最终敲定，每章都是 5 节，而与本书配套的演示文稿，每章都是 15 页。教材中有短篇的统计随笔，演示文稿中有邮票上统计人物的小传和视频。从内容美到形式美，从数据美到文学美，从书里乾坤向书外延伸……追求，不变。

学生审阅教材。教材主要用于教学，教学的对象是学生，学生感觉怎样，十分重要。第 3 版教材，我诚邀数位学生为我审稿，学生中，有学过第 2 版教材的，也有没有学过的。学生的意见，让我受益匪浅。

每章怎么开头才比较好？我用一段师生对话引入，用轻松的形式，相伴来到统计乐园。学生很喜欢这种形式，有的甚至在对话旁边画几颗小星星，还写上"好有味"之类。

书中要不要公式的证明？学生说，"要""不能少"。他们认为，知道公式怎么来的，才看得懂，才能更好地应用。我觉得，统计学原理，应尽量把原理讲清楚，知其然，知其所以然，所以，公式的推导，本身也很美。

每章要不要有一节专门介绍上机操作的内容？学生欢呼，"这个内容，太好了！"他们告诉我，以前上课，听老师讲上机操作的内容，有时候还跟不上，现在书上单独有这样的内容，就不怕学不全了。

符桂珍老师，我多年的同事，我的好姐妹。符老师年龄比我小，却像我的亲姐姐一样关心我。这本教材在出第 1 版时，因校对时间有点紧，我昼夜赶工，结果身体吃不消，一病之下，住院了。符老师除了多次来看我，还不经我同意，马上就为我请假，要我休息一个学期。如果不是她为我请假，按我的性格，我出院了肯定会重返教学第一线。知我者，莫如桂珍。愿我们以后还能常在校园漫步，赏花戏水，看格桑花开枝散叶。

陆卫民老师和编辑朋友，陆老师，这本教材的编辑，"你的书写得好""我们重点推荐了你的书……"在陆老师的鼓励下，从第 1 版到第 3 版，我一路走来，走得踏实而欢快。教材的编辑朋友也辛苦了，你们的专业和敬业，令我敬佩和感动。

我的家人，我的爸爸妈妈，双双年近九十，腿脚虽不灵便，但每天还坚持看书写字。他们知道我还在写教材，就轮番相劝，"莫写哒，休息算哒。"我知道，他们心有余悸，怕我又累倒了。远方有父母的叮咛，有哥哥弟弟对父母的精心照料，身边有先生的悉心呵护，还好，书稿进展顺利。

衷心感谢我生命中的贵人！衷心感谢朋友们的鼓励和帮助！衷心感谢大家跟我一起打造这本教材！

第 3 版就要交稿了，不忘初衷，但愿《统计学原理》这本教材越变越好看。

编 者